Microsoft OLAP Services

Gerhard Brosius

Microsoft OLAP Services

Multidimensionale Datenverwaltung im Microsoft SQL Server 7

ADDISON-WESLEY

An imprint of Addison Wesley Longman, Inc.

Bonn • Reading, Massachusetts • Menlo Park, California
New York • Harlow, England • Don Mills, Ontario
Sydney • Mexico City • Madrid • Amsterdam

Die Deutsche Bibliothek – CIP-Einheitsaufnahme

Microsoft OLAP Services [Medienkombination] : Multidimensionale Datenverwaltung im Microsoft SQL Server 7 / Gerhard Brosius. – Bonn; Reading, Mass. [u.a.] : Addison-Wesley-Longman, 1999
(BackOffice Bibliothek)
ISBN 3-8273-1460-7
Buch. 1999
CD-ROM. 1999

Lektorat: Barbara Lauer

Korrektorat: Alexander Reischert, Köln

Produktion: Petra Strauch, Bonn

Satz: Reemers EDV-Satz, Krefeld.
Gesetzt mit FrameMaker aus der Palatino 9,5/12 pt.

Belichtung, Druck und Bindung:
Bercker Graphischer Betrieb, Kevelaer

Umschlaggestaltung: vierviertel gestaltung, Köln

Das verwendete Papier ist aus chlorfrei gebleichten Rohstoffen hergestellt und alterungsbeständig. Die Produktion erfolgt mit Hilfe umweltschonender Technologien und unter strengsten Auflagen in einem geschlossenen Wasserkreislauf unter Wiederverwertung unbedruckter, zurückgeführter Papiere.

Inhaltsverzeichnis

Vorwort

Wenn sich Unternehmen im heutigen schnellen Wandel der Märkte behaupten möchten, sind schnelle Geschäftsentscheidungen der Schlüssel zum Erfolg. Wie aber können Unternehmen ihre Entscheidungsfindungsprozesse verbessern, wenn auf der anderen Seite das zu bewältigende Datenvolumen täglich anwächst und sich dazu die entsprechenden Marktfaktoren sehr dynamisch bewegen? Seit langem beschäftigt sich die Informationstechnologie damit, die Bereitstellung und Aufbereitung komplexer Daten zu vereinfachen. Wer sich bisher damit eingehend beschäftigt hat, weiß, daß dabei bisher ein aufwendiger und somit teuerer Weg zu gehen war. Das Schlagwort hier ist »Data Warehousing«. Unternehmen richten Data Warehouses ein, die die Grundlage für Datenanlaysen darstellen und somit Unternehmensentscheidungen vereinfachen sollen. Um das Design, die Implementation und das Managemenent von Data Warehouse-Lösungen zu vereinfachen, wurde das Microsoft Data Warehousing Framework entwickelt. Es stellt eine offene Architektur dar, die einfach integrierbar ist und von der Softwareindustrie erweitert werden kann. Heterogene Datenbestände können einfach importiert, exportiert, verifiziert, modifiziert und bereinigt werden. Dieses Framework wurde zudem entwickelt, um integrierte Metadaten für das Design des Data Warehouses, Datenextraktion und -transformation, Serververwaltung und Analysewerkzeuge dem Endanwender zur Verfügung zu stellen. Natürlich auch um Kernfunktionalitäten wie Speicherverwaltung, Zeitplanung und Systemüberwachung anzubieten.

Historisch gesehen zeichnete sich Data Warehousing / OLAP (OnLine Analytical Processing) durch teure Tools, eine komplizierte Implementierung und eingeschränkte Integration mit relationalen Systemen aus. Durch die Einführung von SQL Server OLAP Services, einer Komponente von SQL Server 7.0, wird die Verwendung dieser Technologie erleichtert. Der Microsoft PivotTable® Service, ein wichtiges Feature von OLAP Services, trägt zur Leistungsverbesserung und zur Reduzierung des Netzwerkverkehrs bei. Kombiniert mit einer Vielfalt von Hilfswerkzeugen und Anwendungen auf Basis des OLEDB für OLAP-Interfaces, werden die SQL Server OLAP Services zunehmend Zugang zu ausgeklügelten Analysewerkzeugen schaffen und somit die Kosten für Data Warehousing reduzieren.

Das Ihnen hier vorliegende Buch gibt einen guten Einblick in das Thema Data Warehousing mit Microsoft SQL Server 7.0 OLAP Services. Den Autor dieses Buches, Herrn Prof. Gerhard Brosius, habe ich während des technischen Betatests von Microsoft SQL Server 7.0 kennengelernt. Herr Brosius begleitete die Betaphase sehr intensiv von der ersten Stunde an und kennt sich dadurch mit Microsoft SQL Server OLAP Services hervorragend aus. Sein tiefes Wissen und seine langjährige Erfahrung im Bereich Data Warehousing / OLAP ermöglichte ihm, dieses Buch so praxisnah wie nur möglich zu gestalten.

Nicht zuletzt möchte ich hier auch die Gelegenheit nutzen, um Herrn Brosius für das mir zugesandte Feedback zu SQL Server OLAP Services während des technischen Betatests herzlich zu danken.

Und nun viel Spaß beim Lesen des Buches und beim Data Warehousing mit Microsoft SQL Server OLAP Services!

Bernd Heiler
Group Program Manager
Microsoft Server Application Division

Vorwort des Autors

Dies ist nicht mein erstes Buch, in dem ich die Funktionsweise und den Gebrauch eines Softwareprodukts beschreibe und erkläre. Das erste Mal jedoch konnte ich die Entwicklung eines neuen Produkts von ihren frühen Entwicklungsphasen an bis zum Erscheinen des ersten marktfähigen Release verfolgen. Das war spannend. Besonders beeindruckt war ich von der Komplexität des Entwicklungsprozesses und davon, wie durchdacht und absolut professionell er organisiert ist. Bei Plato – so der bis heute oft verwendete Entwicklungsname für den Microsoft OLAP Server – ging es ja nicht nur darum, einem SQL Server eine Softwarekomponente hinzuzufügen, die in der Lage ist, multidimensionale Daten zu managen. Diese Aufgabe hatten andere Softwarehersteller bereits mehrfach gelöst – jeder auf seine proprietäre Weise. Der Anspruch von Microsoft war in diesem Falle ehrgeiziger. Für den neuen OLAP Server sollte – analog zur Welt der relationalen Daten – gleichzeitig eine multidimensionale Infrastruktur geschaffen werden, die als standardisierte Grundlage nicht nur für den OLAP Server von Microsoft, sondern für multidimensionale Clients und Server auch anderer Hersteller dienen sollte. Das neue multidimensionale Konzept sollte gleichzeitig so beschaffen sein, daß es möglichst bruchlos mit dem bereits bestehenden wohlbekannten SQL Datenzugriffskonzept relationaler Daten verzahnt werden konnte.

Microsoft hat diese Aufgabe auf die folgende Weise gelöst: Das relationale Datenzugriffskonzept OLE DB bzw. ADO wurde um die multidimensionale Variante OLE DB for OLAP bzw. ADOMD ergänzt. Gleichzeitig wurde eine dem relationalen SQL ähnliche Sprache entwickelt, mit deren Konstrukten multidimensionale Daten abgefragt, manipuliert und definiert werden können: MDX (Multidimensional Expressions). Darüber hinaus wurde mit DSO (Decision Support Objects) ein vollständiges Objektmodell für den Microsoft OLAP Server entwickelt, und mit dem PivotTable Service wurde eine Schnittstelle bereitgestellt, über die Clients auf die Dienste des OLAP Servers zugreifen können. Außerdem wurden die Pivot-Tabellen und deren Schnittstellen für Excel 2000 so erweitert, daß sie als multidimensionale Browser für Cubes des Microsoft OLAP Servers fungieren können. All diese einzelnen Entwicklungen wurden natürlich von unterschiedlichen Teams vorangetrieben und fanden ihren Niederschlag in verschiedenen Komponenten und Dokumentationen. Last but not least: Über einen Zeitraum von ungefähr einem dreiviertel Jahr wurden die Erfahrungen mit den jeweiligen Betaversionen von einer international zusammengesetzten Gemeinde von Betatestern untereinander und mit Mitgliedern der Entwicklungsteams ausgetauscht mit dem Erfolg, daß Bugs entdeckt und beseitigt sowie Dysfunktionalitäten verbessert wurden. Da zwischen all diesen einzelnen Aktivitäten Interdependenzen bestanden, mußten sie koordiniert werden. Es ist vor allem die Art und Weise, wie diese Koordination erfolgreich bewerkstelligt wurde, die mich eingangs veranlaßten, den Entwicklungsprozeß als spannend und beeindruckend zu bezeichnen.

Für Microsoft Deutschland wurde der technische Betatest von Herrn Bernd Heiler verantwortet. Ihm muß ich an dieser Stelle ganz besonderen Dank sagen, denn ohne seine Kooperation wäre dieses Buch in der vorliegenden Form nicht zustande gekommen: Herr Heiler hat nicht nur dafür gesorgt, daß ich immer mit den neuesten Versionen des Microsoft OLAP Servers und der diesbezüglich relevanten anderen Softwarekomponenten versorgt wurde, sondern er hat meine Fragen zu den verschiedensten Aspekten rund um den OLAP Server auch stets bereitwillig und sehr kompetent beantwortet. Ich denke, daß auch der Leser von diesen Antworten profitieren wird.

Nicht zuletzt möchte ich mich bei Silke und Paula bedanken. Silke hat die Phase der Manuskripterstellung als Partnerin geduldig (!) ertragen und mich liebevoll unterstützt. Paula hat in dieser Zeit nicht nur ihr Lebensalter verdoppelt (von acht auf 16 Monate), sondern am Ende auch gelernt, daß sie einen bestimmten Knopf am Rechner, der auf dem Fußboden steht, nicht drücken darf. Liebe Paula, dafür zeige ich Dir den Löwen, den Du bisher immer auf dem Bildschirm bewundert hast, im Zoo, sobald die Sonne wieder stärker scheint!

Gerhard Brosius
BrosiusG@uni-hamburg.de

1 Einleitung und Überblick

Seit es Datenbanken gibt, in denen die geschäftlichen Aktivitäten der Unternehmen aufgezeichnet werden, gibt es auch Bemühungen, diese Daten zur Unterstützung von Unternehmensentscheidungen zu analysieren. In den letzten Jahren haben diese Anstrengungen zugenommen. Zahlreiche Anbieter warten mit Lösungen zu MIS (Management Information Systems), DSS (Decision Support System), EIS (Executive Information System) etc. auf. Vor allem hat sich seit einigen Jahren ein neuer Begriff in der Datenbankwelt breit gemacht: *Data Warehouse*. Auch hierzu bieten viele Systemhäuser Datenbanklösungen an, die vor allem versprechen, im Unternehmen verstreute Daten zusammenzufassen und für Zwecke der Analyse aufzubereiten.

In diese Entwicklung hat sich in jüngster Zeit auch die Firma Microsoft eingeklinkt: Seit einem guten Jahr wird der Name *Plato* – meistens mit einem erwartungsvollen Unterton – in der Datenbankszene genannt. Dabei sind die EDV-Leute keinesfalls zu Philosophen mutiert. Bei Plato handelt es sich vielmehr um den Entwicklungsnamen für das neue Datenbankprodukt der Firma Microsoft, das nunmehr unter dem Namen *OLAP Services* dem Softwarepaket SQL Server 7.0 beigefügt ist. Die große Aufmerksamkeit, die diesem neuen Produkt bereits in der Entwicklungsphase zugekommen war, erklärt sich sicherlich zum einen durch die Tatsache, daß es sich um die Firma Microsoft handelt. Zum anderen dürfte damit aber zugleich die Hoffnung verbunden gewesen sein, daß mit dem neuen Microsoft Produkt in die sehr heterogene Landschaft der multidimensionalen Datenbanken endlich so etwas wie Standards Einzug halten mögen. Nach meiner Einschätzung hat Microsoft diese Hoffnungen nicht enttäuscht: Mit den OLAP Services wird nicht nur ein leistungsfähiger Server für multidimensionale Daten[1] vorgelegt, sondern zugleich ein systematisches, theoretisch gut begründetes Datenzugriffskonzept für multidimensionale Daten angeboten. Dieses Konzept stellt eine Erweiterung des allgemeinen Datenzugriffskonzepts OLE DB dar und wird als *OLE DB for OLAP* bezeichnet[2]. OLE DB for OLAP wird von Microsoft als nicht-proprietäres Systemkonzept angeboten. Entsprechend sind die Schnittstellen offengelegt und jedermann zugänglich. Das Konzept OLE DB for OLAP ermöglicht, daß alle Softwareprodukte, die auf diesem Standard entwickelt wurden, kompatibel sind. Dies stellt insbesondere einen großen Fortschritt für Client/Server Lösungen dar: Server und Client ei-

1. Ich erkläre diesen Begriff, der oft auch synonym mit OLAP gebraucht wird, an anderer Stelle ausführlich, vgl. Kap. 2, OLAP Konzepte: Grundlagen
2. Technisch gesprochen ist OLE DB for OLAP für C++ Programmierer geschrieben. Für die Programmiersprache Visual Basic steht dieses Konzept als *ADO MD* zur Verfügung.

ner OLAP Lösung können durchaus von unterschiedlichen Anbietern stammen, solange diese die mit OLE DB for OLAP vorgegebenen Definitionen und Vereinbarungen einhalten.

OLE DB for OLAP dürfte nicht nur künftiger Standard für andere Entwickler sein – das Konzept ist auch bereits Grundlage für den Microsoft OLAP Server, den Kern und Hauptbestandteil der OLAP Services im SQL Server 7.0. Aus diesem Grunde sollte der Administrator des OLAP Servers auch gewisse minimale Kenntnisse von OLE DB for OLAP besitzen, um mit dem OLAP Server sinnvoll arbeiten zu können. Dies betrifft zum einen generell das dahinter stehende Objektmodell, zum anderen aber besonders die Datenzugriffssprache MDX (Multidimensional Expressions), die ein Bestandteil des OLE DB for OLAP Konzepts ist. MDX kann als eine multidimensionale Erweiterung von SQL verstanden werden, das ohne diese Erweiterung ja nur für den Zugriff auf relationale Daten geeignet ist.

OLE DB for OLAP ist ein technisches Konzept, das allein programmtechnischen Datenzugriff auf multidimensionale Daten regelt. Es besitzt implizit theoretische Voraussetzungen und Grundlagen, die im Konzept und seiner Dokumentation selbst nicht expliziert werden. Diese Grundlagen sind jedoch für das Verständnis nicht nur des OLE DB for OLAP Konzepts, sondern auch ganz praktisch für das Erstellen von Objekten (Dimensionen, Measures, Cubes etc.) mit dem OLAP Server erforderlich. Glücklicherweise hat die wissenschaftliche Diskussion um die Probleme von Data Warehouse, OLAP, multidimensionale Datenbanken etc. in den letzten Jahren viele Fragen geklärt, so daß man auch auf diesem Gebiet von einer zunehmenden Vereinheitlichung im Gebrauch der Begriffe und der Sichtweise analytischer Zusammenhänge sprechen kann.

Vorgehensweise im Buch

Aus den angeführten Gründen beschränkt sich dieses Buch nicht auf eine reine Beschreibung und Erklärung des OLAP Servers, wenngleich dieser im Mittelpunkt der Ausführungen steht. Vielmehr erschien es mir sinnvoll, auch wichtige Grundlagen und Themen, die mit dem OLAP Server verbunden sind, zu behandeln. So erklärt sich der folgende Aufbau des Buches.

Kap. 2, OLAP Konzepte. Grundlagen. Hier wird das Konzept multidimensionaler Datenbanken dargestellt, und zwar ganz unabhängig und losgelöst vom Microsoft OLAP Server. Hier wird auch der Begriff OLAP, der dem neuen Produkt ja schließlich als Namensgeber gedient hat, erklärt. Darüber hinaus werden Sie mit grundlegenden Merkmalen des OLAP Konzepts wie Dimensionen, Measures, Cubes, Dimensionstabellen und Faktentabellen sowie mit unterschiedlichen Speicherkonzepten bekannt gemacht.

Kap. 3, Installation der OLAP Services. Obwohl die Installation der OLAP Services im Prinzip einfach ist, weil sie von Dialogfeldern begleitet wird, sind dennoch verschiedene Überlegungen zu beachten, weil je nach Betriebssystem unterschiedliche Voraussetzungen geschaffen werden müssen und je nach Kontext verschiedene Optionen gewählt werden können. Daher ist der Installation verhältnismäßig viel Raum gewidmet worden.

Kap. 4, Produkt- und Systemüberblick. Obwohl fast jedes Feature der OLAP Services in den einzelnen Kapiteln des Buches mehr oder minder ausführlich behandelt wird, erschien es mir besser, Sie in einem eigenen Kapitel mit den Leistungen der OLAP Services in einem zusammenhängenden Überblick bekannt zu machen. Ein solcher Überblick geht leicht verloren, wenn man sich in – manchmal auch schwierige – Einzelheiten vertieft.

Kap. 5, Verwaltung des OLAP Servers mit dem OLAP Manager. Überblick. Der OLAP Manager, der als Snap-In in die Microsoft Management Console eingebaut ist, stellt die zentrale Benutzerschnittstelle zum OLAP Server dar. Soweit Sie den OLAP Server nicht mit Hilfe des Objektmodells DSO (vgl. weiter unten) steuern – dies dürfte stets die Ausnahme sein –, geschieht dies mit dem OLAP Manager. Im OLAP Manager werden beispielsweise Datenbanken erstellt und gepflegt, Dimensionen und Measures gebildet, Cubes erzeugt, Daten mit dem Cube Browser betrachtet etc. Sie müssen den OLAP Manager daher als erstes Feature der OLAP Services kennenlernen, bevor Sie komplexere Aufgaben zu erledigen versuchen.

Kap. 6, Einen OLAP Cube erstellen: Überblick und Tutorium. In diesem Kapitel geht es darum, eine ganzheitliche Aufgabe, die mit dem OLAP Server zu erledigen ist, zusammenhängend kennenzulernen. Sie erstellen in diesem Tutorium einen kompletten Cube, für den das Material als Beispiel auf der CD-ROM, die diesem Buch beigefügt ist, geliefert wird. Im Vergleich zu dem *Tutor*, der vom Setupprogramm der OLAP Services installiert wird und von der OLAP Management Console aus aufgerufen werden kann, ist dieses Tutorium im begleitenden Text wesentlich ausführlicher.

Kap. 7, Design der OLAP Datenbasis. Der OLAP Server erstellt und verwaltet multidimensionale Cubes. Dazu benötigt er als Datenbasis eine relationale Datenbank, die inhaltlich den Charakter eines Data Warehouse hat und formal in einer bestimmten Weise aufgebaut sein muß, damit die Cubes in sinnvoller Weise aus Dimensionen und Measures gebildet werden können. Dieses Kapitel beschäftigt sich mit der Frage, wie die Datenbank, aus der ein oder mehrere Cubes gebildet werden, modelliert sein muß. Es hat zentrale Bedeutung für die folgenden fünf Kapitel, in denen jeweils eine stimmige Datenbasis vorausgesetzt wird.

Kap. 8, Dimensionen. Zusammen mit den *Measures* bilden die *Dimensionen* das definitorische Ständerwerk eines Cube. Der Microsoft OLAP Server unterscheidet zwischen *Gemeinsamen* und *Privaten Dimensionen.* Sind die Privaten Dimensionen die Ausnahme und werden zusammen mit dem Cube selbst definiert, so stellen die Gemeinsamen Dimensionen den Regelfall dar. Gemeinsame Dimensionen können Basis für mehr als einen Cube sein. Sie müssen daher logischerweise existieren, bevor ein Cube, der auf ihnen aufbaut, definiert wird. Dieses Kapitel erklärt die Verwendung Gemeinsamer und Privater Dimensionen.

Kap. 9, Cubes. Hier werden alle Möglichkeiten dargestellt, Cubes zu erstellen und zu bearbeiten. Dazu zählt auch die Definition von Measures, der Umgang mit dem Cube Browser, das Erstellen eines Speicher- und Aggregationsdesign, das Aufbereiten von Cubes sowie die Bearbeitung von Cube Eigenschaften.

Kap. 10, Berechnete Elemente. Es gehört zum Konzept des Microsoft OLAP Servers, auf Basis vorhandener Dimensionen und Measures neue Dimensionselemente und Measures zu berechnen. Diese werden dann *berechnete Dimensionen* bzw. *berechnete Measures* genannt. Mit den berechneten Elementen wird dem Benutzer ein sehr mächtiger Hebel zur Verfügung gestellt, der, in Verbindung mit einem reichen Vorrat an integrierten Funktionen, die analytische Potenz eines Cube stark vergrößern kann. Zum Bilden und Bearbeiten berechneter Elemente stellt der Cube-Editor den *Generator für berechnete Elemente* zur Verfügung.

Kap. 11, Partitionen. Zur Optimierung des Zielkonflikts zwischen Abfrageperformance und Speicherbedarf eines Cube kann der Benutzer einen Cube aus mehreren Partitionen bilden, von denen für jede ihr eigenes Speicher- und Aggregationsdesign festgelegt werden kann. Dieses Kapitel behandelt die Möglichkeiten, Vor- und Nachteile sowie auch die noch bestehenden Tücken dieses Konzepts.

Kap. 12, Virtuelle Cubes. Ein virtueller Cube stellt eine Sicht auf einen oder mehrere reale Cubes dar und ist daher mit einer Abfrage in einer relationalen Datenbank vergleichbar. Dieses sehr bequem handhabbare Werkzeug erlaubt dem Datenbank-Administrator, den Benutzern einen modularen, auf die jeweiligen Bedürfnisse zugeschnittenen Zugriff auf die multidimensionalen Daten des OLAP Servers einzurichten.

Kap. 13, Zugriffsrechte. Die Zugriffsrechte, die der OLAP Server verwaltet, sind in das Sicherheitskonzept von Windows integriert. Dieses Kapitel zeigt, wie Zugriffe für den Benutzer des OLAP Servers via OLAP Management Console und für Benutzer von OLAP Clients definiert und verwaltet werden.

Kap. 14, MDX: Abfragesprache für OLAP. Wie bereits eingangs dieses Kapitels erwähnt, hat Microsoft mit dem OLAP Server auch eine multidimensionale Ergänzung zu SQL entwickelt, die MDX (Multidimensional Expressions) genannt wird. Dieses Sprachkonzept wird hier dargestellt und an zahlreichen Beispielen erläutert.

Kap. 15, MDX-Funktionen. Um das vorangehend genannte Kapitel in der Länge nicht zu überfrachten, wurden die zahlreichen MDX-Funktionen, die zum Sprachumfang der MDX-Version des OLAP Servers gehören, in ein eigenes Kapitel ausgelagert. Dies ermöglicht das schnellere Nachschlagen nach einzelnen Funktionen, die hier jeweils mit einem oder mehreren Beispielen erläutert werden.

Kap. 16, Client Zugriffe mit ADO und ADO MD. Der OLAP Server selbst fungiert einzig und allein als Server, dessen Leistungen im Allgemeinen um Software ergänzt werden müssen, die als OLAP Client bezeichnet werden kann. Clients können über bestimmte Schnittstellen auf den OLAP Server zugreifen. In diesem Kapitel wird ausführlich gezeigt, wie Sie mit der Programmiersprache Visual Basic bzw. Visual Basic for Applications mit dem Objektmodell ADO MD auf Cubes des OLAP Servers zugreifen können.

Kap. 17, DSO: OLAP Server programmieren. Die Administration des OLAP Servers erfolgt normalerweise mit der Management Console des OLAP Managers, die ausführlich in Kap. 5, *Verwaltung des OLAP Servers mit dem OLAP Manager: Überblick,* behandelt wird. Der OLAP Server ist aber auch als Objektmodell verfügbar, auf das mit Visual Basic (for Applications) zugegriffen werden kann. Auf diese Weise können beispielsweise die Aktualisierung von Daten oder andere Wartungsarbeiten mit Visual Basic automatisch erledigt werden.

Kap. 18, Lokale Cubes erstellen. Ein Cube des OLAP Servers kann auch als einzelne Datei dargestellt werden, auf die ein Client dann genauso zugreifen kann wie auf einen Server Cube. Dadurch wird es u.a. möglich, Cubes auf einfache Weise zu portieren, beispielsweise auf ein Notebook. In diesem Kapitel wird gezeigt, wie eine lokale Cubedatei erstellt wird. Sie finden dort auch ein Visual Basic Projekt, das den ansonsten recht komplizierten Vorgang, aus einem bestehenden Cube des OLAP Servers einen lokalen Cube zu erzeugen, durch Dialogfelder gesteuert ausführen läßt.

Kap. 19, OLAP Frontends – Beispiele. Es wurde bereits erwähnt, daß zur Analyse der Cubedaten im Allgemeinen auch eine Client Software erforderlich ist, die dann gegenüber dem Backend OLAP Server als Frontend fungiert. In diesem Kapitel werden zwei Frontend Beispiele vorgestellt: *Microsoft Excel 2000* und *ReportManager* von *IntelliCube.* In Excel 2000 wurde die Funktionalität der Pivot-Tabellen und Diagramme so erweitert, daß diese als sehr gute Browser und Grafikwerkzeuge für Cubedaten des Providers MSOLAP dienen können. Der ReportManager ist darauf spezialisiert, viele Berichte auf Basis von Cubedaten zu erstellen und in einer übersichtlichen Weise zu verwalten.

Literaturverzeichnis und *Stichwortverzeichnis.* Am Ende des Buches finden Sie ein Literaturverzeichnis mit der im Text zitierten Literatur sowie ein ausführliches Stichwortverzeichnis.

CD-ROM mit Evaluationsprogrammen und Beispieldateien

Dem Buch ist eine CD-ROM beigefügt. Sie enthält außer den im Buch verwendeten Beispielen auch je ein Evaluationsprogramm für den Microsoft SQL Server 7.0, das die OLAP Services einschließt, und den ReportManager der Firma Intellicube. Die CD-ROM ist folgendermaßen strukturiert: Sie stellt zum einen eine Kopie der Evaluationsversion des Microsoft SQL Server 7.0 dar. Zusätzlich enthält sie die beiden Ordner \Intellicube und \Bspdsk, die die Dateien für den ReportManager bzw. die Beispieldateien für dieses Buch enthalten.

Microsoft SQL Server 7.0 und OLAP Services

Die Evaluationsversion des SQL Server 7.0 umfaßt nicht nur die in diesem Buch behandelten OLAP Services, sondern beinhaltet den gesamten Umfang des SQL Server 7.0 Pakets. Das bedeutet, daß Sie neben den OLAP Services auch alle anderen Komponenten dieses Pakets installieren können – so auch den SQL Server 7.0 selbst. Die Evaluationsversion bietet den unbeschränkten Funktionsumfang des Microsoft SQL Server 7.0 Pakets. Sie weist lediglich die Beschränkung auf, daß sie nur 120 Tage ab dem Installationstag läuft. Die Installation der OLAP Services ist ausführlich in Kap. 3, Installation der OLAP Services, beschrieben. Dem unbeschränkten SQL Server 7.0 Paket liegt eine weitere CD-ROM bei, von der aus Sie das Service Pack 4 für das Betriebssystem Windows NT 4.0 installieren können. Dies gilt nicht für die Evaluationsversion, für deren Funktionieren allerdings ebenfalls die vorherige Installation des NT Service Pack 4 vorausgesetzt ist. Microsoft stellt dieses Service Pack im Internet als kostenloses Download zur Verfügung. Sie finden es unter der folgenden Adresse:

http://download.eu.microsoft.com/germany/bussys/winnt/winnt-public/fixes/ger/40.sp4/

sowie unter

ftp://ftp.microsoft.com/bussys/winnt/winnt-public/fixes/ger/
ftp://ftp.microsoft.com/bussys/winnt/winnt-public/fixes/usa/nt40/ussp4/ (US Version)

ReportManager von Intellicube

Im Ordner \Intellicube der CD-ROM finden Sie die Datei Rm_dss_g.zip. Zum Installieren des ReportManagers müssen Sie diese Datei in einen beliebigen Ordner Ihrer Festplatte entpacken. Unter den entpackten Dateien finden Sie dann die Datei Setup.exe. Starten Sie diese, um den ReportManager zu installieren. Die Evaluationsversion des ReportManagers stellt Ihnen den vollen Funktionsumfang in dessen Entwicklungsstadium von Januar 1999 zur Verfügung. Die Beschränkung liegt darin, daß er nur auf die Beispieldatenbank FoodMart des Microsoft OLAP Servers, nicht jedoch auf eine andere, zugreifen kann. Vor dem Installieren des ReportManagers muß der OLAP Server mit dieser Beispieldatenbank installiert sein. In Kap. 19, OLAP Frontends – Beispiele, werden einige Funktionen des ReportManagers kurz beschrieben.

Beispieldateien dieses Buchs

Die Beispieldateien, auf die in diesem Buch ausdrücklich zu Ihrer Verwendung verwiesen wird, befinden sich im Ordner \Bspdsk. Dieser enthält die vier Unterordner \ADOMD, \DSO, \Datenbanken und \LocalCube, die auf die entsprechenden Themen des Buchs verweisen. Weitere Hinweise entnehmen Sie bitte der Readme-Datei im Ordner \Bspdsk.

2 OLAP Konzepte: Grundlagen

2.1 Begriff OLAP

Der Begriff OLAP ist eine Abkürzung für **O**n-line **A**nalytical **P**rocessing. Er wurde erstmalig im September 1993 in einem White Paper von E.F. Codd, S.B. Codd und C.T. Salley geprägt[1]. (E.F. Codd ist vor allem als »Erfinder« des Konzepts relationaler Datenbanken bekannt.) Die Autoren prüfen in diesem Papier die Frage, inwieweit herkömmliche relationale Datenbanken und die damit verbundene Abfragesprache SQL geeignet sind, eine multidimensionale Datenanalyse zu leisten. Unter einer multidimensionalen Analyse verstehen sie vor allem, Daten zu konsolidieren, in verschiedener Weise darzustellen und so zu analysieren, daß dies für verschiedene Personen im Unternehmen einen Sinn ergibt. Anstelle des Begriffs multidimensionale Datenanalyse schlagen sie den Begriff OLAP vor, der nach ihrer Meinung die multidimensionale Datenanalyse als ein Feature neben anderen enthält. Schaut man in die Veröffentlichungen der letzten Jahre, so werden die beiden Begriffe multidimensional bzw. OLAP weitgehend synonym verwendet. Dabei scheint der Begriff OLAP die Oberhand zu gewinnen, wenn es um mehr technische Zusammenhänge geht. Das Wort multidimensional wird dagegen meistens verwendet, wenn es um die Charakterisierung inhaltlicher Datenstrukturen geht. So spricht man heute in aller Regel von einem OLAP Server statt von einem multidimensionalen Datenbankserver. Andererseits wird eine Analyse multidimensionaler Daten in der Regel auch so bezeichnet und nicht etwa als OLAP Datenanalyse. Letztendlich läßt sich aber eine trennscharfe begriffliche Abgrenzung von OLAP und multidimensional nicht angeben.

Daß Codd u.a. den Begriff OLAP neu geprägt haben, hat natürlich einen realen Hintergrund. Bereits in den achtziger Jahren war bei Managern das Bedürfnis immer stärker geworden, Werkzeuge zur Analyse der Unternehmensdaten zur Verfügung zu haben. Daher wurden verschiedene Systeme entwickelt und auf dem Markt angeboten, die unter Bezeichnungen wie MIS oder EIS (Management oder Executive Information System) eine einfache, bequeme und schnelle Analyse der wichtigsten Daten des Unternehmens versprachen. Diese Systeme waren allerdings in aller Regel starr. Sie erlauben es dem Anwender – d.h. dem Manager – nicht, flexibel auf geänderte Unternehmens- und damit Datenstrukturen zu reagieren. In derartigen Fällen mußte statt dessen stets eine Anpassung des MIS durch EDV-Fachleute erfolgen. Vor allem wegen dieser Starrheit hatte die erste Generation der Ma-

1. Vgl. [COSA93].

nagement-Informationssysteme keinen Erfolg. Gleichwohl wurde das Bedürfnis nach einfacher, leistungsfähiger und flexibler Analyse durch das Management immer größer. Im Prinzip hätte dieses Bedürfnis in den Fällen, in denen mit relationalen Datenbanksystemen gearbeitet wird, befriedigt werden können, denn die dazugehörige Abfragesprache SQL erlaubt grundsätzlich, Sichten der unterschiedlichsten Art auf die Daten in flexibler Weise zu erzeugen. Allerdings stoßen SQL-Abfragen in vielen Fällen auch auf Grenzen. Diese zeigen sich vor allem in der Performance und in einer mangelnden Funktionalität für multidimensionale Fragestellungen, vgl. weiter unten in diesem Kapitel Punkt 2.2, *Möglichkeiten und Grenzen von SQL*.

Der Begriff OLAP wird oft im Gegensatz und Unterschied zu einem relationalen, transaktionsorientierten Datenbanksystem verwendet. Dabei hat sich die Bezeichnung OLTP für *Online Transaction Processing* eingebürgert. So wird vielfach von einem OLTP Server im Unterschied zu einem OLAP Server gesprochen, wenn auf einen transaktionsorientierten Datenbankserver verwiesen werden soll.

2.2 Möglichkeiten und Grenzen von SQL

Daß Benutzer mit unterschiedlichen Fragestellungen an die Daten herangehen, ist nichts prinzipiell Neues. Für die relationalen Datenbanken ist bekanntlich eine eigene Sprache – das SQL – entwickelt worden, damit auf möglichst einfache, der natürlichen (englischen) Sprache angenäherte Weise die unterschiedlichsten Sichten auf die Daten erzeugt werden können. Abgesehen von ganz spezifischen Fragestellungen lassen sich die meisten Sichten auf Daten – auch konsolidierte mehrdimensionale – mit SQL-Select-Anweisungen erzeugen. Die Möglichkeiten, aber auch die Grenzen dieses Weges sollen im Folgenden aufgezeigt werden. Als Beispiel wird die Datenbank *Nordwind.mdb* herangezogen, die als Beispieldatenbank dem Programm MS Access 97 beigefügt ist. Bild 2.1 gibt einen Ausschnitt der drei Tabellen dieser Datenbank wieder, für die mit Hilfe einer SQL-Abfrage eine multidimensionale Sicht erzeugt werden soll.

Abbildung 2.1: Drei Tabellen aus der Datenbank »Nordwind.mdb«.

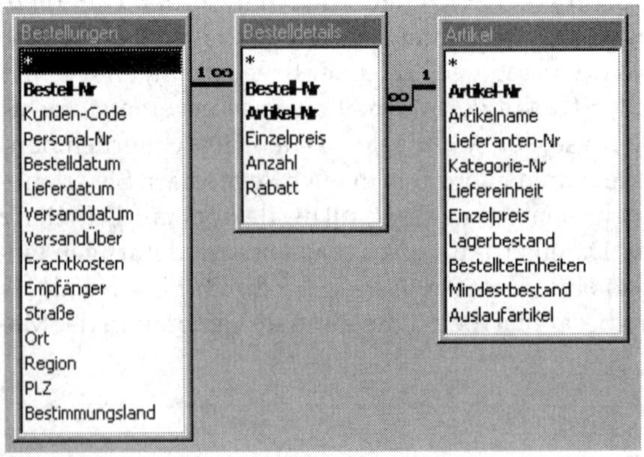

Die Tabellen erlauben eine Antwort auf die folgende Frage:

Wie verteilt sich der Umsatz im Zeitraum 01.01.95 – 31.12.96 auf die Dimensionen »Bestelljahr«, »Quartale« und »Kategorie«?

Auf Basis von Standard-SQL wäre die folgende SQL-Abfrage erforderlich, um die in Bild 2.2 wiedergegebene Verteilung des Artikelumsatzes auf *Kategorie, Quartale* und *Bestelljahr* zu erzeugen:

```
SELECT [Kategorie-Nr], "Quartal " & DatePart("q",[Bestelldatum],1,0)
AS Quartale, Year([Bestelldatum]) AS Bestelljahr,
Sum(CCur([Bestelldetails].[Einzelpreis]*[Anzahl]*(1-[Rabatt])/
100)*100) AS Artikelumsatz
FROM Bestellungen INNER JOIN (Artikel INNER JOIN Bestelldetails ON
Artikel.[Artikel-Nr] = Bestelldetails.[Artikel-Nr]) ON
Bestellungen.[Bestell-Nr] = Bestelldetails.[Bestell-Nr]
WHERE (((Bestelldatum) Between #1/1/95# And #12/31/96#))
GROUP BY [Kategorie-Nr], "Quartal " &
DatePart("q",[Bestelldatum],1,0), Year([Bestelldatum])
ORDER BY Year([Bestelldatum]);
```

Kategorie	Quartale	Bestelljahr	Artikelumsatz
Getränke	Quartal 1	1995	34.181,80 DM
Getränke	Quartal 2	1995	33.133,48 DM
Getränke	Quartal 3	1995	17.211,56 DM
Getränke	Quartal 4	1995	17.952,60 DM
Gewürze	Quartal 1	1995	12.878,37 DM
Gewürze	Quartal 2	1995	12.642,55 DM
Gewürze	Quartal 3	1995	11.595,12 DM
Gewürze	Quartal 4	1995	13.925,76 DM
Süßwaren	Quartal 1	1995	21.979,63 DM
Süßwaren	Quartal 2	1995	22.438,35 DM
Süßwaren	Quartal 3	1995	15.743,10 DM
Süßwaren	Quartal 4	1995	19.591,13 DM
Milchprodukte	Quartal 1	1995	25.603,90 DM
Milchprodukte	Quartal 2	1995	25.940,07 DM
Milchprodukte	Quartal 3	1995	27.669,69 DM
Milchprodukte	Quartal 4	1995	37.281,77 DM
Getreideprodukte	Quartal 1	1995	11.435,50 DM
Getreideprodukte	Quartal 2	1995	11.979,25 DM
Getreideprodukte	Quartal 3	1995	16.218,90 DM
Getreideprodukte	Quartal 4	1995	14.189,82 DM

Abbildung 2.2: Verteilung des Artikelumsatzes auf »Kategorie«, »Quartale« und »Bestelljahr« entsprechend der voranstehenden SQL-Anweisung (Ausschnitt).

Die tabellarische Darstellung in Bild 2.2 bietet zwar einen vollständigen Überblick der angeforderten Verteilung, sie liefert jedoch unnötig viele Zeilen, weil für jede Kombination aus *Kategorie* und *Quartal* eine eigene Zeile ausgegeben wird. Viel übersichtlicher wäre die Darstellung, wenn das Ergebnis in einer Kreuztabelle wiedergegeben würde, mit den Kategorien als Zeilen- und den Quartalen als Spaltenbeschriftungen. Kreuztabellen können jedoch mit Standard-SQL nicht erzeugt werden.

Das Datenbankprogramm MS Access bietet allerdings mit der TRANSFORM-Anweisung eine Erweiterung von SQL an, so daß damit eine Kreuztabelle erzeugt werden kann. Diese ist in Bild 2.3 wiedergegeben.

Abbildung 2.3: Darstellung der Daten aus Bild 2.2 als Kreuztabelle.

Kategorie	Bestelljahr	Quartal 1	Quartal 2	Quartal 3	Quartal 4
Getränke	1995	34.181,80 DM	33.133,48 DM	17.211,56 DM	17.952,60 DM
Gewürze	1995	12.878,37 DM	12.642,55 DM	11.595,12 DM	13.925,76 DM
Süßwaren	1995	21.979,63 DM	22.438,35 DM	15.743,10 DM	19.591,13 DM
Milchprodukte	1995	25.603,90 DM	25.940,07 DM	27.669,69 DM	37.281,77 DM
Getreideprodukte	1995	11.435,50 DM	11.979,25 DM	16.218,90 DM	14.189,82 DM
Fleischprodukte	1995	23.360,67 DM	13.007,43 DM	14.618,04 DM	26.178,61 DM
Naturprodukte	1995	8.575,34 DM	12.670,26 DM	11.757,70 DM	12.970,38 DM
Meeresfrüchte	1995	6.966,11 DM	13.550,05 DM	19.857,17 DM	23.822,19 DM
Getränke	1996	72.721,20 DM	54.180,32 DM		
Gewürze	1996	16.856,07 DM	21.746,24 DM		
Süßwaren	1996	29.686,76 DM	34.105,30 DM		
Milchprodukte	1996	38.990,70 DM	48.993,33 DM		
Getreideprodukte	1996	21.325,19 DM	13.282,01 DM		
Fleischprodukte	1996	39.612,68 DM	26.388,08 DM		
Naturprodukte	1996	14.856,70 DM	28.459,23 DM		
Meeresfrüchte	1996	30.986,52 DM	19.831,93 DM		

Die Kreuztabellendarstellung in Bild 2.3 ist bereits wesentlich übersichtlicher als die tabellarische Wiedergabe in Bild 2.1. Sie weist jedoch ebenfalls noch einen Mangel auf, der darin besteht, daß das Bestelljahr als eigene Spalte mit stets wiederkehrenden Werten behandelt ist. Dies liegt daran, daß eine Kreuztabelle nur eine zweidimensionale Darstellung zuläßt, hier aber mit *Kategorie, Bestelljahr* und *Quartal* drei Dimensionen berücksichtigt werden sollen. Das Problem verschärft sich noch in dem Maße, in dem die Anzahl der Dimensionen zunimmt. Daher kann auch die Darstellungsweise aus Bild 2.3 nicht überzeugen. Es gehört mittlerweile zum Standard, daß mehrdimensionale Übersichten in der Art dargestellt werden, wie dies in Bild 2.4 geschehen ist. Dort wird gezeigt, wie die Zahlen aus den voranstehenden Übersichten in einer Excel Pivot-Tabelle wiedergegeben werden. Zwei Dimensionen – hier *Kategorie* und *Quartal* – werden direkt in der Tabelle wiedergegeben. Die dritte Dimension – hier *Bestelljahr* – und gegebenenfalls weitere werden auf sogenannte *Seitenfelder* verteilt, die als Dropdown-Listen konfiguriert sind. Eine Pivot-Tabelle ist ein idealer Browser für mehrdimensionale Darstellungen.

Die voranstehenden Überlegungen und Darstellungen zeigen einerseits, daß sich mit Hilfe von SQL SELECT-Anweisungen prinzipiell Views auf Daten erzeugen lassen, die verschiedene Dimensionen berücksichtigen. Jedoch unterliegt die Handhabbarkeit der SQL-Anweisungen und die Interpretationsmöglichkeit der erzeugten Views erheblichen Einschränkungen: Für jede neue Kombination von Dimensionen bzw. von deren Elementen muß eine neue SQL-Anweisung geschrieben werden, wobei jede einzelne Anweisung relativ komplex ist und daher vom nicht spezialisierten Manager kaum formuliert werden kann. Bei großen Datenmengen führt dies zu Performanceproblemen, weil jede neue Sicht auf die Daten stets erneute Berechnungen der Aggregationen erforderlich macht.

	A	B	C	D	E	F
1						
2	Bestelljahr	1995				
3						
4	Artikelumsatz	Quartale				
5	Kategorie	Quartal 1	Quartal 2	Quartal 3	Quartal 4	Insgesamt
6	Fleischprodukte	23360,67	13007,43	14618,04	26178,61	77164,75
7	Getränke	34181,8	33133,48	17211,56	17952,6	102479,44
8	Getreideprodukte	11435,5	11979,25	16218,9	14189,82	53823,47
9	Gewürze	12878,37	12642,55	11595,12	13925,76	51041,8
10	Meeresfrüchte	6966,11	13550,05	19857,17	23822,19	64195,52
11	Milchprodukte	25603,9	25940,07	27669,69	37281,77	116495,43
12	Naturprodukte	8575,34	12670,26	11757,7	12970,38	45973,68
13	Süßwaren	21979,63	22438,35	15743,1	19591,13	79752,21
14	Insgesamt	144981,32	145361,44	134671,28	165912,26	590926,3

Abbildung 2.4: Wiedergabe der Übersicht als Excel Pivot-Tabelle.

Views mit mehr als einer Dimension können nur sehr schlecht interpretiert werden, weil die Ergebnisse von SQL-Abfragen in flachen Tabellen ausgegeben werden, wobei jede Kombination der Dimensionselemente in einer eigenen Zeile wiedergegeben wird.

Für einen bequemen und schnellen Zugriff auf multidimensionale Daten sind daher eigene OLAP Werkzeuge erforderlich, die dem Benutzer das Ergebnis in leicht interpretierbarer Form ausgeben.

2.3 Grundlegende Merkmale des multidimensionalen Konzepts

2.3.1 Dimensionen

Der Begriff *Multidimensionalität* setzt den der Dimension voraus. Daher muß zunächst einmal geklärt werden, was hierunter zu verstehen ist. Der Prozeß der Datenanalyse im Unternehmen beschäftigt sich im allgemeinen nicht (nur) mit den Detaildaten, wie sie aus den einzelnen Geschäftsvorfällen aufgezeichnet wurden, sondern mit konsolidierten (aggregierten) Daten verschiedenster Ebenen. Entscheidend in diesem Zusammenhang ist die Sichtweise der Benutzer, hier der Manager, und nicht der Datenbankadministratoren. Ein Controller beispielsweise geht mit folgender Fragestellung an die Unternehmensdaten heran: Wie hat sich der Umsatz für Gabelstapler mit 1t Tragkraft im ersten Quartal 1998 gegenüber dem Vorjahresquartal im Verkaufsgebiet Spanien/Portugal entwickelt? Wenn er die Antwort auf diese Frage erhalten hat, möchte er möglicherweise sofort wissen, wie denn die entsprechende Umsatzveränderung für Gabelstapler mit 1,5t Tragkraft gewesen ist, und anschließend will er vielleicht wissen, wie die entsprechende Entwicklung in Europa für alle Förderfahrzeuge war. All dies setzt Konsolidierungen verschiedenster Art und Stufen voraus. »Konsolidierung von Daten ist der Prozeß, in dem Teile von Informationen zu einzelnen Blöcken relevanten Wissens zusammengeführt werden. Die höchste Ebene im Pfad einer Datenkonsolidierung wird als *Dimension* dieser Daten bezeichnet.«[2] So können die Umsätze eines Unternehmens in verschiedener Hinsicht konsolidiert werden, beispielsweise nach dem Lieferziel, dem Produkt oder der Zeit. Der Konsolidierungspfad nach der Dimension *Lieferziel* könnte beispielsweise die folgenden Ebenen aufweisen: *Belieferte Firma – Ort – Land – Region*. Eine Aggregierung nach der Dimension *Zeit* könnte in den Stufen *Tag – Woche – Monat – Quartal – Jahr* erfolgen. Im allgemeinen existiert eine ganze Anzahl von Dimensionen, von denen aus vorhandene Daten analysiert werden können. »Diese Mehrfachperspektive bzw. multidimensionale konzeptionelle Sichtweise scheint die Art und Weise zu sein, in der die meisten Geschäftsleute natürlicherweise ihr Unternehmen betrachten. Jede dieser Sichten ist als eine zugehörige Datendimension zu betrachten. Die simultane Analyse multipler Datendimensionen wird als multidimensionale Datenanalyse bezeichnet.«[3]

Die einzelnen Ausprägungen einer Dimension werden *Elemente* (*members*) genannt. In Bild 2.5 beispielsweise weist die Dimension *Produkt* die Elemente *Fleischprodukte, Getränke, ... Süßwaren* (hier zusammengefaßt unter dem Begriff *Kategorie*) auf, während die Dimension *Lieferziel* die Elemente *Europa, Nordamerika* und *Südamerika* (hier zusammengefaßt unter dem Begriff *Region*) enthält. Die Elemente der dritten Dimension *Zeit* sind nicht erkennbar, weil diese Dimension in der Darstellung als sogenanntes *Seitenfeld* gehandhabt wird. Weiter unten wird allgemein gezeigt, wie moderne Browser mehrdimensionale Datenstrukturen auf dem zweidimensionalen Bildschirm darstellen.

Abbildung 2.5: Darstellung einer dreidimensionalen Datenmenge in einer Excel 2000 Pivot-Tabelle.

Zeit	All			
Umsatz	Region			
Kategorie	Europa	Nordamerika	Südamerika	Insgesamt
Fleischprodukte	112.952 DM	49.660 DM	15.576 DM	178.189 DM
Getränke	151.872 DM	77.191 DM	57.464 DM	286.527 DM
Getreideprodukte	62.953 DM	26.176 DM	11.598 DM	100.727 DM
Gewürze	73.856 DM	23.566 DM	16.272 DM	113.695 DM
Meeresfrüchte	85.379 DM	30.502 DM	25.742 DM	141.623 DM
Milchprodukte	157.563 DM	52.081 DM	41.634 DM	251.278 DM
Naturprodukte	78.103 DM	12.578 DM	14.588 DM	105.269 DM
Süßwaren	103.891 DM	48.106 DM	25.102 DM	177.099 DM
Insgesamt	826.569 DM	319.861 DM	207.976 DM	1.354.406 DM

Dimensionen haben für multidimensionale Daten Schlüsselcharakter, denn mit ihrer Hilfe werden bestimmte Datenmengen identifiziert (Definition und Zugriff): Jede Kombination von Elementen der Dimensionen muß zu einer eindeutigen Datenmenge führen. Insofern besteht eine Analogie der Dimensionen multidimensionaler zu den Schlüsseln relationaler Daten.

2. [COSA93], Abschnitt »OLAP concepts«. Übersetzung G.B.
3. Ebenda. Übersetzung G.B.

2.3.2 Measures

Als *Measures*[4] werden die Werte bezeichnet, auf die mit Hilfe der Dimensionen zugegriffen werden soll. In der Darstellung in Bild 2.5 ist der *Umsatz* als Measure zu erkennen. Eine multidimensionale Datenmenge muß mindestens ein Measure aufweisen, sie kann mehrere enthalten. Beispielsweise könnte eine multidimensionale Datenmenge eines Versandhandelsunternehmens die Measures *Umsatz*, *Menge* und *Frachtkosten* enthalten.

Multidimensionale Datenmengen enthalten in aller Regel (auch) aggregierte Werte, weil es unter analytischen Gesichtspunkten im allgemeinen ziemlich sinnlos ist, nur die Detaildaten vorzuhalten. Aggregiert werden stets die Werte der Measures. Das leistungsfähigste Aggregationsverfahren ist die Summierung (oder davon abgeleitete Verfahren wie Mittelwerte oder Streuungen). Diese setzt numerische Werte in den Measures voraus. Viele multidimensionale Werkzeuge – so auch der OLAP Server von Microsoft – setzen numerische Werte in den Measures voraus. Wenn die Measures nicht-numerische Werte wie Text- oder Wahrheitswerte enthalten, ist das Aggregationsverfahren im allgemeinen das Auszählen (counting).

2.3.3 Hierarchien

Die Elemente von Dimensionen können hierarchisch aufgebaut sein. Eine geografische Dimension beispielsweise könnte die Hierarchieebenen *Region – Land – Ort – Firma* aufweisen. Hierarchien lassen sich sehr gut als Baumstrukturen darstellen und mit entsprechenden Dialogfeldern einfach handhaben. Bild 2.6 zeigt, wie die hierarchisierten Elemente einer geografischen Dimension dargestellt und zur Auswahl angeboten werden können.

OLAP bzw. multidimensionale Datenanalyse läuft im allgemeinen darauf hinaus, mit der Perspektive verschiedener Kombinationen aus den Dimensionselementen unterschiedliche Sichten auf die Unternehmensdaten vorzunehmen. Dabei ist es für den Analyseprozeß kennzeichnend, daß einzelne Sichten schnell von anderen gefolgt werden können. Insbesondere erfordert die Auswertung multidimensionaler Daten die Möglichkeit eines schnellen *Drill down* und *Roll up*.

Unter Drill down wird der Prozeß verstanden, die Daten einer bestimmten Konsolidierungsebene – d.h. einer bestimmten Hierarchieebene einer Dimension – systematisch und einfach eine oder mehrere Detaillierungsstufen niedriger wiederzugeben. Unter Roll up wird der umgekehrte Vorgang verstanden.

---

4. In der Literatur finden sich für dieses Wort unterschiedliche Übersetzungen ins Deutsche, beispielsweise »Kennzahl«, »Maßzahl« oder »Maß«. Microsoft hat sich dagegen entschlossen, den Begriff Measure unübersetzt beizubehalten und die Eindeutschung darauf zu beschränken, daß das Wort mit einem Großbuchstaben beginnt.

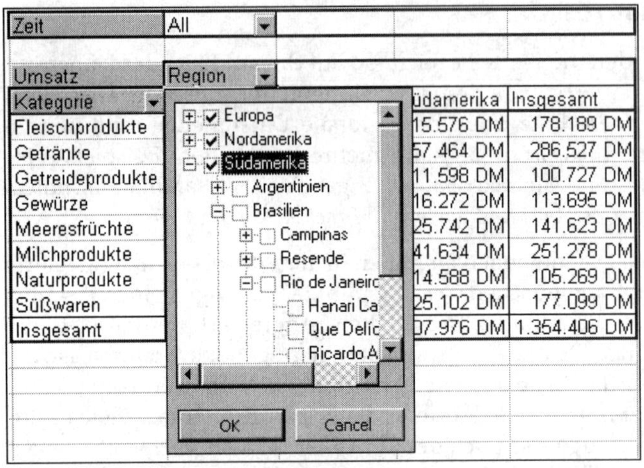

Abbildung 2.6: Excel 2000 Pivot-Tabelle: Aufgeschlagenes Dialogfeld zur Auswahl von Dimensionselementen in der Hierarchie einer geografischen Dimension.

Das in Bild 2.6 wiedergegebene Dialogfeld mit der Baumstruktur der Hierarchieebenen ermöglicht eine schnelle und gezielte Änderung der Perspektive auf die Daten, indem ein Drill down oder ein Roll up für die geografische Dimension vorgenommen wird. Viele multidimensionale Browser ermöglichen ein stufenweises Drill down und Roll up durch Doppelklicken auf das entsprechende Dimensionsfeld in der tabellarischen Darstellung der multidimensionalen Daten, wodurch Drill down und Roll up noch einfacher werden.

2.3.4 Cube, Hypercube

Dimensionen und Measures zusammen definieren Struktur und Inhalt einer multidimensionalen Datenmenge. Diese wird im allgemeinen als *Cube* (Würfel) oder *Hypercube* bezeichnet. Es ist üblicher Sprachgebrauch, diese beiden englischen Wörter nicht ins Deutsche zu übersetzen, sondern sie als Termini zu übernehmen.

Der Begriff Cube ist natürlich nicht wörtlich, sondern bildlich zu nehmen. Es handelt sich aber um ein angemessenes Bild, denn es soll darin die folgende Charakteristik multidimensionaler Datenstrukturen zum Ausdruck gebracht werden. Diese wird besonders deutlich, wenn man sie im Unterschied zur Struktur einer (normalisierten) relationalen Datenbank sieht. Deren Daten sind auf mehr oder minder viele einzelne Tabellen, die durch Beziehungen verschiedener Art (1:1, 1:n, m:n) miteinander verbunden sind, verteilt. Die Visualisierung eines relationalen logischen Datenmodells als Entity-Relationship-Diagramm erlaubt keine unmittelbare Interpretation durch den Anwender. Demgegenüber kann ein multidimensionales Modell im Prinzip sofort nachvollzogen werden, wenn seine Dimensionen und Measures bekannt sind. Dies liegt an seiner rechteckigen Struktur, die sich für bis zu drei Dimensionen (ohne Hierarchien) mit anschaulichen geometrischen Begriffen beschreiben läßt: Eine eindimensionale Datenmenge läßt sich als Vektor oder Spalte auf einem Spreadsheet beschreiben. Eine zweidimensionale Datenmenge kann als einfache Tabelle – also als Rechteck – mit Zeilen- und Spaltenbeschriftungen dargestellt werden. Eine dreidimensionale Datenmenge läßt sich in einer dreidimensionalen Grafik als Quader veranschaulichen, dessen Kanten (Höhe, Breite, Tiefe) mit den Elementen der drei Dimensionen beschriftet sind. Von dieser letzteren Anschauung stammt der Begriff *Cube*. Er ist, wie bereits erwähnt, nur als Bild zu verstehen, denn er dient auch zur Bezeichnung von vier- und mehrdimensionalen Daten.

Es gehört zum Bild des Cube, daß mit ihm *Slicing* und *Dicing* (in Scheiben schneiden und Würfeln) möglich ist. Unter Slicing versteht man, dem Datenwürfel eine beliebige Teilmenge von Daten zu entnehmen und zu analysieren. Als Dicing wird die Betrachtung der Daten aus unterschiedlichen Perspektiven (mit unterschiedlichen Elementkombinationen der Dimensionen) bezeichnet. Dies wird gelegentlich auch *Pivotierung* genannt.

Der OLAP Server von Microsoft ermöglicht es, einen Cube in *Partitionen* aufzuteilen. (Dies setzt voraus, daß Sie die Microsoft SQL Server OLAP Services Enterprise Edition installiert haben.) Auch der umgekehrte Vorgang ist im OLAP Server von Microsoft möglich: Mehrere Cubes lassen sich zu einem virtuellen Cube zusammenfassen, der dann wie ein Cube behandelt werden kann. Auf diese Zusammenhänge wird an anderer Stelle genauer eingegangen, vgl. Kap. 11, *Partitionen* und Kap. 12, *Virtuelle Cubes*.

Mit dem Terminus Cube wird die logische Struktur multidimensionaler Daten bezeichnet. In welcher Form die Daten physikalisch gehalten werden, ist eine ganz andere Frage. Hierauf wird weiter unten in diesem Kapitel im einzelnen eingegangen, vgl. Punkt 2.5, *OLAP und Data Warehouse*.

2.3.5 Dimensions- und Faktentabellen

Um einen Cube zu definieren und mit Daten zu versorgen, müssen diesem die Dimensionen mit ihren Elementen und Hierarchien sowie die Werte der Measures übergeben werden. In einigen reinen Desktop OLAP Systemen kann dies durch manuelle Eingabe in bestimmte Arbeitsblätter oder Dialogfelder geschehen. Fast alle leistungsfähigen OLAP Server verwenden dafür jedoch Tabellen einer relationalen Datenbank. Dies gilt auch für den Microsoft OLAP Server:

- Die Werte der Measures sind in einer Tabelle gespeichert, die als *Faktentabelle* (Fact Table) bezeichnet wird.
- Die Elementwerte jeder Dimension werden jeweils in einer Tabelle vorgehalten. Diese Tabellen werden *Dimensionstabellen* (Dimension Tables) genannt.
- Der Primärschlüssel jeder Dimensionstabelle erscheint als Fremdschlüssel in der Faktentabelle.

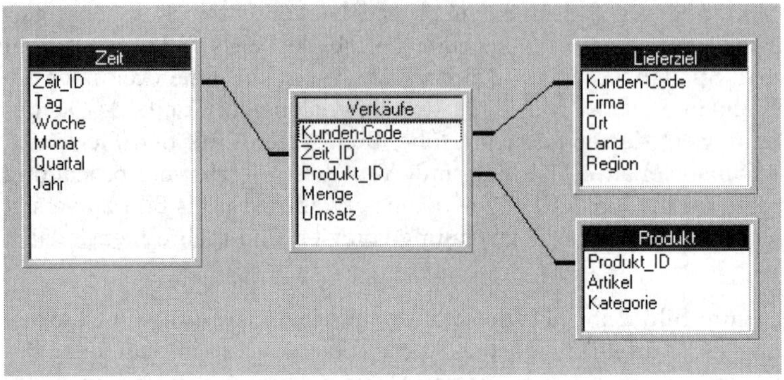

Abbildung 2.7: Die Faktentabelle Verkäufe ist mit den Dimensionstabellen Zeit, Lieferziel und Produkt entsprechend einem Star Schema verbunden.

Bild 2.7 gibt eine schematische Darstellung für die Faktentabelle *Verkäufe* und die Dimensionstabellen *Zeit, Lieferziel* und *Produkt* wieder. Diese Tabellen liegen dem Cube zugrunde, von dem in Bild 2.5 und Bild 2.6 jeweils eine bestimmte Datensicht wiedergegeben wurde. Die Faktentabelle *Verkäufe* enthält mit *Menge* und *Umsatz* einerseits zwei Felder für die Measures, andererseits die drei Fremdschlüssel *Kunden-Code, Zeit_ID* und *Produkt_ID*. Diese drei tauchen jeweils als Primärschlüssel in den drei Dimensionstabellen auf. Jede Dimensionstabelle enthält darüber hinaus ein Feld für jede Hierarchieebene.

So weist die Dimensionstabelle *Zeit* die fünf Felder *Jahr, Quartal, Monat, Woche* und *Tag* auf, welche die *Zeit* Hierarchie bilden.[5] Entsprechend sind die beiden anderen Dimensionstabellen aufgebaut.

Wenn für jede Dimension nur eine Tabelle vorgesehen ist, die jeweils alle Hierarchieebenen berücksichtigt, und jede Dimensionstabelle direkt mit der Faktentabelle verbunden ist – wie dies im Fall von Bild 2.7 zutrifft –, so wird dies als *Star Schema* bezeichnet. In diesem Falle liegen die Werte in den Dimensionstabellen in denormalisierter Form vor. Es sind aber auch andere Schemata möglich und praktikabel, beispielsweise das *Snowflake Schema* oder das *Galaxy Schema*. Hierauf sowie auf die jeweiligen Vor- und Nachteile wird im Einzelnen in Kap. 7, *Design der OLAP Datenbasis*, eingegangen. Dort werden auch weitere Fragen des Designs von Fakten- und Dimensionstabellen behandelt.

5. Mit dem OLAP Server von Microsoft können, ausgehend von einem Datumswert, verschiedene Hierarchiestufen der Zeit automatisch gebildet werden, so daß Sie in diesem Falle mit dem Datumswert in der Dimensionstabelle für die Zeit auskommen. Allerdings können Sie dann möglicherweise nicht die Abstufung realisieren, die Sie wünschen, weil Sie aus vorgegebenen Stufenfolgen wählen müssen.

2.3.6 Originäre und berechnete Dimensionen und Measures

Soweit die Werte für die Dimensionselemente und die Measures aus den Dimensions- bzw. Faktentabellen kommen, werden die Detaildaten in den Cube übernommen, und für die verschiedenen Kombinationen der Dimensionselemente werden Werte für die Measures aggregiert. Aus vorhandenen Dimensionselementen lassen sich bei modernen Cube Prozessoren auf den verschiedenen Hierarchiestufen jedoch auch neue Dimensionselemente berechnen, so daß sich sogenannte berechnete Dimensionen ergeben. Der OLAP Server von Microsoft bietet diese Möglichkeit ebenfalls an. Beispielsweise kann für die Dimension *Lieferziel* aus deren Elementen *Dänemark, Schweden, Norwegen* und *Finnland* das neue berechnete Dimensionselement *Skandinavien* gebildet werden. Das Gleiche gilt auch für Measures: Aus den Werten vorhandener Measures lassen sich neue Measures berechnen. Beispielsweise kann aus den Measures *Umsatz* und *Menge* ein neues Measure *Umsatz je Einheit* berechnet werden. Im Falle des Microsoft OLAP Servers können für die Berechnung neuer Dimensionselemente bzw. neuer Measures Formeln geschrieben werden, die auf der reichhaltigen Ausdruckssyntax der speziellen multidimensionalen Datenmanipulationssprache MDX basieren, vgl. dazu im Einzelnen Kap. 14, *MDX: Abfragesprache für OLAP*, sowie den folgenden Punkt 2.4, *OLAP SQL: MDX*.

2.4 OLAP SQL: MDX

Für relationale Datenbanken existiert seit langem die spezielle Abfragesprache SQL, die universell auf relationalen Systemen anwendbar ist, weil sie von praktisch allen OLTP-Herstellern unterstützt wird. Wir haben oben gezeigt (vgl. Punkt 2.2, *Möglichkeiten und Grenzen von SQL*), daß SQL den Anforderungen multidimensionaler Systeme nur höchst unzureichend gerecht wird. Andererseits gibt es zweifellos ein wachsendes Bedürfnis nach einer dem SQL analogen Abfragesprache, die auf multidimensionale Datenbanken anwendbar ist. Bisher gab es eine derartige Sprache nicht. Mit dem OLAP Server, der erstmalig mit dem SQL Server 7.0 ausgeliefert wird, bietet Microsoft zugleich eine spezielle multidimensionale Abfragesprache an, die sich an das relationale SQL anlehnt. Diese Sprache wird MDX (steht für **M**ulti**d**imensional E**x**pressions) genannt. Offensichtlich hofft Microsoft, daß sich MDX zum Standard mausert. Jedenfalls hat Microsoft über die reine Sprachschöpfung hinaus Anstrengungen unternommen, dieses Ziel zu erreichen: MDX kann automatisch von allen OLAP Systemen genutzt werden, deren Provider die Schnittstelle OLE DB for OLAP in ihr System integriert haben. MDX ist also – wie die Schnittstelle OLE DB for OLAP – als nicht-proprietäres Systemkonzept gedacht. Da bereits heute zahlreiche bedeutsame Anbieter ihre Absicht bekundet haben, die Schnittstelle OLE DB for OLAP zu unterstützen, besteht die begründete Vermutung, daß sich MDX im OLAP Bereich ebenso als Standard durchsetzen wird, wie dies für SQL im OLTP Bereich bereits seit langem gilt.

In Kap. 14, *MDX: Abfragesprache für OLAP,* wird MDX ausführlich und an Beispielen erklärt. An dieser Stelle sei nur ein kleines Beispiel eines MDX-Statement wiedergegeben, um die Analogie zu SQL zu verdeutlichen:

```
SELECT Lieferziel.Children on Columns,
Produkt.Children on Rows
From Nordwind_Cubel
Where (Umsatz, Zeit.[1995])
```

Diese Select-Anweisung ergibt die Umsatzwerte für 1995 für alle Kombinationen der höchsten Aggregationsstufe der Dimensionen *Lieferziel* und *Produkt*, wobei die Elemente der Dimension *Lieferziel* in Spalten und von *Produkt* in Zeilen ausgegeben werden. Läßt man diese Daten in ein Excel Arbeitsblatt schreiben (das kann z. B. mit VBA-Code veranlaßt werden), so ergibt sich die Tabelle aus Bild 2.8.

Abbildung 2.8: Die Ergebniswerte der obigen MDX-Select-Anweisung wurden in ein Excel Arbeitsblatt geschrieben.

	Europa	Nordamerika	Südamerika
Fleischprodukte	48705	24928	9469
Getränke	71068	30626	24367
Getreideprodukte	30528	16553	6283
Gewürze	36875	11238	7516
Meeresfrüchte	37392	12786	10116
Milchprodukte	75518	23910	19680
Naturprodukte	33632	7099	6767
Süßwaren	53330	19662	8878

2.5 OLAP und Data Warehouse

In vielen Veröffentlichungen werden die Begriffe Data Warehouse und OLAP nicht scharf getrennt, manchmal sogar annähernd synonym verwendet. Insbesondere in der Verbform *Data Warehousing,* die zumindest in angelsächsischen Veröffentlichungen zunehmend verwendet wird, liegt eine Vermischung der beiden Begriffe nahe. Dennoch handelt es sich bei Data Warehouse und OLAP um zwei unterschiedliche Konzepte, die vor allem auf der logischen Ebene sauber zu trennen sind.

Die Möglichkeit der Vermischung der Begriffe rührt daher, daß beide eine Grundlage für DSS (Decision Support System) sind. Tatsächlich gelten jedoch die folgenden Zusammenhänge:

2.5.1 Data Warehouse

Konzept und Begriff des Data Warehouse wurden im Jahre 1990 von W.H. Inmon entwickelt.[6] Hintergrund für das Data Warehouse-Konzept sind vielfältige, oft gescheiterte Versuche, für DSS-Zwecke Daten der operativen Sy-

6. Vgl. [INMO90].

steme zu analysieren. Neben anderen Gründen sprechen vor allem die beiden folgenden dagegen, Abfragen direkt auf das OLTP, das die operativen Daten verwaltet, abzusetzen:

- Abfragen für analytische Zwecke (oft mit zahlreichen Joins sowie Aggregationsberechnungen) können recht zeitaufwendig sein. Sie beeinträchtigen dann die Performance des operativen Systems, das auf Antwortzeiten von Sekunden oder Bruchteilen davon angewiesen ist.
- Für DSS-Zwecke reicht es im allgemeinen nicht aus, nur die Daten eines wichtigen operativen Systems zu analysieren. Oft existieren in einem Unternehmen mehrere Datenbanksysteme nebeneinander, beispielsweise getrennt für Rechnungswesen, Vertrieb, Lager etc. Diese Daten müssen aber für Analysezwecke zusammen vorliegen, und zwar in konsistenter Form. Die operativen Systeme kennen im allgemeinen keine historischen Daten, vielmehr verschwinden diese (nicht zuletzt aus Gründen der Performance) meist in Archiven. Eine DSS-Analyse benötigt dagegen vielfach historische Daten. Darüber hinaus ist der Benutzer für Analysezwecke häufig auch auf externe Daten angewiesen (beispielsweise Marktanteile der Wettbewerber), die ebenfalls zusammen mit den internen Daten in aufeinander abgestimmter Form in einer Datenbank vorliegen sollten.

Diese sowie mehrere weitere Überlegungen haben dazu geführt, daß in den letzten Jahren immer mehr Firmen dazu übergegangen sind, ein Data Warehouse aufzubauen. Data Warehousing ist ein wichtiges Thema im Datenbankbereich geworden. Dies hat auch Microsoft erkannt. Daher ist das Paket, mit dem der SQL Server 7.0 ausgeliefert wird, auch mit besonderen Werkzeugen ausgestattet, die dazu dienen, aus Quelldaten unterschiedlichster Herkunft und heterogenen Formats eine konsistente relationale Datenbank zu erstellen. Diese Werkzeuge werden *Data Transformation Services (DTS)* genannt. Sie erleichtern nicht nur, die Hürden unterschiedlicher Datenbankformate zu nehmen, sondern sind vor allem ein nützliches Hilfsmittel bei der inhaltlichen Datentransformation (migrating, validating und scrubbing), denn sie unterstützen benutzerdefinierte Skripte und verwalten ein aktives Repository. Im Rahmen dieses Buches kann ich aus zeitlichen und räumlichen Gründen leider nicht näher auf DTS eingehen.

Data Warehouses, sollen sie alle Daten der operativen Systeme aufnehmen, können derartig große Dimensionen erreichen, daß sie nicht oder nur schwer handhabbar sind. Aus diesem Grunde werden oftmals zu bestimmten Themengebieten Teilmengen des gesamten Data Warehouse gebildet. Diese werden als *Data Mart* bezeichnet.

Abbildung 2.9: Datenfluß vom operativen System zum Endbenutzer.

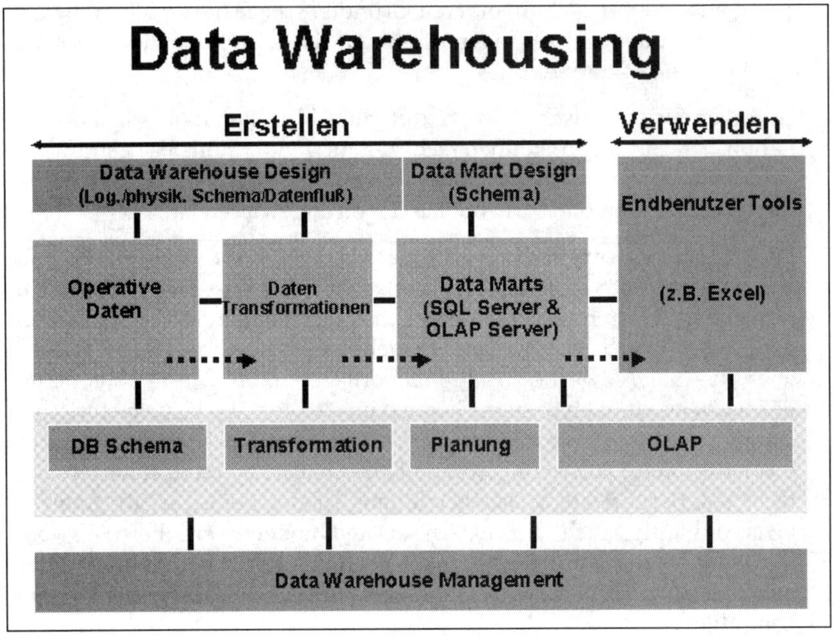

2.5.2 OLAP

Für sich genommen hat ein Data Warehouse mit OLAP nichts zu tun, zumal das Data Warehouse in aller Regel als relationale Datenbank gebildet wird. Auf der anderen Seite dient es aber dezidiert dem Zweck, Daten für Zwecke des Management zu analysieren, um dessen Entscheidungen zu unterstützen. Dazu wiederum sind OLAP Werkzeuge erforderlich, die die Daten des Data Warehouse verarbeiten müssen. In der Hilfe zum OLAP Server wird das OLAP Konzept von Microsoft geradezu unter Bezugnahme auf den Begriff Data Warehouse definiert: »OLAP ist eine Technologie, die Daten von einem Data Warehouse in multidimensionale Strukturen überführt, um schnelle Antworten auf komplexe analytische Abfragen zu ermöglichen.«[7] Die Ausführungen der vorangehenden Punkte dieses Kapitels zeigen darüber hinaus, daß es sich bei OLAP um ein mittlerweile gut ausgebautes Konzept handelt, das nicht nur Daten aus relationalen Systemen in multidimensionale Strukturen überführt, sondern diese auch zu manipulieren und visualisieren erlaubt.

Obwohl Data Warehouse und OLAP begrifflich und konzeptionell verschieden sind, haben sie, wie gezeigt, doch etwas miteinander zu tun: Soll ein OLAP Server gehaltvolle, sinnvolle und konsistente Daten verwalten, so ist er auf eine entsprechende Datenquelle angewiesen, und diese ist im allgemeinen ein Data Warehouse. Die Überführung der Data Warehouse Daten in multidimensionale Strukturen funktioniert umso besser, je mehr das Data

7. Übersetzung G.B.

Warehouse bereits für den Zweck einer späteren multidimensionalen Auswertung konzipiert ist. Aus diesem Grunde muß es auch den Verwalter eines OLAP Servers interessieren, wie das Data Warehouse, das er benutzt, aufgebaut ist. Daher beschäftigt sich auch ein eigenes Kapitel dieses Buches mit derartigen Fragen, vgl. Kap. 7, *Design der OLAP Datenbasis.*

2.6 Speicherkonzepte

Oben wurde gezeigt, daß die Definitionen multidimensionaler Daten in einem Cube gespeichert werden. Das bedeutet jedoch nicht zwingend, daß auch die zugehörigen Daten – detaillierte sowie aggregierte – im selben Cube gespeichert werden. Zwar sprächen Performancegesichtspunkte für diesen Weg, weil er den schnellsten Zugriff auf multidimensionale Daten erlaubt, jedoch existiert hier ein Zielkonflikt mit dem Speicherplatz, den Cubes mit physikalisch darin gespeicherten Daten beanspruchen können. Aus diesem Grunde sind Verfahren entwickelt worden, die multidimensionalen Daten statt im Cube in der zugrunde liegenden relationalen Datenbank zu speichern. In diesem letzteren Falle wird von *ROLAP* (relationales OLAP) gesprochen. Die vollständige Speicherung aller multidimensionalen Daten in einem Cube wird dagegen als *MOLAP* (multidimensionales OLAP) bezeichnet. Jedes dieser beiden Konzepte hat, wie gleich gezeigt wird, Vor- und Nachteile. Daher wird von verschiedenen Anbietern neuerdings ein Speicherkonzept angeboten, das eine Mischung von MOLAP und ROLAP darstellt. Da dieses Konzept keine reine Form ist, wird es als hybrides OLAP bezeichnet, Kurzform *HOLAP.*

2.6.1 MOLAP

Wenn multidimensionale Daten in der MOLAP Form gespeichert werden, werden die Aggregationen, die sich aus den möglichen Kombinationen der Dimensionselemente ergeben, berechnet und im Cube gespeichert. Außerdem werden alle Detaildaten aus der Datenquelle in den Cube übernommen und gespeichert. Diese Speicherungsart erlaubt im Vergleich zu den anderen die kürzesten Antwortzeiten von Abfragen. Sie hat den Nachteil, daß MOLAP Cubes sehr groß werden können, vielfach in der Größenordnung vieler Gigabyte oder auch Terrabyte. Daher ist MOLAP im allgemeinen am besten für kleine Cubes geeignet, auf die häufig zugegriffen wird und die eine kurze Antwortzeit brauchen.

2.6.2 ROLAP

Bei der ROLAP Speicherung werden die multidimensionalen Definitionen im Cube gespeichert, sämtliche Daten dagegen in der relationalen Datenbank, die als Datenquelle dient. Für die Detaildaten bedeutet dies ganz einfach, daß sie in der relationalen Datenbank verbleiben. Die aggregierten

Werte werden dagegen berechnet und in Tabellen, die für diesen Zweck in der relationalen Datenbank angelegt werden, gespeichert. Der Vorteil der Methode ROLAP liegt darin, daß kein zusätzlicher Speicherplatz für die Detaildaten erforderlich ist und Daten generell nur in der relationalen Datenbank gespeichert werden. Der Nachteil besteht in längeren Antwortzeiten der multidimensionalen Abfragen, vergleicht man diese mit der Methode MOLAP. Daher empfiehlt sich ROLAP für Fälle, in denen es um sehr große Datenmengen geht, auf die nicht sehr häufig mit Abfragen zugegriffen wird.

2.6.3 HOLAP

Die Methode HOLAP verbindet Merkmale der beiden Methoden MOLAP und ROLAP, um den besten Kompromiß aus diesen beiden Verfahren zu finden: Die aggregierten Daten werden vorberechnet und im multidimensionalen Cube gespeichert, während die Detaildaten im relationalen Data Warehouse verbleiben. Wenn daher Abfragen gestartet werden, die auf aggregierte Daten zugreifen, entspricht HOLAP der Methode MOLAP, bei Zugriffen auf Detaildaten dagegen der Methode ROLAP. HOLAP Cubes sind stets kleiner als MOLAP Cubes, aber größer als ROLAP Cubes. Die Methode HOLAP empfiehlt sich für Situationen, die kurze Antwortzeiten für den Zugriff auf aggregierte Daten, die auf einer großen Menge von Detaildaten basieren, verlangen.

2.6.4 Vorberechnete Aggregationen

Die Vorberechnung aggregierter Werte und deren Speicherung in multidimensionalen Strukturen ist die Basis für die kurzen Antwortzeiten der OLAP Technologie. Andererseits resultieren daraus die Speicherprobleme der in den vorangehenden drei Punkten beschriebenen Art. Außer auf die beiden Speicherungskonzepte ROLAP oder HOLAP auszuweichen kann die Speicherungsproblematik auch dadurch gemildert werden, daß nicht sämtliche möglichen, sondern nur die wichtigsten aggregierten Werte vorberechnet werden. Der OLAP Server von Microsoft sieht diese Möglichkeit vor. Dabei ist natürlich fraglich, welche aggregierten Werte wichtig und welche weniger wichtig sind. Dies hängt einerseits von der inhaltlichen Struktur der multidimensionalen Daten ab, andererseits von der Art, in der sie genutzt werden sollen. Beispielsweise kann darauf verzichtet werden, Aggregationen, die für Quartale erforderlich wären, vorzuberechnen, sofern aggregierte Werte für Monate vorberechnet sind, weil dann die Quartalswerte zur Laufzeit sehr schnell aus den Monatswerten berechnet werden können, ohne daß dies zu nennenswerten Beeinträchtigungen in der Abfragegeschwindigkeit führt. Entsprechend kann auf das Vorberechnen von Werten verzichtet werden, die nur sehr selten abgefragt werden. Der Microsoft OLAP Server enthält intelligente Algorithmen, um das erste Problem zu optimieren. Das zweite Problem wird mit Hilfe einer *verwendungsbasierten Optimierung* zu lösen versucht.

2.6.5 Leere Zellen (Sparsity)

Ein Cube enthält im allgemeinen auch leere Zellen. Das sind Zellen, für die keine Werte vorhanden sind. In einem Cube, der u.a. die Dimensionen *Produkt* und *Lieferziel* aufweist, wird es viele Produkte geben, die nur an einige Firmen geliefert werden. Für die nichtbelieferten Firmen ergeben sich dann für diese Produkte leere Zellen.

Leere Zellen können ganz erhebliche Ausmaße annehmen. Beispielsweise kommt es oft vor, daß sie 90 % aller Zellen ausmachen. Es gehört zu den allgemeinen Forderungen an einen guten OLAP Server, daß er diesem Problem Rechnung trägt, indem er für leere Zellen keinen oder wenig Speicherplatz erfordert. Der OLAP Server von Microsoft erfüllt diese Forderung, weil er keinen Speicherplatz für leere Zellen benötigt.

3 Installation der OLAP Services

In diesem Kapitel wird beschrieben, wie Sie die OLAP Services installieren können. Dabei stütze ich mich auf die in der Produktdokumentation angegebenen Installationshinweise[1] und auf eigene Erfahrungen.

OLAP Services ist Microsofts offizielle Bezeichnung für den OLAP Server und die um diesen herum gruppierten Features. Die OLAP Services werden als Teil des Microsoft SQL Server 7.0 auf derselben CD-ROM ausgeliefert. Obwohl Bestandteil dieses Programmpakets sind die OLAP Services technisch vollständig unabhängig vom SQL Server. Dies bedeutet u.a., daß der OLAP Server als zentraler Dienst der OLAP Services ebenfalls unabhängig vom SQL Server funktioniert. Für die Installation ergibt sich daraus die Konsequenz, daß Sie die OLAP Services voll funktionsfähig installieren können, ohne den SQL Server gleichzeitig (oder nachträglich) installieren zu müssen. Dieser Aussage steht nicht entgegen, daß der OLAP Server Datenbanken des SQL Servers verarbeiten kann. Dies ergibt sich jedoch aus seiner Fähigkeit, mit ODBC- oder OLEDB-Datenquellen kommunizieren zu können. Aus dieser Sicht des OLAP Servers steht der SQL Server gleichberechtigt neben anderen Datenbanksystemen wie beispielsweise Microsoft Access oder Oracle.

Ich beschränke mich daher im weiteren ausschließlich auf die Installation der OLAP Services und behandle nicht die weitergehende Installation des SQL Servers 7.0.

Der Darstellung der Installation in diesem Kapitel liegt die Version Release Candidate 1 (RC1) in für deutsche Sprache lokalisierter Fassung zugrunde. Es mag sein, daß die endgültig ausgelieferte Version in wenigen Punkten der Benutzeroberfläche hiervon abweicht.

3.1 Systemvoraussetzungen

Bevor Sie mit dem Installationsvorgang der OLAP Services beginnen, sollten Sie unbedingt prüfen, ob die dafür notwendigen Systemvoraussetzungen bei Ihnen vorliegen. Bei mindestenes zwei dieser Voraussetzungen wird das in vielen Fällen nicht zutreffen: *Windows NT Servicepack 4* und *Internet Explorer 4.01 SP 1*. Daher sollten Sie die folgenden Ausführungen unbedingt zur Kenntnis nehmen, bevor Sie mit der Installation beginnen.

1. Vgl. Produktdokumentation, Thema *Installing OLAP Services* und seine Unterthemen.

3.1.1 Hardware-Voraussetzungen

- Sie müssen über einen Computer *DEC Alpha AXP* oder kompatibles System oder einen Computer mit *Intel Pentium 133 MHz oder höher, Pentium PRO oder Pentium II* oder kompatibles System verfügen.[2]
- Der Arbeitsspeicher (RAM) muß mindestens 32 MB haben, empfohlen werden 64 MB.
- Ein CD-ROM Laufwerk muß installiert sein.
- Auf der Festplatte müssen mindestens 35 – 50 MB Speicherplatz verfügbar sein, einschließlich gemeinsamer Dateien und Beispieldateien sogar 85 MB[3].

3.1.2 Software-Voraussetzungen

Die Software-Voraussetzungen sind unterschiedlich, je nachdem, ob Sie die gesamten OLAP Services oder nur die Client-Komponenten installieren wollen.

Voraussetzungen für Installation der gesamten OLAP Services

- Betriebssystem Microsoft Windows NT Server 4.0 mit Service Pack 4 oder höher[4]

oder

- Windows NT Workstation 4.0 mit Service Pack 4.

Voraussetzungen für Installation von ausschließlich Client-Komponenten

- Eines der im letzten Punkt angeführten NT-Systeme

oder

- Microsoft Windows 95 + DCOM95

---

2. Weitere Informationen über unterstützte Hardware erhalten Sie aus der *Microsoft Windows Hardware Compatibility List* unter der Internetadresse http://www.microsoft.com/isapi/hwtest/hcl.idc.
3. Das Setup Programm installiert eine Reihe von Komponenten, die mit anderen Anwendungen geteilt werden und möglicherweise auf dem Computer bereits vorhanden sind. Der Ordner *Samples*, der Beispiele enthält, kann nach der Installation gelöscht werden, ohne daß die Funktionalität der OLAP Services beeinträchtigt wird. Empfehlenswert erscheint dies jedoch nicht, weil gerade die Beispielanwendung *MDXSample* sehr instruktiv zum Lernen und Testen von MDX-Abfragen ist.
4. Windows NT Service Pack 4 ist im Lieferumfang des SQL Server 7.0 Pakets enthalten. Wie Sie das NT Service Pack 4 installieren können, wird weiter unten in Punkt 3.2.1, *Vorausgesetzte Komponenten installieren*, beschrieben.

oder

- Windows 95 OSR2 + DCOM95

oder

- Windows 98

Netzwerk-Software

- Windows NT Windows 95, oder Windows 98 integrierte Netzwerk-Software
- Transmission Control Protocol / Internet Protocol (TCP / IP)

Viewer für Online Produktdokumentation

- Microsoft Internet Explorer Version 4.01 oder höher mit Service Pack 1[5]. Bevor der Internet Explorer Version 4.01 installiert wird, muß das Windows NT 4.0 Service Pack 4 oder höher installiert worden sein.

Zugriffsrechte auf dem Computer

- Um die OLAP Services zu installieren, müssen Sie auf dem Windows NT Server mit Administratorrechten eingeloggt sein.

3.2 Ausführen des Installationsprogramms

Um vorausgesetzte Komponenten und / oder die OLAP Services zu installieren, gehen Sie folgendermaßen vor:

- Legen Sie die CD-ROM SQL Server 7.0 in das CD-ROM Laufwerk. Nach dem Schließen des Laufwerks sollte automatisch das Programm *autorun.exe* gestartet werden, welches das Eröffnungsdialogfeld des Installationsprogramms anzeigt, vgl. Bild 3.1. Falls diese Automatik nicht greift, starten Sie *autorun.exe* aus dem Basisverzeichnis der CD-ROM.

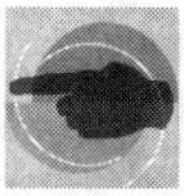

Falls Sie lediglich die OLAP Services und keinerlei andere Komponenten des SQL Servers – auch keine der vorausgesetzten – installieren wollen, können Sie unmittelbar in die Installation der OLAP Services einsteigen, indem Sie die Datei \MSOLAP\Install\setup.exe der CD-ROM ausführen. Dann beginnen Sie sofort mit dem Dialogfeld *Willkommen*, vgl. unten Punkt 3.2.2, *OLAP Services installieren*.

5. Der Internet Explorer ist erforderlich für die *Microsoft Management Console* (MMC) und die HTML Hilfe. Minimale Installation ist ausreichend und der Internet Explorer muß nicht der Standard Browser sein. Internet Explorer 4.01 mit Service Pack 1 ist auf der SQL Server CD-ROM enthalten. Wie Sie den Explorer installieren können, wird weiter unten in Punkt 3.2.1, *Vorausgesetzte Komponenten installieren*, beschrieben.

Abbildung 3.1: Eröffnungsdialogfeld des Installationsprogramms für den SQL Server 7.0 und seine Komponenten.

3.2.1 Vorausgesetzte Komponenten installieren

Oben ist beschrieben, welche Softwarekomponenten für die verschiedenen Betriebssysteme vor der Installation der OLAP Services installiert worden sein müssen. Im weiteren dieses Punktes wird davon ausgegangen, daß Sie bisher keine der vorausgesetzten Komponenten installiert haben. Falls dies doch zutrifft, können Sie diesen Punkt beim Installieren übergehen, andernfalls sind seine Schritte zwingend erforderlich für ein erfolgreiches Arbeiten mit den OLAP Services. Gehen Sie folgendermaßen vor:

- Klicken Sie im ersten Dialogfeld des Installationsprogramms (vgl. Bild 3.1) auf den Punkt *Install SQL Server 7.0-Voraussetzungen installieren*. Dann wird das Dialogfeld *SQL Server 7.0-Voraussetzungen* angezeigt.
- Wählen Sie im Dialogfeld *SQL Server 7.0-Voraussetzungen* einen der Punkte *Windows 95* oder *Windows NT 4.0*, je nachdem, für welches Betriebssystem Sie installieren.
- Führen Sie im Falle Windows NT 4.0 zunächst die Installation von *Windows NT 4.0 SP4* und erst danach die Installation von *Internet Explorer 4.01 SP1* aus.

3.2.2 OLAP Services installieren

Nachdem Sie für die Installation der vorausgesetzten Softwarekomponenten gesorgt haben, können Sie die OLAP Services installieren. Gehen Sie dazu folgendermaßen vor:

- Wählen Sie im Eröffnungsdialogfeld des SQL Server 7.0 Installationsprogramms (vgl. oben Bild 3.1) den Punkt *SQL Server 7.0-Komponenten installieren* und im nächsten Dialogfeld *Installation der SQL Server 7.0-Komponenten* den Punkt *SQL Server 7.0 OLAP Services*. Statt über diese Dialogfelder zu gehen, können Sie das Setup Programm auch unmittelbar mit \MSOLAP\Install\Setup.exe von der Installations CD-ROM aufrufen.

Falls Sie eine Beta-Version der OLAP Services installiert haben, bricht das Setup Programm ab, wenn Sie diese nicht zuvor mit *Hinzufügen/Entfernen...* des Programms *Software* aus der Programmgruppe *Systemsteuerung* entfernt haben.

- Bestätigen Sie das Dialogfeld *Willkommen* mit *Weiter* > und das Dialogfeld *Software-Lizenzvertrag* mit *Ja*. Geben Sie außerdem den CD-Key ein.

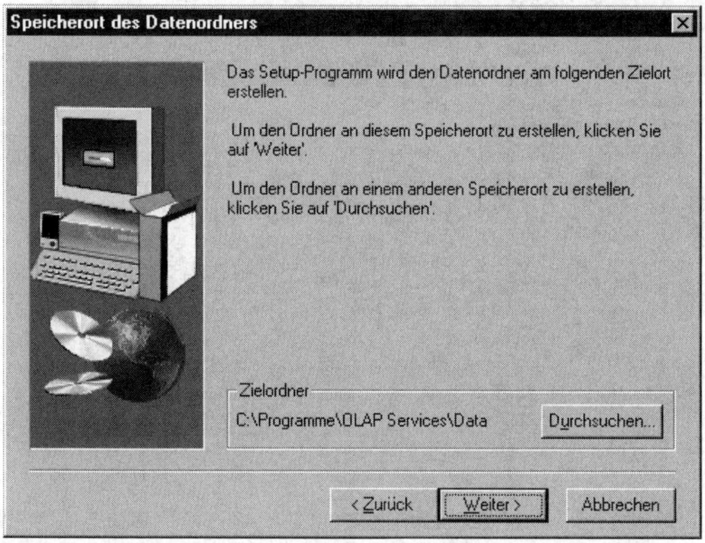

Abbildung 3.2: Dialogfeld »Speicherort des Datenordners«.

- Ändern Sie im Dialogfeld *Speicherort des Datenordners* (vgl. Bild 3.2) ggf. den Pfad des Zielordners (Schaltfläche *Durchsuchen...*). In diesem Ordner werden die Datenbanken und Cubes, die Sie auf dem OLAP Server anlegen (wie auch die mitgelieferte Beispieldatenbank *FoodMart* mit ihren Cubes), gespeichert. Da diese Dateien im Laufe der Zeit ggf. sehr viel Speicherplatz erfordern und ein späteres Verschieben allenfalls indirekt mit großem Aufwand möglich ist, sollten Sie sorgfältig prüfen, ob der voreingestellte Ordner Pfad (in Bild 3.2 C:\Programme\OLAP Services\Data) sich auch unter langfristigen Gesichtspunkten empfiehlt. Bestätigen Sie dann mit *Weiter* >. Dann wird das Dialogfeld *Komponenten wählen* angezeigt.

Wenn Sie als Datenordner einen Zielordner angeben, der sich auf einem anderen Computer als dem, auf dem installiert wird, befindet, müssen Sie alle Zugriffsrechte auf diesen Rechner haben. Wenn der OLAP Server und der Datenordner auf unterschiedlichen Computern laufen bzw. liegen, müssen Sie außerdem den Windows NT Dienst *MSSQLServerOLAPService* nach der Installation der OLAP Services so konfigurieren, daß er sich unter Ihrem Benutzerkonto statt – wie dies voreingestellt ist – als Systemkonto einloggt. Rufen Sie dazu das Programm *Dienste* der Programmgruppe *Systemsteuerung* auf, markieren Sie den Dienst *MSSQLServerOLAPService* und klicken Sie auf die Schaltfläche *Startart...* Nehmen Sie im Dialogfeld *Dienst* in der Optionsgruppe *Anmelden als* die entsprechenden Änderungen vor. Dieses Dialogfeld ist weiter unten für einen anderen Kontext abgebildet, vgl. Bild 3.4 im Punkt 3.4, *Installation verifizieren*.

Abbildung 3.3: Dialogfeld »Komponenten wählen«.

- Wählen Sie im Dialogfeld *Komponenten wählen* die gewünschten Komponenten aus. Wenn Sie mit dem OLAP Server arbeiten möchten, müssen Sie alles bis auf die Beispielanwendungen installieren (also auch die Clientkomponenten). Falls Sie nur die Beispielanwendungen installieren wollen, müssen Sie ebenfalls die Clientkomponenten wählen, da diese dafür vorausgesetzt sind. Klicken Sie schließlich auf die Schaltfläche *Weiter* >. Dann wird das Dialogfeld *Programmordner auswählen* angezeigt.

- Ändern Sie im Dialogfeld *Programmordner auswählen* ggf. den Programmordner und bestätigen dann mit der Schaltfläche *Weiter* >. Diese Schaltfläche müßte eigentlich *Fertig stellen* heißen, denn danach wird, ohne daß Sie den Vorgang abbrechen können, die endgültige Installation der OLAP Services ausgeführt.

Die erfolgreiche Durchführung der Installation wird mit einer entsprechenden Meldung bestätigt. Sie sollten dann, nachdem Sie den PC neu gestartet haben, testen, ob die Installation der OLAP Services auch in Ihrem Sinne erfolgreich war, d.h. ob die OLAP Services tatsächlich laufen. Vgl. dazu weiter unten Punkt 3.4, *Installation verifizieren*.

3.3 Setup Parameter und stille Installation

Sie können der Installation von OLAP Services Parameter übergeben. Zu diesem Zwecke dürfen Sie das Installationsprogramm nicht über das Programm *autorun.exe* starten oder automatisch starten lassen, wie dies im vorangehenden Punkt 3.2, *Ausführen des Installationsprogramms*, beschrieben wurde, sondern Sie müssen es mit der Datei \MSOLAP\Install\setup.exe von der Installations CD-ROM aufrufen. Dieses Programm kann mit den folgenden optionalen Startparametern in der Befehlszeile aufgerufen werden:

- `-r`
  veranlaßt das Installationsprogramm, im Standard Microsoft Windows Ordner automatisch eine stille Antwortdatei (.iss) mit einem Datensatz der Installationseingaben zu erzeugen.
- `-s`
  führt eine stille (unbegleitete) Installation durch.
- `-f1<Pfad\Antwortdatei>`
  Hiermit kann der ggf. alternative Pfad und Name der Antwortdatei (.iss) angegeben werden. Wenn der Schalter -f1 nicht angegeben wird, während Sie eine stille Installation ausführen lassen, sucht das Installationsprogramm nach der Datei Setup.iss in demselben Ordner, in dem auch Setup.exe liegt.
- `-f2<Pfad\LogDatei>`
  Hiermit kann ein alternativer Pfad und Name für die Log-Datei angegeben werden. Standardmäßig wird die Log-Datei im selben Ordner erzeugt und gespeichert, in dem auch Setup.exe liegt.

Wenn Sie die Option `-r` verwenden, können Sie einen Datensatz eines beliebigen Installations Szenarios erstellen. Sie können dann dieses Datensatz verwenden, um eine stille Installation auszuführen. Beispielsweise veranlaßt die Befehlszeile

```
Setup.exe -s -f1C:\temp\setup.iss
```

eine stille (unbegleitete) Installation der Komponenten, die in der Antwortdatei setup.iss vorangehend aufgezeichnet wurden, als Sie die Option `-r` verwendet hatten.

3.4 Installation verifizieren

Es ist empfehlenswert, nach der Installation der OLAP Services zu testen, ob alles so funktioniert wie es soll. Dazu sollten Sie- je nach Art und Umfang der Installation – alle oder einige der folgenden Punkte prüfen.

OLAP Server als Windows NT Dienst

Der OLAP Server muß auf der Windows NT Station, auf der die OLAP Services installiert wurden, als Dienst gestartet worden sein. Prüfen Sie dies auf die folgende Weise:

- Führen Sie das Programm *Dienste* aus der Programmgruppe *Systemsteuerung* aus.
- Prüfen Sie in dessen Dialogfeld *Dienste*, ob darin der Dienst *MSSQLServerOLAPService* aufgeführt wird. Er sollte unmittelbar nach der Installation außerdem automatisch gestartet worden sein, weil dies der Voreinstellung entspricht. Diese Situation ist in Bild 3.4 wiedergegeben. Im allgemeinen sollten Sie es bei der Startart *Automatisch* belassen, damit der OLAP Server nach dem Booten der Windows NT Maschine automatisch zur Verfügung steht. Falls Sie den OLAP Server jedoch nur gelegentlich benötigen und den Arbeitsspeicher entlasten wollen, können Sie die Startart auf *Manuell* einstellen, vgl. dazu das ebenfalls in Bild 3.4 wiedergegebene Dialogfeld *Dienst*, das durch Klicken auf die Schaltfläche *Startart* aufgerufen wurde. Mit der Startart *Manuell* können Sie den Server jederzeit manuell starten.

Zugriff auf OLAP Server mit OLAP Manager möglich?

- Rufen Sie in der Programmgruppe, die Sie beim Installieren angegeben haben, den OLAP Manager auf.
- Klicken Sie im linken Fenster der OLAP Management Console im Objektbaum mit der rechten Maustaste auf den Ordner *OLAP servers* und wählen Sie den Befehl *Server registrieren...*
- Geben Sie im Dialogfeld *OLAP Server registrieren* den Namen des installierten OLAP Servers an. Standardmäßig ist dies der Name des Computers, auf dem die OLAP Services installiert wurden. Diesen Namen erfahren Sie beispielsweise aus dem Dialogfeld *Netzwerk*, das Sie mit dem gleichnamigen Programm aus der Systemsteuerung aufrufen. Sie können auch *LocalHost* als Namen angeben, wenn in dem Netzwerk nur der eine OLAP Server gestartet ist.

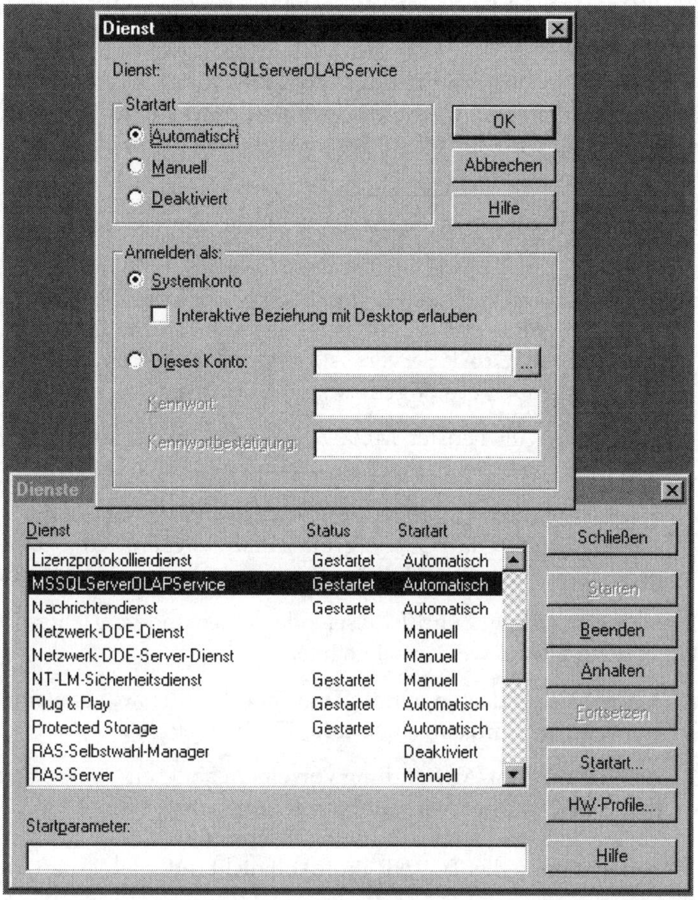

Abbildung 3.4: Dialogfelder »Dienste« und »Dienst« des Programms »Dienste« aus der Programmgruppe »Systemsteuerung«.

- Bestätigen Sie das Dialogfeld *OLAP Server registrieren* mit OK. Nach einigen Sekunden sollte der OLAP Server registriert worden sein und daher im Objektbaum der OLAP Management Console angezeigt werden.
- Öffnen Sie den Knoten des Servers und versuchen Sie auf einen der Beispielcubes *Sales* oder *Warehouse* in der Datenbank *FoodMart* zuzugreifen: Klicken Sie dazu mit der rechten Maustaste beispielsweise auf den Cube *Sales* und wählen Sie im Kontextmenü den Befehl *Daten anzeigen*. Dann sollten die Daten dieses Cube im Cube Browser angezeigt werden. (Möglicherweise muß der Cube zuvor noch aufbereitet werden, worauf Sie dann aufmerksam gemacht werden.)

Falls sich der OLAP Server registrieren läßt, Sie jedoch nicht auf seine Objekte zugreifen können, liegen vermutlich Probleme mit den Zugriffsrechten vor. Vgl. dazu im einzelnen Kap. 13, *Zugriffsrechte*.

Zugriff auf OLAP Server mit Beispielanwendung MDXSample möglich?

Falls Sie nicht das Installieren der Beispielanwendung abgewählt haben, steht Ihnen in der Programmgruppe der OLAP Services auch der Befehl *MDX-Beispielanwendungen* zur Verfügung. Mit dieser läßt sich prüfen, ob auch ein Client auf den OLAP Server zugreifen kann, da sie als solcher funktioniert.

- Starten Sie die *MDX-Beispielanwendungen* aus der Programmgruppe der OLAP Services.
- Geben Sie im Dialogfeld *Connect* den Namen des OLAP Servers an. Dort sollte der Name des Windows NT Servers, der im allgemeinen identisch mit dem des OLAP Servers ist, vorbesetzt eingetragen sein, so daß Sie diesen ggf. auch bestätigen können. Sie dürfen auch *LocalHost* eingeben.
- Wählen Sie im Fenster *MDX Sample* mit den beiden Listenfeldern *DB* und *Cube* die Datenbank *FoodMart* und den Cube *Sales* aus.
- Starten Sie die angezeigte *Select*-Abfrage, indem Sie in der Symbolleiste auf das Symbol *Run Query* (grüner Pfeil) klicken. Dann sollte das Abfrageergebnis im unteren Teil des Fensters wiedergegeben werden.

Probleme mit dem Zugriff dieser oder einer anderen Client Anwendung können vor allem zwei Ursachen haben:

1. Auch hier sind mangelnde Zugriffsrechte die wahrscheinlichste Ursache. Vgl. dazu im einzelnen Kap. 13, *Zugriffsrechte*.
2. Wenn die Client-Anwendung von einem anderen Computer als dem, auf dem der OLAP Server läuft, ausgeführt wird, könnte die Ursache darin liegen, daß im Netzwerk für die Kommunikation zwischen den einzelnen Stationen das TCP/IP-Protokoll nicht (oder fehlerhaft) installiert ist.

ODBC Datenquelle muß auch lokal definiert sein

Wenn Sie von einem anderen Computer als dem, auf dem der OLAP Server installiert wurde, auf die Beispieldatenbank *FoodMart* und einen ihrer Cubes *Sales* oder *Warehouse* zugreifen wollen, werden Sie die folgende Fehlermeldung erhalten:

Verbindung zu Datenquelle ‚FoodMart' nicht möglich.

Dies liegt daran, daß eine ODBC oder OLEDB Datenquelle stets nur lokal verfügbar ist – trotz DCOM (Distributed Component Object Model). Sie müssen daher alle Datenquellen, die auf dem Computer des OLAP Servers angelegt sind und über deren OLAP Datenbanken und Cubes Sie verfügen wollen, stets auch auf dem lokalen Computer erneut definieren.

3.5 OLAP Services entfernen

Wenn Sie OLAP Services entfernen, wird auch die Repository Datei *msmdrep.mdb* gelöscht. Microsoft empfiehlt, von dieser Datei vor dem Entfernen der OLAP Services ein Backup anzufertigen. Nach der Installation müssen dann alle Cubes erneut aufbereitet werden, um die Dateien mit den Cube Daten wiederherzustellen.

Falls Sie beabsichtigen, OLAP Services zunächst zu entfernen und anschließend wieder zu installieren, müssen Sie vor dem Installieren den Computer neu starten, denn der Prozeß des Entfernens markiert einige Dateien lediglich zum Löschen für den nächsten Neustart.

Wenn das Entfernen der OLAP Services fehlschlägt, müssen Sie diese erneut installieren und danach den Prozeß des Entfernens erneut starten. Überprüfen Sie nach dem Prozeß des Entfernens auch, ob Sie nicht einige Dateien noch manuell aus den Ordnern der OLAP Services löschen müssen.

3.6 OLAP Services reinstallieren

Um die OLAP Services erneut zu installieren, verfahren Sie wie oben unter Punkt 3.2, *Ausführen des Installationsprogramms*, beschrieben. Beachten Sie bitte, daß beim Reinstallieren die Repository Datei *msmdrep.md*, die Metadaten der Cubes enthält, nicht gelöscht wird. Sie müssen jedoch alle Dimensionen und Cubes nach einem Reinstallieren erneut aufbereiten.

3.7 Dokumentation

Die zentrale Dokumentation zu den OLAP Services stellt die Produktdokumentation dar, die zusammen mit den OLAP Services installiert wird und aus derselben Programmgruppe aufgerufen werden kann. Zugrunde liegt dabei die Hilfedatei *msdssbol.chm*, die das Installationsprogramm in das Unterverzeichnis \OLAP Services\Help kopiert. Diese Datei können Sie nach der erfolgreichen Installation auch direkt aufrufen (z. B. durch Doppelklicken).

Ferner ist auf den Ordner \books der SQL Server 7.0 CD-ROM hinzuweisen. Dieser enthält eine Reihe von Hilfedateien, die sich auf den SQL Server 7.0 und weitere Komponenten des Pakets beziehen. Wenn Sie nur die OLAP Services installiert haben und nicht den SQL Server 7.0, werden diese Dateien nicht auf die Festplatte kopiert. Sie stehen Ihnen natürlich dennoch im angegebenen Verzeichnis zur Verfügung und können von dort direkt oder nach Kopie auf die Festplatte aufgerufen werden.

Mit dem SQL Server 7.0 wird auch eine ausführliche Dokumentation zu OLE DB 2.0, Data Objects (ADO) und ADO MD (Multidimensionales ADO) ausgeliefert. Diese werden in Form der kompilierten HTML Dateien *oledb200.chm* und *ado200.chm* und der zugehörigen Indexdateien *oledb200.chi* und *ado200.chi* angeboten, die sich auf der CD-ROM in den entsprechenden Unterordnern zu \MSOLAP befinden. Sie können diese Dateien entweder direkt von der CD-ROM starten oder auf die Festplatte kopieren und von dort starten.

4 Produkt- und Systemüberblick

Microsoft OLAP Services stellt ein komplexes System dar, mit dem Sie multidimensionale Daten erzeugen, verwalten und darstellen können. Dieses Kapitel soll dazu dienen, Ihnen einen Überblick über die einzelnen Features und Bausteine des Systems zu geben. Es versteht sich, daß die Inhalte dabei jeweils nur skizziert werden. Detaillierte Informationen finden Sie dann in den weiteren Kapiteln dieses Buches.[1]

4.1 Produktüberblick

4.1.1 Flexibles Datenmodell

Der OLAP Server ermöglicht es, multidimensionale Daten auf sehr unterschiedliche Weise zu speichern, zu berechnen, abzufragen und zu aktualisieren. Dazu stehen Ihnen zahlreiche Optionen zur Verfügung. Auf diese Vielfalt im Modell der Datenhaltung wurde in der Entwicklung des OLAP Servers offenbar besonderer Wert gelegt, weil von anderen OLAP Produkten bekannt ist, daß es einen Zielkonflikt zwischen Speicherplatz und Ausführungsperformance gibt. Starre Datenmodelle lassen dem Benutzer keine Wahl, das für ihn geltende Optimum in diesem trade-off zu ermitteln und festzulegen. Statt dessen wird es vom Hersteller vorgegeben. Dadurch ist es eher auf Zufall als systematisches Vorgehen zurückzuführen, wenn bei einem solchen System die Benutzerbedürfnisse bestmöglich getroffen werden. Die Entwickler des Microsoft OLAP Servers haben daraus gelernt und besonders viele Möglichkeiten vorgesehen, daß der Benutzer die für ihn günstigste Kombination von Speicherbedarf und Performance ermittelt. Im einzelnen existieren die folgenden Möglichkeiten:

Multiple Optionen bei der Datenspeicherung

OLAP Daten werden als sogen. Cubes (Datenwürfel) gehalten. Diese können auf unterschiedliche Art und Weise gespeichert werden.

MOLAP (multidimensionales OLAP) Die dem Cube zugrunde liegenden Daten werden zusammen mit vorberechneten Aggregationen in einer auf Performance getrimmten multidimensionalen Struktur gespeichert. Diese Spei-

---

1. Die Ausführungen dieses Kapitels orientieren sich stark an der entsprechenden Beschreibung in der Produktdokumentation, vgl. dort die Themen *Features of OLAP Services* und *System Overview*. Die dortigen Beschreibungen werden hier in z.T. stark gekürzter Form wiedergegeben, ergänzt um eigene Erfahrungen und Bewertungen.

cherart ergibt die höchstmögliche Performance für Abfragen, benötigt aber auch am meisten Speicherplatz auf Datenträgern.

ROLAP (relationales OLAP) Die dem Cube zugrunde liegenden Daten werden zusammen mit vorberechneten Aggregationen in einer relationalen Datenbank gespeichert. Diese Speicherart benötigt am wenigsten Speicherplatz, hat jedoch die geringste Performance bei Abfragen. Aber auch dieses Konzept ist wesentlich effizienter als die Benutzung einer rein relationalen Datenbank ohne OLAP Server, weil hier Aggregationen vorberechnet und in Tabellen gespeichert werden, auf die dann bei multidimensionalen Abfragen zugegriffen werden kann, was gegenüber reinen SQL-Abfragen mit in der Regel mehrfachen Joins erheblich effizienter ist.

HOLAP (hybrides OLAP) Die dem Cube zugrunde liegenden Daten werden in einer relationalen Datenbank gehalten, während die vorberechneten Aggregationen in einer multidimensionalen Struktur gespeichert werden. Diese Speicherart stellt daher eine Mischform aus MOLAP und ROLAP dar: HOLAP bietet die Vorteile von MOLAP für Aggregationen, ohne die Verdoppelung der zugrunde liegenden Detaildaten zu erfordern.

In gewisser Weise können auch die Möglichkeiten virtueller Cubes und von Partitionen als Form hybrider Speicherung betrachtet werden, vgl. dazu genauer die folgenden Punkte.

Speicherung eines Cube in Partitionen Ein Cube kann in einzelne, physikalisch unterschiedene Partitionen aufgeteilt und für jede Partition kann ein eigenes Speicherkonzept festgelegt werden. Dadurch ist es beispielsweise möglich, Cubedaten, auf die selten zugegriffen wird, in ROLAP-Form zu speichern, während häufig abgefragte Daten als MOLAP gespeichert werden. Für jede Partition kann auch ein eigenes Aggregationsdesign definiert werden, vgl. dazu weiter unten Punkt 4.1.2, *Skalierbarkeit*, Unterpunkt *Benutzeroptimiertes Aggregationsdesign*. Auf diese Weise ist eine sehr feingliedrige Justierung zwischen Performance und Speichererfordernissen möglich. (Sie können allerdings über benutzerdefinierte Partitionen nur verfügen, wenn Sie die OLAP Services Enterprise Edition installiert haben.)

Partitionen zusammenführen Mehrere Partitionen können später zu einer einzigen zusammengeführt werden. So ist es beispielsweise möglich, eine Partition, deren Daten inzwischen historisch geworden sind, mit einer Partition zusammenzuführen, die Archivdaten enthält.

Cubes mit Schreibzugriff Sie können für einen Cube den Schreibzugriff aktivieren. Dann können mehrere Benutzer gleichzeitig Cubedaten verändern. Solche Datenänderungen werden in eine eigene, physikalisch getrennte Partitionstabelle, die mit dem Cube verbunden ist, geschrieben und automatisch aktiviert, wenn der Cube betrachtet wird. Für den Benutzer erscheinen auch die geänderten Daten als Bestandteil des Cube. Derartige Schreibzugriffe setzen allerdings eine entsprechend ausgelegte Clientsoftware voraus. Der Cube Browser des OLAP Managers leistet dies nicht.

Virtuelle Cubes Ein virtueller Cube ist kein physikalisch eigenständiger Cube, sondern er stellt eine Abfrage auf einen oder mehrere vorhandene Cubes dar. Wenn Sie einen virtuellen Cube erstellen, wählen Sie Measures und Dimensionen der zugrunde liegenden vorhandenen Cubes. Aus diesem Grunde nimmt ein virtueller Cube – ganz ähnlich wie eine Abfrage in der relationalen Datenbankwelt – auch nur sehr wenig Platz ein, weil lediglich die Abfragedefinition gespeichert wird, nicht jedoch die Daten, die die Abfrage ergeben. Diese sind vielmehr mit den normalen Cubes gespeichert, die der Abfrage des virtuellen Cube zugrunde liegt. Für den Endbenutzer erscheint ein virtueller Cube wie ein einzelner normaler Cube, es läßt sich für ihn kein Unterschied dazwischen ausmachen. Wesentliche Vorteile virtueller Cubes ergeben sich daraus, daß Sie mit ihnen die Zugriffsrechte sehr differenziert steuern können und generell modulares Arbeiten ermöglichen.

Berechnete Elemente Es ist möglich, berechnete Measures und berechnete Dimensionen zu erstellen, indem Sie multidimensionale Ausdrücke (MDX), mathematische Formeln oder benutzerdefinierte Funktionen verwenden. Dadurch können Sie auf einfache, aber wirkungsvolle Weise Measures praktisch beliebigen Komplexitätsgrades und Dimensionen den aus den Dimensionstabellen und der Faktentabelle stammenden Measures und Dimensionen hinzufügen.

Elementeigenschaften Für die Elemente einer bestimmten Dimensionsebene können Sie Elementeigenschaften definieren und diese mit Werten aus der Dimensionstabelle versorgen. Beispielsweise können Sie für die Dimensionsebene *Artikel* die Elementeigenschaft *Auslaufartikel* festlegen und mit den Werten *Ja* oder *Nein* versorgen. In Abfragen können Sie sich auf diese Eigenschaften beziehen und entsprechende Auswertungen vornehmen. Besonders nützlich sind Elementeigenschaften jedoch, wenn darauf *Virtuelle Dimensionen* definiert werden, vgl. den folgenden Punkt.

Virtuelle Dimensionen Eine *Virtuelle Dimension* ist eine logische Dimension, die auf der Basis einer Elementeigenschaft einer physikalischen Dimension (vgl. den vorangehenden Punkt) definiert wird. Sie benötigen praktisch keinen zusätzlichen Speicherplatz im Cube. Virtuelle Dimensionen haben stets nur eine Dimensionsebene. Sie ermöglichen es, Daten auf Basis der Elementeigenschaften zu analysieren. Virtuelle Dimensionen eines Cube werden vom Cube Browser, den Sie z.B. mit dem Befehl *Daten anzeigen* aufrufen, wie alle anderen Dimensionen angezeigt. Daher ist es u.a. auch möglich, die Inhalte der Elementeigenschaft der Dimension, für die sie definiert ist, in Form der Virtuellen Dimension gegenüberzustellen.

4.1.2 Skalierbarkeit

Unter Skalierbarkeit wird hier die Möglichkeit verstanden, für die multidimensionalen Daten entsprechend ihrer variablen Größe und Zusammensetzung durch sukzessive Anpassung das jeweils optimale Design zu erhalten. Für diesen Zweck sieht der OLAP Server eine Reihe von Möglichkeiten vor.

Die im vorangehenden Punkt 4.1.1, *Flexibles Datenmodell*, angeführten Möglichkeiten der unterschiedlichen Speicherungsarten MOLAP, ROLAP und HOLAP sind auch unter dem Gesichtspunkt der Skalierbarkeit wertvoll. Im folgenden werden weitere Möglichkeiten angeführt.

Benutzeroptimiertes Aggregationsdesign

Vorberechnete Aggregationen erhöhen die Performance multidimensionaler Abfragen auf einen Cube beträchtlich, können aber auch – abhängig von der Anzahl der Dimensionen und deren Besetzung mit Elementen – sehr viel Speicherplatz benötigen. Wie bei der Speicherart gibt es auch hier einen Zielkonflikt zwischen Performance und Speicherbedarf. Der Microsoft OLAP Server stellt Sie nun nicht vor die Alternative, alle möglichen Aggregationen oder gar keine vorzuberechnen und zu speichern, sondern Sie können dazwischen einen beliebigen Punkt realisieren. Für diese benutzerdefinierte Optimierung werden Sie von einem Assistenten unterstützt, der einen ausgeklügelten Algorithmus nutzt, um das benutzerdefinierte Optimum interaktiv zu ermitteln.

Verwendungsbasierte Optimierung vorberechneter Aggregationen

Sie können die Performance eines Cube justieren, indem Sie für die am häufigsten ausgeführten Abfragen vorberechnete Aggregationen speichern, für seltene Abfragen dagegen nicht. Dabei unterstützt Sie ein Assistent, der Ihnen die bisherigen Abfragen an einen Cube (diese werden automatisch protokolliert) zusammenstellt und von Ihnen für die Vorberechnung von Aggregationen auswählen läßt. Auf diese Weise können Sie leicht ein System bilden, das mit einem Minimum an Aggregationen auskommt und das Sie jederzeit dem ggf. geänderten Abfrageverhalten der Benutzer anpassen können.

Datenkomprimierung und Speicheroptimierung

Wenn Sie einen Cube mit MOLAP oder HOLAP speichern, werden die Daten (bei HOLAP nur teilweise) in einer multidimensionalen Struktur gespeichert. Dabei wird für leere Zellen kein Speicherplatz verbraucht, und ein hochentwickelter Algorithmus zur Datenkomprimierung sorgt dafür, daß für die zu speichernden Daten relativ wenig Speicherplatz benötigt wird.

Verteilte Berechnungen

PivotTable Service – über dieses Interface können Clients auf den OLAP Server zugreifen, vgl. weiter unten Punkt 4.2.3, *Client Architektur* – verfügt über einen Teil der Funktionalität des OLAP Servers, so daß Berechnungen oft beim Client statt auf dem Server ausgeführt werden können. Dadurch wird die Berechnungslast zwischen Server und Clients verteilt, wodurch die Kapazität des Servers erhöht, die Netzwerklast verringert und die Performance für den Client verbessert wird.

Einsatz multipler Server

Partitionen desselben Cube können auf verschiedenen Servern laufen. Auf diese Weise können Sie für Abfragen parallele Prozesse laufen lassen, wodurch sich die Performance verbessert.

Inkrementelles Aktualisieren von Cubes

Beim Aktualisieren (Aufbereiten) eines Cube können Sie, wenn es nur darum geht, neue Daten hinzuzufügen, die Option *Inkrementelles Aufbereiten* wählen. Dann wird nicht der gesamte Cube erneut aktualisiert, sondern es werden nur die weiteren Daten angefügt. Dadurch verringert sich die Zeit, die das Aufbereiten benötigt, beträchtlich. Inkrementelles Aktualisieren kann ausgeführt werden, während ein Cube in Gebrauch ist.

4.1.3 Breite Unterstützung von APIs und offene Architektur

OLE DB 2.0

Der Microsoft OLAP Server entspricht den Anforderungen des OLE DB 2.0 Standards, der auch die multidimensionale Spezifikation OLE DB for OLAP umfaßt. Diese offene Spezifikation wird mittlerweile von praktisch allen führenden Anbietern von OLAP Clients und Servern unterstützt.

Benutzerdefinierte Funktionen

Die integrierten Funktionen können um benutzerdefinierte Funktionen ergänzt werden, wenn sie in einer Programmiersprache erstellt sind, die das Component Object Model (COM) unterstützt. Dies trifft beispielsweise für Visual Basic und Visual C++ zu. Sie können die entsprechenden Bibliotheken registrieren und dann die Funktionen beispielsweise in Ausdrücken zum Erzeugen von berechneten Measures verwenden.

Objektmodell für den OLAP Server

Mit dem Objektmodell *Decision Support Objects (DSO)*, über das Sie beispielsweise mit Visual Basic verfügen können, kann das gesamte Management des OLAP Servers mit Programmcode automatisiert werden, wodurch sich vor allem die Wartung des Servers und seiner Cubes beträchtlich vereinfachen und sicherer machen läßt.

4.1.4 Einfache Bedienung

Obwohl der Microsoft OLAP Server kein Tool für Endbenutzer, sondern für Datenbankadministratoren ist, wurde seine Bedienung durch konsequente Integration der Funktionalitäten in die grafische Benutzeroberfläche sehr einfach ausgestaltet. Dies wird im einzelnen durch die folgenden Merkmale erreicht:

Tutorium

In die OLAP Management Console ist ein Tutorium integriert, das in dessen rechtem Fenster angezeigt wird. Mit Hilfe des Tutoriums können Sie Online einen einfachen Cube erstellen und ggf. auch fortgeschrittene Features realisieren.

Metadaten und Objekteigenschaften

Diese können auf einfache Weise im rechten Fenster der OLAP Management Console betrachtet und weitestgehend mit Drag & Drop-Technik bearbeitet werden.

Cubedaten

Die Daten eines Cube können mit Hilfe eines leistungsfähigen Browsers betrachtet werden. Dadurch ist es beispielsweise möglich, die Konsequenzen definitorischer Änderungen unmittelbar in der OLAP Management Console zu kontrollieren, statt auf ein besonderes Client Produkt angewiesen zu sein.

Unterstützung zahlreicher Aufgaben durch Assistenten und Editoren

Für die unterschiedlichsten Aufgaben stehen Assistenten (Wizards) zur Verfügung. Die bedeutsamsten seien kurz genannt:

- *Cube-Assistent* zum Erstellen eines Cube.
- *Cube-Editor* zum Bearbeiten eines Cube. Dieser Editor mit zentraler Bedeutung bietet in sich wiederum mehrere weitere assistierende Unterstützungen an.
- *Dimensions-Assistent* zum Erstellen von Dimensionen.
- *Dimensions-Editor* zum Bearbeiten von Dimensionen.
- *Assistent zum inkrementellen Aufbereiten* von Cubes und Partitionen.
- *Partitions-Assistent* zum Erstellen und Bearbeiten von Partitionen.
- *Speicherentwurfs-Assistent* zum Erstellen und Bearbeiten eines Speicher- und Aggregationsdesigns.
- *Verwendungsanalyse-Assistent,* um die Verwendung von Abfragen der Vergangenheit zu analysieren.
- *Verwendungsbasierter Optimierungs-Assistent,* um auf Basis bisheriger Nutzungen von Abfragen das Speichern von Aggregationen zu optimieren.
- *Assistent für virtuellen Cube* zum Erstellen und Bearbeiten virtueller Cubes.
- *Assistent für Virtuelle Dimensionen* zum Erstellen und Bearbeiten Virtueller Dimensionen.

4.2 Systemüberblick

Microsoft OLAP Services bietet eine OLAP Architektur zum schnellen Zugriff auf Daten eines Data Warehouse. Diese werden extrahiert, summiert, organisiert und in multidimensionalen Strukturen gespeichert, um schnelle Antworten auf Abfragen von Benutzern zu erzielen.

Die OLAP Architektur umfaßt den *OLAP Server* und den *PivotTable Service* und bietet die Möglichkeit, aus Daten von Data Warehouses Cubes zu entwerfen, zu erstellen und zu verwalten. Sie bietet Clients den Zugriff auf die OLAP Daten an. Dabei gilt diese Arbeitsteilung: Der OLAP Server verwaltet die Daten, während PivotTable Service mit dem OLAP Server interagiert, um dem Client Zugang zu den Daten zu ermöglichen.

4.2.1 OLAP Cube-Architektur

Das wichtigste OLAP Objekt ist der *Cube*, eine multidimensionale Darstellung von Detail und aggregierten Daten. Ein Cube besteht aus einer Datenquelle, Dimensionen, Measures und mindestens einer Partition. Ein Data Warehouse kann Datenquelle für mehrere verschiedene Cubes sein.

Die *Datenquelle* eines Cube verbindet mit der Datenbank, die die Daten des Data Warehouse enthält, auf denen der Cube basiert.

Dimensionen ordnen die Informationen der Dimensionstabellen im Data Warehouse in eine Hierarchie von Ebenen. Dimensionen können unabhängig von Cubes erstellt und von diesen geteilt werden. Dies erleichtert nicht nur das Erstellen von Cubes, sondern sichert auch deren Konsistenz. Wenn beispielsweise dieselbe Gemeinsame Dimension für eine Produkthierarchie in allen dafür geeigneten Cubes verwendet wird, sind die aggregierten Produktinformationen zwischen all diesen Cubes konsistent.

Measures geben die numerischen Werte der Faktentabelle wieder, die für Analysezwecke aggregiert werden. Beispiele für Measures sind Umsatz, Menge oder Kosten.

Partitionen sind die multidimensionalen Speichereinheiten, die Cubedaten enthalten. Jeder Cube weist mindestens eine Partition auf, und die Daten eines Cube können aus mehreren Partitionen kombiniert werden. Jede Partition kann ihre Daten von einer eigenen Datenquelle beziehen. Die Daten einer Partition können unabhängig von denen anderer Partitionen des Cube aktualisiert werden. Die Partitionen eines Cube können auch unabhängig voneinander gespeichert werden. Dies kann mit unterschiedlichen Speicherarten und Ausmaßen vorberechneter Aggregationen verbunden sein.

Rollen ermöglichen die Verwaltung von Benutzerzugriffen auf einen Cube, indem Windows NT Benutzern oder Gruppen Zugriffsrechte auf den Cube zugeordnet werden.

Ein *virtueller Cube* ist eine logische Sicht auf Teile eines oder mehrerer Cubes. Er kann dazu verwendet werden, relativ unterschiedliche Cubes, die Gemeinsame Dimensionen aufweisen, zu verbinden. Dies ermöglicht, besonderen analytischen Fragestellungen nachzugehen, während die zugrundeliegenden Cubes getrennt bleiben.

4.2.2 Server-Architektur

Der OLAP Server kann multidimensionale Cubes aus relationalen Daten erzeugen und die Cubes in multidimensionalen und relationalen Strukturen sowie einer Kombination aus beiden speichern. Die Metadaten eines multidimensionalen Cube werden in einem Repository in einer relationalen Datenbank gespeichert.

Als Benutzerschnittstelle zum OLAP Server dient der *OLAP Manager*, der als Snap-in unter der Microsoft Management Console läuft. Es werden Programmierschnittstellen angeboten, damit benutzerdefinierte Anwendungen mit dem Objektmodell DSO, das den OLAP Server steuert, sowie mit dem OLAP Manager zusammenwirken können.

4.2.3 Client-Architektur

PivotTable Service kommuniziert mit dem OLAP Server und bietet eine Schnittstelle, derer sich die Client Anwendungen bedienen können, um auf Daten des OLAP Servers zuzugreifen. Client Anwendungen verbinden sich mit PivotTable Service mittels OLE DB for OLAP 2.0 Schnittstellen für C++ bzw. des ADO MD 2.0 Objektmodells für COM Automation Sprachen wie beispielsweise Visual Basic.

Mit PivotTable Service können Sie auch lokale Cube Dateien erzeugen, die Daten eines Cube vom OLAP Server oder einer relationalen Datenbank enthalten. Lokale Cubes können als multidimensionale Cube Dateien auf dem Client Computer gespeichert werden. Sie können Offline (d.h. ohne OLAP Server) mit PivotTable Service bzw. einem Client, der sich dieser Schnittstelle bedient, verwendet werden. Excel 2000 bietet diese Möglichkeit, die Daten eines lokalen Cube in einer Pivot-Tabelle wiederzugeben.

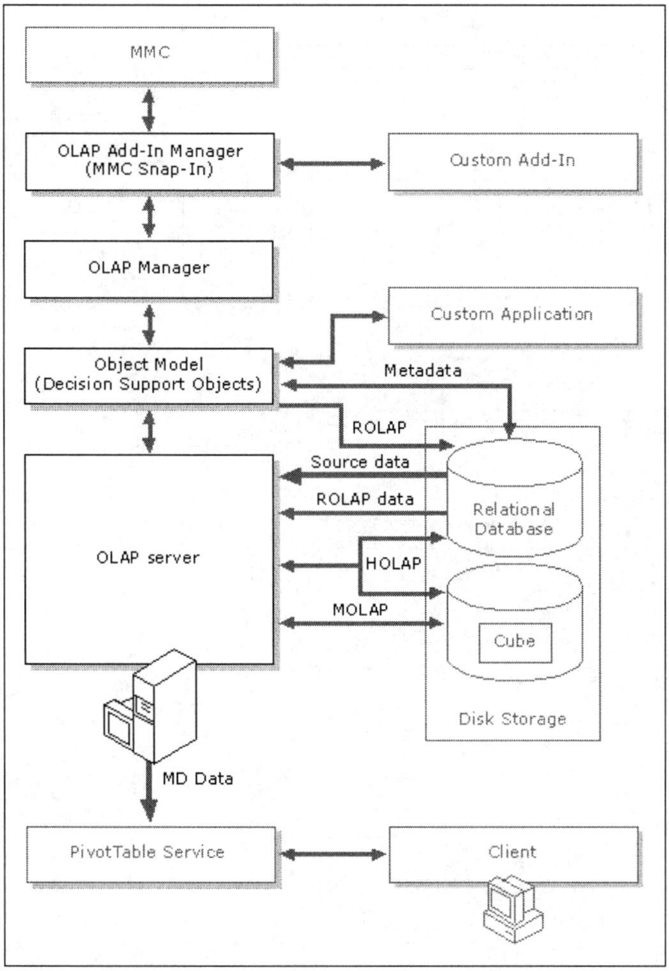

Abbildung 4.1: Server Architektur in grafischer Darstellung[2].

2. Die Darstellung ist eine Kopie aus der Produktdokumentation, vgl. das Unterthema *Server Architecture*.

Abbildung 4.2: Client Architektur in grafischer Darstellung[3].

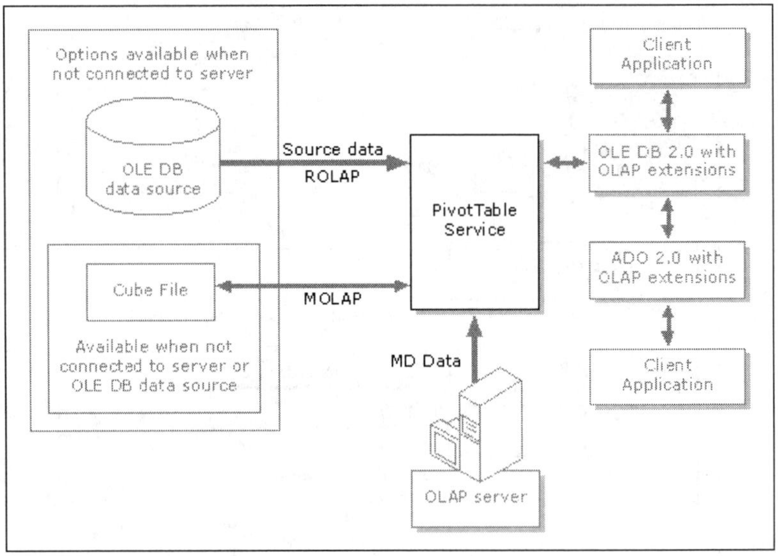

3. Die Darstellung ist eine Kopie aus der Produktdokumentation, vgl. das Unterthema *Client Architecture*.

5 Verwaltung des OLAP Servers mit dem OLAP Manager: Überblick

5.1 OLAP Manager aufrufen

Die gesamte manuelle Steuerung des OLAP Servers geschieht mit dem OLAP Manager. Um den OLAP Manager aufzurufen, gehen Sie folgendermaßen vor:

- Zeigen Sie im *Start* Menü auf *Programme,* dann auf die Programmgruppe der OLAP Services (kann je nach Installation verschieden sein), und wählen Sie dann *OLAP-Manager.*

Der OLAP Manager läuft als eine Anwendung der *Microsoft Management Console (MMC).* Diese stellt einen Rahmen für Programme zur Netzwerkadministration dar. Eine spezielle Anwendung zur Netzwerkadministration wird als sogen. *Snap-in* in die Konsole eingefügt. Der OLAP Manager ist ein derartiges Snap-in.

5.2 Der Bildschirm des OLAP Managers

Das äußerlich auffälligste Merkmal des OLAP Managers ist die Darstellung der zu verwaltenden Objekte als *Knoten* bzw. *Ordner* in einer *Baumstruktur,* ganz ähnlich, wie dies vom Windows Explorer bekannt ist, vgl. Bild 5.1. Unmittelbar nach dem Aufruf des OLAP Managers wird nur der oberste Knoten angezeigt, das ist *OLAP servers.* Um die untergeordneten Knoten anzeigen zu lassen, müssen Sie jeweils auf eines der »+«-Zeichen klicken. Sie blenden die einem Knoten untergeordneten Objekte durch Klicken auf das »-« Zeichen aus.

Beim erstmaligen Gebrauch des OLAP Managers durch einen Benutzer muß zunächst ein OLAP Server registriert werden, bevor Sie über dessen Objekte wie Datenbanken oder Cubes verfügen können: Klicken Sie mit der rechten Maustaste auf den Ordner *OLAP Servers,* wählen Sie im Kontextmenü den Befehl *Server registrieren...,* geben Sie in das Dialogfeld *OLAP-Server registrieren* den Namen des OLAP Servers (meistens ist auch der Name *LocalHost* möglich) ein und bestätigen Sie mit OK. Der Name des OLAP Servers ist standardmäßig identisch mit dem Namen des Computers, auf dem er installiert ist.

Abbildung 5.1: Die OLAP Objekte werden in der Konsole des OLAP Managers als Baumstruktur dargestellt.

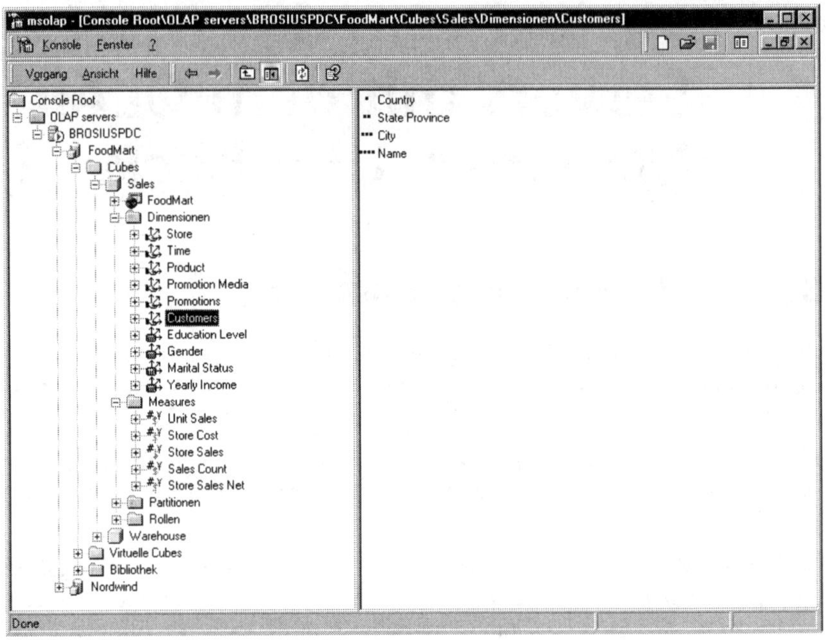

Der OLAP Manager zeigt sich mit zwei Fensterflügeln. Im linken Fensterflügel wird stets der Baum der OLAP Objekte dargestellt. Der Inhalt des rechten Fensterflügels kann wechseln. Unmittelbar nach dem Start des OLAP Managers wird dort das Inhaltverzeichnis für eine Einführung in das Konzept der OLAP Services angezeigt. Diese Darstellung können Sie ersetzen, indem Sie im Menü *Ansicht* auf einen der Einträge *Große Symbole, Kleine Symbole, Liste* oder *Details* klicken. Dann erhalten Sie die Darstellungsweise, wie sie in Bild 5.1 wiedergegeben ist. Umgekehrt blenden Sie das Inhaltverzeichnis für die Einführung wieder ein, wenn Sie im Menü *Ansicht* auf den Eintrag *HTML* klicken.

Mit dem Objektbaum im OLAP Manager können Sie sich einerseits über die verfügbaren OLAP Objekte informieren. So können Sie beispielsweise prüfen, welche Cubes unter welchen Namen vorhanden sind, oder Sie schauen nach, welche Measures oder Dimensionen für eine Bibliothek oder einen Cube vorhanden sind. Andererseits können Sie aber auch neue Objekte erstellen oder vorhandene bearbeiten oder löschen. Beispielsweise erzeugen Sie im OLAP Manager eine neue Datenquelle oder einen neuen Cube, oder Sie ergänzen die vorhandenen Measures eines Cubes um ein berechnetes, oder Sie entfernen aus einem Cube eine vorhandene Dimension. Ebenfalls veranlassen Sie eine Neuberechnung eines Cube und betrachten ggf. anschließend dessen Daten im Browser. Kurzum: Die gesamte Verwaltung der Objekte des OLAP Servers geschieht mit dem OLAP Manager und dessen Objektbaum in der Management Console.

5.3 Ein bestimmtes Objekt bearbeiten oder erstellen

Um ein vorhandenes Objekt zu bearbeiten, gehen Sie folgendermaßen vor:

- Öffnen Sie den Objektbaum so weit, daß das zu bearbeitende Objekt sichtbar ist.
- Klicken Sie mit der rechten Maustaste auf das betreffende Objekt, um sein Kontextmenü aufzuschlagen.
- Wählen Sie im Kontextmenü den gewünschten Befehl zum Bearbeiten.

Um beispielsweise den Cube *Sales*, der vom OLAP Services Installationsprogramm als Beispielcube erstellt wurde, zu bearbeiten, öffnen Sie den Baum mindestens so weit, bis dieser Cube angezeigt wird, vgl. Bild 5.1. Klicken Sie dann mit der rechten Maustaste auf den Cube *Sales*. Dann erscheint das in Bild 5.2 wiedergegebene Kontextmenü für einen Cube, aus dem Sie den Befehl *Bearbeiten* wählen können. Daraufhin wird das Fenster des Cube Editors angezeigt, in dem Sie den betreffenden Cube bearbeiten können.

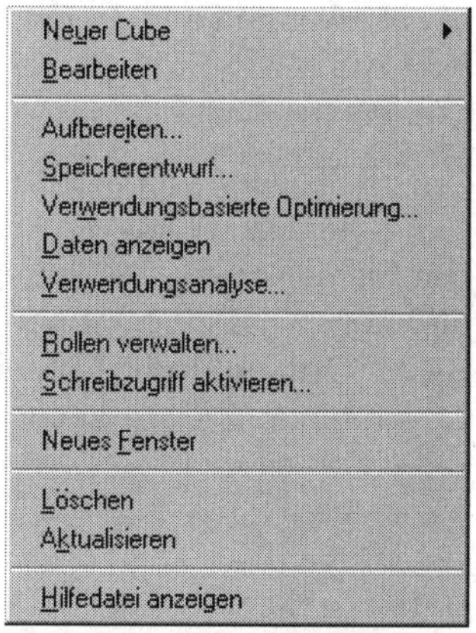

Abbildung 5.2: Kontextmenü für einen Cube.

Zum Erstellen eines neuen Objekts gehen Sie entsprechend vor: Klicken Sie mit der rechten Maustaste auf den übergeordneten Knoten oder auf ein gleichartiges, bereits vorhandenes Objekt, und wählen Sie im Kontextmenü den entsprechenden Befehl zum Erstellen eines neuen Objekts. Im Kontextmenü von Bild 5.2 können Sie beispielsweise den Befehl *Neuer Cube* erkennen.

Außer mit dem Kontextmenü können Sie auf entsprechende Weise auch mit dem Menü *Vorgang* der Symbolleiste des OLAP Managers arbeiten. Dieses reagiert ebenfalls kontextabhängig vom markierten Objekt und bietet dieselben Befehle an wie das Kontextmenü.

5.4 Bedeutung und Anordnung der Knoten

Die Anordnung und Hierarchie der Knoten spiegelt die innere Logik des OLAP Servers wider. Sie haben die folgende Bedeutung:

OLAP Servers

Dieser Knoten enthält für jeden registrierten OLAP Server des Systems einen Knoten. Im allgemeinen wird hier nur ein OLAP Server erscheinen, jedoch können Sie mit dem Kontextmenübefehl *Server registrieren...* weitere Server anmelden. Im obigen Beispiel in Bild 5.1 hat der Server den Namen BROSI-USPDC. Dies ist der Name des PC, den das Installationsprogramm gleichzeitig dem OLAP Server gegeben hat.

Datenbanken

Unterhalb eines OLAP Server Knotens kommen ein oder mehrere Knoten, die für je eine Datenbank stehen. In Bild 5.1 kann man die beiden Datenbankknoten *FoodMart* und *Nordwind* erkennen, wobei der erstere weiter geöffnet, während der letztere geschlossen ist.

Cubes

Unterhalb jedes Knotens für eine Datenbank befindet sich ein Ordner für die Cubes der Datenbank. Jeder Cube wird durch einen eigenen Ordner, der seinen Namen trägt, wiedergegeben. In Bild 5.1 sind die beiden Cubes *Sales* und *Warehouse* zu erkennen, die jeweils zur Datenbank *FoodMart* gehören. Da der Ordner für die Datenbank *Nordwind* in obigem Bild 5.1 nicht geöffnet ist, kann man nicht erkennen, ob er überhaupt Cubes enthält. Unterhalb jedes Cube Ordners sind weitere Knoten bzw. Ordner für Datenquelle, Dimensionen, Measures und Rollen angeordnet.

Datenquelle

Jeder Cube basiert auf einer Datenquelle. Diese wird als erster Knoten unterhalb des betreffenden Cube wiedergegeben. In Bild 5.1 ist *FoodMart* die Datenquelle für den Cube *Sales*.

Dimensionen

Der Ordner *Dimensionen* enthält alle Dimensionen, die für den betreffenden Cube definiert sind. Bild 5.1 zeigt, daß für den Cube *Sales* zehn verschiedene Dimensionen existieren. Jede Dimension enthält eine oder mehrere Ebenen. Diese werden ebenfalls angezeigt, wenn auf das »+«-Zeichen der betreffenden Dimension geklickt wird. Sie werden aber auch im rechten Fensterflügel wiedergegeben, wenn die betreffende Dimension im linken Fensterflügel markiert ist. Diese Darstellung ist in Bild 5.1 zu sehen, wo die markierte Dimension *Customers* die vier Ebenen *Country, State Province, City* und *Name* erkennen läßt.

Measures

Im Measures Ordner wird jedes Measure als eigenes Objekt wiedergegeben. Für den Cube *Sales* sind fünf Measures definiert.

Partitionen

Dieser Ordner enthält für jede Partition einen Knoten. Da jeder Cube mindestens eine Partition hat, enthält dieser Ordner auch stets mindestens einen Knoten. In Bild 5.1 ist dieser Ordner nicht geöffnet.

Rollen

Mit Rollen werden einzelne oder Gruppen von Cube Benutzern definiert, für die Rechte vergeben werden. Unterhalb dieses Ordners wird jede Benutzergruppe durch einen Knoten repräsentiert. Der Ordner kann leer sein, weil ein Cube ohne definierte Benutzergruppe sein kann. Für den Cube *Sales* ist allerdings die Benutzergruppe *All Users* definiert. In Bild 5.1 ist der Rollenordner aber nicht geöffnet, so daß dies nicht zu erkennen ist.

Virtuelle Cubes

Mehrere Cubes können zu einem virtuellen Cube verschmolzen werden. Die für eine Datenbank definierten virtuellen Cubes werden in diesem Ordner wiedergegeben. Der Ordner kann leer sein, weil ein virtueller Cube für eine Datenbank nicht existieren muß. Für die Datenbank »FoodMart« ist der virtuelle Cube *Warehouse and Sales* definiert, in dem die beiden Cubes *Warehouse* und *Sales* verschmolzen sind. Bild 5.1 läßt dies nicht erkennen, weil der Ordner *Virtuelle Cubes* nicht geöffnet ist. Ebenfalls nicht erkennbar sind die weiteren Ordner *Measures, Dimensionen* und *Rollen,* die unterhalb des Ordners *Virtuelle Cubes* angeordnet sind. Ein virtueller Cube hat also die entsprechende Struktur eines Cube.

Bibliothek

Jede Datenbank enthält einen Ordner *Bibliothek.* In diesem werden die für die Datenbank definierten *Datenquellen, Gemeinsame Dimensionen, Virtuelle Dimensionen* und *Rollen* durch entsprechende Ordner wiedergegeben. In Bild 5.1 ist diese Struktur nicht zu erkennen, weil dort der Ordner Bibliothek nicht geöffnet ist.

Sie werden bemerkt haben, daß Ordner für Dimensionen und Rollen sowohl unterhalb eines Cube wie auch unterhalb der Bibliothek einer Datenbank erscheinen. Dem liegt das Konzept zugrunde, daß Dimensionen bzw. Rollen auf beiden Ebenen mit entsprechend unterschiedlicher Reichweite definiert bzw. verwaltet werden können. Auf Einzelheiten dazu kann an dieser Stelle nicht eingegangen werden, vgl. dazu vielmehr die entsprechenden Kapitel in diesem Buch.

5.5 Servereigenschaften einstellen

Die Servereigenschaften werden zunächst beim Installieren der OLAP Services explizit und implizit festgelegt. Viele davon wie beispielsweise den Ordner für die Daten können Sie jedoch nachträglich anders einstellen. Dies geschieht mit dem Dialogfeld *Eigenschaften*, vgl. Bild 5.3, das auf fünf Registerkarten Einstellungsmöglichkeiten anbietet. Ich erspare mir, diese Eigenschaften an dieser Stelle im Einzelnen zu erläutern. Über die Schaltfläche *Hilfe* erhalten Sie ausführliche Erklärungen zum Dialogfeld und seinen fünf Themen. Sie rufen das Dialogfeld *Eigenschaften* auf, indem Sie mit der rechten Maustaste auf den Knoten des Servers klicken und im Kontextmenü den Befehl *Eigenschaften...* wählen.

Abbildung 5.3: Dialogfeld »Eigenschaften« für einen Server.

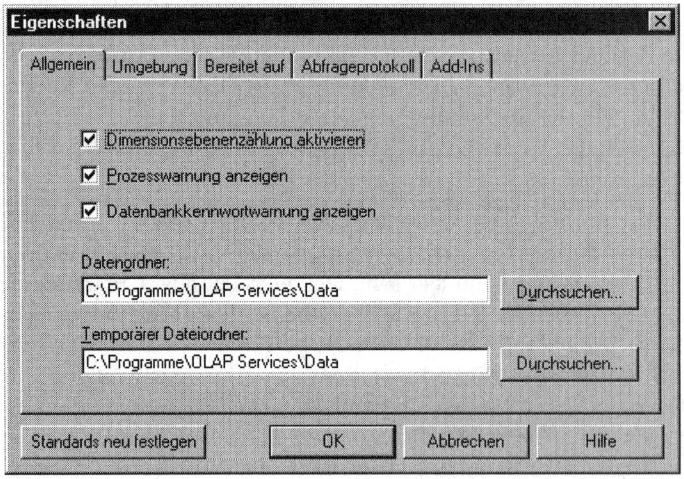

5.6 Hilfe

5.6.1 Allgemeine Hilfe aufrufen

Über das Hilfe Menü in der OLAP Manager Symbolleiste können Sie das Hilfesystem zu Microsoft OLAP Services aufrufen. Die Hilfe arbeitet dabei nicht kontextabhängig, sondern Sie steigen in die allgemeine Themenübersicht ein. Wenn Sie allerdings bereits in einem speziellen Feature des OLAP Managers wie dem Cube-Editor oder dem Dimensions-Editor arbeiten, wird auch spezielle Hilfe zu diesem Feature angeboten.

5.6.2 Einführung in das OLAP Konzept

Der OLAP Manager bietet auch eine ausführliche Einführung in das OLAP Konzept, die damit verbundene Begrifflichkeit und Terminologie sowie das Arbeiten mit dem OLAP Server. Die Hilfe besteht einerseits aus erklärenden Texten, andererseits aus einem Tutorium, in dem ein OLAP Cube erstellt wird und das schrittweise nachvollzogen werden kann. (Ein ähnliches, jedoch ausführlicheres Tutorium finden Sie auch in diesem Buch, vgl. Kap. 6, *Einen OLAP Cube erstellen: Überblick und Tutorium.*) Die Einführung in das OLAP Konzept wird im rechten Fensterflügel des OLAP Manager Bildschirms angeboten. Sie müssen dies ggf. anzeigen lassen, indem Sie im Menü *Ansicht* auf den Eintrag *HTML* klicken. Dann sieht der rechte Fensterflügel so aus, wie in Bild 5.4 wiedergegeben.

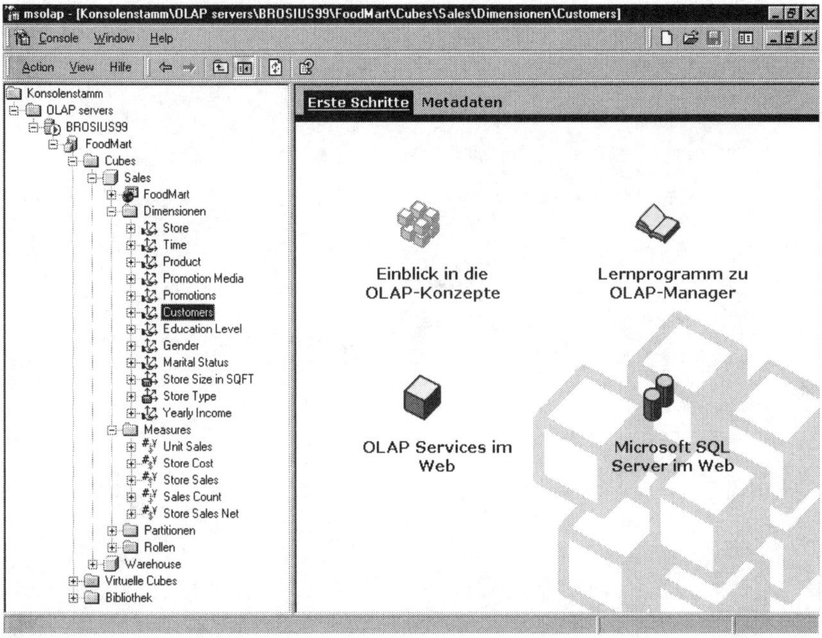

Abbildung 5.4: Der rechte Fensterflügel des OLAP Manager Bildschirms gibt die Themen der Einführung in das OLAP Konzept wieder.

Um durch eines der vier angezeigten Themen zu blättern, klicken Sie auf das Thema. Dann werden Sie schrittweise mit kleinen Informationshäppchen versorgt und gelangen am Ende stets zu diesem Bildschirm zurück. Alle Texte sind dabei in englischer Sprache geschrieben und wurden nicht ins Deutsche übersetzt.

6 Einen OLAP Cube erstellen: Überblick und Tutorium

In diesem Kapitel sollen Sie mit den wesentlichen Schritten, die Sie beim Erstellen oder Bearbeiten eines Cube zurücklegen müssen, bekannt gemacht werden. Hier geht es nicht darum, alle Details zu erklären, sondern ich möchte Ihnen »eine volle Runde« im Zusammenhang zeigen. Die folgenden Kapitel erklären dann alle Einzelheiten vertieft.[1]

6.1 Überblick

Um einen OLAP Cube zu erstellen, müssen Sie prinzipiell in den folgenden Schritten vorgehen:

- **Data Warehouse als relationale Datenbank erstellen.** Jeder Cube basiert auf einer relationalen Datenbank, aus der er seine Dimensionen und Measures bezieht. Das Datenmodell dieser relationalen Datenbank muß bestimmten Anforderungen genügen (Stichwort: *Star* oder *Snowflake Schema*). Diese Fragen werden ausführlich in Kap. 7, *Design der OLAP Datenbasis*, besprochen. In diesem Kapitel wird vorausgesetzt, daß Sie über eine geeignete relationale Datenbank verfügen, die Sie als Datenquelle verwenden können. Das Tutorium des folgenden Gliederungspunktes verwendet die Datenbank NWIND_Cube1.MDB, die diesem Buch auf der Beispiel-CD-ROM beigefügt ist.
- **ODBC Datenquelle einrichten.** Die relationale Datenbank, auf der der Cube basieren soll, muß auf dem Server-PC als ODBC Datenquelle eingerichtet worden sein. Dies geschieht mit der Systemsteuerung. Sie muß außerdem namensgleich auf jedem PC, von dem aus Sie im Netzwerk auf Objekte der Datenquelle zugreifen wollen, erneut eingerichtet werden, denn auf ODBC oder OLEDB Datenquellennamen kann – trotz DCOM (Distributed Component Objekt Model) – nicht im Netz verteilt zugegriffen werden. Die auf den einzelnen PCs eingerichteten Daten-

1. Ein anderes Tutorium finden Sie im OLAP Manager: Im rechten Fenster wird dort neben anderen das Thema *OLAP Manager Tutorial* angeboten. (Falls Sie die einführenden Themen nicht im rechten Fenster sehen, müssen Sie im Menü *Ansicht* den Befehl *HTML* wählen.) Mit dem *OLAP Manager Tutorial* können Sie interaktiv einen Cube erstellen und weitere damit zusammenhängende Aufgaben erledigen. Es ist allerdings in englischer Sprache verfaßt und wurde nicht ins Deutsche übersetzt.

quellen müssen nicht nur namensgleich sein, sondern sich, um Widersprüche in den Daten zu vermeiden, auch alle auf dieselbe Datenbankdatei beziehen.

- **OLAP Manager starten**. Werden die beiden vorangehenden Schritte völlig unabhängig vom OLAP Server erledigt, so benötigen die folgenden den OLAP Manager. Dieser muß daher gestartet werden. Sie rufen ihn aus dem Startmenü in der Programmgruppe der OLAP Services mit *OLAP-Manager* auf.
- **OLAP Datenbank erstellen**. Ein oder mehrere Cubes sind Objekte einer OLAP Datenbank. Wenn für den OLAP Server keine geeignete Datenbank vorhanden ist, muß sie erstellt werden.
- **Mit OLAP Datenquelle verbinden**. Für jeden Cube muß eine ODBC Datenquelle, auf der er basiert, angegeben werden. Diese muß zuvor für die OLAP Datenbank, in der der Cube erstellt werden soll, definiert worden sein. Eine OLAP Datenbank kann mehr als eine Datenquelle besitzen, und eine Datenquelle kann als Datenbasis für mehr als einen Cube dienen.
- **Gemeinsame Dimensionen erstellen**. Für einen Cube können entweder Gemeinsame oder Private Dimensionen verwendet bzw. definiert werden. Gemeinsame Dimensionen werden in der Bibliothek einer Datenbank definiert und können dann in allen Cubes dieser Datenbank verwendet werden. Private Dimensionen gelten dagegen nur für den Cube, für den sie definiert sind. Im allgemeinen empfiehlt es sich, Gemeinsame Dimensionen zu verwenden, weil dadurch auf höherem Allgemeinheitsniveau konsistent gearbeitet werden kann. Dies wirkt sich vor allem rationell bei der definitorischen Änderung von Dimensionen aus, die dann für mehrere Cubes nur einmal vorgenommen zu werden braucht. So werden auch Widersprüche zwischen den Cubes vermieden.
- **Cube erstellen**. Nach diesen vielen Schritten kann endlich der Cube erstellt werden. Dazu gehört einerseits, die Faktentabelle und mindestens ein Measure anzugeben, andererseits, aus den Gemeinsamen Dimensionen die für den Cube erwünschten zu wählen. Darüber hinaus könnten auch Private Dimensionen definiert werden.
- **Design für Speicherungsart und Aggregationen festlegen**. Sie legen fest, ob der Cube in Form von MOLAP, ROLAP oder HOLAP gespeichert werden soll. Sie können darüber hinaus bestimmen, wie viele Aggregationen vorberechnet und wie viele erst während der Laufzeit der Abfrage berechnet werden. Damit optimieren Sie den Zielkonflikt zwischen Abfrageperformance und Speicherbedarf.
- **Cube aufbereiten**. Um nach der Definition des Cube diesen mit Daten zu versorgen, muß er aufbereitet werden. Mit diesem Schritt werden ggf. auch spätere Aktualisierungen veranlaßt.
- **Cubedaten im Browser betrachten**. Die Daten des aufbereiteten Cube können mit dem multidimensionalen Cube Browser betrachtet werden.

6.2 Tutorium: Einen Cube erstellen

Zielsetzung

Mit den folgenden Schritten soll ein OLAP Cube erstellt werden, dessen Daten Sie schließlich mit dem Cube Browser mehrdimensional betrachten können.

6.2.1 Data Warehouse als Relationale Datenbank erstellen

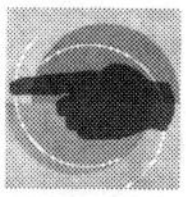

NWIND_ Cube1.MDB

Der erste Schritt besteht im allgemeinen darin, ein Data Warehouse als relationale Datenbank so zu erstellen, daß es als Datenbasis für einen OLAP Cube dienen kann. Dieser Schritt soll hier nicht simuliert werden. Vielmehr wird die Datenbank *NWIND_Cube1.MDB*, die Sie auf der Beispiel-CD-ROM finden, als Ausgangspunkt genommen. Das Design dieser Datenbank wird in Kap. 7, *Design der OLAP Datenbasis*, ausführlich dargestellt. Kopieren Sie diese Datenbank in ein beliebiges Verzeichnis. Für die folgenden Schritte gilt für die Datenbank der Pfad D:\D\OB\BEISPIELE\NWIND_Cube1.MDB.

6.2.2 ODBC Datenquelle einrichten

Sie richten eine ODBC Datenquelle mit dem Programm *ODBC Data Sources* aus der Programmgruppe *Systemsteuerung* ein. Gehen Sie folgendermaßen vor:

- Zeigen Sie im Menü *Start* auf *Einstellungen*, wählen Sie dann *Systemsteuerung*, und doppelklicken Sie auf das ODBC Symbol.
- Aktivieren Sie die Registerkarte »System DSN«, und klicken Sie darin auf die Schaltfläche »Add«.
- Wählen Sie den Treiber *Microsoft Access Driver (*.mdb)*, und klicken Sie dann auf *Fertigstellen*.
- Geben Sie für *Data Source Name* den Namen NWIND_Cube1 ein, und klicken Sie dann auf die Schaltfläche *Select...*, um die zugehörige Datenbank auszuwählen.
- Blättern Sie im Dialogfeld *Select Database* zu dem Laufwerk und Verzeichnis, in das Sie die Datenbank NWIND_Cube1.MDB kopiert haben, markieren Sie diese, und klicken Sie dann auf OK.
- Klicken Sie im Dialogfeld *ODBC Microsoft Access 97 Setup* auf OK.
- Klicken Sie im Dialogfeld *ODBC Data Source Administrator* auf OK.

Diese Datenquelle mit dem Namen NWIND_Cube1 steht im weiteren nicht nur dem OLAP Server, sondern allen Programmen des PC zur Verfügung, da es eine System Datenquelle (System DSN) ist.

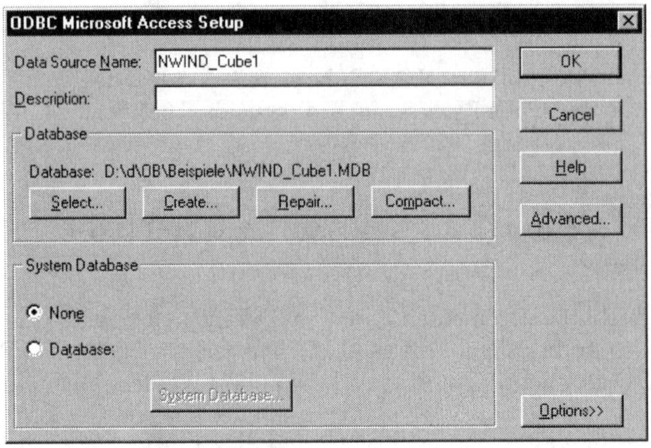

Abbildung 6.1: Dialogfeld des Tools zum Einrichten einer ODBC Datenquelle, hier zur Angabe des Datenquellennamens sowie des Datenbankpfades.

Wenn Sie im Netz von mehr als einer Workstation aus mit dem OLAP Server kommunizieren wollen, beachten Sie bitte folgendes: Für jede Workstation, von der aus mit dem OLAP Manager gearbeitet werden soll, muß dieselbe Datenquelle mit demselben Datenquellennamen auf dem Workstation Computer ebenfalls definiert sein, denn Datenquellen können leider nicht über DCOM verteilt genutzt werden.

6.2.3 OLAP Manager starten

Rufen Sie den OLAP Manager auf die folgende Weise auf:

- Zeigen Sie im Menü *Start* auf *Programme*, wählen Sie die Programmgruppe der OLAP Services und klicken Sie dann auf *OLAP-Manager.*

6.2.4 OLAP Datenbank erstellen

Fügen Sie Ihrem OLAP Server eine (weitere) Datenbank hinzu. Gehen Sie dazu wie folgt vor:

- Erweitern Sie im Objektbaum den Knoten *OLAP Servers* so, daß Ihr OLAP Server als Knoten angezeigt wird. Der Name dieses Servers ist individuell verschieden. Das Installationsprogramm setzt dafür standardmäßig den Namen des PC, auf dem der OLAP Server installiert wird, ein. Im Baum von Bild 6.2 hat der Server den Namen *BROSIUSPDC*[2].

2. Beim erstmaligen Gebrauch des OLAP Managers an einer Arbeitsstation, auf der lediglich ein Client installiert ist, muß zunächst ein OLAP Server registriert werden, bevor Sie über dessen Objekte wie Datenbanken oder Cubes verfügen können: Klicken Sie mit der rechten Maustaste auf den Ordner *OLAP Servers*, wählen Sie im Kontextmenü den Befehl *Server registrieren...*, geben Sie in das Dialogfeld *OLAP-Server registrieren* den Namen des OLAP Servers (meistens ist auch der Name *LocalHost* möglich) ein und bestätigen Sie mit OK. Der Name des OLAP Servers ist standardmäßig identisch mit dem Namen des Computers, auf dem er installiert ist.

- Klicken Sie mit der rechten Maustaste auf den Knoten des OLAP Servers, und wählen Sie im Kontextmenü den Befehl *Neue Datenbank.*
- Geben Sie im Dialogfeld *Datenbank* den Namen *Nordwind* für die Datenbank ein, und klicken Sie dann auf OK.
- Erweitern Sie im Objektbaum den Server und dann die Datenbank *Nordwind* so, daß die drei Ordner *Cubes, Virtuelle Cubes* und *Bibliothek* angezeigt werden, vgl. Bild 6.2.

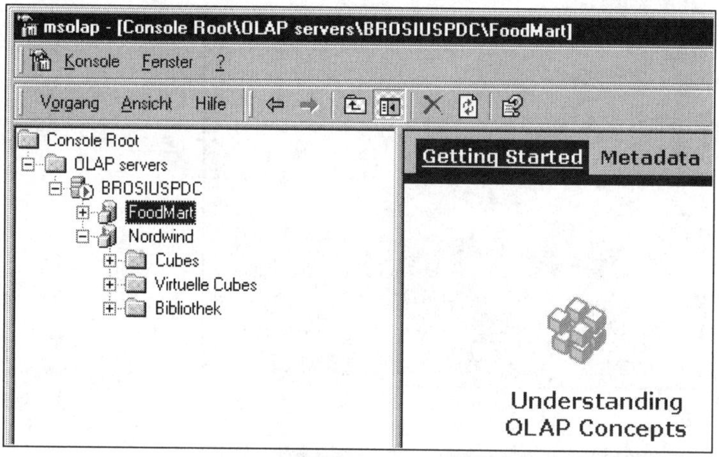

Abbildung 6.2: So sollte der Baum des OLAP Managers aussehen, wenn Sie die Schritte dieses Punktes zurückgelegt haben.

6.2.5 Mit OLAP Datenquelle verbinden

Für jede OLAP Datenbank im Objektbaum muß wenigstens eine Datenquelle angegeben sein, damit ein Cube erstellt werden kann. In unserem Beispiel soll für die Datenbank Nordwind die weiter oben (vgl. Punkt 6.2.2, *ODBC Datenquelle einrichten*) definierte Datenquelle *NWIND_Cube1* als Verbindung spezifiziert werden. Gehen Sie dazu folgendermaßen vor:

- Öffnen Sie den Ordner *Bibliothek* unterhalb des Ordners für die Datenbank *Nordwind,* so daß neben anderen der Ordner *Datenquellen* angezeigt wird.
- Klicken Sie mit der rechten Maustaste auf den Ordner *Datenquellen* und wählen Sie im Kontextmenü den Befehl *Neue Datenquelle...*
- Markieren Sie im Dialogfeld *Data Link Properties* den Eintrag *Microsoft OLE DB Provider for ODBC Drivers.*
- Aktivieren Sie im Dialogfeld *Data Link Properties* die Registerkarte *Connection,* schlagen Sie darin die Dropdown-Liste *Use data source name* auf, und wählen Sie in der Liste den Eintrag NWIND_Cube1, vgl. Bild 6.4.

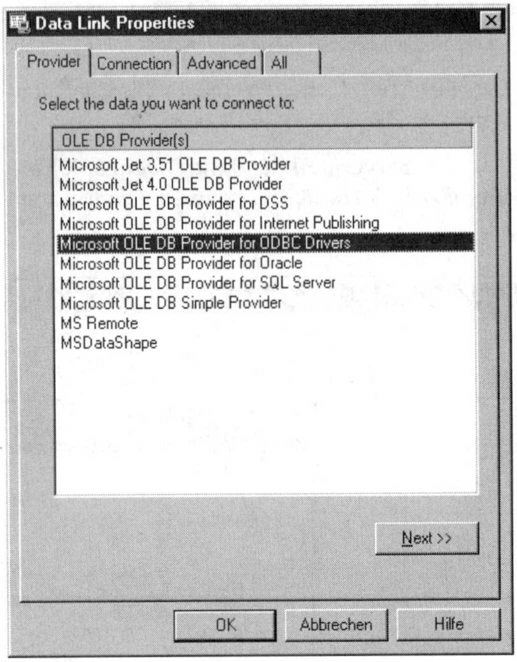

Abbildung 6.3: Dialogfeld »Data Link Properties«, Registerkarte »Provider«.

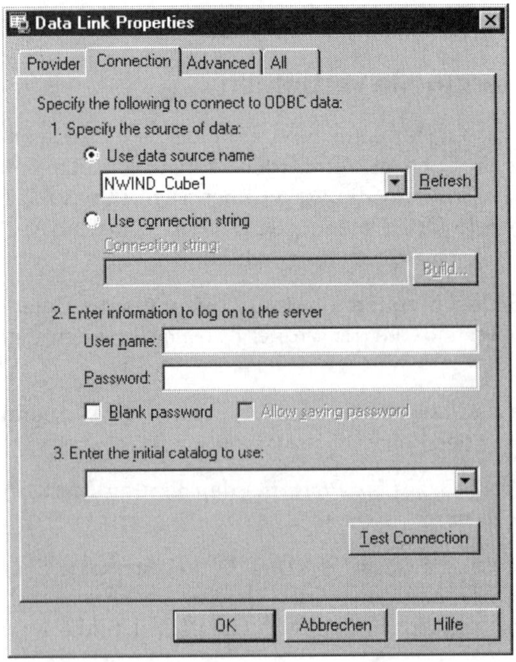

Abbildung 6.4: Dialogfeld »Data Link Properties«, Registerkarte »Connection«.

- Um zu prüfen, ob die Verbindung zur gerade angemeldeten Datenquelle klappt, klicken Sie auf die Schaltfläche *Test Connection*. Wenn der Test, der blitzschnell ausgeführt wird, fehlerfrei verlaufen ist, wird dies mit *Test connection succeeded* gemeldet. Andernfalls müßten Sie die Datenquelle eventuell neu einrichten, vgl. oben Punkt 6.2.2, *ODBC Datenquelle einrichten*. Klicken Sie schließlich im Dialogfeld *Data Link Properties* auf die Schaltfläche OK.

6.2.6 Gemeinsame Dimensionen erstellen

Obwohl es möglich ist, für einen Cube Dimensionen zu erstellen, die nur für diesen einen Cube gelten – *Private Dimensionen* –, ist es der Regelfall, mit *Gemeinsamen Dimensionen* zu arbeiten. Daher soll auch hier dieser Weg gegangen werden.

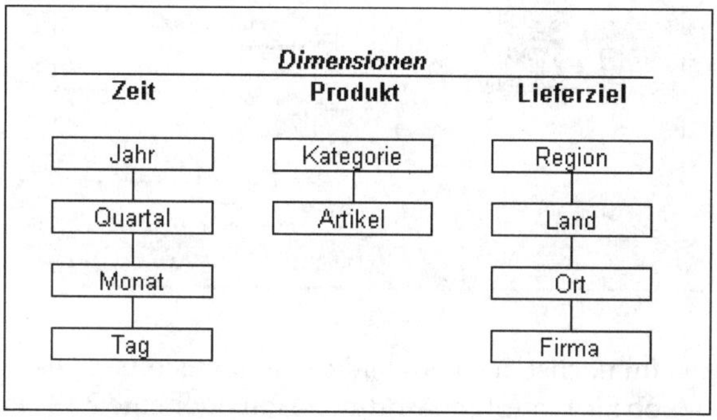

Abbildung 6.5: Diese drei Dimensionen sollen als Gemeinsame Dimensionen erstellt werden.

Die relationale Datenbank NWIND_Cube1 erlaubt es, die drei Dimensionen *Zeit*, *Produkt* und *Lieferziel* zu erstellen, deren Hierarchieebenen in Bild 6.5 wiedergegeben sind.

Dimension Zeit erstellen

Erstellen Sie zunächst die Dimension *Zeit* und gehen Sie dazu folgendermaßen vor:

- Öffnen Sie im Baum des OLAP Managers ggf. den Ordner *Bibliothek* unterhalb des Ordners der Datenbank *Nordwind*, so daß der Ordner *Gemeinsame Dimensionen* angezeigt wird. Klicken Sie mit der rechten Maustaste auf den Ordner *Gemeinsame Dimensionen* und wählen Sie im Kontextmenü den Befehl *Neue Dimension*, Unterbefehl *Assistent...*

- Im ersten Dialogfeld des Dimensions-Assistenten müssen Sie angeben, ob die neue Dimension auf einer oder mehreren Tabellen basiert. Wählen Sie die (voreingestellte) Option *Eine einzelne Dimensionstabelle (flach oder Sternschema)*, und klicken Sie dann auf *Weiter* >.

- Erweitern Sie im Dialogfeld *Dimensionstabelle auswählen* ggf. die Datenquelle NWIND_Cube1, so daß alle Tabellen der Datenquelle im Listenfeld *Verfügbare Tabellen* angezeigt werden, vgl. Bild 6.6. Markieren Sie die Tabelle *Zeit*. Dann werden die Felder dieser Tabelle im Listenfeld Details wiedergegeben. Klicken Sie auf die Schaltfläche *Weiter* >.

Abbildung 6.6: Dialogfeld des Dimensions-Assistenten zur Wahl einer Dimensionstabelle.

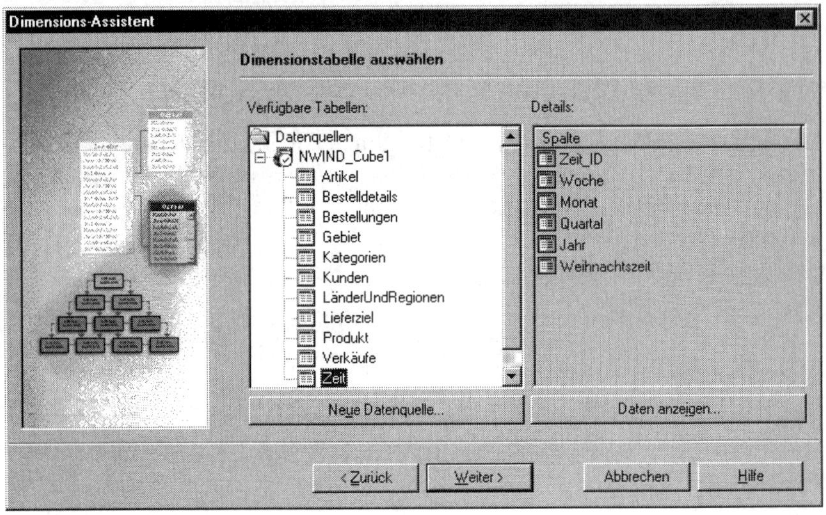

- Im nächsten Dialogfeld des Dimensions-Assistenten müssen Sie wählen, ob Sie eine Standarddimension oder eine Zeitdimension erstellen wollen. Bei Wahl von *Zeitdimension* haben Sie die Bequemlichkeit, sich die verschiedenen Ebenen der Zeitdimension vom Dimensions-Assistenten erstellen zu lassen. Dann allerdings müssen Sie aus einem beschränkten Angebot an Zeithierarchien (beispielsweise *Jahr – Monat – Tag* oder *Jahr – Woche – Tag*) wählen. Wenn Sie dagegen *Standarddimension* wählen, können alle Hierarchieebenen der Dimension aus der Dimensionstabelle entnommen werden, und in der Bildung von Dimensionstabellen sind Sie erheblich flexibler. In unserem Beispiel soll der einfachere Weg beschritten werden, wählen Sie daher die Option *Zeitdimension*. Der Dimensions-Assistent vorbesetzt den Eintrag in der Dropdown-Liste mit dem Feld *Zeit_ID*, weil er erkennt, daß dieses Feld den Datentyp *Datum/Zeit* besitzt, aus dem er eine Zeithierarchie bilden kann. Klicken Sie schließlich auf die Schaltfläche *Weiter* >.
- Wählen Sie im nächsten Dialogfeld (vgl. Bild 6.7) in der Dropdown-Liste *Zeitebenen auswählen* den Eintrag *Jahr, Quartal, Monat, Tag*, belassen Sie es bei den Startwerten 1 für Jahr und *Januar* für Monat (andernfalls würden Sie ein vom Kalenderjahr abweichendes Geschäftsjahr festlegen), und klicken Sie auf die Schaltfläche *Weiter* >.

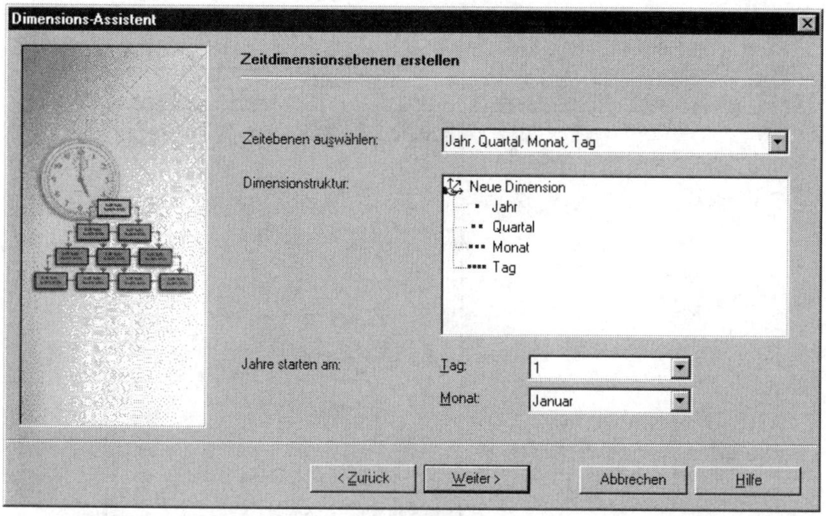

Abbildung 6.7: Dialogfeld des Dimensions-Assistenten zur Wahl der geeigneten Zeit Hierarchie.

- Im letzten Dialogfeld des Dimensions-Assistenten wird eine Vorschau auf die Dimensionsdaten angezeigt. Im Feld *Vorschau* erscheint auch eine Fehlermeldung, wenn die Dimensionsdaten nicht angezeigt werden können. Geben Sie schließlich *Zeit* als Dimensionsnamen ein und klicken Sie auf die Schaltfläche *Fertig stellen*.
- Die Dimension *Zeit* ist nunmehr erstellt. Daher beendet der Dimensions-Assistent seine Arbeit und zeigt das Ergebnis im Fenster des Dimensions-Editors, vgl. Bild 6.8. Hier könnten Sie jetzt Bearbeitungen an der Dimension *Zeit* vornehmen, die Sie aber auch später erledigen können, da der Dimensions-Editor jederzeit aufrufbar ist.

Dimension Lieferziel erstellen

Die Dimension Lieferziel soll die Hierarchieebenen *Region – Land – Ort – Firma* umfassen, vgl. auch oben Bild 6.5. Gehen Sie folgendermaßen vor, um diese Dimension zu erstellen:

- Klicken Sie in der Symbolleiste des Dimensions-Editors auf das Symbol *Neue Dimension*. (Falls der Dimensions-Editor bereits wieder geschlossen sein sollte, klicken Sie im Objektbaum des OLAP Managers mit der rechten Maustaste auf den Ordner *Gemeinsame Dimensionen* und wählen im Kontextmenü den Befehl *Neue Dimension*, Unterbefehl *Assistent...*).
- Wählen Sie im ersten Dialogfeld des Dimensions-Assistenten die Option *Eine einzelne Dimensionstabelle (flach oder Sternschema)*, und klicken Sie auf *Weiter >*.

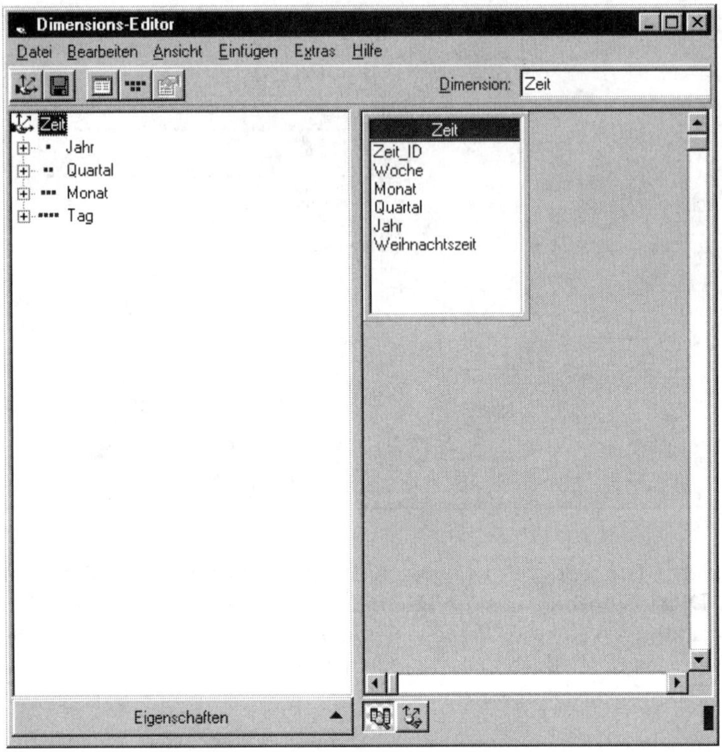

Abbildung 6.8: Oberfläche des Dimensions-Editors.

- Erweitern Sie im Dialogfeld *Dimensionstabelle auswählen* ggf. die Datenquelle *NWIND_Cube1*, so daß alle Tabellen der Datenquelle im Listenfeld *Verfügbare Tabellen* angezeigt werden. Markieren Sie die Tabelle *Lieferziel*. Dann werden die Felder dieser Tabelle im Listenfeld *Details* wiedergegeben. Klicken Sie auf die Schaltfläche *Weiter >*.
- Doppelklicken Sie im Dialogfeld *Ebenen für Ihre Dimension auswählen* (vgl. Bild 6.9) im Listenfeld *Verfügbare Spalten* zunächst die Spalte Region, so daß diese von dort in das Feld *Dimensionsebene* verschoben und hier als oberste Ebene dargestellt wird. Verfahren Sie entsprechend in dieser Reihenfolge für die Spalten Land, Ort und Firma. Bevor Sie auf die Schaltfläche *Weiter >* klicken, sollte das Dialogfeld aussehen, wie in Bild 6.9 wiedergegeben.
- Vergeben Sie im letzten Dialogfeld des Dimensions-Assistenten für die erstellte Dimension den Namen *Lieferziel*, und klicken Sie dann auf *Fertig stellen*. Dann erscheint das Fenster des Dimensions-Editors für die Dimension *Lieferziel*.

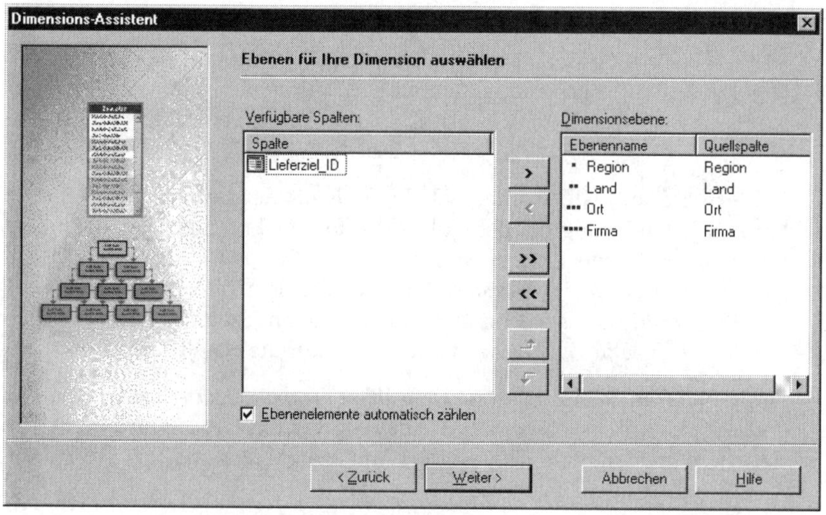

Abbildung 6.9: Dialogfeld des Dimensions-Assistenten zum Wählen der Dimensionsebenen.

Dimension *Produkt* erstellen

Die Dimension *Produkt* soll die Hierarchie *Kategorie – Artikel* aufweisen. Um die Dimension zu kreieren, gehen Sie analog zum Erstellen der Dimension *Lieferziel* vor. Wählen Sie als Dimensionstabelle *Produkt* und ziehen Sie die Felder *Kategorie* und *Artikel* für die entsprechenden Dimensionsebenen heran. Geben Sie der Dimension schließlich den Namen *Produkt*. Wenn der Dimensions-Assistent seine Arbeit beendet hat, schließen Sie den Dimensions-Editor.

6.2.7 Cube erstellen

Nunmehr sind alle Vorbereitungen abgeschlossen, um den Cube zu erstellen. Er soll denselben Namen bekommen wie die relationale Datenbank, auf der er basiert, also NWIND_Cube1. Für diesen Cube sollen die gerade erstellten drei Dimensionen *Zeit, Lieferziel* und *Produkt* verwendet werden. Für einen Cube muß genau eine Faktentabelle herangezogen werden, die die Werte für die Measures enthält und für jede Dimensionstabelle ein Schlüsselfeld. In der Datenbank NWIND_Cube1.MDB, für die wir ja oben die Datenquelle NWIND_Cube1 eingerichtet und für die OLAP Datenbank Nordwind festgelegt haben, ist dies die Tabelle *Verkäufe*. Für einen Cube muß auch wenigstens ein Measure definiert werden. Für den Cube NWIND_Cube1 sollen die beiden Measures *Menge* und *Umsatz* definiert werden. Dafür sind in der Faktentabelle *Verkäufe* Werte gespeichert.

Gehen Sie folgendermaßen vor, um den Cube zu erstellen:

- Klicken Sie mit der rechten Maustaste auf den Ordner *Cubes*, der sich im Objektbaum unterhalb der Datenbank *Nordwind* befindet. Wählen Sie im Kontextmenü den Befehl *Neuer Cube* und dazu den Unterbefehl *Assistent...* .
- Blättern Sie im Willkommens-Dialogfeld mit der Schaltfläche *Weiter* > zum nächsten Dialogfeld des Cube-Assistenten. Erweitern Sie im Dialogfeld *Wählen Sie eine Faktentabelle für Ihren Cube aus* im Listenfeld *Datenquellen und Tabellen* den Knoten der Datenquelle NWIND_Cube1, so daß alle Tabellen der entsprechenden Datenbank angezeigt werden. Markieren Sie die Tabelle *Verkäufe* und klicken Sie auf die Schaltfläche *Weiter* >.
- Doppelklicken Sie im Dialogfeld *Wählen Sie die numerischen Spalten aus, die Ihre Measures definieren* auf die beiden Spalten *Umsatz* und *Menge*, so daß diese im Listenfeld *Cubemeasures* angezeigt werden. Klicken Sie dann auf die Schaltfläche *Weiter* >.
- Doppelklicken Sie im Dialogfeld *Wählen Sie die Dimensionen für Ihren Cube aus* auf jede der drei im Listenfeld *Gemeinsame Dimensionen* wiedergegebenen Dimensionen *Zeit*, *Lieferziel* und *Produkt*, um diese im Listenfeld *Cubedimensionen* anzeigen zu lassen. Klicken Sie dann auf *Weiter* >.

Abbildung 6.10: Letztes Dialogfeld des Cube-Assistenten.

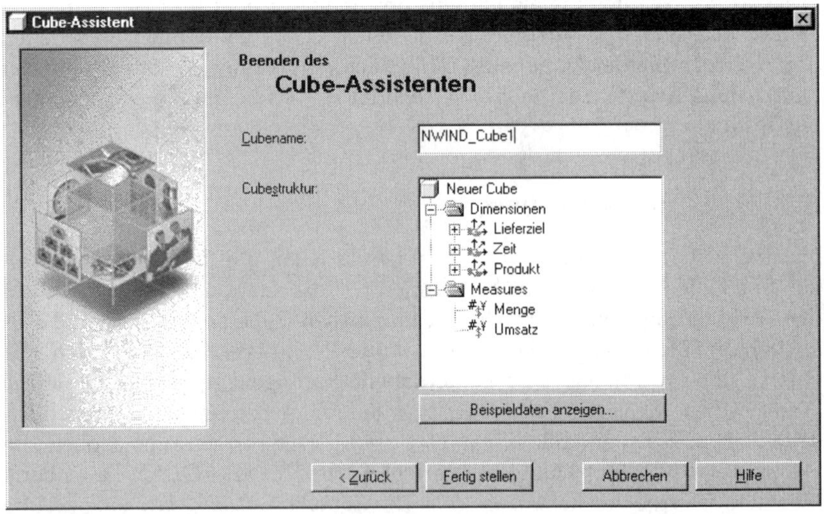

- Das letzte Dialogfeld des Cube-Assistenten sollte so aussehen, wie dies in Bild 6.10 wiedergegeben ist. Geben Sie daher den Namen NWIND_Cube1 für den Cube an und achten Sie darauf, daß im Feld *Cubestruktur* die gewünschte Struktur von Dimensionen und Measures angezeigt wird. Sie müßten andernfalls mit der Schaltfläche < *Zurück* im Cube-Assistenten zurückblättern, um ggf. Korrekturen vorzunehmen. Klicken Sie schließlich auf die Schaltfläche *Fertig stellen*.

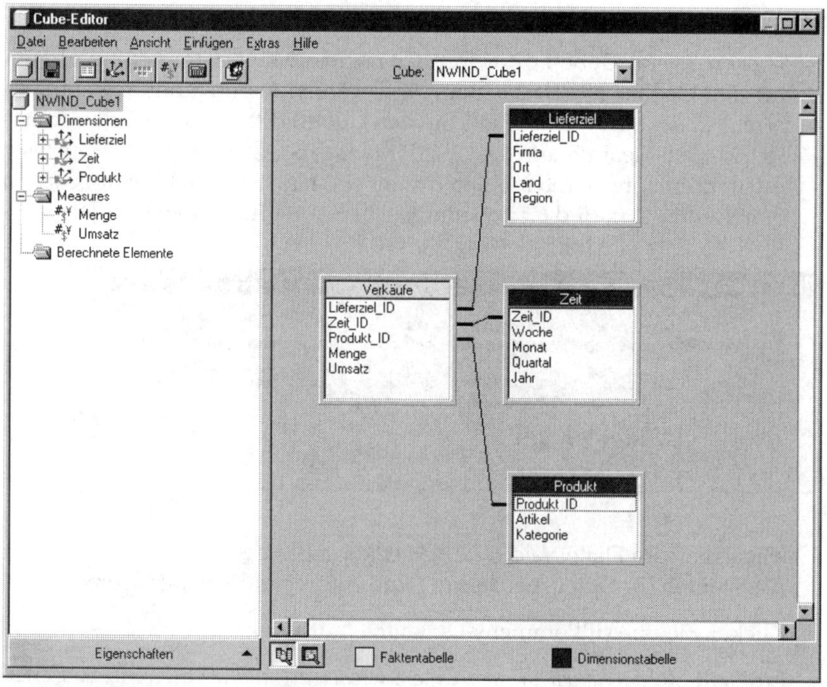

Abbildung 6.11: Fenster des Cube-Editors mit der Struktur des Cube NWIND_Cube1.

- Wenn der Cube-Assistent seine Arbeit beendet hat, ruft er automatisch den Cube-Editor auf, in dem die Struktur des neu erstellten Cube NWIND_Cube1 angezeigt und zur Bearbeitung angeboten wird, vgl. Bild 6.11.

6.2.8 Design für Speicherungsart und Aggregationen festlegen und Cube aufbereiten

Mit diesem Schritt wird die letzte Etappe des Wegs zum Erstellen eines Cube zurückgelegt. Bisher haben wir den Cube vollständig definiert. Nunmehr müssen die Werte für seine Zellen berechnet werden. Dazu bietet der OLAP Server alternative Verfahren an, mit denen der Zielkonflikt zwischen Speicherbedarf und Abfrageperformance nach den Gegebenheiten des Benutzers entschieden werden kann. Dieser Zielkonflikt entsteht, weil vorberechnete aggregierte Measurewerte zwar einerseits die Abfrageperformance steigern, andererseits jedoch den Speicherbedarf erhöhen. Nicht zuletzt diese Optimierungsmöglichkeit, die auch jederzeit aktualisiert werden kann, zeichnet den Microsoft OLAP Server vor anderen OLAP Servern aus. Für unseren Beispielcube spielt der Zielkonflikt zwar praktisch keine Rolle, weil die Anzahl der Dimensionen und Datensätze sehr klein ist. Um jedoch die prinzipielle Vorgehensweise zu demonstrieren, soll der Weg über das Design von Aggregationen gegangen werden.

Gehen Sie folgendermaßen vor:

- Klicken Sie im Cube-Editor mit der rechten Maustaste im Objektbaum auf den Ordner NWIND_Cube1 und wählen Sie im Kontextmenü den Befehl *Cube aufbereiten...* (Falls Sie den Cube-Editor bereits verlassen haben, klicken Sie im Baum des OLAP Managers mit der rechten Maustaste auf den entsprechenden Knoten und wählen den Befehl *Aufbereiten...*) Dann wird die in Bild 6.12 wiedergegebene Meldung eingeblendet.

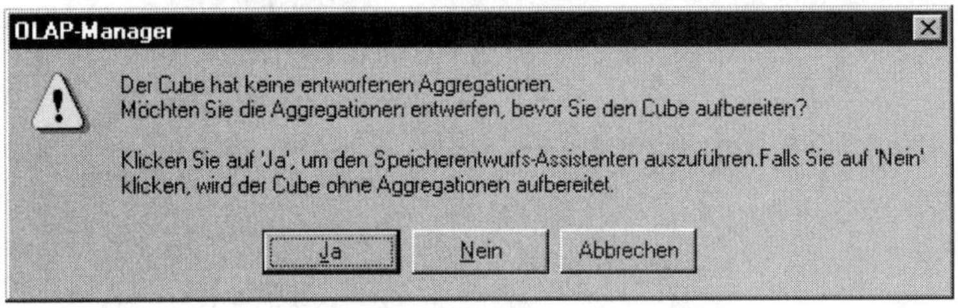

Abbildung 6.12: Diese Meldung erscheint, wenn Sie einen Cube aufbereiten wollen, für den kein Aggregationsdesign existiert.

- Klicken Sie im Dialogfeld *OLAP-Manager* auf die Schaltfläche *Ja*, um den Assistenten für Datenspeicherung und Aggregationen aufzurufen.
- Klicken Sie im Willkommens-Dialogfeld auf *Weiter* >.
- Im Dialogfeld *Wählen Sie den Datenspeicherungstyp* können Sie zwischen den drei Speicherarten MOLAP, ROLAP und HOLAP wählen. Die Bedeutung dieser Begriffe ist weiter oben bereits erklärt worden, vgl. Kap. 2, *OLAP Konzepte: Grundlagen*, Punkt *Speicherungskonzepte*. Weil es sich im Falle unseres Beispiels um eine sehr kleine Datenbank handelt, können wir ohne weiteres MOLAP wählen, womit der schnellste Datenzugriff erzielt wird. Klicken Sie dann auf die Schaltfläche *Weiter* >.
- Mit dem Dialogfeld *Aggregationsoptionen festlegen* führen Sie die eigentliche Optimierung durch, vgl. Bild 6.13. Sie können hier entweder eine Vorgabe für den maximalen Speicherplatz machen, den die vorberechneten Aggregationen vermutlich einnehmen werden (Option *Geschätzter Speicherplatz erreicht*), oder für den gewünschten Performancegewinn der Abfragen (Option *Leistungsgewinn erreicht*). Sie können auch nach dem Verlauf des Trade-off *Leistung kontra Größe*, der simultan mit der Berechnung durch den (im Original blauen) Graphen im Diagramm angezeigt wird, den Aggregierungsprozeß stoppen (Option *Bis ich auf 'Beenden' klicke*). Wählen Sie die Option *Leistungsgewinn erreicht*, und tragen Sie 90 als Prozentangabe ein.

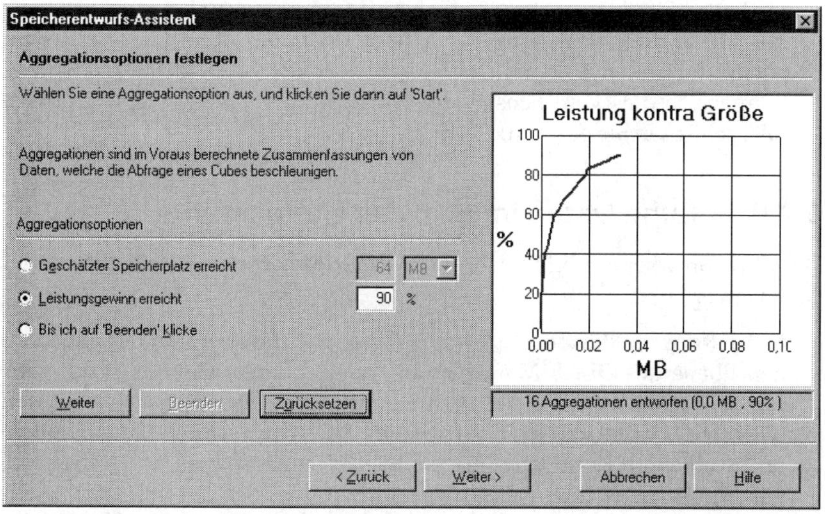

Abbildung 6.13: Dialogfeld »Einstellen der Speicherplatzgröße und der Leistungsoptionen«.

- Klicken Sie auf die Schaltfläche *Starten*. Dann werden so lange aggregierte Werte vorberechnet, bis gegenüber dem status quo ante ein Leistungsgewinn von mindestens 90% erreicht ist. In unserem Beispiel hat das dazu geführt, daß 16 Aggregationen für die Vorberechnung modelliert wurden, was mit einem Speicherbedarf von ca. 0,03 MB verbunden ist. Wenn Sie in unserem Beispiel das Aggregationsdesign für einen 100%igen Leistungsgewinn ermitteln lassen, zeigt Ihnen das Diagramm, daß dann ein Speicherbedarf von ca. 0,1 MB entsteht. Die zusätzlichen 10% Performancegewinn werden mit einer ungefähren Verdoppelung des Speicherbedarfs (es werden dann auch 32 Aggregationen ausgewiesen) verhältnismäßig teuer bezahlt. Für unser Beispiel sind die absoluten Werte für den Speicherbedarf vernachlässigenswert gering. Die Relationen zeigen jedoch, daß es bei größeren Datenbanken durchaus lohnt, das optimale Aggregationsdesign zu ermitteln. Klicken Sie auf die Schaltfläche *Weiter >*.

- Wählen Sie im letzten Dialogfeld des Assistenten die Option *Jetzt aufbereiten* und klicken Sie dann auf *Fertig stellen*. Dann wird der Cube aufbereitet und mit den aufbereiteten Werten gespeichert. Während der Prozeß des Aufbereitens in Gang ist, wird das Fenster *Aufbereiten* angezeigt, in dem der Berechnungsprozeß durch entsprechende Meldungen protokolliert wird. Dieses Fenster ist vor allem interessant, wenn beim Aufbereiten Fehler entstehen, die hier ebenfalls mitgeteilt werden. Die Fehlermeldungen sind eine wichtige Grundlage für das ggf. erforderliche Debugging. In unserem Beispiel sollte alles glatt gehen, so daß Sie am Ende des Aufbereitungsprozesses am unteren Rand des Fensters *Aufbereiten* die Meldung *Aufbereitung wurde erfolgreich abgeschlossen* sehen sollten. Schließen Sie dann dieses Fenster.

- Schließen Sie das Fenster des Cube-Editors, um zur allgemeinen Ebene des OLAP Managers zurückzukehren. Falls Sie unmittelbar mit dem nächsten Punkt 6.2.9, *Cube Daten im Browser betrachten*, fortfahren wollen, können Sie dies vom Fenster des Cube-Editors aus erledigen. Andernfalls schließen Sie den Cube-Editor.

6.2.9 Cube Daten im Browser betrachten

Der Cube Browser ermöglicht Ihnen die multidimensionale Betrachtung der Daten eines Cube.

- **Cube Browser starten**. Sie können den Cube Browser von der allgemeinen Ebene des OLAP Managers aus oder aus dem Cube-Editor heraus starten. Im ersteren Falle klicken Sie mit der rechten Maustaste auf den Namen des Cube, dessen Daten Sie im Cube Browser betrachten wollen, und wählen im Kontextmenü den Befehl *Daten anzeigen*. Im zweiten Fall wählen Sie im Menü *Ansicht* des Cube-Editors den Befehl *Daten*. Dann wird im rechten Fensterflügel des Editors statt des Cubeschemas der Browser angezeigt.

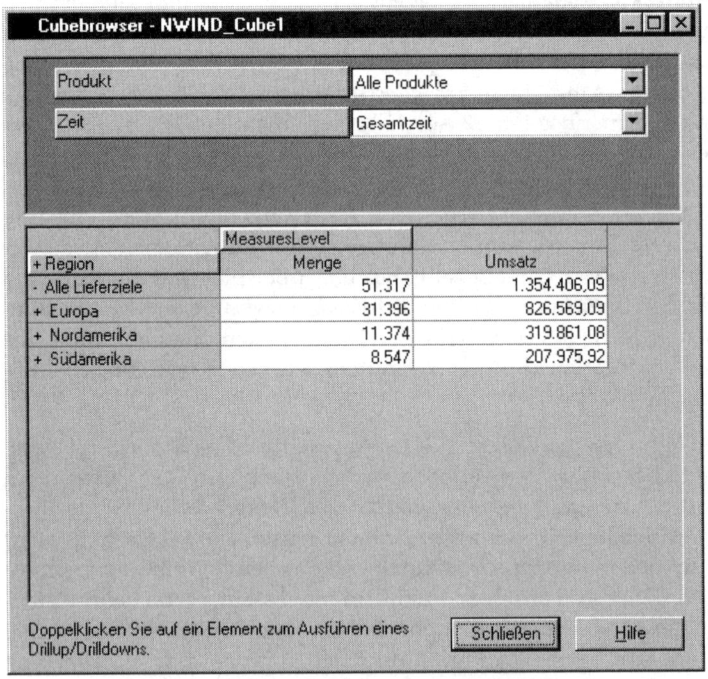

Abbildung 6.14: Fenster des Cube Browsers mit Daten des Cube NWIND_Cube1, unmittelbar nach dem Start.

Der Cube NWIND_Cube1 weist die drei Dimensionen *Zeit*, *Lieferziel* und *Produkt* sowie die Measures *Menge* und *Umsatz* auf. Der Cube Browser behandelt die beiden Measures zusammen wie eine Dimension mit zwei Elementen. Das Problem, multidimensionale Daten in einer zweidimensionalen Ansicht darzustellen, wird vom Cube Browser, wie bei derartigen Tools üblich, prinzipiell dadurch gelöst, daß zwei Dimensionen in der Tabelle als Spalten bzw. Zeilen wiedergegeben werden. In Bild 6.14 sind dies die Dimension Lieferziel, deren oberste Ebene Region im Spaltenfeld angezeigt wird, und die Measures, die als Zeilenfeld wiedergegeben sind. Die verbleibenden Dimensionen werden oberhalb der Tabelle als Seitenfelder angezeigt. Mit ihnen können die Daten gefiltert werden, was im Sprachgebrauch des Data Warehousing auch als *Slicing* bezeichnet wird. Der Cube Browser erlaubt ferner, die in der Tabelle dargestellten Dimensionen jederzeit gegen Seitenfeld-Dimensionen auszutauschen. Dies wird auch *Dicing* genannt. Schließlich können Sie mit dem Cube Browser für die dargestellten Daten auch *Drill down* oder *Drill up* (auch als *Top down* bzw. *Bottom up* bezeichnet) ausführen.

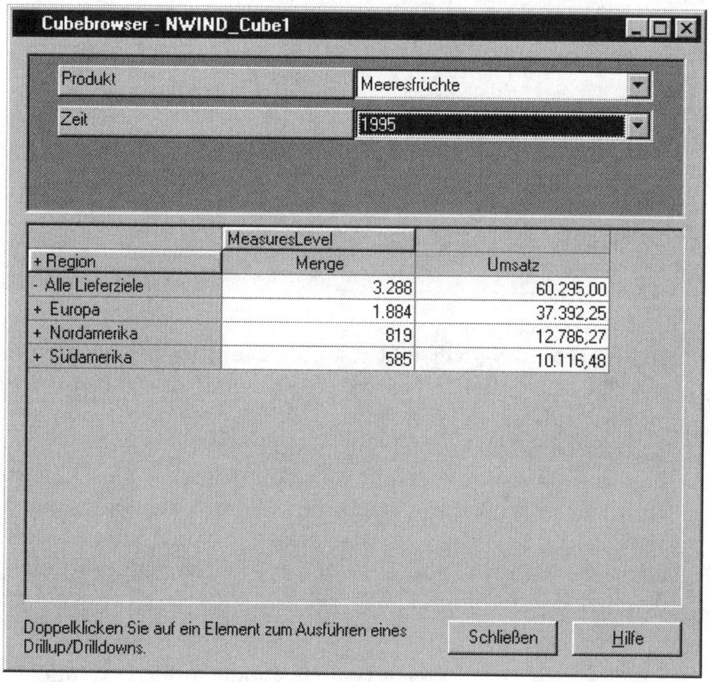

Abbildung 6.15: Slicing: Hier wird auf die Dimensionselemente »Meeresfrüchte« und »1995« gefiltert.

- **Slicing.** Die Dimensionen, die als Seitenfelder oberhalb der Tabelle positioniert sind, können als Dropdown-Liste aufgeschlagen werden. Dann wird die oberste Ebene der Hierarchie angezeigt, die wie in einer Baumstruktur durch Klicken auf das »+«-Zeichen erweitert bzw. auf das »-«-Zeichen eingeschränkt werden kann. Wenn Sie auf ein Element der Dimensionshierarchie klicken, schließt sich die Dropdown-Liste, und das Element erscheint im Dimensionsfeld mit der Wirkung, daß auf dieses Element gefiltert wird. In Bild 6.15 beispielsweise wird für die Dimension *Produkt* auf *Meeresfrüchte* und für die *Zeit* auf das Jahr *1995* gefiltert. In der Tabelle werden daher nur Mengen- und Umsatzwerte für Meeresfrüchte, die im Jahr 1995 verkauft wurden, wiedergegeben. Um die Filterwirkung einer Dimension wieder aufzuheben, wird in ihrem Seitenfeld der Eintrag *Alle* gewählt.

Abbildung 6.16: Gegenüber Bild 6.15 sind hier die Dimensionen »Measures« und »Produkt« gegeneinander ausgetauscht, ferner sind die Positionen der Dimensionen in der Tabelle gegeneinander ausgetauscht.

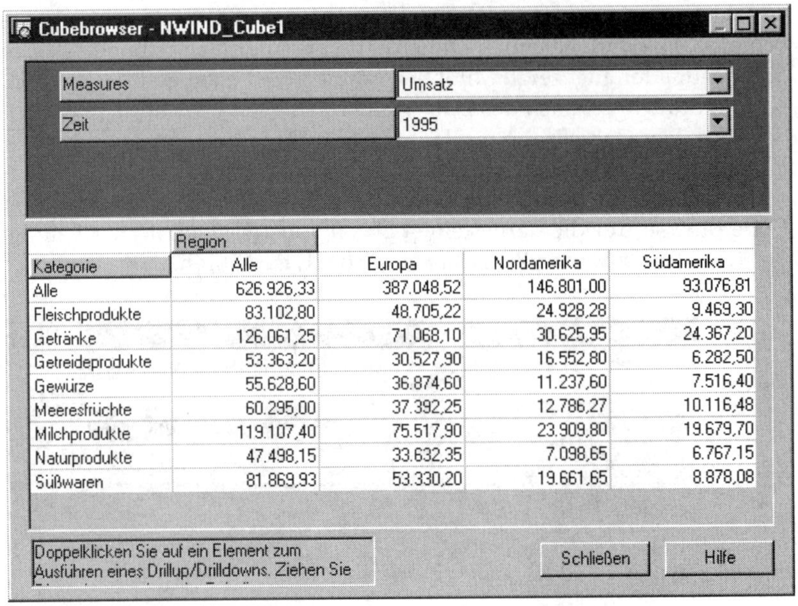

Kategorie	Alle	Europa	Nordamerika	Südamerika
Alle	626.926,33	387.048,52	146.801,00	93.076,81
Fleischprodukte	83.102,80	48.705,22	24.928,28	9.469,30
Getränke	126.061,25	71.068,10	30.625,95	24.367,20
Getreideprodukte	53.363,20	30.527,90	16.552,80	6.282,50
Gewürze	55.628,60	36.874,60	11.237,60	7.516,40
Meeresfrüchte	60.295,00	37.392,25	12.786,27	10.116,48
Milchprodukte	119.107,40	75.517,90	23.909,80	19.679,70
Naturprodukte	47.498,15	33.632,35	7.098,65	6.767,15
Süßwaren	81.869,93	53.330,20	19.661,65	8.878,08

- **Dicing.** Darunter versteht man, den multidimensionalen Datenwürfel aus einer anderen Perspektive zu betrachten. Im Cube Browser wird dies praktisch dadurch erreicht, daß Sie zwei Dimensionen gegeneinander austauschen. Die Darstellung in Bild 6.16 beispielsweise unterscheidet sich von derjenigen in Bild 6.15 dadurch, daß die Dimension *Produkt* nunmehr in der Tabelle erscheint, während die Dimension *Measures* als Seitenfeld positioniert ist. Aus diesem Grunde können jetzt auch nicht mehr die Mengen- und Umsatzwerte gleichzeitig wiedergegeben werden, wie dies in Bild 6.15 der Fall war, sondern es muß auf eines der beiden Measures gefiltert werden – in Bild 6.16 auf den Umsatz.

  Sie tauschen zwei Dimensionen gegeneinander aus, indem Sie eine Dimension auf diejenige ziehen, deren Position sie einnehmen soll. In der Situation von Bild 6.15 wurde die Dimension *Produkt* von ihrer Position als Seitenfeld auf die Dimension *Measures* in der Tabelle gezogen. Auf diese Weise können auch die Positionen der Dimensionen innerhalb der Tabelle gegeneinander getauscht werden. Dies ist in der Darstellung von Bild 6.16 ebenfalls geschehen. Ferner ist es möglich, in der Tabelle mehr als eine Dimension als Zeilen- oder Spaltenfeld zu positionieren, wenngleich die Darstellung dann leicht unübersichtlich werden kann.

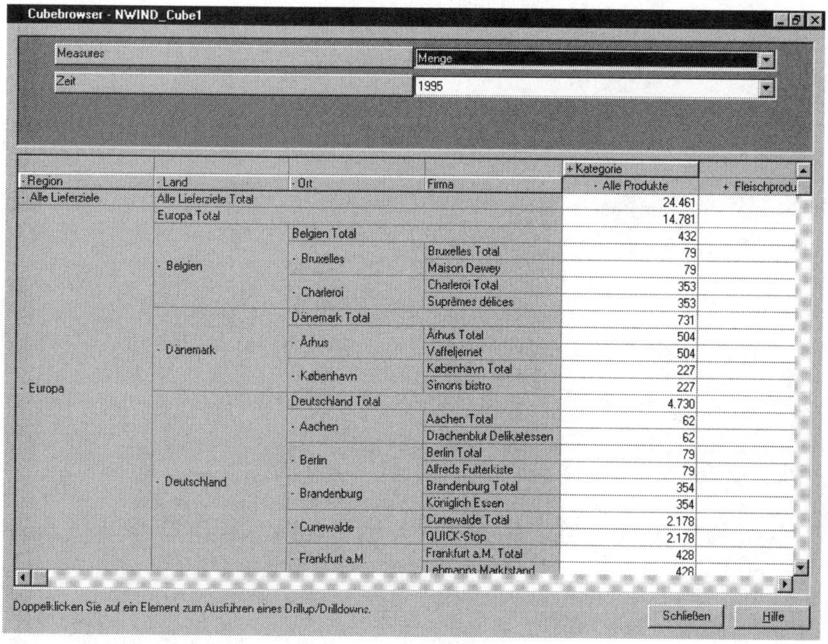

Abbildung 6.17: Hier wurde für die Dimension »Lieferziel« ein vollständiges Drill down bis zur untersten Ebene »Firma« durchgeführt.

- **Drill down**. Darunter versteht man, die Ebenen, die unterhalb der aktuell angezeigten Ebene einer Dimension liegt, wiederzugeben. In Bild 6.17 beispielsweise wurde ein Drill down für die Dimension *Lieferziel* bis hinunter zur detailliertesten Ebene durchgeführt. Sie führen ein Drill down aus, indem Sie auf die Ebene doppelklicken, für die das Drill down durchgeführt werden soll. In Bild 6.17 beispielsweise wurde zunächst auf die Ebene *Region* doppelgeklickt, woraufhin die Ebene *Land* angezeigt wurde. Die nächste Stufe des Drill down wurde durch Doppelklicken auf die Ebene *Land* erreicht, woraufhin die Ebene *Ort* angezeigt wurde. Schließlich wurde auf die Ebene *Ort* doppelgeklickt, um die unterste Ebene *Firma* der Dimension Lieferziel anzuzeigen. Wenn Sie nicht alle Children einer Ebene anzeigen wollen, sondern nur die Children eines bestimmten Elements, so doppelklicken Sie nur auf dieses Element. Um beispielsweise nur die Firmen des Ortes Berlin, nicht jedoch die Firmen der anderen Orte anzuzeigen, doppelklicken Sie auf das Element *Berlin*.
- **Drill up**. Dies stellt den zum Drill down umgekehrten Vorgang dar, der auch auf analoge Weise ausgeführt wird. Um beispielsweise in Bild 6.17 für die Dimension *Lieferziel* die beiden unterhalb der Ebene *Land* liegenden Ebenen *Ort* und *Firma* auszublenden, doppelklicken Sie auf die Ebene *Land*.

7 Design der OLAP Datenbasis

7.1 Überblick

Ein Cube ist im wesentlichen durch seine Dimensionen, Measures und die zugehörigen Daten bestimmt. Wie werden dem OLAP Server diese Informationen mitgeteilt? Dies ist zwischen den verschiedenen Anbietern von OLAP Servern unterschiedlich geregelt. Beim Microsoft OLAP Server gilt folgendes:

- Die Daten für die Measures werden aus der *Faktentabelle* bezogen.
- Die Informationen zur Bildung der Dimensionen müssen in *Dimensionstabellen* abgelegt sein.
- Faktentabelle und Dimensionstabellen sind Tabellen einer relationalen Datenbank. Hierbei werden unterschiedliche Formate unterstützt, beispielsweise Oracle 7.3 und 8.0, Microsoft SQL Server 6.5 und 7.0 oder andere ODBC-Datenbanken wie Microsoft Access.
- Faktentabelle und Dimensionstabellen müssen inhaltlich so aufeinander abgestimmt sein, daß sich daraus eine eindeutige multidimensionale Datenstruktur ergibt.
- Es können sowohl berechnete Measures wie auch berechnete Dimensionen erstellt werden. Dies kann durch den OLAP Server erfolgen, muß also nicht in der Faktentabelle oder den Dimensionstabellen geschehen sein.
- Ein vom OLAP Server erstellter Cube kann – abhängig von benutzerspezifischen Optionen – auf unterschiedliche Weise gespeichert werden: MOLAP, ROLAP und HOLAP. Das Speicherkonzept betrifft nicht nur die Speicherlogik, sondern hat auch Einfluß auf die physikalische Speicherart.

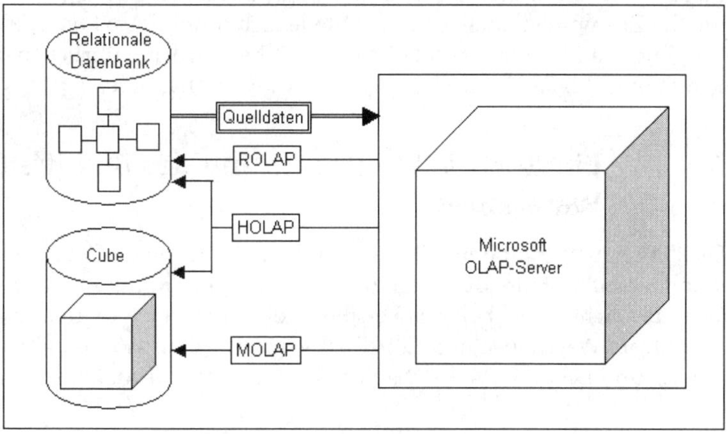

Abbildung 7.1: Datenfluß beim Microsoft OLAP Server: Hin und zurück.

7.1.1 Gegenstand dieses Kapitels

Bild 7.1 veranschaulicht den Datenfluß im Zusammenhang mit dem OLAP Server. Das Schaubild zeigt, daß die Quelldaten in jedem Falle – unabhängig von Speicher- oder sonstigen Optionen – aus einer relationalen Datenbank stammen. Die multidimensionalen Daten des vom OLAP Server erstellten Cube werden – abhängig vom gewählten Speicherkonzept – in der relationalen Datenbank, die die Quelldaten enthält (ROLAP), in einem eigenen Cube (MOLAP) oder in beiden (HOLAP) gespeichert. Dieses Kapitel behandelt ausschließlich den Weg der Quelldaten: Es wird beschrieben, wie die Faktentabelle und die Dimensionstabellen in der Datenquelle aufgebaut sein müssen. Dabei sind formale Anforderungen zu erfüllen, aber auch Zeckmäßigkeiten zu beachten. Darüber hinaus werden Überlegungen darüber angestellt, wie die Tabellen der Datenquelle aus vorgelagerten Datenquellen (vor allem Prozeßdaten und externe Daten) so gewonnen werden können, daß sie im Ergebnis konsistent und valide sind. Mit den verschiedenen Speicherungsarten beschäftigen wir uns dagegen nicht in diesem Kapitel, sondern weiter unten in diesem Buch, vgl. Kap. 9, *Cubes*, Punkt *Cubes und Aggregationen speichern*.

7.1.2 Besonderheiten des Designs bei Verwendung von Partitionen und virtuellen Cubes

Der Microsoft OLAP Server ermöglicht es, nicht nur einfache Cubes, sondern auch mehrere Partitionen innerhalb eines Cubes zu bilden und diese später entweder einzeln oder verschmolzen zu nutzen. Darüber hinaus können zwei oder mehr Cubes zu einem virtuellen Cube vereinigt werden. Diese Arbeitsweise erlaubt es vor allem, den Zielkonflikt zwischen Speicherplatz und Performance benutzerspezifisch zu optimieren. Das Design der OLAP Datenbasis wird im allgemeinen unterschiedlich ausfallen, wenn mit oder ohne Partitionierung oder virtuelle(n) Cubes gearbeitet wird. In diesem Kapitel gehen wir davon aus, daß weder mit benutzerdefinierten Partitionen (dann enthält der Cube formal genau eine Partition, die automatisch beim Erstellen des Cube erzeugt wird), noch mit virtuellen Cubes gearbeitet wird, um die Zusammenhänge an dieser Stelle nicht unnötig zu komplizieren. Der Umgang mit Partitionen und virtuellen Cubes wird ausführlich in den Kapiteln 11 bzw. 12, *Partitionen* bzw. *Virtuelle Cubes*, behandelt.

7.1.3 Eingeschränkte Bedeutung des Begriffs Data Warehouse

Die Datenquelle, auf deren Basis der OLAP Server einen Cube erstellt, wird von der Online-Hilfe durchgängig und ohne Einschränkung als *Data Warehouse* bezeichnet. So heißt es beispielsweise, um eine Abgrenzung der Begriffe Data Warehouse und OLAP zu verdeutlichen: »Während Data Warehouses und Data Marts die Datenspeicher für Analysedaten sind, ist OLAP die Technik, die Client-Anwendungen einen effizienten Zugriff auf diese Daten ermöglicht.«[1] Diese Charakterisierung ist sicher nicht falsch, leider aber im Zusammenhang mit dem Microsoft OLAP Server auch nicht ganz richtig, denn sie unterschlägt einen für diesen Kontext wesentlichen Gesichtspunkt: Data Warehouses werden ganz durchgängig als relationale Datenbanken eingerichtet, obwohl sie Daten für Analysezwecke – und das heißt für multidimensionale Betrachtung – bereithalten sollen. Aus diesen Gründen beschäftigt sich in der Literatur ein großer Teil der Überlegungen zum Data Warehouse mit der Frage, wie das Datenmodell des Data Warehouse beschaffen sein müsse, damit auf multidimensionale Datenmengen auf möglichst effiziente Weise (performant und speichersparend) zugegriffen werden kann. Diesen Überlegungen liegt in aller Regel nicht die Annahme zugrunde, daß dies mit einem OLAP Server geschehen könne, sondern es wird davon ausgegangen, daß der multidimensionale Datenzugriff mit Hilfe von SQL-Abfragen erfolgen muß. Unter diesen Bedingungen ist es dann natürlich erforderlich, in der Faktentabelle auch aggregierte Werte für jede Hierarchieebenenkombination zu speichern und entsprechende Ebenenschlüssel in den Dimensionstabellen vorzusehen, damit ein schneller SQL-Abfrage Zugriff möglich wird. Für ein Data Warehouse, das lediglich die Datenbasis für den Microsoft OLAP Server bilden soll, ist dies dagegen keinesfalls erforderlich oder auch nur zweckmäßig, sondern es werden in der Faktentabelle nur die Daten der niedrigsten *Granularität*, d.h. der kleinsten Detaillierungsebene, gehalten. Aus diesen Gründen können die Ergebnisse der Überlegungen zum Data Warehouse Design, die Sie in der allgemeinen Literatur[2] finden, nicht ohne weiteres auf die hier zu besprechenden Zusammenhänge übertragen werden. Dies soll nicht bedeuten, daß die Data Warehouse Literatur, die in jüngster Zeit in reichem Maße erschienen ist, für das Arbeiten mit dem Microsoft OLAP Server wertlos wäre, ganz im Gegenteil. Sie müssen jedoch stets beachten, daß ein Data Warehouse in unserem Kontext lediglich den Anforderungen, die der Microsoft OLAP Server an eine Datenbasis stellt, genügen muß, nicht jedoch darüber hinaus gehenden Anforderungen multidimensionaler Funktionalitäten.

7.1.4 Keine einheitliche Design-Methodologie

OLAP hat die Perspektive der Dimensionen und ist top down.

Für die Modellierung von relationalen OLTP-Datenbanken (Online Transactional Processing) hat sich seit vielen Jahren die Entity-Relationship-Modellierung (ERM) als die vorherrschende Methodologie herausgebildet und bewährt. Für das Modellieren von OLAP-orientierten Data Warehouses gilt eine analoge Aussage bisher nicht. Nach einheitlicher Auffassung kann die ERM auf das Modellieren von Data Warehouses nicht sinnvoll übertra-

1. Online-Hilfe, Thema *About OLAP.*
2. Vgl. die entsprechenden Titel des Literaturverzeichnisses am Ende dieses Buches.

gen werden.[3] Dies liegt nicht nur an der anderen Aufgabenstellung, die ein Data Warehouse gegenüber einer OLTP-Datenbank hat, sondern vor allem auch an der gänzlich anderen Perspektive, aus der das jeweilige System betrachtet wird. Bei der OLTP-Datenbank stehen komplexe Abhängigkeiten (Beziehungen) der Daten auf Detailebene im Mittelpunkt der Betrachtung. Eine der wesentlichen Aufgaben ist hier, bei den vielfältigen Transaktionen, die zur Laufzeit vorgenommen werden müssen, die Datenintegrität zu garantieren. Beim OLAP orientierten Data Warehouse werden die Daten dagegen aus der einfachen Perspektive von Dimensionen gesehen. Hier kommen keine Transaktionen zur Laufzeit vor, weil nur lesende Zugriffe auf die Geschäftsdaten möglich sind. Aggregationen über die Konsolidierungspfade der Dimensionshierarchien ergeben sich beim OLTP (mühsam) von unten nach oben – *bottom up*. Beim OLAP Data Warehouse besteht die Perspektive von vornherein von der obersten Hierarchieebene der Dimensionen und richtet sich von dort nach unten – *top down*.

Trotz des Mangels einer einheitlichen Methodologie finden sich in der Literatur einige Punkte, die übereinstimmend als beachtenswert beim Modellieren eines OLAP orientierten Data Warehouse betrachtet werden. Sie bestimmen eher eine pragmatische Vorgehensweise, als daß sie einem übergeordneten theoretischen Konzept entspringen. Es handelt sich um die folgenden Punkte, die als Schritte beim Design eines Data Warehouse betrachtet werden können:

- Welche Anforderungen stellen die Benutzer an die Analysen, die das Data Warehouse ermöglichen soll? Dies läuft letztlich darauf hinaus, die erforderlichen Dimensionen und Hierarchien einerseits und Kennzahlen (Measures) andererseits zu bestimmen.
- Nach welchem Schema sollen die Dimensionstabellen und die Faktentabelle aufgebaut sein (Star Schema, Snowflake Schema)?
- Durch welche Transformationsprozesse kann sichergestellt werden, daß die Daten im Data Warehouse konsistent und valide sind?

Die weiteren Ausführungen dieses Kapitels folgen diesen Punkten, indem sie sie ausführlich behandeln.

3. Vgl. etwa Kimball: »Entity relation models cannot be used as the basis for enterprise data warehouses.« ([KIMB96], S. 9). Ähnlich äußert sich auch Bulos: »ERD [gemeint ERM, G.B.] provides us with no good way of modeling hypercubes – the basic building blocks of OLAP databases.« ([BULO98], S. 251-261).

7.2 Anforderungen an das Analysesystem bestimmen

7.2.1 Vorgehensweise

Bevor Sie beginnen, Tabellen in formaler Hinsicht zu modellieren, müssen Sie wissen, welche Anforderungen das OLAP System für seine Benutzer erfüllen soll. Dies läuft letztlich darauf hinaus zu bestimmen, welche Measures verfügbar sein sollen und mit welchen Dimensionen in welcher Hierarchie darauf zugegriffen werden kann. Es läßt sich sicher nicht für alle Situationen verbindlich angeben, wie dazu vorzugehen ist. Sinnvoll erscheinen die vier Schritte, die Kimball für diesen Zweck vorgeschlagen hat:[4]

- Bestimmen Sie den Geschäftsprozeß, der modelliert werden soll. Damit ist ein größerer operativer Vorgang gemeint, der vom Rechnungswesen unterstützt wird und von dem Daten für das Data Warehouse gewonnen werden können. Beispiele sind Aufträge, Rechnungen, Versendungen, Lagerbestände, Verkäufe und ähnliche Gegenstände des Rechnungswesens.
- Bestimmen Sie die *Granularität* des Geschäftsprozesses. Damit ist das kleinste Detailniveau (atomare Daten) gemeint, auf dem Daten in der Faktentabelle vorhanden sein sollen. Typische Granularitäten sind individuelle Transaktionen, individuelle tägliche Bestandsaufnahmen oder individuelle monatliche Bestandsaufnahmen. Es ist unmöglich, den folgenden Schritt zu gehen, wenn nicht dieser zurückgelegt ist.
- Bestimmen Sie die Dimensionen, die jedem Datensatz der Faktentabelle zugeordnet sind. Typische Dimensionen sind *Zeit, Produkt, Kunde, Werbung, Filiale* oder *Finanzstatus*. Beschreiben Sie für jede Dimension deren Hierarchie so, daß die Felder der Dimensionstabellen entsprechend besetzt werden können.
- Bestimmen Sie die Measures, mit deren Daten die Faktentabelle besetzt werden soll. Typische Measures sind numerische, summierbare Größen wie verkaufte Menge oder Erlös.

Um diese Punkte konkret auszufüllen, können Sie beispielsweise die potentiellen Benutzer des OLAP Systems auf ihre Bedürfnisse hin befragen. Nützlich ist es auch, bisherige Standardberichte auszuwerten. Darüber hinaus kann es sinnvoll sein, bisher eingesetzte Client-Werkzeuge, mit denen OLAP(-ähnliche) Analysen durchgeführt wurden, anzuschauen.

---

4. Vgl. [KIMB96], S. 22.

7.2.2 Berechnete Measures und Dimensionen

Berechnete Measures und Dimensionen sollten vom OLAP Server kalkuliert werden.

Die Werte für die Measures müssen keinesfalls originär aus den Prozeßdaten oder ähnlichen vorgelagerten Quellen stammen, sondern es können auch neue berechnet werden. Wenn beispielsweise Daten für die verkaufte Anzahl eines Artikels sowie dessen dabei zugrunde gelegter Preis verfügbar sind, läßt sich daraus der Umsatz (Erlös) errechnen. Ähnliches gilt auch für Dimensionen: Es können neue Dimensionselemente auf Basis bereits vorhandener berechnet werden. Beispielsweise können die Kategorien *Obstsäfte* und *Gemüsesäfte* zum (bisher nicht existenten) Element *Säfte* zusammengefaßt werden. Derartige Berechnungen müssen keinesfalls bereits in der OLAP Datenquelle, sondern sie können auch vom OLAP Server vorgenommen werden. Diese Vorgehensweise empfiehlt sich aus den folgenden Gründen:

- Wenn Measures oder Dimensionselemente bereits im Data Warehouse berechnet werden, müssen sie dort auch gespeichert werden. Dies bläht in jedem Falle die Faktentabelle auf, weil dort für jedes weitere Measure eine weitere Spalte mit Werten angelegt werden muß. Für berechnete Dimensionselemente gilt, daß für die neuen Elementkombinationen sowohl Werte in der Faktentabelle wie auch die Dimensionsausprägungen in der Dimensionstabelle abgelegt werden müssen. Sämtliche berechneten Werte – die der Measures wie auch die der Dimensionen – werden außerdem auch vom OLAP Server im Cube gespeichert, es sei denn, Sie entscheiden sich für eine der Speicherarten ROLAP oder HOLAP.
- Kann die Berechnung neuer Measures durch verhältnismäßig einfache Update-Abfragen bewerkstelligt werden, so ist dies für neue Dimensionen deutlich komplizierter. Im Vergleich dazu sind beide Vorgänge beim Microsoft OLAP Server sehr einfach zu gestalten.
- Der Microsoft OLAP Server bietet eine reichhaltige Abfragesprache, mit deren speziell für multidimensionale Analyse konzipierten Funktionen sich auf einfache Weise komplexere Berechnungsanweisungen formulieren lassen, als dies mit der Datenmanipulierungssprache SQL möglich ist. Beispielsweise werden Funktionen für den direkten Zugriff auf Vorgänger- oder Nachfolgerelemente oder Lag-Funktionen angeboten. Mit Hilfe eines bequemen Editors lassen sich die Anweisungen auch jederzeit einfach reformulieren.

7.3 Logisches Datenmodell

7.3.1 Faktentabelle und Dimensionstabellen

Der Microsoft OLAP Server setzt voraus, daß die Quelldaten in einer relationalen Datenbank gehalten werden. Für jeden zu bildenden Cube müssen dabei eine Faktentabelle und für jede Dimension mindestens eine Dimensionstabelle vorhanden sein. Die Faktentabelle enthält die Werte für die Measures.

Die Dimensionstabellen enthalten die Elemente (members) der Dimensionen. Dabei können sämtliche Dimensionselemente je Dimension in einer einzigen Tabelle abgelegt sein. Wenn dies für alle Dimensionen so modelliert ist, gibt es so viele Dimensionstabellen, wie Dimensionen im Cube gebildet werden können. Die Elemente einer hierarchischen Dimension können aber auch auf mehrere Tabellen, die durch Schlüssel verknüpft sind, verteilt sein.

Jede Zeile der Faktentabelle enthält die Measurewerte, die einer bestimmten Elementekombination der Dimensionen auf der Detailebene entspricht. Faktentabelle einerseits und Dimensionstabellen andererseits müssen durch Schlüssel miteinander so verknüpft sein, daß eine eindeutige Zuordnung jeder einzelnen Elementekombination auf der Detailebene zu den entsprechenden Measurewerten der Faktentabelle möglich ist. Wenn beispielsweise eine Kombination für die drei Dimensionen *Zeit, Produkt* und *Lieferziel* [03.06.1997].[Thüringer Rostbratwurst].[Alfreds Futterkiste] lautet, so enthält die Zeile der Faktentabelle, welche die dieser Kombination entsprechenden Measurewerte enthält, auch die Schlüsselwerte aus den drei Dimensionstabellen, die diesen drei Dimensionselementen zugehören. Diese Zusammenhänge werden in den folgenden beiden Punkten deutlicher, weil sie dort mit beispielhaften Tabellen demonstriert werden.

7.3.2 Demonstrationsbeispiel

Die folgenden Zusammenhänge können besser nachvollzogen werden, wenn sie mit Hilfe desselben durchgängigen Beispiels erklärt werden. Zu diesem Zweck wird als operationale Ausgangsdatenbank die Datenbank *Nordwind.mdb* herangezogen, die mit der Microsoft Office 97 Komponente Access als Beispiel geliefert wird.[5] Wie gezeigt werden wird, erlauben deren Tabellen, einen Cube zu erstellen, der die drei Dimensionen *Zeit, Lieferziel* und *Produkt* sowie die beiden Measures *Menge* und *Umsatz* enthält. Die Hierarchien der drei Dimensionen sind Bild 7.2 zu entnehmen.

5. Die Datenbank Nordwind.mdb von Access 97 ist der Begleit-CD-Rom beigefügt.

Abbildung 7.2: Diese Dimensionen und Measures sollen einen Cube definieren und mit Daten besetzen.

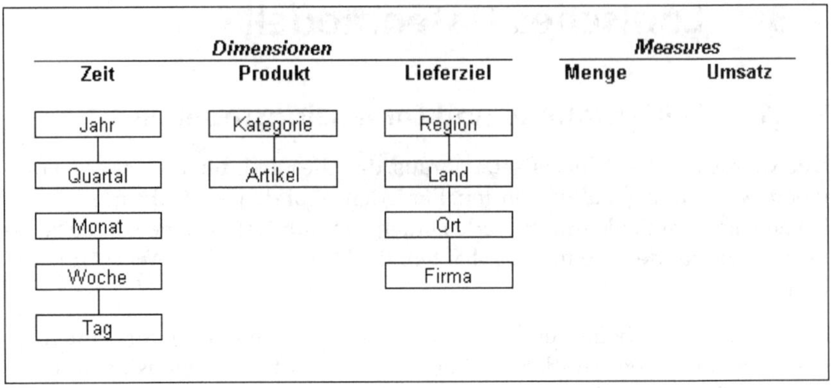

7.3.3 Star Schema: Denormalisierte Dimensionstabellen

Wenn die Faktentabelle und die Dimensionstabellen nach dem Star Schema modelliert sind, muß für jede Dimension genau eine Dimensionstabelle vorhanden sein. Bild 7.3 zeigt, wie dies für unser Beispiel realisiert wurde.[6] Die Faktentabelle *Verkäufe* enthält zum einen die beiden Felder *Menge* und *Umsatz*, deren Inhalte die Measures mit Werten versorgen. Zum anderen befinden sich in der Faktentabelle die drei Felder *Lieferziel_ID, Zeit_ID* und *Produkt_ID*. Diese Felder sind Fremdschlüssel, von denen je einer Primärschlüssel in den drei Dimensionstabellen ist. Die drei Fremdschlüssel der Faktentabelle bilden zusammen den Primärschlüssel dieser Tabelle, so daß Kombinationen daraus singulär sind.

Abbildung 7.3: Die drei Dimensionstabellen sind mit der Faktentabelle »Verkäufe« nach dem Star Schema verbunden.

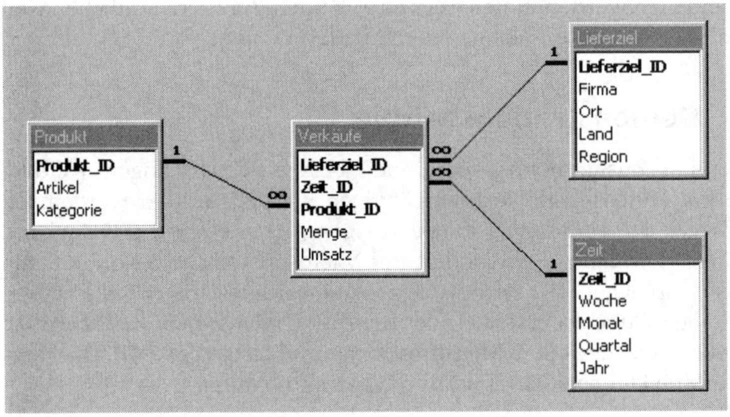

6. Sie finden diese Tabellen mit dem entsprechenden Design in der Datenbank »NWIND_Cube1.MDB« auf der Begleit-CD-Rom.

Die Dimensionstabellen enthalten so viele Datensätze, wie es verschiedene Kombinationen der Dimensionselemente auf der untersten Ebene gibt. Für jeden Datensatz werden allerdings sämtliche zugehörigen übergeordneten Dimensionselemente mitgeführt, denn die Daten dafür werden in nicht-normalisierter Form gehalten. Dies zeigen die Ausschnitte der Datensätze in den drei Dimensionstabellen, die in Bild 7.5, Bild 7.6 und Bild 7.7 wiedergegeben sind. Beispielsweise tauchen in der Dimensionstabelle *Produkt* in Bild 7.6 dieselben Kategorien in mehreren Datensätzen auf. Entsprechendes gilt für die höheren Dimensionsebenen in den anderen beiden Dimensionstabellen. Im nächsten Punkt wird gezeigt, wie die Dimensionstabellen aussehen, wenn ihre Datensätze normalisiert sind.

Lieferziel_ID	Zeit_ID	Produkt_ID	Menge	Umsatz
ANTON	20.11.95	33	8	20,00 DM
ANTON	23.11.95	33	30	75,00 DM
ANTON	23.11.95	66	4	68,00 DM
ANTON	23.11.95	75	30	232,50 DM
ANTON	27.03.96	2	20	380,00 DM
ANTON	27.03.96	42	20	280,00 DM
AROUT	13.01.95	24	25	90,00 DM
AROUT	13.01.95	57	25	390,00 DM
AROUT	13.02.95	13	20	96,00 DM
AROUT	13.02.95	50	15	195,00 DM

Abbildung 7.4: Datensätze der Faktentabelle »Verkäufe«.

In der Faktentabelle in Bild 7.4 ist ein Datensatz markiert.Er weist eine Menge von 25 und einen Umsatz von 90,00 DM aus. Diese beiden Werte beziehen sich auf Dimensionselemente, die durch die drei Fremdschlüsselwerte *Lieferziel_ID* = AROUT, *Zeit_ID* = 13.01.95 und *Produkt_ID* = 24 identifiziert werden. Die korrespondierenden Datensätze in den drei Dimensionstabellen sind in Bild 7.5, Bild 7.6 und Bild 7.7 ebenfalls markiert. Daraus ergibt sich beispielhaft, daß die Firma *Around the Horn* am 13.01.95 mit 25 Stück des Artikels *Guaraná Fantástica* beliefert wurde, was mit einem Umsatz von 90,00 DM verbunden war.

Zeit_ID	Woche	Monat	Quartal	Jahr
06.01.95	2	1	Q1	1995
09.01.95	3	1	Q1	1995
11.01.95	3	1	Q1	1995
12.01.95	3	1	Q1	1995
13.01.95	3	1	Q1	1995
16.01.95	4	1	Q1	1995
17.01.95	4	1	Q1	1995
18.01.95	4	1	Q1	1995
19.01.95	4	1	Q1	1995
20.01.95	4	1	Q1	1995

Abbildung 7.5: Datensätze der Dimensionstabelle »Zeit«.

Eine Modellierung der Faktentabelle und der Dimensionstabellen nach dem Star Schema in der dargestellten Weise reicht dem Microsoft OLAP Server aus, daraus einen OLAP Cube zu bilden, dessen Dimensionen ggf. auch Hierarchien aufweisen. Sie mögen sich fragen, wie dies denn möglich sein soll, wo doch weder die Faktentabelle noch die Dimensionstabellen Angaben darüber enthalten, welcher Hierarchieebene bestimmte Dimensionselemente zuzuordnen sind. Dieser Einwand ist berechtigt. Er wird aber durch den Hinweis entkräftet, daß Dimensionen mit dem Dimensionseditor des OLAP Servers explizit definiert werden müssen. Dabei wird dem OLAP Server nicht nur mitgeteilt, auf welcher Dimensionstabelle die Dimension basiert, sondern es muß auch ausdrücklich für jede Hierarchieebene angegeben werden, welchem Feld der Dimensionstabelle sie zugeordnet ist, vgl. dazu genauer Kap. 8, *Dimensionen*.

Abbildung 7.6: Datensätze der Dimensionstabelle »Produkt«.

Produkt_ID	Artikel	Kategorie
21	Sir Rodney's Scones	Süßwaren
22	Gustaf's Knäckebröd	Getreideprodukte
23	Tunnbröd	Getreideprodukte
24	Guaraná Fantástica	Getränke
25	NuNuCa Nuß-Nougat-Creme	Süßwaren
26	Gumbär Gummibärchen	Süßwaren
27	Schoggi Schokolade	Süßwaren
28	Rössle Sauerkraut	Naturprodukte
29	Thüringer Rostbratwurst	Fleischprodukte
30	Nord-Ost Matjeshering	Meeresfrüchte

Das Star Schema ist klassisch für die multidimensionale Datenmodellierung und scheint das am häufigsten verwendete Design zu sein. Gegenüber anderen Design-Alternativen hat es den Vorzug, daß SQL-Abfragen dann mit der geringsten Anzahl von Joins auskommen, was sich günstig auf die Performance auswirkt. Eingefleischten ER-Modellierern mag die Denormalisierung der Dimensionstabellen zumindest intuitiv mißfallen, gibt es doch für die Normalisierung im allgemeinen gute Gründe, die aus der Logik der Datenverarbeitung kommen: Die Normalisierung soll helfen, Inkonsistenzen zwischen den Datensätzen zu vermeiden, die sich ansonsten beim Einfügen, Löschen oder Aktualisieren einzelner Datensätze ergeben können. Diese Vorgänge kommen jedoch im Data Warehouse nicht vor, weil auf seine Datensätze nur lesend zugegriffen wird. Daher entfallen die üblichen Einwände gegen unnormalisierte Daten.

Der wesentliche Einwand gegen denormalisierte Dimensionstabellen bezieht sich auf deren Größe: Denormalisierte Daten führen zu größeren Tabellen als normalisierte. Dieser Einwand greift aber erst praktisch, wenn man es mit sehr vielen Elementen je Dimension zu tun hat. Im allgemeinen dürfte gelten, was Hahne zur Anwendung des Star Schemas schreibt: »Das Star Schema ist ... insbesondere bei kleinen bis mittleren Datenmengen ein adäquater und leicht handhabbarer Modellierungsansatz.«[7]

7. [HAHN98], S. 115.

Lieferziel_ID	Firma	Ort	Land	Region
ALFKI	Alfreds Futterkiste	Berlin	Deutschland	Europa
ANATR	Ana Trujillo Emparede	México D.F.	Mexiko	Südamerika
ANTON	Antonio Moreno Taque	México D.F.	Mexiko	Südamerika
AROUT	Around the Horn	London	Großbritannien	Europa
BERGS	Berglunds snabbköp	Luleå	Schweden	Europa
BLAUS	Blauer See Delikatess	Mannheim	Deutschland	Europa
BLONP	Blondel père et fils	Strasbourg	Frankreich	Europa
BOLID	Bólido Comidas prepa	Madrid	Spanien	Europa
BONAP	Bon app'	Marseille	Frankreich	Europa
BOTTM	Bottom-Dollar Markets	Tsawassen	Kanada	Nordamerika

Abbildung 7.7: Datensätze der Dimensionstabelle »Lieferziel«.

Primärschlüssel der Dimensionstabellen sollen einfach sein.

In jeder der drei obigen Dimensionstabellen ist der Primärschlüssel einfach, d.h. nur aus einem Feld bestehend. Prinzipiell wäre es natürlich auch möglich, zusammengesetzte Primärschlüssel zu verwenden. Dies empfiehlt sich jedoch nicht, weil die Primärschlüssel der Dimensionstabellen zu Fremdschlüsseln in der Faktentabelle migrieren. Sie tauchen dann bei den Joins, die zum Bilden des Cubes erforderlich sind, wieder auf. Diese aber sind umso weniger performant, je mehr Schlüssel dabei berücksichtigt werden müssen.

Surrogatschlüssel statt natürlicher?

Diese Strategie kann dazu führen, daß Sie Surrogatschlüssel erzeugen und verwenden müssen, um zusammengesetzte Primärschlüssel zu vermeiden. Dann sollten Sie möglichst kleine Integerzahlen verwenden, um die Performance zu erhöhen. Kimball geht sogar so weit, generell für die Dimensionstabellen Surrogatschlüssel zu empfehlen, auch dann, wenn einfache »natürliche« verfügbar sind.[8] Seine wesentlichen Argumente für diese Strategie beziehen sich dabei nicht auf Performance Überlegungen, sondern sind darauf gerichtet, die Data Warehouse Modellierung unabhängig von den sich ändernden Notwendigkeiten der vorgelagerten operativen Systeme zu machen und daher eigene Schlüssel zu schaffen, statt diese von den Vorstufen zu übernehmen. Dies erscheint als eine überlegenswerte Strategie, die jedoch nicht dogmatisch verfolgt werden sollte.

Fremdschlüssel Kombinationen in der Faktentabelle als eindeutiger Index?

Im allgemeinen wird empfohlen, die Fremdschlüssel in der Faktentabelle, die mit den Primärschlüsseln in den Dimensionstabellen korrespondieren, als zusammengesetzten eindeutigen Index – in der Regel dann als Primärschlüssel – zu modellieren. Auf diese Weise soll sichergestellt werden, daß jede Elementekombination der niedrigsten Granularität in der Faktentabelle nur einmal repräsentiert wird. Abgesehen davon, daß diese Überlegung nur dann greift, wenn auch die Dimensionstabellen entsprechend eindeutig sind (was gerade bei Verwendung von Surrogatschlüsseln nicht automatisch vom Datenbanksystem gewährleistet werden kann), ist diese Vorgehensweise auch nicht zwingend – zumindest nicht in formaler Hinsicht. Der Microsoft OLAP Server jedenfalls verarbeitet mehrere Datensätze mit derselben Fremdschlüsselkombination in der Faktentabelle korrekt, indem die Measurewerte dieser

8. [KIMB98a].

Datensätze auf der niedrigsten Granularität aggregiert werden. Beispiel: Wenn die Faktentabelle drei Datensätze mit derselben Fremdschlüsselkombination enthält, die die Elementekombination [13.02.98].[Alfreds Futterkiste].[Nord-Ost Matjeshering] repräsentiert, und diese drei Datensätze für die *Menge* die Werte 12, 34 und 6 enthalten, so wird dies für den Cube so verarbeitet, daß die Elementekombination [13.02.98].[Alfreds Futterkiste].[Nord-Ost Matjeshering] dann für das Measure *Menge* den Wert 52 aufweist. Aus Gründen der Performance ist aber dennoch zu empfehlen, diese Aggregation auf der Ebene der niedrigsten Granularität bereits in der Datenquelle vorzunehmen, statt sie dem OLAP Server zu überlassen. Dies kann, wie unten (vgl. Punkt 7.4, *Besonderheiten beim Modellieren der Dimension Zeit*) gezeigt wird, durch entsprechende Gruppierungsabfragen erreicht werden.

7.3.4 Snowflake Schema: Normalisierte Dimensionstabellen

Nicht nur Faktentabellen, sondern auch Dimensionstabellen können in verschiedenen Fällen so groß werden, daß man an eine Alternative zum Star Schema denken wird. Für ein großes Handelsunternehmen etwa ist es nicht ungewöhnlich, 50.000 oder gar 100.000 verschiedene Artikel im Sortiment zu haben. Ähnliches gilt für Ersatzteilläger. In derartigen Fällen kann es sich empfehlen, die Größe der Dimensionstabellen (einzelner oder aller) dadurch zu verkleinern, daß man sie normalisiert. Auf diese Weise werden zwar nicht weniger Datensätze (Zeilen) erzeugt, durch die Beseitigung von Redundanz wird jedoch die Speichergröße insgesamt reduziert, so daß die Performance von Abfragen dadurch gesteigert werden kann, daß die Anzahl der Lesezugriffe auf dem Speichermedium vermindert wird. Dieser Verminderung ist allerdings eine größere Anzahl von Joins in den Abfragen gegenüberzustellen, weil die Normalisierung ja bedeutet, die Dimensionsdaten auf mehrere Tabellen zu verteilen.

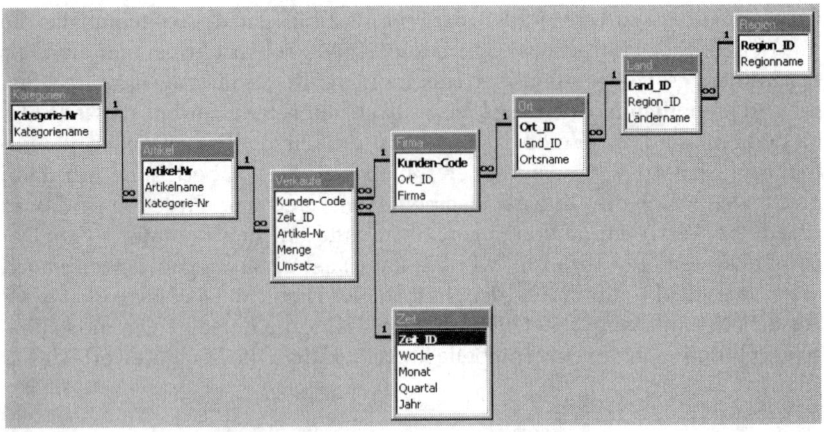

Abbildung 7.8: Die Dimensionstabellen für die Dimensionen »Produkt« und »Lieferziel« sind mit der Faktentabelle »Verkäufe« nach dem Snowflake Schema verbunden. Die Dimension »Zeit« wurde weiter nach dem Star Schema modelliert.

Die Normalisierung erfolgt dabei in der Weise, daß für jede Ebene der Dimension eine eigene Tabelle gebildet wird. Die zu einer Dimension gehörenden Tabellen sind durch Schlüssel miteinander verbunden. Der Primärschlüssel der Tabelle mit den Angaben für die niedrigste Ebene taucht, wie auch beim Star Schema, als Fremdschlüssel in der Faktentabelle auf. Wenn alle Dimensionen in dieser Weise modelliert werden, ergibt sich ein Aussehen im ER-Diagramm, das offenbar viele Meschen an eine Schneeflocke erinnert, jedenfalls wird dieses Design als Snowflake Schema bezeichnet. In Bild 7.8 ist das Snowflake Schema wiedergegeben, das der Modellierung nach dem Star Schema entspricht, wie sie im vorangehenden Punkt demonstriert wurde, vgl. dort Bild 7.3. Ein reines Snowflake Schema ist in Bild 7.8 allerdings nicht dargestellt, denn die Dimensionstabelle *Zeit* ist nicht normalisiert. Dies hat inhaltliche Gründe, die in der Besonderheit dieser Dimension liegen, vgl. dazu genauer weiter unten, Punkt 7.4, *Besonderheiten beim Modellieren der Dimension Zeit*. Deutlich zu erkennen ist die Normalisierung dagegen für die beiden Dimensionen *Produkt* und *Lieferzeit*. Die Informationen für die Dimension *Produkt* wurden auf die beiden Tabellen *Artikel* und *Kategorien* verteilt, für die Dimension *Lieferzeit* sind es die Tabellen *Firma, Ort, Land* und *Region*.[9]

7.3.5 Vergleich von Star und Snowflake Schema

Der Vorteil des Star Schemas liegt darin, die Anzahl der Joins bei Abfragen zu minimieren. Dies wird durch eine vollständige Denormalisierung der Daten für die Dimensionstabellen erreicht. Dem steht der größere Speicherplatz gegenüber, der durch das Halten redundanter Daten entsteht. Dabei geht es nicht darum, daß etwa nicht genügend Speicherplatz vorhanden wäre, sondern es geht um die damit erhöhte Anzahl von Lesezugriffen bei Abfragen. Diese wird verringert, wenn nach dem Snowflake Schema modelliert wird. Wie dieser trade off zu optimieren ist, wird in der Data Warehouse Literatur unterschiedlich beantwortet. Anahory/Murray beispielsweise schreiben: »Wenn eine Dimensionstabelle die Größe der Partition einer Fakt-Tabelle erreicht oder wenn die Suche in einer Dimensionstabelle einen beachtlichen Teil der zur Verfügung stehenden Zeit in Anspruch nimmt, dann sollte eine horizontale Partitionierung der Tabelle und die Erzeugung einer kombinierten Sicht vorgenommen werden.«[10] Dabei ist mit *horizontale Partitionierung* das gemeint, was hier (und an anderen Stellen auch von den beiden Autoren) als Normalisierung bezeichnet wurde. Die Überlegung erscheint einleuchtend. Sie wird aber nicht überall geteilt. Beispielsweise formuliert Kimball den folgenden Design-Grundsatz: »Anstrengungen, irgendeine der Dimensionstabellen zu normalisieren, allein um Plattenkapa-

9. Sie finden diese Tabellen mit dem entsprechenden Design in der Datenbank »NWIND_Cube2.MDB« auf der Begleit-CD-Rom.
10. [ANMU97], S. 103.

zität zu sparen, sind verlorene Zeit.«[11] Er begründet diese Auffassung u.a. so: »Alle realistischen Schätzungen der vom Data Warehouse benötigten Plattenkapazität können im Effekt die Dimensionstabellen vernachlässigen.« Diese seien im Verhältnis zu der Faktentabelle stets sehr klein.[12]

Wie dem auch sei: Diese wie die meisten anderen Autoren, die sich in der Literatur zum Modellieren eines Data Warehouse äußern, gehen davon aus, daß dabei ohne Einsatz eines OLAP Servers gearbeitet wird, so daß jeder Zugriff auf multidimensionale Daten durch eine neue SQL-Abfrage realisiert werden muß. Für derartige Umstände gewinnt natürlich die Abfragezeit eine überragende Bedeutung. Dies stellt sich anders dar, wenn Gegenstand des Designs ein Data Warehouse als Datenquelle für einen OLAP Server ist, der daraus einen Cube bildet. Dann werden umfangreiche SQL-Abfragen mit ggf. vielen Joins nur einmal, nämlich beim Füllen des Cube mit Daten (Aufbereiten des Cube), ausgeführt. Die weiteren multidimensionalen Datenzugriffe erfolgen dann via Cube, der seine eigene, für multidimensionale Zugriffe optimierte Datenlogik besitzt, die völlig unabhängig von derjenigen der Datenquelle ist. Insofern verlieren die Unterschiede zwischen dem Star und dem Snowflake Schema an Bedeutung. Will man sie dennoch bewerten, so gewinnt der Gesichtspunkt der Plattenspeicherminimierung an Bedeutung, weil die Performance von SQL-Abfragen nur einmalig eine größere Rolle spielt. Dies spräche dann für ein Snowflake Schema. Dieses wird schließlich auch durch folgende Überlegung unterstützt: Vielfach dürften die Daten für die Dimensionstabellen in normalisierter Form bereits vorliegen. Bei einem Design nach dem Snowflake Schema können sie dann möglicherweise in mehr oder minder unveränderter Form übernommen werden. Außerdem dürfte sich die Wartung normalisierter Tabellen leichter gestalten als bei denormalisierten.

Im übrigen ist darauf hinzuweisen, daß die Prinzipien des Star und des Snowflake Schemas miteinander kombiniert werden können, so daß für einzelne Dimensionstabellen nach diesem, für andere nach jenem Schema modelliert werden kann. Anahory / Murray nennen diese Art des Designs *Starflake*[13].

Für die vorliegenden Beispiele der Datenbanken NWIND_Cube1 und NWIND_Cube2 zeigt ein praktischer Vergleich, daß zwischen beiden Design-Prinzipien kein meßbarer Performance-Unterschied besteht. Allerdings ist die Datenbasis mit nur 2155 gelesenen Records äußerst gering.

---

11. [KIMB96], S. 30. Übersetzung G.B.
12. Ebenda. Übersetzung G.B.
13. Vgl. [ANMU97], S. 103.

7.4 Besonderheiten beim Modellieren der Dimension Zeit

Vermutlich wird es nur wenige Cubes geben, die ohne die Dimension *Zeit* auskommen. Diese Dimension hat daher eine sehr große Bedeutung. Darüber hinaus gilt für die *Zeit*, daß ihre Hierarchieebenen zum Teil standardisiert sind: Jahr, Quartal, Monat, Woche, Tag sind Ausprägungen, die firmenübergreifend anzuwenden sind. Aus diesen Gründen bietet der Dimensions-Assistent des Microsoft OLAP Servers auch eine spezielle Unterstützung für die Bildung der Dimension *Zeit*: Wenn ein Feld einer Dimensionstabelle Werte in einem Datumsformat enthält, kann der Dimensions-Assistent daraus die folgenden neun verschiedenen Zeithierarchien bilden:

Jahr – Quartal – Monat – Tag
Jahr – Quartal – Monat – Tag – Stunde – Minute
Jahr – Quartal – Monat
Jahr – Monat – Tag
Jahr – Monat – Tag – Stunde – Minute
Jahr – Monat
Jahr – Woche – Tag
Jahr – Woche – Tag – Stunde – Minute
Jahr – Woche

Wie Sie eine Zeitdimension vom Dimensions-Assistenten bilden lassen, erfahren Sie genauer in Kap. 8, *Dimensionen*. Soweit die vom OLAP Server angebotenen Zeitdimensionen reichen, brauchen Sie keine eigene Dimensionstabelle vorzusehen. Sie können die Datumsangabe statt dessen direkt als Feld der Faktentabelle modellieren. Der OLAP Server akzeptiert es durchaus, daß Sie dieselbe Tabelle, die Sie für den Cube als Faktentabelle angeben, für die Zeitdimension als Dimensionstabelle spezifizieren. Wenn Sie so verfahren, stehen später nur die Datumsangaben zur Verfügung, für die auch tatsächlich Measure-Werte vorhanden sind. Dies kann als Vor- oder als Nachteil betrachtet werden. Falls Sie demgegenüber in der Zeitdimension kontinuierliche, lückenlose Datumswerte haben wollen, für die aber ggf. keine Measure-Werte vorhanden sind, müßten Sie eine Dimensionstabelle für die Zeit erstellen, deren einziges Feld die Datumswerte für einen von Ihnen vorgegeben Zeitraum enthält.

Mit einer expliziten Dimensionstabelle für die *Zeit* müssen Sie auch dann arbeiten, wenn die o. a. Zeithierarchien, die der Microsoft OLAP Server anbietet, den Anforderungen nicht genügen. Dies wird stets zutreffen, wenn firmenspezifische Zeitangaben wie Weihnachtszeit, Betriebsferien, Saisonzeiten oder Schulferien der Region ausgewiesen werden sollen. Dabei wird es sich im allgemeinen niemals lohnen, die Zeittabelle zu normalisieren, weil sie relativ wenige Datensätze enthält: Wenn Sie beispielsweise einen Zeitraum von 10 Jahren mit dem Tagesdatum als unterster Ebene berücksichtigen, ergibt dies erst 3650 Datensätze.

7.5 OLTP- und andere Daten für die OLAP Datenbasis extrahieren

In den vorangehenden Punkten wurde davon ausgegangen, daß die benötigten Daten für die Faktentabelle und die Dimensionstabellen in sinnvoller Weise zur Verfügung stehen, und daß es nur noch darum ging, sie für den Zweck einer Umformung in einen multidimensionalen Cube in ein geeignetes Datenmodell zu bringen. Da wir uns dabei auf der rein logischen Ebene bewegten, konnten wir von den Widrigkeiten der alltäglichen realen Welt abstrahieren. Irgendwann jedoch müssen die Daten aus dem oder den operativen System(en) in das Data Warehouse überführt werden. Dies kann ein mehr oder minder aufwendiger und komplexer Vorgang sein. Falls die vorgelagerten Daten im Prinzip nur in die Tabellen des Data Warehouse kopiert zu werden brauchen, handelt es sich um einen einfachen Prozeß, der mit wenig Arbeitskraft zu bewältigen sein wird. Im allgemeinen dürften allerdings einfache Kopierprozesse nicht ausreichen. Vielmehr kann es erforderlich sein, die Daten zu *validieren* und zu *transformieren*. Von invaliden Daten wird gesprochen, wenn sie bereits in der Datenquelle fehlerhaft sind. Die Fehlerhaftigkeit gilt dann auch in Bezug auf die Datenquelle selbst, nicht nur in Bezug auf das Data Warehouse. Datentransformationen werden erforderlich, um Inkonsistenzen im Data Warehouse zu vermeiden. Beispielsweise wird es im Data Warehouse erforderlich sein, Finanzgrößen in einer einheitlichen Währung auszuweisen, was in den ggf. heterogenen Datenquellen nicht erforderlich sein muß, weil jede für sich konsistent mit einer anderen Währung arbeiten kann.

Daten validieren

Invalide Daten können beispielsweise vorkommen, wenn Datensätze mit Rechnungen ohne Rechnungsempfänger vorhanden sind – im allgemeinen ein Verstoß gegen Regeln der referentiellen Integrität. Gleichwohl sind derartige Fälle nicht auszuschließen. Wenn sie entdeckt werden, sollten sie nicht erst im Data Warehouse, sondern bereits in der Datenquelle beseitigt werden. Insbesondere müßte den Ursachen für die Fehlerhaftigkeit nachgegangen werden, damit diese beseitigt wird, um künftig valide Daten zu erzeugen.

Daten transformieren

Im Data Warehouse müssen die Daten konsistent sein. Dateninkonsistenzen können durch das Zusammenführen ins Data Warehouse auftreten, obwohl sie in den vorgelagerten operativen Systemen oder sonstigen Datenquellen fehlerfrei und konsistent waren. Viele Beispiele dafür finden sich in unterschiedlichen Benennungen: Die Standorte eines Unternehmens mögen im Rechnungswesen in abgekürzter Form (HAM, BER, MUN), in der speziellen Vertriebssoftware dagegen in Langform (Hamburg, Berlin, München) verwendet worden sein. Die Jahr 2000 Problematik zeigt überdeutlich, wie unterschiedlich Jahreszahlen geschrieben oder codiert werden: 98, 1998 oder implizit im Code HA3K98SS7. Namen von Mitarbeitern oder Kunden werden manchmal mit, in anderen Fällen ohne Vornamen im selben Tabellenfeld geführt. Derartige Unterschiede müssen im Data Warehouse zugunsten eines einheitlichen Konzepts beseitigt werden. In der angelsächsischen Literatur wird dieser Prozeß oft als *data scrubbing* (»Daten schrubben«) bezeichnet. Darüber hinaus kann es erforderlich sein, im Data Warehouse berechnete Werte, die auf Originalen basieren, bereitzustellen. Beispielsweise mag ein operatives System den Preis und die Anzahl der verkauften Artikel gespeichert halten. Wenn dann im Data Warehouse auch der Umsatz (Erlös) zur Verfügung stehen soll, muß dieser berechnet werden. Diese Notwendigkeit kann trotz der Möglichkeit bestehen, daß der Microsoft OLAP Server selbst berechnete Measures erstellen kann. Für das angeführte Umsatzbeispiel gilt dies auch: Wenn Sie den Microsoft OLAP Server veranlassen, das berechnete Measure *Umsatz* als Multiplikation von *Menge* und *Preis* zu ermitteln, wird dies zwar gerechnet, führt jedoch zu falschen Ergebnissen auf allen Aggregationsebenen oberhalb der untersten Ebene. Dies liegt daran, daß der Umsatz dann auf den aggregierten Ebenen aus aggregierten Mengen und aggregierten Preise berechnet wird. Aggregierte (d.h. summierte) Preise sind aber für die Umsatzberechnung unbrauchbar.[14]

Unterstützung der Datenmigration und -transformation durch DTS

Die Bereinigung und Transformation von Daten kann ein sehr aufwendiger Prozeß sein, der beispielsweise viel mehr Arbeit in Anspruch nimmt als das Entwerfen eines sinnvollen Data Warehouse Designs. Dies liegt daran, daß dabei sehr stark ins Detail gegangen werden muß und viele Datenbereinigungen nur mehr oder minder manuell ausgeführt werden können. Allerdings können einzelne Bereinigungen und Transformationen oft durch Skripte, die natürlich manuell und auf den Einzelfall angepaßt geschrieben werden müssen, unterstützt werden. Bedenkt man, daß eine Datentransformation von operativen und anderen Systemen ins Data Warehouse bei jeder erneuten Aktualisierung des Data Warehouse (das kann z.B. täglich, wöchentlich, monatlich erfolgen) erforderlich ist, schreit der gesamte Prozeß geradezu nach einer Systematisierung oder gar – so weit wie möglich – Automatisierung. Ein geeignetes Werkzeug für diesen Zweck stand bisher nach meiner Kenntnis nicht zur Verfügung. Zugleich mit dem OLAP Server stellt Microsoft mit dem SQL Server 7.0 ein Tool zur Verfügung, das *Data Transformation Services* (*DTS*) genannt wird. Es unterstützt den Weg der Daten von vorgelagerten Datenquellen in ein Data Warehouse auf hervorragende Weise. Beispielsweise stellt es Im- und Export-Assistenten zur Verfügung,

14. Allerdings steht zur Lösung dieses Falls im Microsoft OLAP Server eine andere Möglichkeit zur Verfügung: Sie können im Cube-Editor ein Measure bilden und dann dessen Eigenschaft *Source Column* auf das mathematische Produkt der beiden Spalten (Felder) der Faktentabelle einstellen, die die Werte für *Menge* bzw. *Preis* enthalten.

die es dem Benutzer ermöglichen, interaktiv Anweisungspakete zusammenzustellen, die Daten importieren, exportieren, validieren und transformieren können. Dabei können heterogene Daten verwendet werden, weil OLE DB und ODBC unterstützt wird. Alle erstellten Anweisungspakte, in die auch Skripte (z. B. VB- oder VBA-Skripte) eingebunden werden können, werden gespeichert und können jederzeit editiert und neu ausgeführt werden.

Aus räumlichen und zeitlichen Gründen kann das Werkzeug DTS in diesem Buch nicht weiter behandelt werden. Es ist ausführlich in der Online-Hilfe zum SQL Server 7.0 dokumentiert. Um Ihnen jedoch Appetit auf dieses Tool zu machen, zitiere ich ausführlich aus einem Bericht über das neue Microsoft SQL Server 7.0-Paket, der in der weit verbreiteten unabhängigen US-Zeitschreift *DBMS Magazine* im Juni 1998 erschien. Der Autor *Robin Shumacher*[15] äußert sich über das neue Werkzeug DTS u. a. folgendermaßen:

»Warehousing's Missing Piece«

Database companies always focus on how much data their engine can handle and other such scalability issues when the topic of data warehousing comes up, and you can't really blame them because that is what many IS managers want to see. Few ever seem to be concerned about how legacy data is going to find its way into a warehouse or data mart – even after all the corporate horror stories about the difficulties in transferring, cleansing, and maintaining heterogeneous information for data warehouses. Recognizing this need, Microsoft has bundled a toolset called Data Transformation Services (DTS) within version 7.0 whose purpose is to help provide relief for data movement and cleansing headaches. Data may be imported into or exported from SQL Server and any other data source reachable by OLE DB or ODBC. Data movements may be performed interactively or scheduled to occur on a regular basis. Intelligent data scrubbing may be programmed into movement operations by applying a set of transformation operations designed to massage data into the necessary formats required by the target server. Developers may use a variety of programming techniques to construct transformation routines including JScript and VBscript. As a final touch, DTS functions may be integrated with the Microsoft Repository to maintain a source of metadata that describes any and all data transformation routines.

There is no doubt that DTS will be a hit in data warehouse and data mart shops, especially because it positions SQL Server as just the hub for movement between databases and not actually a data source or destination. That has to wrinkle the brow of vendors who specialize in data transformation, migration, and cleansing products such as those from Informatica Corp. Considering that DTS is free to SQL Server users and that those specialty vendors offering high-end transformation products charge a hefty price for their solutions, you could say that Microsoft is yet again at the throat of its competition.«

---

15. [SHUM98].

8 Dimensionen

Vorbemerkung

In diesem Kapitel wird der Umgang mit Dimensionen behandelt. Es werden alle Möglichkeiten des OLAP Servers, Dimensionen zu erstellen und zu bearbeiten, beschrieben und erklärt. Der Umgang mit Dimensionen hat eine logische und eine technische Seite. Die logische Seite betrifft die Frage, auf welche Art und Weise die Informationen strukturiert sind, auf denen eine Dimension basiert. Beispielsweise ist dabei zu klären, ob einer Dimension nur eine (Star Schema) oder mehrere (Schneeflocken Schema) Dimensionstabellen zugrunde liegen sollen. Diese Probleme werden in diesem Kapitel nicht behandelt. Sie sind vielmehr ausführlich in Kap. 7, *Design der OLAP Datenbasis*, besprochen worden. Hier konzentriere ich mich auf die technische Seite des Umgangs mit Dimensionen. Dabei steht der Dimensions-Editor im Mittelpunkt, denn mit diesem sind fast alle Bearbeitungen von Dimensionen zu bewerkstelligen. Darüber hinaus werden aber auch alle anderen Möglichkeiten, Dimensionen zu bearbeiten, behandelt.

Wie im folgenden Punkt 8.1, *Grundlagen*, näher erklärt wird, unterscheidet der Microsoft OLAP Server zwischen *Gemeinsamen* und *Privaten Dimensionen*. Der technische Umgang mit diesen beiden Arten von Dimensionen weist viele Gemeinsamkeiten, aber auch einige Unterschiede auf. Konzeptionell und praktisch spielen die Gemeinsamen Dimensionen die größere Rolle. Um unnötige Wiederholungen zu vermeiden, gehe ich in diesem Kapitel folgendermaßen vor: Zunächst wird detailliert gezeigt, wie Gemeinsame Dimensionen erstellt und bearbeitet werden. Am Ende des Kapitels werden dann die Besonderheiten erklärt, die beim Umgang mit Privaten Dimensionen zu beachten sind.

8.1 Grundlagen

Gemeinsame und Private Dimensionen

Der Microsoft OLAP Server kennt zwei Arten von Dimensionen: *Gemeinsame Dimensionen* (shared dimensions) und *Private Dimensionen* (private dimensions). Gemeinsame Dimensionen werden für eine Datenbank definiert und stehen allen Cubes derselben Datenbank zur Verfügung. Private Dimensionen werden jeweils für einen Cube festgelegt und gelten nur für diesen; sie können nicht für andere Cubes verwendet werden. Im Objektbaum der Management Console erscheinen die für eine Datenbank definierten Gemeinsamen Dimensionen in dem Knoten *Bibliothek* dieser Datenbank und dort unter dem Knoten *Gemeinsame Dimensionen*, vgl. Bild 8.1. Die für einen Cube übernommenen Gemeinsamen Dimensionen sowie die für diesen definierten Privaten Dimensionen werden unter dem Knoten *Dimensionen* für den Cube wiedergegeben, vgl. ebenfalls Bild 8.1. Dort ist auch zu erkennen, daß das Symbol für die Private Dimension *Gebiet* des Cube NWIND_Cube2 sich von den Symbolen für die anderen Dimensionen, die sämtlich Gemeinsame Dimensionen sind, etwas unterscheidet, indem die Hand am unteren Rand des Symbols fehlt. (Die Hand, wenn es denn eine ist, symbolisiert vermutlich ein Angebot aus der Gemeinsamen Dimensionsbibliothek.)

Abbildung 8.1: Das Symbol für die Private Dimension »Gebiet« unterscheidet sich etwas von den Symbolen für die Gemeinsamen Dimensionen.

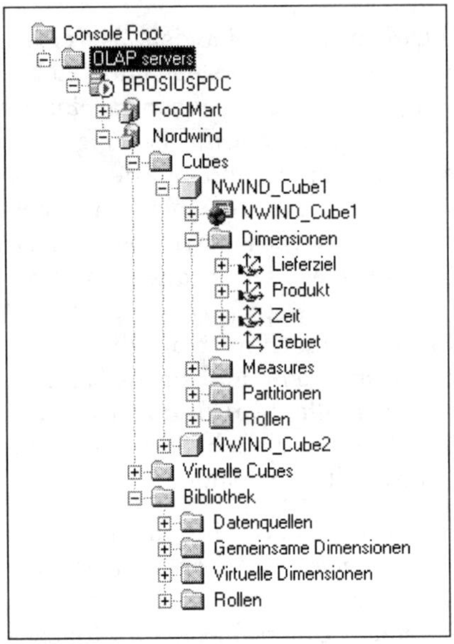

Wenn Sie in einem Cube eine Gemeinsame Dimension verwenden wollen, muß diese zuvor definiert worden sein. Gemeinsame Dimensionen werden mit dem Dimensions-Editor bzw. dem Dimensions-Assistenten gebildet oder bearbeitet. Private Dimensionen werden aus dem Cube-Editor heraus gebildet. Um eine Private Dimension zu erstellen oder zu bearbeiten, muß daher zunächst der Cube-Editor geöffnet worden sein und aus diesem heraus wird dann die Private Dimension erstellt oder bearbeitet.

Dimensionseigenschaften

Jede Dimension hat verschiedene Eigenschaften wie *Name, Description* oder *All Level*. Darüber hinaus hat jede *Dimensionsebene* (level) mehrere Eigenschaften. Die Eigenschaften von Dimension und Ebenen können im Eigenschaftenfenster des Dimensions-Editors (für Gemeinsame Dimensionen) bzw. des Cube-Editors (für Private Dimensionen) gelesen und in fast allen Fällen auch verändert werden. So können Sie mit der Dimensionseigenschaft *All Level* bestimmen, ob für die Dimension automatisch eine oberste Ebene vorhanden ist, die alle unteren Elemente aggregiert, und Sie können dieser Ebene mit der Eigenschaft *All Caption* einen benutzerdefinierten Namen geben. Standardmäßig werden die Eigenschaften der Dimension und der Ebenen vom OLAP Server beim Erstellen der Dimensionen eingestellt.

Dimensionen und Cube nach Bearbeitung einer Dimension aufbereiten

Wenn Sie eine Dimension bearbeitet haben, die in einem Cube verwendet wird, müssen Sie einerseits die Gemeinsamen Dimensionen und danach den betreffenden Cube aufbereiten, andernfalls erhalten Sie im allgemeinen eine Fehlermeldung beim Zugriff auf den Cube.

8.2 Neue Dimension erstellen

Um eine neue Dimension zu erstellen, gehen Sie folgendermaßen vor:

- Öffnen Sie den Objektbaum der OLAP Management Console so weit, daß der Ordner *Bibliothek* und dessen Unterordner *Gemeinsame Dimensionen* für die Datenbank, für die Sie eine neue Gemeinsame Dimension erstellen wollen, sichtbar ist.
- Klicken Sie mit der rechten Maustaste auf den Ordner *Gemeinsame Dimensionen*, um das Kontextmenü zu öffnen und zeigen Sie darin auf den Befehl *Neue Dimension*. Dann können Sie einen der beiden Unterbefehle *Assistent...* oder *Editor...* wählen.

8.2.1 Dimensions-Assistent

Die Arbeit mit dem Dimensions-Assistenten ist sicherlich vor allem Benutzern zu empfehlen, die noch wenig Erfahrung beim Erstellen von Dimensionen besitzen. Seine verschiedenen Dialogfelder führen Sie ziemlich narrensicher über mehrere Schritte zum Ziel. Dabei müssen Sie einerseits entscheiden, ob der zu erstellenden Dimension nur eine Dimensionstabelle (Star Schema) oder mehrere (Snowflake Schema) zugrunde liegen. Falls Sie für die zu erstellende Dimension als Basis eine Dimensionstabelle wählen, deren Schlüsselfeld einen Datentyp *Datum/Zeit* besitzt, bietet der Dimensions-Assistent Ihnen die Möglichkeit, automatisch eine von verschiedenen zeitlichen Standardhierarchien zu bestimmen und vom Dimensions-Assistenten erstellen zu lassen.

Der Umgang mit dem Dimensions-Assistenten soll an dieser Stelle nicht im Einzelnen beschrieben werden, weil er sich einerseits weitgehend von selbst erklärt, andererseits bereits an anderer Stelle dieses Buches dargestellt wurde: In Kap. 6, *Einen OLAP Cube erstellen: Überblick und Tutorium*, wird im Punkt *Gemeinsame Dimensionen erstellen* ausführlich gezeigt, wie Sie mit dem Dimensions-Assistenten arbeiten können.

8.2.2 Dimensions-Editor

Die Arbeit mit dem Dimensions-Editor ist die allgemeine Form. Sie soll im Folgenden detailliert erklärt werden. Da sich die Zusammenhänge besser erklären lassen, wenn sie an einem konkreten Beispiel vollzogen werden, soll beispielhaft angenommen werden, daß Sie für die Datenbank *Nordwind* die Dimension Lieferziel erstellen wollen, der entsprechend dem Star Schema nur die eine Tabelle *Lieferziel* zugrunde liegt. (Zum Design von Cubes und Dimensionen vgl. im einzelnen Kap. 7, *Design der OLAP Datenbasis*.)

Dimension erstellen

- Sie öffnen den Dimensions-Editor zum Erstellen einer neuen Gemeinsamen Dimension, wenn Sie im zweiten Aufzählungspunkt unterhalb des obigen Punktes 8.2, *Neue Dimension erstellen*, den Unterbefehl *Editor...* wählen. Dann zeigt der Dimensions-Editor unmittelbar nach seinem Aufruf das Dialogfeld *Wählen Sie eine Dimensionstabelle aus* an. Öffnen Sie darin unterhalb des Knotens *Datenquelle* den Knoten NWIND_Cube1, um die Tabellen dieser Datenquelle anzuzeigen. Klicken Sie dann auf die Tabelle *Lieferziel*. Dann werden im rechten Listenfeld *Details* die Felder (Spalten) der Tabelle *Lieferziel* angezeigt, vgl. Bild 8.2.

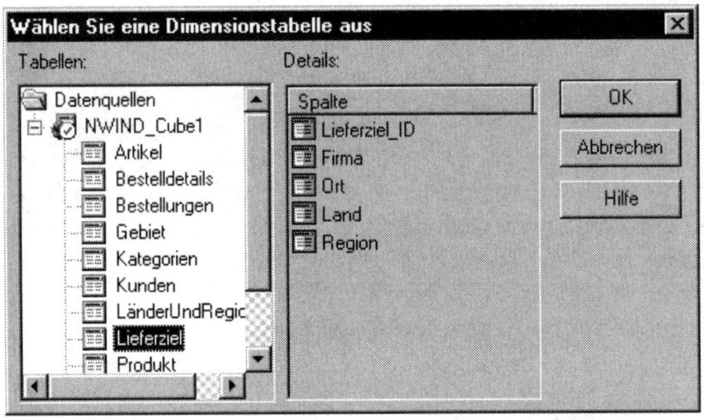

Abbildung 8.2: Dialogfeld im Dimensions-Editor zum Bestimmen der Dimensionstabelle.

Um eine neue Dimension zu erstellen, muß für die betreffende Datenbank im OLAP Server eine Datenquelle definiert sein, die die Dimensionstabellen enthält. Das wird an dieser Stelle vorausgesetzt. Wie Sie eine neue Datenquelle festlegen, ist an anderer Stelle ausführlich beschrieben worden, vgl. Kap. 6, *Einen OLAP Cube erstellen: Überblick und Tutorium*, Punkte *ODBC Datenquelle einrichten* und *Mit OLAP Datenquelle verbinden*.

- Bestätigen Sie das Dialogfeld *Wählen Sie eine Dimensionstabelle aus* mit OK. Dann übernimmt der Dimensions-Editor die gewählte Tabelle *Lieferziel* als Symbol in sein Tabellenschema und zeigt im linken Teil eine leere Dimension mit dem vorläufigen Namen *<Neu>* an, vgl. Bild 8.3.

- Eine Dimension muß mindestens eine Ebene besitzen. Die Dimension *Lieferziel* soll die vier Ebenen *Region, Land, Ort* und *Firma* besitzen. Diese Ebenen müssen der Dimension nacheinander hinzugefügt werden. Zweckmäßigerweise fügen Sie zunächst die niedrigste Ebene *Firma* und dann in absteigender Folge die anderen drei hinzu. Um der neuen Dimension die Ebene *Firma* hinzuzufügen, ziehen Sie das Feld der Dimensionstabelle, das die Elemente dieser Ebene enthält, aus der Tabelle auf das Symbol für die neue Dimension, in diesem Falle also das Feld *Firma*. Danach ziehen Sie die anderen drei Felder jeweils auf die Ebene, oberhalb derer sie hierarchisch eingefügt werden sollen.

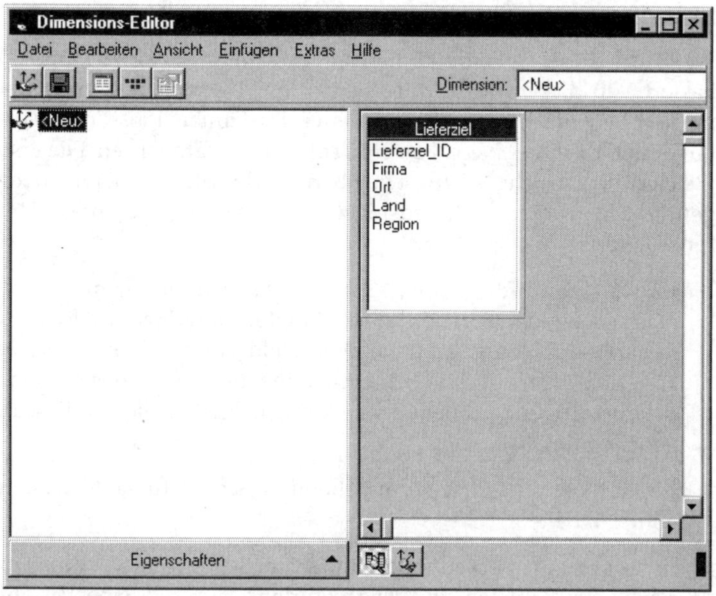

Abbildung 8.3: Bildschirm des Dimensions-Editors unmittelbar nach dem Einfügen der Tabelle »Lieferziel« für eine neu zu erstellende Dimension.

Im Ergebnis sollte Ihre Arbeit so aussehen wie in Bild 8.4 wiedergegeben. Statt Felder aus der Tabelle auf das Dimensionssymbol zu ziehen, können Sie auch auf das Symbol *Ebene einfügen* in der Symbolleiste klicken. Wählen Sie dann im Dialogfeld *Spalte auswählen* die betreffende Spalte und bestätigen Sie anschließend das Dialogfeld mit OK.

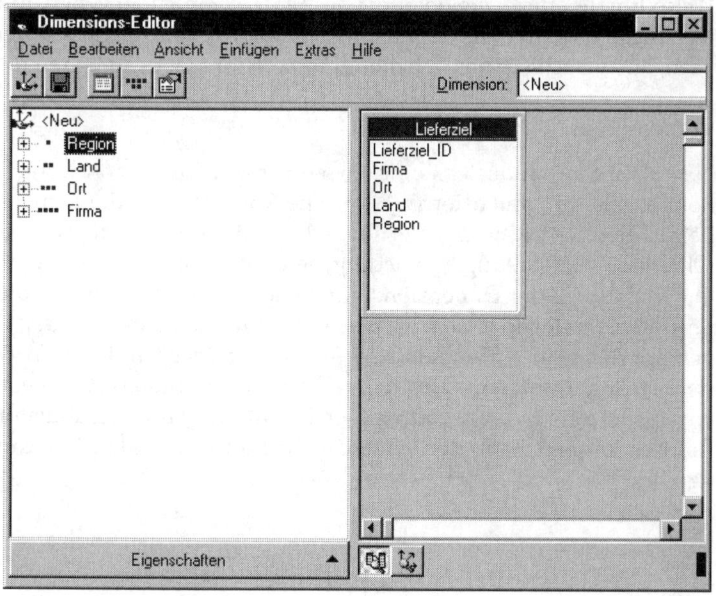

Abbildung 8.4: Der neuen Dimension wurden vier Ebenen hinzugefügt.

Dimension mit mehr als einer Dimensionstabelle erstellen

Wenn die zu erstellende Dimension auf mehr als einer Dimensionstabelle basiert – in diesem Falle wäre sie mit der Faktentabelle nach dem Schneeflocken Schema verbunden –, müssen im Dimensions-Editor alle Tabellen, auf denen die Dimension basieren soll, eingefügt werden. Die erste Tabelle – gleichgültig, welche – wird, wie oben für das Stern Schema angegeben, eingefügt. Die weiteren Dimensionstabellen werden auf die folgende Weise hinzugefügt:

- Klicken Sie auf das Symbol *Tabelle einfügen* in der Symbolleiste, vgl. links nebenstehend. Dann wird das Dialogfeld *Tabelle auswählen* angezeigt, das dem oben wiedergegebenen Dialogfeld *Wählen Sie eine Dimensionstabelle aus* entspricht, vgl. Bild 8.2. Öffnen Sie die Knoten des Baums, so daß Sie die einzufügende Tabelle sehen können, klicken Sie auf diese und bestätigen Sie mit OK.
- Wiederholen Sie den vorangehenden Schritt für jede weitere einzufügende Tabelle.
- Im allgemeinen erkennt der Dimensions-Editor die Verknüpfungen zwischen den Tabellen und zeigt sie dann durch je eine Verbindungslinie zwischen den Schlüsselfeldern an. In einzelnen Fällen klappt dies jedoch nicht automatisch. Dann müssen Sie die Verknüpfung manuell einfügen: Ziehen Sie zu diesem Zweck das Primärschlüsselfeld auf das entsprechende Fremdschlüsselfeld der anderen Tabelle. Daraufhin wird die entsprechende Verknüpfungslinie dargestellt.

Für den Fall des Snowflake Schemas werden die Ebenen auf entsprechende Weise hinzugefügt, wie oben für das Star Schema angegeben, mit dem Unterschied, daß hier die Tabellenfelder, die den einzelnen Ebenen entsprechen, aus verschiedenen Tabellen statt aus nur einer entstammen.

Vorschau auf Dimensionsdaten

Nachdem Sie mindestens eine Ebene für die Dimension festgelegt haben, können Sie im Dimensions-Editor eine Vorschau auf die Dimensionsdaten betrachten. Der rechte Fensterflügel des Dimensions-Editors kann zwei verschiedene Darstellungen wiedergeben: Sie können darin einerseits die Quelltabelle(n) der Dimension, andererseits eine Vorschau auf die Dimensionsdaten darstellen lassen. Sie wechseln zwischen diesen beiden Darstellungen mit den beiden Symbolen *Quelltabellen anzeigen* und *Vorschau auf Dimensionsdaten* am unteren Rand des rechten Fensterflügels, vgl. nebenstehend, wo das letztere Symbol gedrückt erscheint. Mit Hilfe der Plus- und Minus-Zeichen können Sie in der Vorschau Drill down bzw. Drill up durchführen, vgl. Bild 8.5.

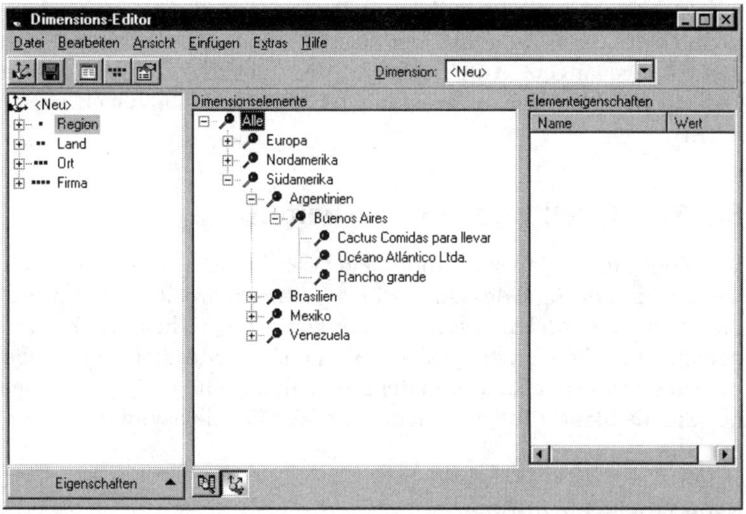

Abbildung 8.5: Im rechten Fensterflügel des Dimensions-Editors ist die Vorschau auf die Dimensionsdaten eingestellt und es wurde ein Drill down für Elemente der Region Südamerika durchgeführt.

Dimension speichern und Namen vergeben

Sämtliche Änderungen zum Erstellen einer Dimension gehen verloren, wenn diese nicht ausdrücklich gespeichert wird. Beim Speichern wird auch der Dimensionsname vergeben. Sie veranlassen das Speichern, indem Sie einen der Befehle *Speichern* oder *Speichern als...* aus dem Menü *Daten* wählen oder den Dimensions-Editor schließen, denn Schließen ohne vorheriges Speichern veranlaßt – wie üblich – die Aufforderung zum Speichern. Dann wird das Dialogfeld *Neuer Name von Dimension* angezeigt, in das Sie den gewünschten Namen eingeben und das Sie mit OK bestätigen, vgl. Bild 8.6. Gehen Sie bei der Wahl des Namens sorgsam vor, denn es ist nicht möglich, eine Dimension später umzubenennen.

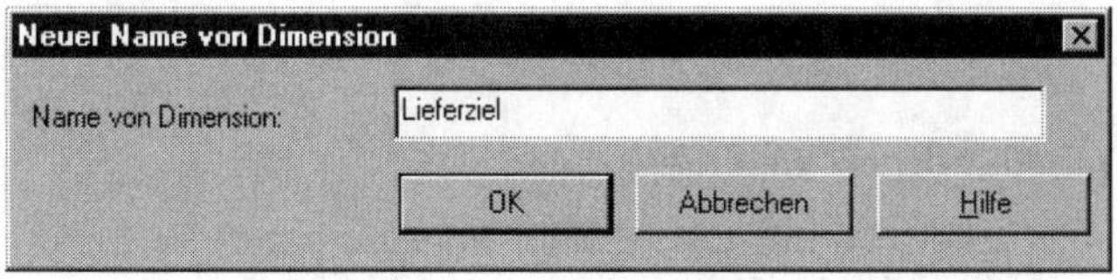

Abbildung 8.6: Dialogfeld »Neuer Name von Dimension« zum Festlegen des Dimensionsnamens.

8.3 Dimension bearbeiten

Dimensionen können in vielfacher Hinsicht bearbeitet werden. Die Möglichkeiten dazu werden im Dimensions-Editor realisiert. Um diesen für eine bestimmte Dimension zu öffnen, gehen Sie folgendermaßen vor:

- Klicken Sie im Objektbaum der Management Console mit der rechten Maustaste auf die zu bearbeitende Dimension und wählen Sie im Kontextmenü den Befehl *Bearbeiten*.

Beachten Sie, daß die (gespeicherte) Bearbeitung einer Dimension die Struktur auch des Cube verändert, der diese Dimension verwendet. Dadurch werden vorangegangene Aufbereitungen des Cube fehlerhaft. Sie müssen daher Cubes, die Dimensionen verwenden, die Sie bearbeitet haben, erneut aufbereiten.

8.3.1 Quelltabellen bearbeiten

Die einer Dimension zugrunde liegenden Dimensionstabellen werden im rechten Fensterflügel des Dimensions-Editors bearbeitet. Klicken Sie ggf. auf das Symbol *Quelltabellen anzeigen*, um von der Vorschau auf die Darstellung der Quelltabellen umzuschalten. Sie können jedes Tabellensymbol durch Ziehen eines seiner Ränder in der Länge und Breite verändern. Ebenso können Sie die blaue Titelleiste ziehen, um das Tabellensymbol neu zu positionieren.

Neue Tabelle hinzufügen

- Klicken Sie mit der rechten Maustaste auf einen beliebigen Punkt im Bereich der Quelltabellen und wählen Sie im Kontextmenü *Tabellen einfügen...*

oder

- Klicken Sie auf das Symbol *Tabelle einfügen* in der Symbolleiste, vgl. nebenstehend.

Tabelle entfernen

- Klicken Sie mit der rechten Maustaste auf die zu entfernende Tabelle und wählen Sie dann den Befehl *Entfernen*.

oder

- Klicken Sie auf die Tabelle und drücken Sie die `Entf`-Taste.

Tabellendaten anzeigen

- Klicken Sie mit der rechten Maustaste auf die betreffende Tabelle und wählen Sie im Kontextmenü den Befehl *Daten anzeigen*. Daraufhin werden die bis zu 1.000 ersten Zeilen der Tabelle angezeigt, vgl. Bild 8.7.

Verknüpfung zwischen zwei Tabellen erstellen

- Ziehen Sie das Primärschlüsselfeld der einen Tabelle auf das Fremdschlüsselfeld der anderen Tabelle. Daraufhin wird die neue Verknüpfung durch eine Linie angezeigt.

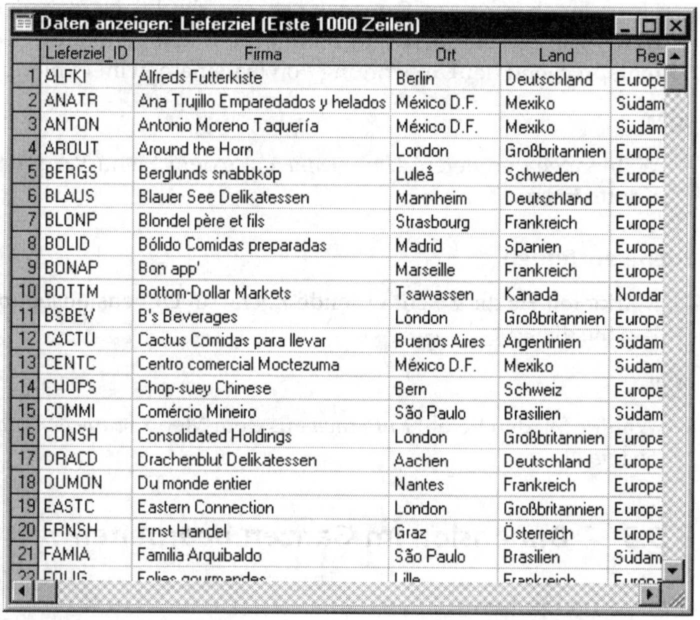

Daten anzeigen: Lieferziel (Erste 1000 Zeilen)

	Lieferziel_ID	Firma	Ort	Land	Reg
1	ALFKI	Alfreds Futterkiste	Berlin	Deutschland	Europa
2	ANATR	Ana Trujillo Emparedados y helados	México D.F.	Mexiko	Südam
3	ANTON	Antonio Moreno Taquería	México D.F.	Mexiko	Südam
4	AROUT	Around the Horn	London	Großbritannien	Europa
5	BERGS	Berglunds snabbköp	Luleå	Schweden	Europa
6	BLAUS	Blauer See Delikatessen	Mannheim	Deutschland	Europa
7	BLONP	Blondel père et fils	Strasbourg	Frankreich	Europa
8	BOLID	Bólido Comidas preparadas	Madrid	Spanien	Europa
9	BONAP	Bon app'	Marseille	Frankreich	Europa
10	BOTTM	Bottom-Dollar Markets	Tsawassen	Kanada	Nordar
11	BSBEV	B's Beverages	London	Großbritannien	Europa
12	CACTU	Cactus Comidas para llevar	Buenos Aires	Argentinien	Südam
13	CENTC	Centro comercial Moctezuma	México D.F.	Mexiko	Südam
14	CHOPS	Chop-suey Chinese	Bern	Schweiz	Europa
15	COMMI	Comércio Mineiro	São Paulo	Brasilien	Südam
16	CONSH	Consolidated Holdings	London	Großbritannien	Europa
17	DRACD	Drachenblut Delikatessen	Aachen	Deutschland	Europa
18	DUMON	Du monde entier	Nantes	Frankreich	Europa
19	EASTC	Eastern Connection	London	Großbritannien	Europa
20	ERNSH	Ernst Handel	Graz	Österreich	Europa
21	FAMIA	Familia Arquibaldo	São Paulo	Brasilien	Südam
22	FOLIG	Folies gourmandes	Lille	Frankreich	Europa

Abbildung 8.7: Dialogfeld mit den Daten der Dimensionstabelle »Lieferziel«.

Verknüpfung zwischen zwei Tabellen entfernen

- Klicken Sie mit der rechten Maustaste auf die Linie, deren Verknüpfung Sie entfernen wollen und wählen Sie dann den Befehl *Entfernen*.

oder

- Klicken Sie auf die Linie und drücken Sie die `Entf`-Taste.

8.3.2 Ebenen bearbeiten

Ebene einfügen

- Ziehen Sie das Tabellenfeld, das die neue Ebene repräsentiert, auf die Ebene, oberhalb derer die neue Ebene eingefügt werden soll.

oder

- Arbeiten Sie entsprechend mit dem Symbol *Ebene einfügen* aus der Symbolleiste oder dem Befehl *Ebene...* aus dem Menü *Einfügen*.

Ebene umbenennen

Die Ebenen bekommen standardmäßig den Namen des Tabellenfeldes, auf dem sie basieren. Wenn dieser Name nicht von vornherein entsprechend gewählt wurde, ergibt sich die Notwendigkeit, einzelne Ebenen umzubenennen. Dazu gehen Sie folgendermaßen vor:

- Überschreiben Sie im Dimensionsbaum die Ebene, nachdem Sie diese durch Klicken markiert und dann erneut einmal darauf geklickt haben (entsprechend der Umbennung von Dateinamen im Explorer).

oder

- Wählen Sie den Befehl *Umbenennen* aus dem Menü *Bearbeiten* oder dem Kontextmenü.

Ebene entfernen

- Markieren Sie die zu entfernende Ebene im Dimensionsbaum und drükken Sie die [Entf]-Taste.

oder

- Wählen Sie den Befehl *Entfernen* aus dem Menü *Bearbeiten* oder dem *Kontextmenü*.

8.3.3 Dimension im Ganzen bearbeiten

Dimension löschen

Eine Gemeinsame Dimension wird bei nicht geöffnetem Dimensions-Editor gelöscht. Gehen sie folgendermaßen vor:

- Markieren Sie die zu löschende Gemeinsame Dimension im Objektbaum der Management Console und drücken Sie dann die [Entf]-Taste.

oder

- Klicken Sie mit der rechten Maustaste auf die zu löschende Gemeinsame Dimension und wählen Sie den Befehl *Löschen*.

Bevor der OLAP Server die Dimension endgültig löscht, wird ein Meldungsdialogfeld angezeigt, das über die Konsequenzen für die Cubes, die die zu löschende Dimension verwenden, unterrichtet. Sie können dann den Löschvorgang abbrechen oder mit OK bestätigen.

Dimension speichern

- Um eine Dimension nach vorgenommenen Änderungen zu speichern, wählen Sie im Dimensions-Editor aus dem Menü *Datei* den Befehl *Speichern*.

oder

- Wenn Sie die Bearbeitung der Dimension beenden, weil Sie entweder den Dimensions-Editor beenden oder eine andere Dimension zur Bearbeitung wählen, werden Sie zum Speichern aufgefordert, falls ungespeicherte Änderungen vorliegen. Bestätigen Sie das entsprechende Dialogfeld.

Dimension unter einem anderen Namen speichern

Sie können eine im Dimensions-Editor gewählte Dimension unter einem anderen Namen speichern. Wenn Sie dies veranlassen, existiert sie anschließend unter zwei Namen und ggf. in zwei verschiedenen Versionen. Gehen Sie dazu folgendermaßen vor:

- Wählen Sie aus dem Menü *Datei* den Befehl *Speichern unter...*, geben Sie im Dialogfeld *Neuer Name von Dimension* den neuen Namen an und bestätigen Sie mit OK.

Umbenennen von Dimensionen nur indirekt möglich

Anders als Ebenen können Dimensionen nicht umbenannt werden. Dies hat einen naheliegenden Grund: Gemeinsame Dimensionen werden ggf. in mehreren Cubes unter demselben Namen verwendet und somit jeweils Bestandteil der Cubedefinition. Nach einem Umbenennen einer solchen Dimension müßten dann ggf. alle davon berührten Cubes ebenfalls bearbeitet werden.

Eine Umbennung einer Gemeinsamen Dimension können Sie nur auf die folgende Weise indirekt bewerkstelligen: Speichern Sie die Dimension unter dem neuen Namen (vgl. den vorangehenden Punkt) und löschen Sie anschließend die alte Dimension. Sie müßten dann allerdings alle Cubes, die die gelöschte Dimension verwenden, bearbeiten, indem Sie diesen jeweils die unter neuem Namen gespeicherte Dimension einfügen. Darüber hinaus müßten Sie die Cubes anschließend aufbereiten, was allerdings ebenfalls nach jeder Dimensionsbearbeitung erforderlich ist.

Dimensionen aufbereiten

Aufbereiten einer Dimension bedeutet, den definierten Ebenen die Daten aus der(n) Dimensionstabelle(n) zuzuweisen. Diese Aufbereitung erfolgt nicht automatisch. Daher müssen Sie sie nach jeder Bearbeitung einer Dimension manuell veranlassen. Gehen Sie dazu folgendermaßen vor:

- Um alle Dimensionen aufzubereiten: Klicken Sie mit der rechten Maustaste im Objektbaum der Management Console auf den Knoten *Shared Dimensions* und wählen Sie den Befehl *Alle Dimensionen aufbereiten*.
- Um eine einzelne Dimension aufzubereiten: Klicken Sie mit der rechten Maustaste im Objektbaum der Management Console auf die betreffende Dimension und wählen Sie den Befehl *Aufbereiten*. Dann können Sie in einem Dialogfeld wählen, ob Sie die Dimension vollständig oder nur inkrementell aufbereiten lassen wollen. Inkrementelles Aufbereiten ist möglich, wenn Sie die Dimension gar nicht bearbeitet haben und ihren Ebenen lediglich geänderte Elemente hinzufügen möchten, weil sich die Daten der zugrunde liegenden Dimensionstabelle(n) geändert haben. In diesem Falle brauchen Sie anschließend die Cubes, die die betreffende Dimension verwenden, nicht neu aufzubereiten.

oder

- Wenn Sie sich im Dimensions-Editor befinden, klicken Sie mit der rechten Maustaste auf die Dimension und wählen im Kontextmenü den Befehl *Dimension aufbereiten*. In diesem Falle erfolgt die Aufbereitung sofort, ohne daß Sie inkrementelles Aufbereiten wählen können, mit der Konsequenz, daß Sie nunmehr die abhängigen Cubes ebenfalls aufbereiten müssen.

Dimensionsdaten anzeigen

Sie können sich die Ebenen einer Dimension und deren Elemente anschauen und darin Drill down und Drill up ausführen. Eine derartige Darstellung ist oben in Bild 8.5 wiedergegeben. Zum Anzeigen der Daten einer Dimension verfahren Sie wie folgt:

- In der Management Console: Klicken Sie mit der rechten Maustaste im Objektbaum auf die betreffende Dimension und wählen Sie den Befehl *Dimensionsdaten anzeigen*.

oder

- Im Dimensions-Editor: Klicken Sie auf das Symbol *Vorschau auf Dimensionsdaten* am unteren Rand des rechten Fensterflügels.

Dimensionsstruktur überprüfen

Sie können die Definitionen einer Dimension vom OLAP Server überprüfen lassen. Gehen Sie dazu folgendermaßen vor:

- Wählen Sie im Dimensions-Editor aus dem Menü *Extras* den Befehl *Dimensionsstrukur überprüfen*. Der OLAP Server gibt dann eine Meldung über den Status der Überprüfung aus.

Eine andere Dimension im Editor bearbeiten

Gehen Sie folgendermaßen vor, um im Dimensions-Editor eine andere als die aktuelle Dimension zu bearbeiten:

- Schlagen Sie die Dropdown-Liste *Dimension* in der Symbolleiste auf und wählen Sie darin die zu bearbeitende Dimension. Falls ungesicherte Bearbeitungen der aktuellen Dimension existieren, werden Sie zum Speichern aufgefordert.

8.3.4 Eigenschaften für die Dimension im Ganzen und für Ebenen bearbeiten

Die Dimension im Ganzen sowie ihre Ebenen besitzen Eigenschaften, die Sie lesen und größtenteils bearbeiten können. Dies geschieht im Eigenschaftenfenster des Dimensions-Editors. Standardmäßig ist dieses allerdings geschlossen. Um das Eigenschaftenfenster im Dimensions-Editor zu öffnen, klicken Sie auf die Schaltfläche *Eigenschaften* im unteren Teil des linken Fensterflügels. Das Eigenschaftenfenster arbeitet kontextsensitiv in dem Sinne, daß dort stets die Eigenschaften des aktuell markierten Objekts (Dimension,

Ebene) wiedergegeben werden. Dabei sind die Eigenschaften auf die beiden Register *Grundlegend* und *Erweitert* verteilt, die Sie ggf. anklicken müssen, um das geeigenete Set von Eigenschaften anzeigen zu lassen. In Bild 8.8 beispielsweise werden die Eigenschaften der Dimension Lieferziel im Ganzen auf dem Register *Erweitert* dargestellt.

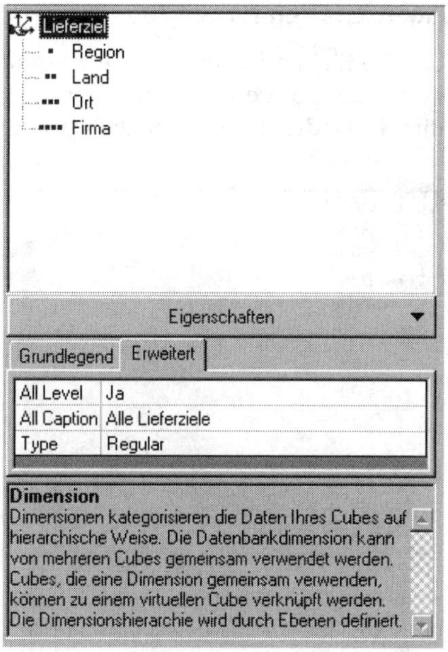

Abbildung 8.8: Dimensions-Editor (Ausschnitt) mit geöffnetem Eigenschaftenfenster. Wiedergegeben werden die Eigenschaften des Registers »Erweitert« für die Dimension »Lieferziel« im Ganzen, weil diese gerade markiert ist.

Die Eigenschaften Gemeinsamer Dimensionen, die ein bestimmter Cube verwendet, können nicht nur im Dimensions-Editor, sondern auch im Cube-Editor, wenn dieser für den Cube geöffnet ist, gelesen werden. In diesem Falle können Sie jedoch nicht bearbeitet werden. Dies ist im Cube-Editor nur für die Eigenschaften Privater Dimensionen möglich.

Eigenschaften für die Dimension im Ganzen

Bis auf zwei können Sie alle Eigenschaften für die Dimension verändern. Nicht veränderbar sind die Eigenschaften *Name* und *Data Source*, die auf dem Register *Grundlegend* wiedergegeben werden. Interessant dürften vor allem die beiden Eigenschaften *All Level* und *All Caption* sein. Diese werden vom OLAP Server standardmäßig auf *Ja* bzw. *Alle <Dimensionsname>* eingestellt, was bedeutet, daß automatisch eine oberste Ebene mit dem Namen *Alle <Dimensionsname>* gebildet wird, die über alle anderen Ebenen aggregiert. Für die Dimension *Lieferziel* beispielsweise wird diese oberste Ebene vom Dimensionseditor mit *Alle Lieferziel* benannt. Wenn Sie dies verhindern wollen, müssen sie den Wert für *All Level* auf Nein einstellen. Oft dürfte es sich empfehlen, diese Ebene, wenn sie denn existiert, umzubenennen, denn die Bezeichnung *Alle <Dimensionsname>* ist oft grammatisch nicht korrekt, vgl. das gerade angeführte Beispiel *Alle Lieferziel*: Geben Sie für die Eigenschaft *All Caption* einen geeigneten Ebenennamen ein. In der Datenbank *Nordwind* haben wir dies für alle Gemeinsamen Dimensionen veranlaßt. So heißt beispielsweise die oberste Ebene für die Dimension Lieferziel »Alle Lieferziele«, vgl. die Eigenschaft *All Caption* in Bild 8.8.

Eigenschaften für die Ebenen

Um die Eigenschaften für eine bestimmte Ebene zu lesen oder zu bearbeiten, müssen Sie diese Ebene bei geöffnetem Eigenschaftenfenster markieren. In Bild 8.9 ist dies für die Ebene *Firma* der Dimension *Lieferziel* geschehen.

Abbildung 8.9: Eigenschaften im Register »Erweitert« für die Ebene »Firma« der Dimension »Lieferziel«.

Eigenschaften *Member Key Column* und *Member Name Column*.
Unter den Eigenschaften einer Ebene sind zunächst die beiden *Member Key Column* (Register *Grundlegend*) und *Member Name Column* (Register *Erweitert*) von besonderem Interesse, denn deren Einträge haben prägende inhaltliche Wirkung für die Ebene. Für die Ebene *Firma* hat der OLAP Server die Eigenschaft *Member Key Column* auf den Wert "Lieferziel"."Firma" eingestellt. Dies bedeutet, daß das Schlüsselfeld für diese Ebene das Feld *Firma* in der Tabelle *Lieferziel* ist, was wir in der Tat mit dem Dimensions-Editor bzw. dem Dimensions-Assistenten beim Bilden der Dimension Lieferziel definiert hatten. Die Eigenschaft *Member Name Column* hatte vom OLAP Server dieselbe Einstellung bekommen mit der Folge, daß die Elemente (members) der Ebene *Firma* als Namen den jeweiligen Eintrag im Feld *Firma* der Tabelle Lieferziel bekamen. Dies dürfte im allgemeinen eine sinnvolle Einstellung sein. Manchmal mag es sich jedoch empfehlen, davon abzuweichen und einen an-

deren Wert für diese Eigenschaft anzugeben. Dafür ist es interessant, daß dies außer ein (anderes) Feld der Dimensionstabelle auch ein Ausdruck sein kann, der sich aus einem oder mehreren Feldern ableitet. Entsprechendes gilt auch für die Eigenschaft *Member Key Column*. Dies soll mit einem Beispiel demonstriert werden.

Beispiel eines Ausdrucks für die Eigenschaft *Member Name Column*. Für die Ebene *Firma* der Dimension *Lieferziel* soll erreicht werden, daß deren Elemente nicht nur nach dem Namen der jeweiligen Firma, sondern zusätzlich auch nach dem zugehörigen Ort benannt werden. Beispielsweise soll das Element für die Firma *Alfreds Futterkiste* aus Berlin den folgenden Namen bekommen: *Alfreds Futterkiste, Berlin*. Um dies zu erreichen, wird die Eigenschaft *Member Name Column* der Ebene *Firma* auf den folgenden Ausdruck eingestellt:

```
"Lieferziel"."Firma" & ', ' & "Lieferziel"."Ort"
```

In dem Ausdruck wird das Feld *Firma* mit der Zeichenkette ',' und dem Feld *Ort* verkettet. Beachten Sie, daß die Zeichenkette in einfache statt in doppelte Anführungszeichen eingeschlossen sein muß!

Nachdem dieser Ausdruck wie besprochen eingegeben ist, werden die Elemente der Ebene Firma in der Vorschau der Dimensionsdaten, wie in Bild 8.10 gezeigt, wiedergegeben.

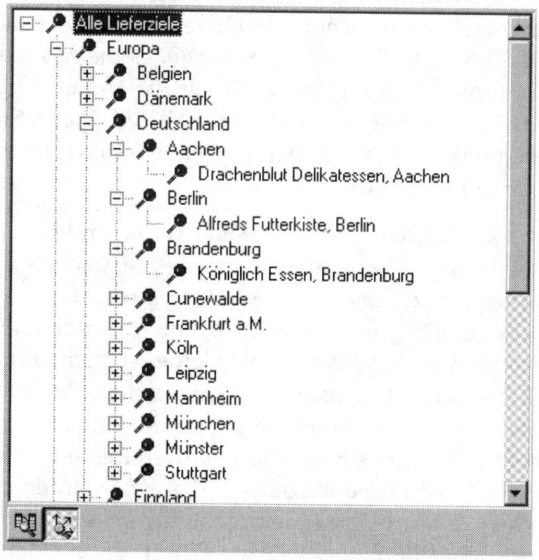

Abbildung 8.10: Die Elemente der Ebene »Firma« werden entsprechend dem für die Eigenschaft »Member Name Column« eingegebenen Ausdruck mit angehängter Ortsbezeichnung wiedergegeben.

Weitere Eigenschaften einer Ebene. Besonders soll auf die Eigenschaft *Level Type* hingewiesen werden. Mit dieser können Sie insbesondere für eine Ebene einer zeitlichen Dimension mit Hilfe einer Dropdown-Liste einstellen, daß es sich um Jahre, Halbjahre, Quartale usw. handelt, falls die automatische Voreinstellung dieses Wertes fehlerhaft war oder sich nachträglich etwas in den Daten geändert hat. Des weiteren sei auf die Eigenschaft *Member Count* hingewiesen, in der die Anzahl der Elemente der Ebene, wie sie sich aus der Dimensionstabelle ergibt, ausgewiesen wird. Im allgemeinen wird diese Zahl automatisch ermittelt und ausgewiesen. Wenn Sie jedoch Anlaß haben, daran zu zweifeln, können Sie die Neuberechnung der Anzahl dadurch bewerkstelligen, daß Sie aus dem Menü *Extras* den Befehl *Dimensionselemente zählen* wählen. Das Gleiche erreichen Sie, wenn Sie in diese Eigenschaft klicken und dann auf die Schaltfläche mit den drei Punkten am rechten Rand des Eingabefeldes klicken.

8.4 Private Dimensionen

Zwischen Privaten und Gemeinsamen Dimensionen gibt es bis auf den folgenden keinen Unterschied: Während Gemeinsame Dimensionen jeweils für eine gesamte Datenbank definiert und für alle deren Cubes verwendbar sind, werden Private Dimensionen jeweils für einen bestimmten Cube definiert und können auch nur von diesem genutzt werden. Aus diesem Konzept ergeben sich Vor- und Nachteile für die Verwendung Privater vs Gemeinsamer Dimensionen: Dem Nachteil des beschränkten Gültigkeitsbereichs Privater Dimensionen eines Cube steht der Vorteil gegenüber, daß Bearbeitungen Privater Dimensionen sich stets nur auf den einen Cube, dem sie zugeordnet sind, auswirken. Die Verwendung Privater Dimensionen empfiehlt sich daher stets dann, wenn die Dimensionsmerkmale eng mit einem bestimmten Cube verbunden sind. Der Vorteil Gemeinsamer Dimensionen liegt nicht nur in ihrer Wiederverwendbarkeit für andere Cubes. Vielmehr ergibt sich aus diesem Umstand ein weiterer Vorteil: Wenn Sie aus mehreren Cubes einen virtuellen Cube erstellen wollen, können nur Gemeinsame Dimensionen den virtuellen Cube konstituieren.

Im strukturellen Aufbau sind Private und Gemeinsame Dimensionen gleich: Sie basieren auf Dimensionstabellen, haben gleiche Eigenschaften usw. Aus ihrer unterschiedlichen Stellung zur Datenbank bzw. zum Cube ergibt sich aber, daß zu ihrer Bearbeitung auf unterschiedliche Weise auf sie zugegriffen werden muß. Während die Gemeinsamen Dimensionen im Objektbaum der Management Console im Ordner *Bibliothek* und dort unter *Gemeinsame Dimensionen* positioniert sind, sind Private Dimensionen jeweils unterhalb des Cube, für den sie definiert sind, in dessen Ordner *Dimensionen* angeordnet. Dies hat Konsequenzen für das Erstellen einer neuen Privaten Dimension sowie für deren spätere Bearbeitung: Der Zugriff auf eine Private Dimension erfolgt stets über den Cube-Editor, der für den betreffenden Cube zunächst geöffnet werden muß, damit eine neue Private Dimension erstellt oder eine vorhandene bearbeitet werden kann. Fast überflüssig zu betonen, daß Private Dimensionen erst erstellt werden können, nachdem der entsprechende Cube definiert wurde bzw. während er erstellt wird.

Im folgenden soll am Beispiel des Cube NWIND_Cube1 zunächst gezeigt werden, wie eine neue Private Dimension erstellt wird. Danach wird dargestellt, wie diese bearbeitet werden kann.

Private Dimension erstellen

Dem Cube NWIND_Cube1 soll die Private Dimension *Auslaufartikel* hinzugefügt werden. Diese soll auf der Dimensionstabelle *Artikel*, die in der Datenquelle NWIND_Cube1 enthalten ist, basieren. Sie soll außer der obersten *All* Ebene nur die eine weitere Ebene *Status* enthalten, welche wiederum auf dem Feld *Auslaufartikel* der Tabelle *Artikel* basieren soll. Gehen Sie folgendermaßen vor, um für den Cube NWIND_Cube1 diese neue Private Dimension zu erstellen:

- Klicken Sie mit der rechten Maustaste im Objektbaum der Management Console auf den Cube NWIND_Cube1 oder eine seiner Dimensionen und wählen Sie im Kontextmenü den Befehl *Cube bearbeiten*. Dann wird der Cube-Editor für den Cube NWIND_Cube1 geöffnet.

- Fügen Sie dem Cube zunächst die Tabelle *Artikel* hinzu: Da diese Tabelle dem Cube bisher nicht hinzugefügt wurde, muß dieser Schritt im Falle einer neu zu erstellenden Dimension erfolgen, bevor im nächsten Schritt der Befehl *Neue private Dimension...* ausgeführt wird, denn dieser setzt die entsprechende Dimensionstabelle im Cube voraus. Klicken Sie in der Symbolleiste auf das Symbol *Tabelle einfügen* (vgl. nebenstehend) und fügen Sie dem Cube die Tabelle *Artikel* hinzu.
- Fügen Sie im Tabellenschema eine Verknüpfung zwischen dem Feld Artikel-Nr der Tabelle *Artikel* und dem Feld *Produkt_ID* der Tabelle *Verkäufe* ein, denn wegen der unterschiedlichen Feldnamen erstellt der Cube-Editor diese Verknüpfung nicht automatisch. Gehen Sie folgendermaßen vor: Ziehen Sie das eine Feld auf das andere. Löschen Sie ferner ggf. die Verknüpfungslinie zwischen den Tabellen *Artikel* und *Produkt*, falls der Cube-Editor diese automatisch eingefügt hat. Daraufhin sollte der Bildschirm des Cube-Editors so aussehen, wie in Bild 8.11 wiedergegeben.
- Klicken Sie im Objektbaum des Cube-Editors mit der rechten Maustaste auf den Cube, den Knoten *Dimensionen* oder eine Dimension und wählen Sie im Kontextmenü den Befehl *Neue private Dimension...* Daraufhin wird das Dialogfeld *Spalte auswählen* angezeigt.
- Markieren Sie im Dialogfeld *Spalte auswählen* die Spalte *Auslaufartikel* der Tabelle *Artikel* und bestätigen Sie mit OK. Dann wird die neue Private Dimension unter dem Namen *Auslaufartikel* dem Ordner *Dimensionen* hinzugefügt, vgl. Bild 8.12. Beachten Sie, daß das Symbol der Privaten Dimension etwas anders gestaltet ist als die Symbole der drei Gemeinsamen Dimensionen, die der Cube verwendet.

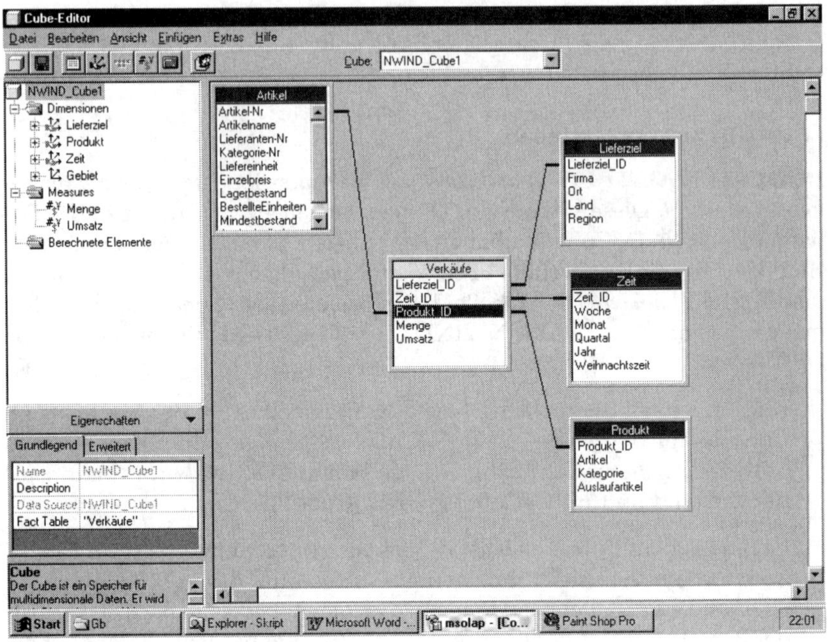

Abbildung 8.11: Cube-Editor nach dem Einfügen der Tabelle »Artikel« und deren Verknüpfung zur Tabelle »Verkäufe«.

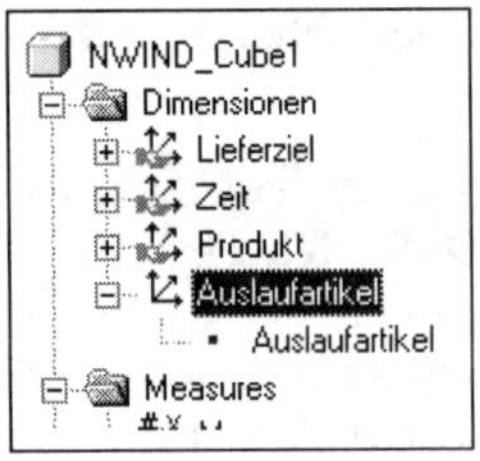

Abbildung 8.12: Die Private Dimension »Auslaufartikel« wurde dem Cube hinzugefügt und erscheint im Ordner »Dimensionen« des Cube NWIND_Cube1.

- Die einzige Ebene dieser Dimension wurde vom Editor mit *Auslaufartikel* automatisch nach dem Namen des zugrundeliegenden Feldes benannt. Statt dessen soll sie jedoch in *Status* umbenannt werden. Klicken Sie daher mit der rechten Maustaste im Objektbaum auf die Ebene, wählen Sie den Befehl *Umbenennen* und überschreiben Sie den bisherigen Namen.

- Überprüfen Sie die Eigenschaften der neuen Privaten Dimension. Öffnen Sie zu diesem Zweck ggf. das Eigenschaftenfenster, indem Sie auf die entsprechende Schaltfläche im unteren Teil des linken Fensterflügels klicken und markieren Sie dann die Private Dimension *Auslaufartikel* im Objektbaum. Sie können jetzt beispielsweise veranlassen, daß die oberste *All* Ebene nicht ausgewiesen wird oder einen anderen als den standardmäßigen Namen bekommt. Im Prinzip stellen Sie die Eigenschaften einer Privaten Dimension genauso ein wie diejenigen einer Gemeinsamen Dimension.

- Bereiten Sie den Cube neu auf, bevor Sie die Daten der neuen Privaten Dimension betrachten: Klicken Sie mit der rechten Maustaste auf den Knoten des Cube und wählen Sie den Befehl *Cube aufbereiten*.
- Um die Daten der neuen Dimension zu betrachten, schalten Sie den rechten Fensterflügel des Cube-Editors auf die Darstellungsweise *Vorschau auf Cubedaten* um, indem Sie auf das gleichnamige Symbol am unteren Rand des rechten Fensterflügels klicken. In Bild 8.13 ist das Ergebnis wiedergegeben.

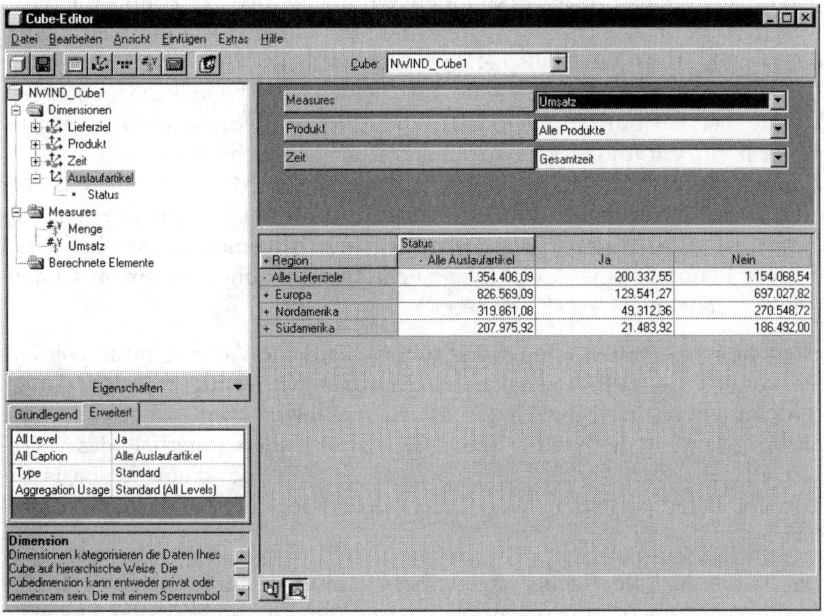

Abbildung 8.13: Die Daten für die neue Private Dimension »Auslaufartikel« werden in der Datenvorschau des Cube-Editors angezeigt.

Private Dimension bearbeiten

Die Bearbeitung Privater Dimensionen erfolgt nicht im Dimensions-Editor, sondern im Cube-Editor. Dieser muß für den Cube, für den die zu bearbeitende Private Dimension definiert ist, geöffnet werden. Klicken Sie zu diesem Zweck mit der rechten Maustaste im Objektbaum der Management Console auf den betreffenden Cube und wählen Sie den Befehl *Cube bearbeiten*. Im Cube-Editor stehen Ihnen dann zur Bearbeitung einer Privaten Dimension dieselben Möglichkeiten zur Verfügung, wie sie im Dimensions-Editor für Gemeinsame Dimensionen angeboten werden.

Private Dimension umbenennen

Anders als Gemeinsame Dimensionen können Private umbenannt werden: Klicken Sie im Objektbaum des Cube-Editors mit der rechten Maustaste auf die betreffende Private Dimension, wählen Sie im Kontextmenü den Befehl *Umbenennen* und editieren Sie den Namen.

8.5 Elementeigenschaften

Jede Ebene (Level) einer Dimension besitzt mehrere Elemente. Nehmen Sie beispielsweise den Cube NWIND_Cube1. Hier weist die Ebene *Artikel* der Dimension *Produkt* die Elemente *Alice Mutton, Mishi Kobe Niku* etc., insgesamt 77 verschiedene Artikel, auf. Die Elemente einer Ebene müssen eindeutig sein, dürfen also nicht mehrfach vorkommen, weil sonst fehlerhaft aggregiert werden würde. Andererseits mag es Attribute der einzelnen Elemente geben, die durchaus von Interesse für den Benutzer sind, jedoch zwischen den Elementen mehrfach vorkommen. Ein solches Beispiel könnte die Information sein, ob es sich bei einem Artikel um einen Auslaufartikel handelt oder nicht. Ein anderes Beispiel: Den verschiedenen Firmen der Dimension *Lieferziel*, die dort die Elemente der Dimensionsebene Firma *darstellen*, könnte das Attribut *Kundengruppe* zugeordnet werden, das die Ausprägungen *sehr gut, gut* und *mäßig* haben mag. Auch gänzlich andere und differenziertere Attributausprägungen wären denkbar. Der Microsoft OLAP Server erlaubt es, Dimensionselementen solche Attribute beizufügen. Dies wird als *Elementeigenschaft* (*member property*) bezeichnet. Allgemein gesprochen bietet es dem Benutzer eines Cube zusätzliche Informationen zu einem Dimensionselement an.

Elementeigenschaften können auf unterschiedliche Weise genutzt werden: Sie können in multidimensionalen Abfragen verwendet werden. Einige Browser bieten die Möglichkeit, die Elementeigenschaften beispielsweise nach Klicken mit der rechten Maustaste einzublenden. Innerhalb des Microsoft OLAP Servers bilden Elementeigenschaften vor allem die Basis für Virtuelle Dimensionen, vgl. dazu den folgenden Punkt 8.6, *Virtuelle Dimensionen.*

Die Werte für die Elementeigenschaften müssen in Form eines Feldes (Spalte) derselben Dimensionstabelle, aus der die zugehörigen Elemente stammen, angeboten werden. Sie erstellen eine Elementeigenschaft mit dem Dimensions-Editor, indem Sie das Feld, das die Werte für die Elementeigenschaft enthält, mit der Ebene, die die Elemente enthält, verbinden. Um beispielsweise die Elementeigenschaft *Auslaufartikel* mit den Elementen der Ebene *Artikel* aus der *Produkt* Dimension zu verbinden, müssen sich die Felder (Spalten) für die Ebene *Artikel* und die Elementeigenschaft *Auslaufartikel* in derselben Dimensionstabelle befinden.

Elementeigenschaft erstellen

Im folgenden soll beispielhaft für die Elemente der Ebene *Artikel* aus der Dimension *Produkt* (Cube NWIND_Cube1) und die ihr zuzuordnende Elementeigenschaft *Auslaufartikel* gezeigt werden, wie zu diesem Zwecke vorzugehen ist:

- Vergewissern Sie sich, daß die Dimensionstabelle *Produkt* in der Datenbank *NWIND_Cube1* außer einem Feld für *Artikel* auch ein Feld für *Auslaufartikel* enthält, dessen Werte mit den Elementen von *Artikel* sinnvoll assoziiert werden können. (Für die auf der CD-ROM enthaltene Datenbank *NWIND_Cube1* ist dies zutreffend.)

- Öffnen Sie den Objektbaum in der OLAP Management Console so weit, daß im Ordner *Gemeinsame Dimensionen* (in der Bibliothek der Datenbank *Nordwind*) die Dimension *Produkt* angezeigt wird.
- Klicken Sie mit der rechten Maustaste auf die Dimension *Produkt* und wählen Sie den Befehl *Bearbeiten*. Dann wird das Fenster des Dimensions-Editors angezeigt.
- Öffnen Sie im Objektbaum des Dimensions-Editors die Ebene *Artikel*, so daß deren Knoten *Elementeigenschaften* angezeigt wird, vgl. Bild 8.14.

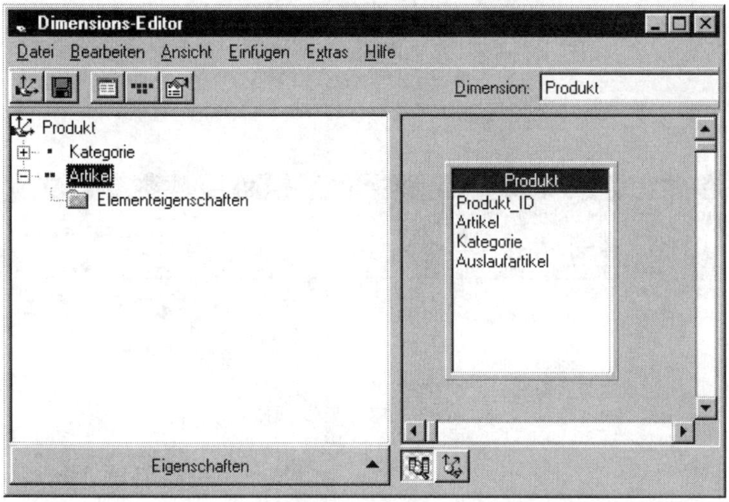

Abbildung 8.14: Dialogfeld des Dimensions-Editors. Für die Ebene »Artikel« ist noch keine Elementeigenschaft definiert.

- Klicken Sie mit der rechten Maustaste auf den Knoten *Elementeigenschaften* und wählen Sie den Befehl *Neue Elementeigenschaft...* Dann wird das Dialogfeld *Spalte auswählen* angezeigt, vgl. Bild 8.15.
- Markieren Sie im Dialogfeld *Spalte auswählen* die Spalte (das Feld) *Auslaufartikel* und bestätigen Sie es mit OK. Dann wird im Dimensions-Editor die neu definierte Elementeigenschaft *Auslaufartikel* als Eigenschaft der Dimensionsebene *Artikel* angezeigt, vgl. Bild 8.16.
- Speichern Sie die an der Dimension *Produkt* vorgenommene Änderung. Lassen Sie darüber hinaus diese Dimension sowie die Cubes, in denen sie verwendet wird, aufbereiten.

Elementeigenschaften lassen sich nur für Ebenen in Gemeinsamen Dimensionen definieren, also nicht für Private Dimensionen und erst recht nicht, wie sich im nächsten Punkt 8.6, *Virtuelle Dimensionen*, unmittelbar aus der Sache ergibt, für Virtuelle Dimensionen.

Abbildung 8.15: Dialogfeld »Spalte auswählen«.

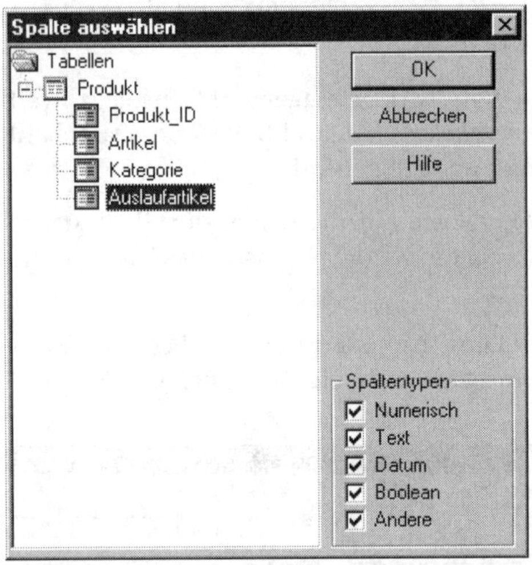

Abbildung 8.16: Im Dimensions-Editor wird die neu definierte Elementeigenschaft »Auslaufartikel« angezeigt.

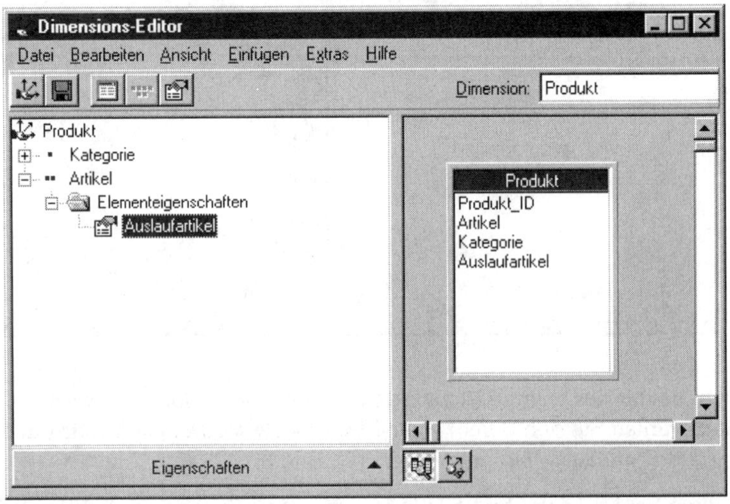

Elementeigenschaften werden nicht im Objektbaum der OLAP Management Console angezeigt. Um sie zu sehen, zu erstellen, zu bearbeiten oder zu löschen, müssen Sie stets den Dimensions-Editor für die Dimension, für deren Ebene sie definiert ist oder definiert werden soll, öffnen.

8.6 Virtuelle Dimensionen

Eine *Virtuelle Dimension* ist eine logische Dimension, die auf der Basis einer Elementeigenschaft einer physikalischen Dimension definiert wird. Daraus ergibt sich, daß Sie zunächst die betreffende Elementeigenschaft festlegen müssen, bevor Sie die darauf basierende Virtuelle Dimension erstellen. (Zum Erstellen von Elementeigenschaften vgl. den vorangehenden Punkt 8.5, *Elementeigenschaften.*) Virtuelle Dimensionen haben stets nur eine Dimensionsebene. Sie ermöglichen es, Daten auf Basis der Elementeigenschaften zu analysieren, sofern sie nach ihrem Erstellen als Dimension für einen Cube festgelegt werden. Virtuelle Dimensionen eines Cube werden vom Browser, den Sie z.B. mit dem Befehl *Daten anzeigen* aufrufen, angezeigt wie alle anderen Dimensionen. Daher ist es u.a. auch möglich, die Inhalte der Elementeigenschaft der Dimension, für die sie definiert ist, in Form der Virtuellen Dimension gegenüberzustellen. Dies wäre ohne eine Virtuelle Dimension nur möglich, wenn für eine Dimension mehrere Hierarchien definierbar wären. Dies ist zwar im Konzept OLE DB for OLAP vorgesehen, wird jedoch gegenwärtig vom Microsoft OLAP Server nicht unterstützt. So können Virtuelle Dimensionen in gewisser Weise als Ersatz für das Fehlen multipler Hierarchien in einer Dimension betrachtet werden.

Die für Virtuelle Dimensionen erforderlichen Aggregationen gehören nicht zum Konzept der gespeicherten Aggregationen. Sie werden vielmehr stets während der Laufzeit neu berechnet, wenn sie benötigt werden. Dem dadurch entstehenden möglichen Performancenachteil bei Abfragen steht der Vorteil gegenüber, daß sie (außer für ihre Definition) praktisch keinen zusätzlichen Speicherplatz benötigen.

Sie können eine Virtuelle Dimension nur dann einem Cube hinzufügen, wenn auch die Dimension, für die die entsprechende Elementeigenschaft definiert ist, im Cube berücksichtigt ist.

Virtuelle Dimension erstellen

Im folgenden soll das Erstellen einer Virtuellen Dimension beispielhaft für die Virtuelle Dimension *Auslaufartikel* demonstriert werden. Dazu wird vorausgesetzt, daß im Cube NWIND_Cube1 die gleichnamige Elementeigenschaft für die Ebene *Artikel* in der Dimension *Produkt* festgelegt wurde, wie im vorangehenden Punkt 8.5, *Elementeigenschaften*, Unterpunkt *Elementeigenschaft erstellen*, gezeigt wurde.

Gehen Sie folgendermaßen vor, um die Virtuelle Dimension Auslaufartikel festzulegen:

- Öffnen Sie für die Datenbank *Nordwind* den Ordner *Bibliothek.*
- Klicken Sie mit der rechten Maustaste auf den Ordner *Virtuelle Dimensionen* und wählen Sie den Befehl *Neue Virtuelle Dimension...*

- Bestätigen Sie das ggf. angezeigte Willkommen-Dialogfeld des Assistenten für Virtuelle Dimensionen mit der Schaltfläche *Weiter* >. Dann wird das zweite Dialogfeld des Assistenten für Virtuelle Dimensionen angezeigt, vgl. Bild 8.17.

Abbildung 8.17: Zweites Dialogfeld des Assistenten für Virtuelle Dimensionen.

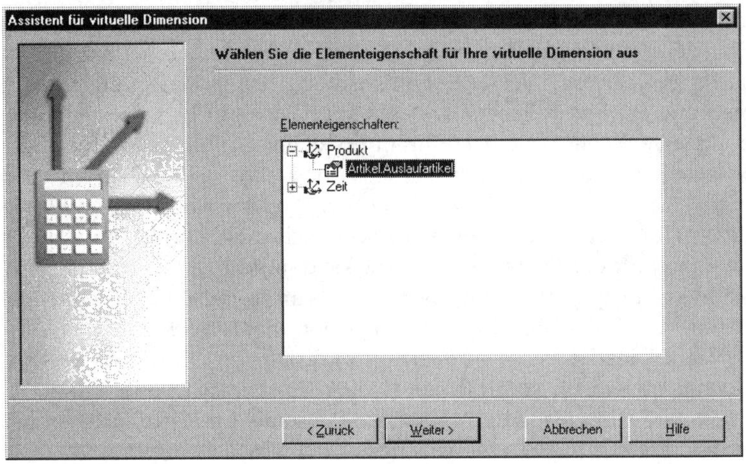

- Öffnen Sie im zweiten Dialogfeld des Assistenten für Virtuelle Dimensionen die Dimension *Produkt* so, daß ihre Elementeigenschaft *Auslaufartikel* angezeigt wird und markieren Sie diese Eigenschaft. Bestätigen Sie das Dialogfeld dann mit *Weiter* >.

- Geben Sie im letzten Dialogfeld des Assistenten für Virtuelle Dimensionen als Namen für die Virtuelle Dimension *Auslaufartikel* an und bestätigen Sie mit *Fertig stellen*.

Nachdem eine Virtuelle Dimension erstellt wurde, wird sie zusammen mit anderen ggf. zuvor definierten Virtuellen Dimensionen im Objektbaum der OLAP Management Console im Ordner *Virtuelle Dimensionen* angezeigt, vgl. Bild 8.18.

Abbildung 8.18: Die neu erstellte Virtuelle Dimension »Auslaufartikel« wird zusammen mit der bereits zuvor erstellten Virtuellen Dimension »Weihnachtszeit« im Ordner »Virtuelle Dimensionen« angezeigt.

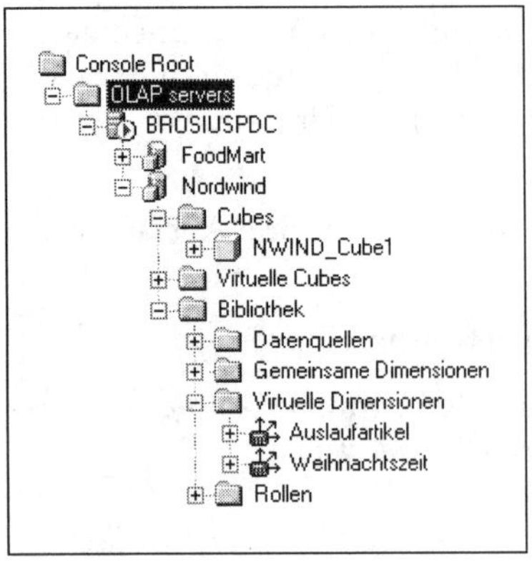

Virtuelle Dimension einem Cube hinzufügen

Eine Virtuelle Dimension kann man nur praktisch nutzen, wenn sie auch in einem Cube verwendet wird. Sie fügen eine Virtuelle Dimension einem Cube auf genau dieselbe Weise hinzu wie eine normale Dimension: Öffnen Sie den Cube-Editor, rufen Sie darin den Dimensions-Manager auf und fügen Sie die Virtuelle Dimension ein, vgl. dazu im allgemeinen Kap. 9, *Cubes*, Punkt *Dimensionen festlegen*. Bild 8.19 zeigt das Dialogfeld des Dimensions-Managers, aus dem heraus die Virtuelle Dimension *Auslaufartikel* dem Cube *NWIND_Cube1* hinzugefügt werden kann[1].

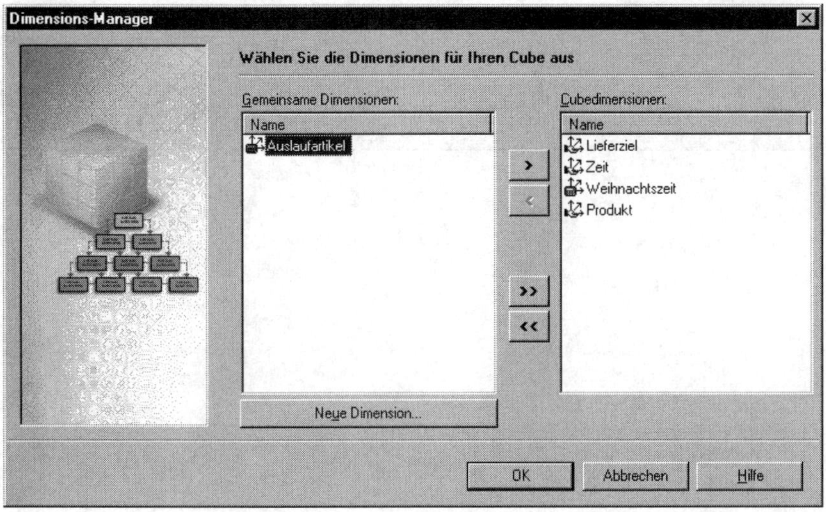

Abbildung 8.19: Dialogfeld des Dimensions-Managers. Die Virtuelle Dimension »Auslaufartikel« wird angezeigt und kann dem Cube hinzugefügt werden.

Nachdem eine Virtuelle Dimension einem Cube hinzugefügt und dieser gespeichert und aufbereitet wurde, wird sie zusammen mit den anderen Dimensionen im Browser angezeigt und kann dort mittels Drag & Drop zum Slicing und Dicing verwendet werden. Bild 8.20 zeigt dies für die Virtuelle Dimension *Auslaufartikel*, die dort den Elementen der Ebene *Region* aus der normalen Dimension *Lieferziel* gegenübergestellt ist. Dargestellt werden die Werte des berechneten Measure *WG_Anteil*, das den Anteil einer Warengruppe an der übergeordneten Warengruppe wiedergibt (vgl. Kap. 10, *Berechnete Elemente*). In der Darstellung wird auf die Produktkategorie *Getränke* gefiltert.

1. In diesem Kapitel wurde oben (vgl. Punkt Private Dimensionen, Private Dimensionen) beim Hinzufügen einer privaten Dimension ebenfalls eine Dimension *Auslaufartikel* als Beispiel verwendet. Das dortige und das hier skizzierte Vorgehen sind im Prinzip zwei alternative Lösungen für dieselbe Aufgabenstellung. Hier wird vorausgesetzt, daß die private Dimension *Auslaufartikel* gelöscht wurde, bevor die gleichnamige Virtuelle Dimension demselben Cube NWIND_Cube1 hinzugefügt wird.

Abbildung 8.20: Virtuelle Dimensionen werden im Cube Browser gleichberechtigt mit normalen Dimensionen wiedergegeben.

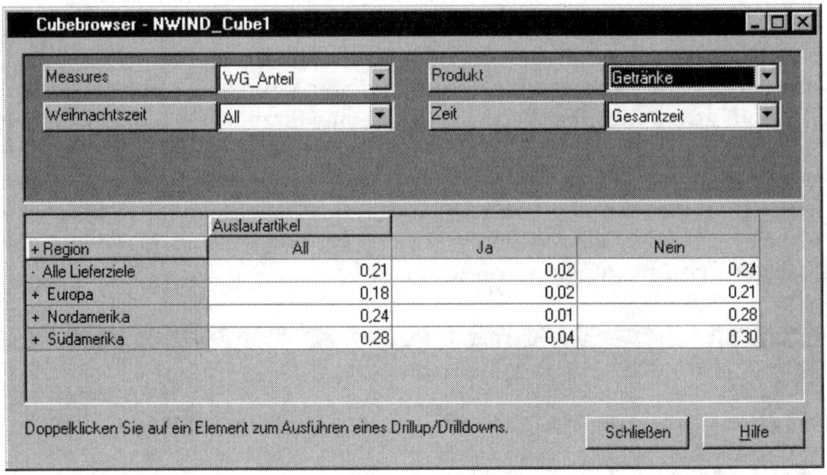

9 Cubes

Vorbemerkung

In diesem Kapitel wird das Erstellen und Bearbeiten von Cubes detailliert behandelt. Dabei beschränke ich mich auf einen gewöhnlichen Cube. Das bedeutet: Ich werde an dieser Stelle weder auf die Möglichkeit, in einem Cube mehrere Partitionen zu bilden, noch auf virtuelle Cubes eingehen. Diese Erweiterungen des Cube Konzepts werden in Kap. 11, *Partitionen,* und Kap. 12, *Virtuelle Cubes,* behandelt.

9.1 Grundlagen

Im folgenden dieses Abschnitts werden die drei grundlegenden Schritte kurz benannt, die beim Erstellen eines neuen Cube zurückgelegt werden müssen. Diese Schritte werden dann im weiteren Verlauf des Kapitels ausführlich erläutert. Für das Erstellen eines Cube gilt das Gleiche wie für Dimensionen: Es hat eine logische und eine technische Seite. Die logische Seite wurde bereits in Kap. 7, *Design der OLAP Datenbasis,* ausführlich behandelt. Dort wurden die Bedeutungen von Dimensions- und Faktentabellen erklärt und es wurde insbesondere gezeigt, in welcher Weise diese aufeinander abgestimmt sein müssen. Diese logische Seite wird hier nicht mehr behandelt, sondern ich beschränke mich in diesem Kapitel auf die technischen Aspekte, die beim Erstellen und Bearbeiten eines Cube beachtet werden müssen.

Faktentabelle, Measures und Dimensionen

Ein Cube wird durch Measures und Dimensionen definiert. Jeder Cube muß mindestens ein Measure und eine Dimension aufweisen. Den Measures liegt eine Faktentabelle zugrunde. Diese muß beim Erstellen eines Cube als erstes Objekt angegeben werden: Sowohl der Cube-Assistent wie auch der Cube-Editor erfragen zunächst die zugrunde liegende Faktentabelle, wenn Sie einen neuen Cube erstellen wollen. Measures und Dimensionen werden erst anschließend definiert.

Die Spalten der Faktentabelle, auf denen die Measures basieren, müssen numerisch sein. Diese Beschränkung kann allerdings nachträglich durch geeignete Bearbeitung des Cube umgangen werden, vgl. weiter unten, Punkt 9.5.3, *Measure Eigenschaften,* Unterpunkt *Source Column.* Als Dimensionen können Sie Gemeinsame oder Private Dimensionen verwenden. Wenn Sie für die Cubedefinition Gemeinsame Dimensionen verwenden wollen, müssen diese natürlich zuvor als solche definiert worden sein, vgl. dazu das vorangehende Kap. 8, *Dimensionen,* Punkt 8.2, *Neue Dimension erstellen.* Es ist nicht möglich, eine Gemeinsame Dimension aus dem Cube-Editor heraus zu erstellen oder zu bearbeiten, sondern dies kann nur im Dimensions-Editor geschehen. Genau umgekehrt verhält es sich mit Privaten Dimensionen: Sie fügen einem Cube eine Private Dimension hinzu, indem Sie diese im Cube-Editor, der für den betreffenden Cube geöffnet ist, erstellen.

Measures und Dimensionen besitzen Eigenschaften. Diese können im Eigenschaftenfenster des Cube-Editors gelesen und im Prinzip bearbeitet werden. Die Eigenschaften Gemeinsamer Dimensionen allerdings können im Cube-Editor nur gelesen und nicht bearbeitet werden, ihre Bearbeitung ist nur im Dimensions-Editor möglich. Dies erscheint konzeptionell einsichtig, denn Gemeinsame Dimensionen stehen ja nicht nur einem, sondern prinzipiell allen Cubes derselben Datenbank zur Verfügung. Die Eigenschaften der Privaten Dimensionen und der Measures dagegen sind bearbeitbar. Hieraus ergeben sich, besonders für die Measures, weitreichende Gestaltungsmöglichkeiten gegenüber den Standardwerten, auf die der Cube-Assistent oder der Cube-Editor die Eigenschaften einstellt, wenn sie neu erstellt werden. Beispielsweise können Sie durch Änderung des Wertes für die Measureeigenschaft *Aggregate Function* statt der voreingestellten Aggregationsart *Sum* eine andere wählen, beispielsweise *Count*.

Speicherart und Aggregationen speichern

Dieser Schritt ist optional. Sie können ihn gehen, nachdem Sie den Cube mit seinen Measures und Dimensionen definiert haben. Mit der Speicherart legen Sie fest, ob Sie den Cube als MOLAP, ROLAP oder HOLAP speichern. Sodann können Sie mit intelligenter Unterstützung durch einen Assistenten festlegen, in welchem Ausmaße Aggregationen vorkalkuliert und gespeichert werden sollen. Dabei existiert ein Zielkonflikt (trade-off) zwischen Speicherplatz und Performance bei Abfragen auf den Cube. Wenn Sie diesen Schritt auslassen, können Sie ihn später nachholen. Ebenfalls ist es möglich, Speicherart und Aggregationen später zu ändern.

Cube aufbereiten

Bevor ein Client (beispielsweise die Datenanzeige der Management Console oder eine Excel Pivot-Tabelle) auf den Cube zugreifen kann, muß er aufbereitet (processed) worden sein. Dies gilt nach jeder Änderung einer Cubedefinition, erst recht nach dem Erstellen eines neuen Cube. Das Aufbereiten eines Cube kann auch dann erforderlich sein, wenn sich zwar nicht seine definitorischen Merkmale, wohl aber Daten in der Datenbasis oder definitorische Merkmale einer Gemeinsamen Dimension geändert haben. Der Vorgang des Aufbereitens kann fehlerhaft beendet werden, weil Unstimmigkeiten in der Cubedefinition und/oder in den zugrundeliegenden Tabellen vorliegen, die bis dahin nicht entdeckt wurden. Dann müssen entsprechende Änderungen am Cube oder an den Tabellen vorgenommen werden.

Für den Fall, daß Aggregationen gespeichert wurden (dies ist ja optional und muß daher nicht ausgeführt worden sein), kann das Aufbereiten eines Cube in abgestufter Weise erfolgen, je nach vorliegender Änderung. So kann für den Fall, daß der Cube lediglich aufgrund von Datenänderungen im zugrunde liegenden Data Warehouse aktualisiert werden soll, inkrementell aufbereitet werden, was gewöhnlich wesentlich weniger Zeit kostet als das Aufbereiten des gesamten Cube.

9.2 Cube erstellen

Sie können einen Cube mit dem Cube-Assistenten oder mit dem Cube-Editor erstellen. Das Arbeiten mit dem Cube-Assistenten hat den Vorteil, daß Sie sehr stark gelenkt werden, so daß Ihnen gerade als Einsteiger große Verhaltenssicherheit gegeben wird. Der Cube-Assistent ist praktisch selbsterklärend. Aus diesem und dem folgenden Grund erscheint es überflüssig, den Umgang mit dem Cube-Assistenten an dieser Stelle besonders zu erklären: Sie können in Kap. 6, *Einen OLAP Cube erstellen: Überblick und Tutorium*, Punkt *Cube erstellen*, nachlesen, wie ein Cube mit dem Cube-Assistenten erstellt wird. Im allgemeinen werden Sie als etwas fortgeschrittener Benutzer mit dem Cube-Editor arbeiten, um einen neuen Cube zu erstellen: Zum einen werden Sie mit dem Cube-Editor im Laufe der Zeit ohnehin vertraut werden, weil das Bearbeiten eines Cube mit diesem Werkzeug erfolgt. Zum anderen erlaubt der Cube-Editor beim Erstellen eines Cube eine größere Flexibilität, denn Sie können dabei in beliebiger Reihenfolge und mit verschiedenen Variationen vorgehen, wohingegen der Cube-Assistent in der Vorgehensweise starr ist.

Beispielcube

Um die folgenden Ausführungen zum Erstellen und Bearbeiten eines Cube anschaulicher zu machen, bedarf es eines konkreten Beispiels. Es soll daher derselbe Cube erstellt werden, der bereits in Kap. 6, *Einen OLAP Cube erstellen: Überblick und Tutorium*, gebildet wurde. Dort bekam er den Namen NWIND_Cube1. Hier soll er zur Unterscheidung den Namen NWIND_Würfel1 erhalten. Der Cube basiert auf der Datenbank Nordwind, von der unterstellt wird, daß für sie die Datenquelle NWIND_Cube1 eingerichtet ist. Falls dies nicht zutrifft und Sie das Beispiel nacharbeiten wollen, lesen Sie in Kap. 6 nach, wie diese Datenquelle eingerichtet wird, vgl. dort Punkt *ODBC Datenquelle einrichten*.

9.2.1 Cube-Editor öffnen und Faktentabelle festlegen

Um den Cube-Editor zum Erstellen des neuen Cube NWIND_Würfel1 zu öffnen, gehen Sie folgendermaßen vor:

- Öffnen Sie im Objektbaum der Management Console den Ordner der Datenbank, für die Sie einen neuen Cube erstellen wollen, so weit, daß mindestens dessen Ordner *Cubes* angezeigt wird.
- Klicken Sie mit der rechten Maustaste auf den Ordner *Cubes* oder auf einen von dessen Cubes, wählen Sie im Kontextmenü den Befehl *Neuer Cube* und dessen Unterbefehl *Editor...* Dann wird der Cube-Editor geöffnet, der sofort das Dialogfeld *Wählen Sie eine Faktentabelle aus* anzeigt. Dieses Dialogfeld bietet in einer Baumstruktur sämtliche Tabellen aller Datenquellen der gewählten Datenbank an.
- Öffnen Sie im Dialogfeld *Wählen Sie eine Faktentabelle aus* den Baum so, daß die Tabelle *Verkäufe* angezeigt wird, markieren Sie diese und bestäti-

gen Sie mit OK. Daraufhin wird die Tabelle *Verkäufe* im rechten Fensterflügel des Cube-Editors eingefügt und der Cube-Editor zeigt sich wie in Bild 9.1 wiedergegeben.

Um einen neuen Cube zu erstellen, muß für die betreffende Datenbank im OLAP Server eine Datenquelle definiert sein, die die Faktentabelle enthält. Das wird an dieser Stelle vorausgesetzt. Wie Sie eine neue Datenquelle festlegen, ist an anderer Stelle ausführlich beschrieben worden, vgl. Kap. 6, *Einen OLAP Cube erstellen: Überblick und Tutorium*, Punkte *ODBC Datenquelle einrichten* und *Mit OLAP Datenquelle verbinden*.

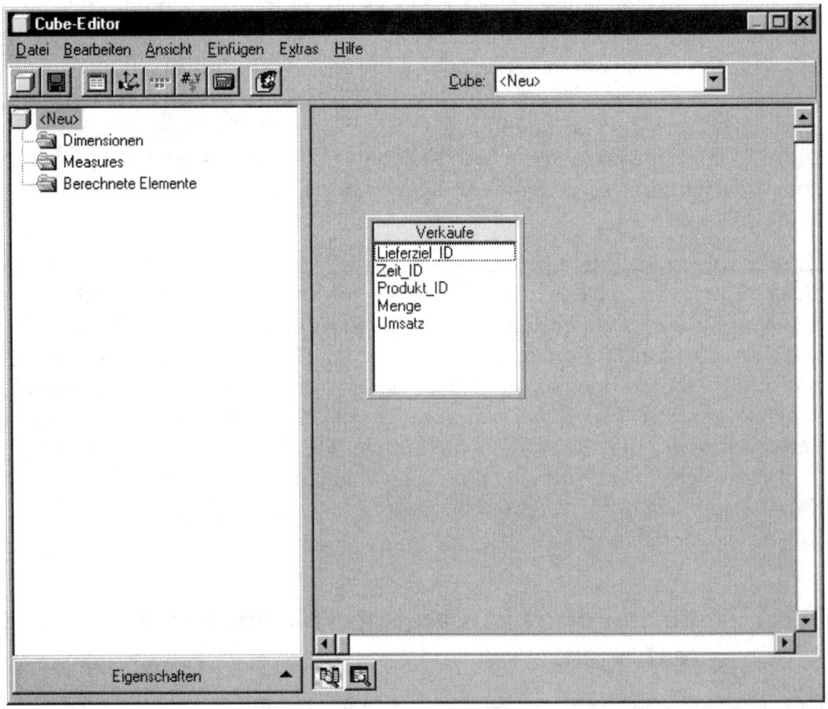

Abbildung 9.1: Der Cube-Editor unmittelbar nach dem Einfügen der Faktentabelle »Verkäufe«.

9.2.2 Measures festlegen

Nachdem die Faktentabelle bestimmt wurde, können Measures und Dimensionen festgelegt werden, und zwar in beliebiger Reihenfolge. Wir beginnen hier mit den Measures. Für den Beispielcube NWIND_Würfel1 sollen die beiden Measures *Umsatz* und *Menge* festgelegt werden. Sie basieren jeweils auf den gleichnamigen Feldern der Faktentabelle. Gehen Sie folgendermaßen vor, um das Measure *Menge* zu definieren:

- Klicken Sie im Objektbaum des Cube-Editors mit der rechten Maustaste auf den Ordner *Measures* (vgl. Bild 9.1) und wählen Sie im Kontextmenü den Befehl *Neues Measure...* Dann wird das Dialogfeld *Spalte auswählen* angezeigt, vgl. Bild 9.2.

- Wählen Sie im Dialogfeld *Spalte auswählen* die Spalte *Menge*, belassen Sie es beim Datentyp *Numerisch* und bestätigen Sie mit OK. Daraufhin wird im Objektbaum dem Ordner *Measures* ein neues Measure mit dem Namen *Menge* hinzugefügt.

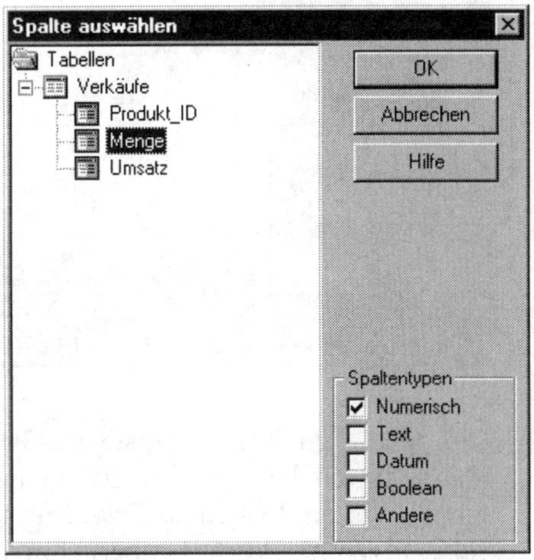

Abbildung 9.2: Dialogfeld »Spalte auswählen«.

- Verfahren Sie für das Measure *Umsatz* ganz analog zum Measure *Menge*. Danach sollten die beiden Measures *Menge* und *Umsatz* im Objektbaum angezeigt werden.

Außer dem Namen können Sie mehrere weitere Eigenschaften der Measures verändern, beispielsweise die Aggregationsart ändern oder statt einer Spalte eine Formel, die auf Spalten der Faktentabelle basiert, angeben. Dies wird im Einzelnen weiter unten in Punkt 9.5.3, *Measure Eigenschaften*, behandelt.

Berechnete Measures

Außer den normalen Measures, wie sie in diesem Punkt behandelt wurden, die unmittelbar oder über eine Formel auf Spalten der Faktentabelle basieren, haben Sie auch die Möglichkeit, *berechnete Measures* zu erzeugen. Diese werden mit Hilfe von MDX-Ausdrücken aus anderen Measures berechnet. Die sich daraus ergebenden recht umfangreichen Möglichkeiten werden in Kap. 10, *Berechnete Elemente*, behandelt.

9.2.3 Dimensionen festlegen

Gemeinsame Dimensionen

Um dem Cube eine oder mehrere Gemeinsame Dimensionen hinzuzufügen, verfahren Sie wie folgt:

- Klicken Sie im Objektbaum des Cube-Editors mit der rechten Maustaste auf den Ordner *Dimensionen* oder eine bereits vorhandene Dimension und wählen Sie im Kontextmenü den Befehl *Dimensions-Manager*. Dann wird das gleichnamige Dialogfeld angezeigt, vgl. Bild 9.3.

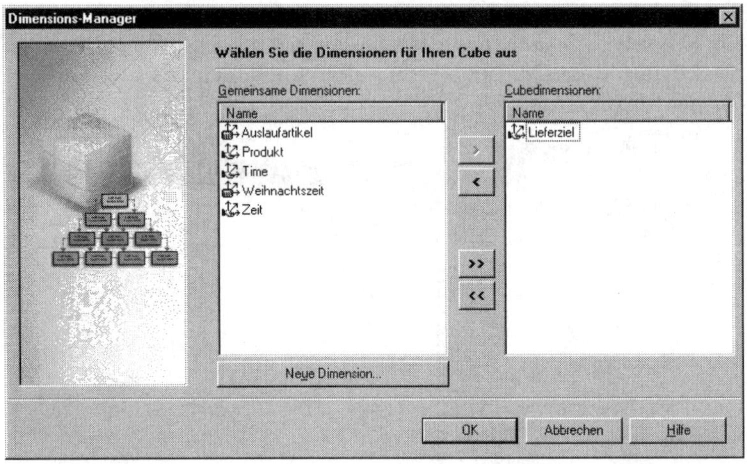

Abbildung 9.3: Dialogfeld »Dimensions-Manager«. Die Dimension »Lieferziel« wurde bereits hinzugefügt.

- Doppelklicken Sie in der Liste der Gemeinsamen Dimensionen auf diejenigen, die Sie dem Cube hinzufügen wollen. Dann wird die jeweilige Dimension in das Listenfeld *Cubedimensionen* verschoben. Für den Beispielcube NWIND_Würfel1 übernehmen Sie die Dimensionen *Lieferziel, Produkt* und *Zeit*. Bestätigen Sie anschließend mit OK. Dann werden die hinzugefügten Dimensionen im Objektbaum des Cube-Editors im Ordner *Dimensionen* angezeigt und im rechten Fensterflügel werden außer der Faktentabelle auch die Dimensionstabellen dargestellt, die den eingefügten Dimensionen zugrunde liegen (vgl. Bild 9.4), sofern dort die Darstellung *Quelltabellen anzeigen* eingeschaltet ist.

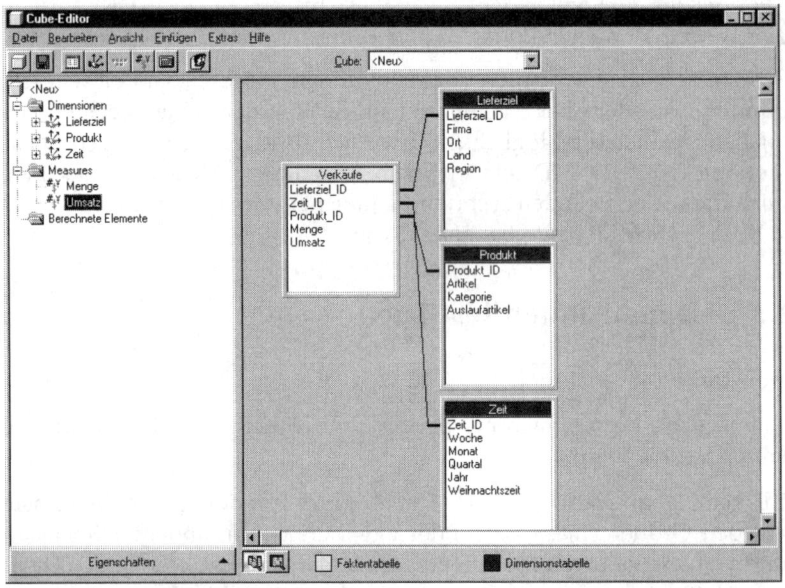

Abbildung 9.4: Cube-Editor mit Darstellung der Quelltabellen im rechten Fensterflügel, nachdem zwei Measures und drei Dimensionen hinzugefügt wurden.

Private Dimensionen

Um dem Cube eine oder mehrere Private Dimensionen hinzuzufügen, klikken Sie mit der rechten Maustaste auf den Ordner *Dimensionen* und wählen den Befehl *Neue Private Dimension*... Das weitere Vorgehen ist ausführlich bereits an anderer Stelle beschrieben worden, vgl. Kap. 8, *Dimensionen*, Punkt *Private Dimensionen*. Wir ersparen uns die erneute Darstellung an dieser Stelle, um unnötige Wiederholungen zu vermeiden.

9.2.4 Cubedaten oder Quelltabellen betrachten

Der Cube-Editor zeigt in seinem rechten Fensterflügel standardmäßig die Quelltabellen an, d.h. die Faktentabelle sowie die Dimensionstabellen, auf denen die hinzugefügten Dimensionen basieren. Sie können für diesen Bildschirmteil aber auch die *Vorschau auf Cubedaten* einstellen: Klicken Sie zu diesem Zweck auf das gleichlautende Symbol am unteren rechten Rand des rechten Fensterflügels, oder wählen Sie den Befehl *Daten* aus dem Menü *Ansicht*. Um wieder auf die Darstellung der Quelltabellen umzuschalten, klikken Sie auf das entsprechende Symbol *Quelltabellen anzeigen* oder wählen den Befehl *Schema* aus dem Menü *Ansicht*.

Das Umschalten auf die *Vorschau auf Cubedaten* ist allerdings nur möglich, wenn Sie mindestens ein Measure und eine Dimension hinzugefügt haben. Darüber hinaus ist zu beachten, daß der Browser nur Beispieldaten anzeigt, solange der Cube noch nicht aufbereitet wurde. Auf diesen Umstand wird beim Umschalten in die *Vorschau auf Cubedaten* auch hingewiesen, wenn die Situation entsprechend ist.

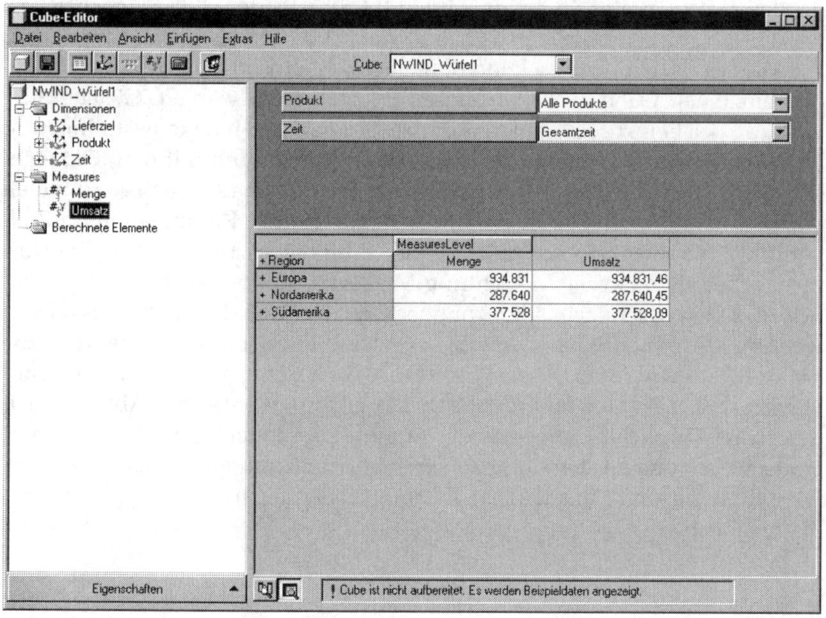

Abbildung 9.5: Im rechten Fensterflügel des Cube-Editors wird die »Vorschau auf Cubedaten« angezeigt. In der Meldezeile am unteren Fensterrand wird darauf hingewiesen, daß der Cube nicht aufbereitet ist, so daß nur Beispieldaten angezeigt werden.

9.3 Cube und Aggregationen speichern

9.3.1 Cube speichern

Wenn Sie Measures und Dimensionen festgelegt haben, sollten Sie den neu erstellten Cube speichern. Dies geschieht folgendermaßen:

- Wählen Sie im Cube-Editor im Menü *Datei* den Befehl *Speichern*, geben Sie im Dialogfeld *Neuer Name von Cube* den gewünschten Namen ein und bestätigen Sie diesen mit OK.

Nach diesem Schritt wird der neue Cube im Objektbaum der Management Console im Ordner *Cubes* der entsprechenden Datenbank angezeigt und kann im Weiteren auch bearbeitet werden. Wenn Sie einen Cube in der gerade beschriebenen Weise speichern, werden dessen Definitionsmerkmale, wie sie im Cube-Editor festgelegt werden, gespeichert. Einen Cube zu speichern bedeutet dagegen nicht, daß Cubedaten oder Aggregationen gespeichert werden. Dies wird vielmehr durch die Aktionen *Aufbereiten* bzw. *Speicherentwurf...*, die in den folgenden Punkten behandelt werden, veranlaßt.

9.3.2 Speicherart und Aggregationen festlegen

Der Microsoft OLAP Server zeichnet sich vor anderen OLAP Servern durch ein differenziertes und intelligentes Speichermanagement aus. Entscheiden Sie sich bei fast allen anderen Anbietern beim Kauf des Servers implizit, ob die damit verwalteten Cubes als MOLAP, ROLAP oder HOLAP gespeichert werden (zu diesen Begriffen vgl. u.a. Kap. 2, *OLAP Konzepte: Grundlagen*, Punkt *Speicherkonzepte*), so können Sie beim Microsoft OLAP Server für jeden einzelnen Cube zwischen diesen Speicherarten wählen. Gleichgültig, welche Speicherart Sie wählen, können Sie darüber hinaus bestimmen, in welchem Ausmaße aggregierte Werte vorberechnet und mit dem Cube gespeichert werden. Mit der Speicherart und dem Ausmaß der vorberechneten Aggregationen legen Sie die aus Ihrer Sicht optimale Kombination im Zielkonflikt zwischen Speicherplatz und Abfragegeschwindigkeit (performance) fest: Je mehr Sie in Richtung MOLAP und vorberechnete Aggregationen gehen, desto schneller können Abfragen auf den Cube ausgeführt werden, umso mehr Speicherplatz benötigen Sie aber auch. Der andere Extremfall liegt vor, wenn Sie sich für ROLAP und den gänzlichen Verzicht auf vorberechnete Aggregationen entscheiden. Dann werden bei Abfragen auf den Cube sämtliche Daten aus der zugundeliegenden relationalen Datenbank gelesen und alle benötigten Aggregationen zur Laufzeit neu berechnet. Dies führt zu den längsten Ausführungszeiten, spart jedoch am meisten Plattenspeicher.

Das Festlegen von Speicherart und Aggregationen soll im Folgenden am Beispiel des in den vorangehenden Punkten erstellten Cube NWIND_Würfel1 demonstriert werden. Gehen Sie folgendermaßen vor:

- Bei geschlossenem Cube-Editor: Klicken Sie im Objektbaum der Management Console mit der rechten Maustaste auf den Knoten des betreffenden Cube und wählen Sie im Kontextmenü den Befehl *Speicherentwurf...* Bei für den betreffenden Cube geöffnetem Cube-Editor: Wählen Sie im Menü *Extras* den Befehl *Speicherentwurf...* In jedem der beiden Fälle wird dann das Dialogfeld *Speicherentwurfs-Assistent* angezeigt, das Sie in Kurzform über die weiteren Schritte informiert.
- Klicken Sie im *Willkommen* Dialogfeld des Assistenten auf *Weiter* >. Dann wird das Dialogfeld *Wählen Sie den Datenspeichertyp angezeigt*, vgl. Bild 9.6.

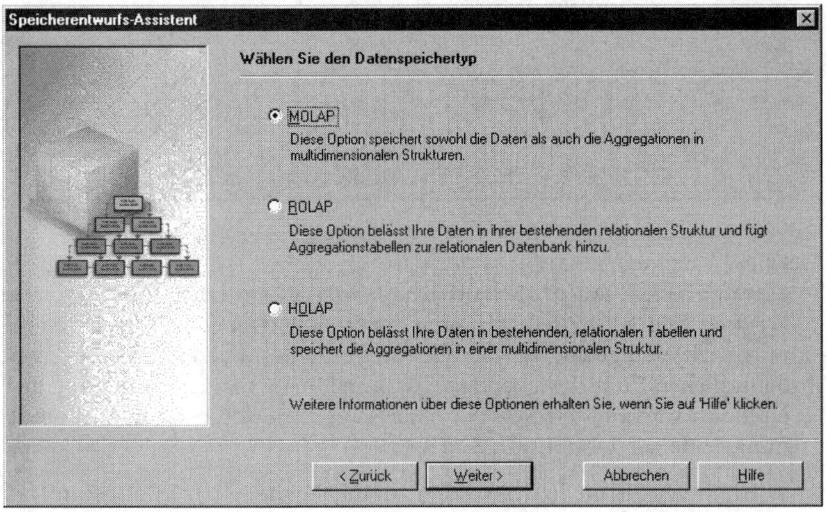

Abbildung 9.6: Dialogfeld »Wählen Sie den Datenspeichertyp«.

- Wählen Sie im Dialogfeld *Wählen Sie den Datenspeichertyp* den Datenspeicherungstyp MOLAP, ROLAP oder HOLAP. Im Falle unseres Beispielcube NWIND_Würfel1 soll MOLAP gewählt werden, weil dieser Cube sehr klein ist, so daß der benötigte Speicherplatz vernachlässigbar gering ist. Bestätigen Sie mit *Weiter* >.
- Das Dialogfeld *Aggregationsoptionen festlegen* (vgl. Bild 9.7) ermöglicht Ihnen, interaktiv den trade-off zwischen Speicherplatz und Leistungsgewinn zu ermitteln und sich schließlich für eine bestimmte Kombination zu entscheiden. Zu diesem Zweck können Sie den Assistenten anweisen, so lange weitere Aggregationen hinzuzufügen, bis a) ein von Ihnen vorgegebener (geschätzter) Speicherplatz, b) ein als Prozentangabe vorgegebener Leistungsgewinn erreicht ist oder c) Sie nach Beobachtung der Entwicklung der Leistungskurve im Diagramm *Leistung kontra Größe* die Vorberechnung weiterer Aggregationen stoppen, indem Sie auf die

Schaltfläche *Beenden* klicken. Für unser Beispiel soll ein Leistungsgewinn von 80% vorgegeben werden. Für diesen Zweck muß die zweite Option unter *Aggregationsoptionen* gewählt und dort die Zahl 80 eingetragen werden, vgl. Bild 9.7.

Abbildung 9.7: Dialogfeld des Speicherentwurfs-Assistenten, in dem die optimalen Aggregationen interaktiv ermittelt werden können. Der Schnappschuß stellt die Situation vor dem Ermitteln der Leistungskurve dar.

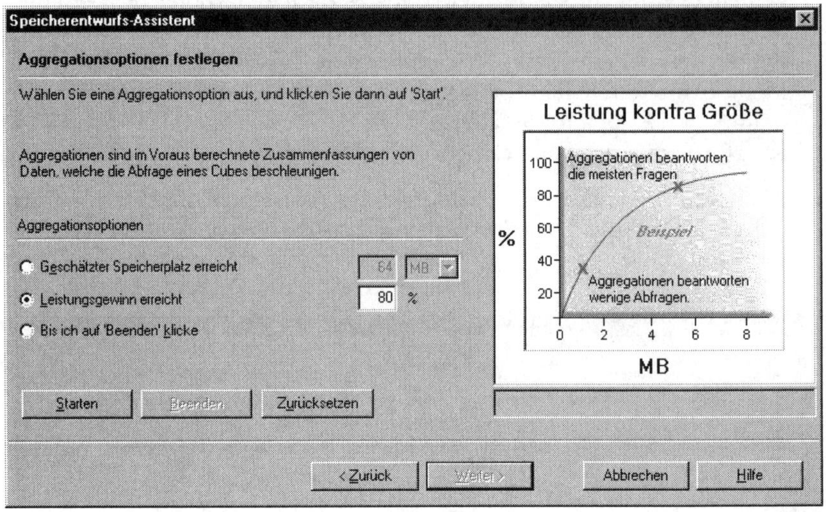

- Klicken Sie, nachdem Sie unter den *Aggregationsoptionen* die geeignete gewählt haben, auf die Schaltfläche *Starten*. Dann wird das Diagramm *Leistung kontra Größe* (nach einer mehr oder weniger langen Berechnungszeit) neu gezeichnet, so daß die Kurve darin den für den in Arbeit befindlichen Cube bestehenden Zusammenhang zwischen Leistung und Größe des benötigten Speicherplatzes bis zum vorbestimmten Berechnungsende wiedergibt, vgl. Bild 9.8.
- Wiederholen Sie die in den beiden vorangehenden Aufzählungspunkten beschriebenen Schritte – ggf. mit anderen Optionen – so oft, bis Sie die für Sie optimale Kombination ermittelt haben. Bei der geringen Größe des Beispielcube NWIND_Würfel1 erscheint es beispielsweise sinnvoll, einen Leistungsgewinn von 100% vorzugeben, weil auch dies noch zu der völlig akzeptablen Speichergröße von ca. 0,1 MB führt. Beim wiederholten Ausprobieren können Sie mittels der Schaltfläche *Zurücksetzen* auch wieder zum status quo ante zurückkehren, um von Anfang an neu zu beginnen.
- Klicken Sie schließlich auf die Schaltfläche *Weiter* >. Dann wird das letzte Dialogfeld des Speicherentwurfs-Assistenten angezeigt. Mit der Schaltfläche *Fertig stellen* veranlassen Sie dann, daß die ermittelten Aggregationen in der eingangs gewählten Speicherart (MOLAP, ROLAP oder HOLAP) gespeichert werden. Durch Anklicken der entsprechenden Option können Sie dafür bestimmen, ob der Cube zugleich aufbereitet wird oder nicht. Im letzteren Falle wäre dies später nachzuholen.

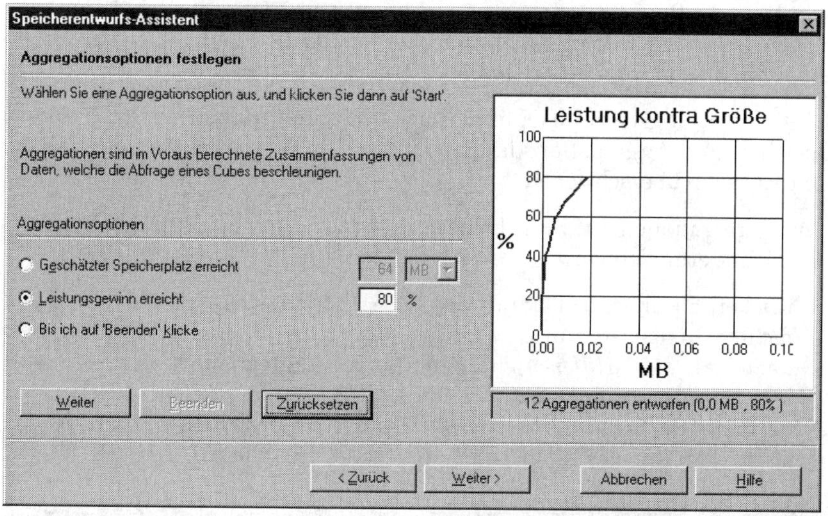

Abbildung 9.8: Dialogfeld des Speicherentwurfs-Assistenten. Der Schnappschuß stellt die Situation nach dem Ermitteln der Leistungskurve dar.

9.3.3 Verwendungsbasierte Optimierung der Aggregationen

Die im vorangehenden Punkt beschriebene Ermittlung und Festlegung der Aggregationen versucht ganz allgemein, ein Optimum im trade off zwischen Performance und Speicherbedarf zu finden. Falls nicht alle möglichen Aggregationen vorberechnet und gespeichert werden, entscheidet der Benutzer zwar direkt oder indirekt über den Prozentsatz der zu speichernden Aggregationen, er überläßt jedoch dem Speicherentwurfs-Assistenten die Auswahl, welche Aggregationen in die Menge der vorberechneten und zu speichernden aufgenommen werden. Am Anfang, wenn Sie keinerlei Erfahrung über die Nutzung der Daten eines Cube besitzen, ist diese Vorgehensweise ausreichend und sinnvoll. Wenn Sie jedoch im Laufe der Zeit feststellen, daß bestimmte Datenkombinationen häufiger abgefragt werden als andere, würde Performance verschenkt werden, wenn die häufig benötigten Aggregationen nicht vorberechnet gespeichert wären. Diesem Gedanken trägt die *Verwendungsbasierte Optimierung der Aggregationen* Rechnung: Sie können den *Speicherentwurfs-Assistenten* veranlassen, die Aggregationen der Ihrer Einschätzung nach wichtigsten Abfragen auf alle Fälle im Speicherkonzept zu berücksichtigen. Dies wird dadurch möglich, daß der OLAP Server automatisch die an ihn gerichteten Abfragen protokolliert: Standardmäßig wird jede zehnte Abfrage, die an den Server gerichtet ist, ins Protokoll aufgenommen, Sie können diese Häufigkeit jedoch ändern.

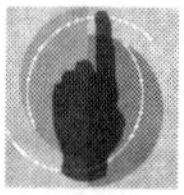

Sie können den Anteil der protokollierten Abfragen selbst bestimmen und dafür jede Relation zwischen 1:0 und 1:10.000 festlegen: Klicken Sie im Objektbaum der OLAP Management Console mit der rechten Maustaste auf den Knoten des Servers und wählen Sie im Kontextmenü den Befehl *Eigen-*

schaften... Im Register *Abfrageprotokoll* können Sie dann diese Relation einstellen. Sie haben an dieser Stelle darüber hinaus die Möglichkeit, das bisher aufgezeichnete Protokoll zu leeren.

Die verwendungsbasierte Optimierung von Aggregationen legt das gesamte Speicher- und Aggregationsdesign neu fest. Dadurch wird ein ggf. vorhandenes Design überschrieben.

Um Aggregationen auf Basis bisheriger Verwendung zu optimieren, gehen Sie folgendermaßen vor:

- Klicken Sie im Objektbaum der OLAP Management Console mit der rechten Maustaste auf den Ordner des Cube (oder der Partition, vgl. dazu Kap. 11, *Partitionen*), für den (die) Sie Aggregationen festlegen wollen. Dann erscheint zunächst ein *Willkommen* Dialogfeld. Klicken Sie darin auf die Schaltfläche *Weiter* >. Dann wird das Dialogfeld *Wählen Sie die zu optimierenden Abfragen aus* angezeigt, vgl. Bild 9.9.

Abbildung 9.9: Dialogfeld »Wählen Sie die zu optimierenden Abfragen aus«.

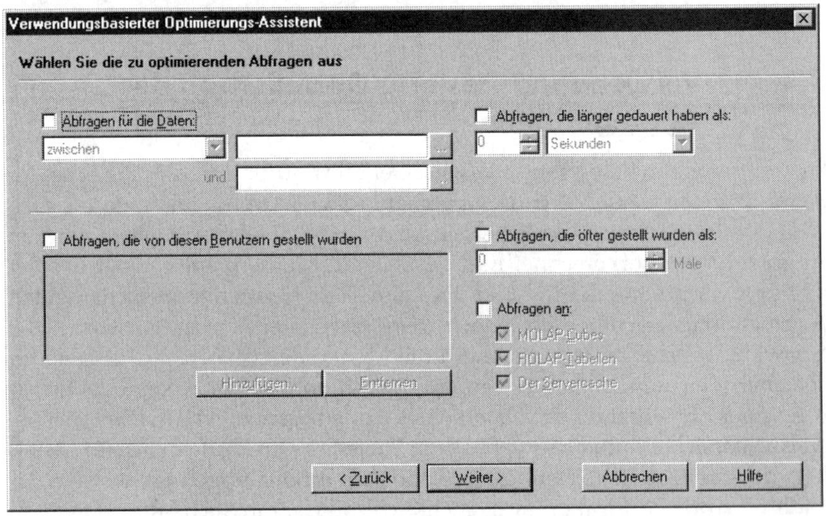

- Das in Bild 9.9 wiedergegebene Dialogfeld erlaubt es, Kriterien für die Selektion einer Teilmenge aus der Gesamtmenge der aufgezeichneten Abfragen einzustellen. Wenn Sie kein Kriterium angeben (wie dies für die Darstellung in Bild 9.9 zutrifft), werden alle protokollierten Abfragen herangezogen. Klicken Sie nach Festlegung der Kriterien auf die Schaltfläche *Weiter* >. Dann wird das Dialogfeld *Ergebnisse ansehen* angezeigt, vgl. Bild 9.10. Mit den in diesem Dialogfeld wiedergegebenen Ergebnissen können Sie überprüfen, ob sich auf Basis der Kriterien des vorangehenden Dialogfelds eine sinnvolle Menge von Abfragen ergeben hat. Mit der Schaltfläche < *Zurück* ließe sich die Auswahl ggf. korrigieren. Wenn Sie die Ergebnisse zufriedenstellend finden, klicken Sie auf die Schaltfläche *Weiter* >. Dann wird das Dialogfeld *Wählen Sie den Datenspeichertyp* angezeigt.

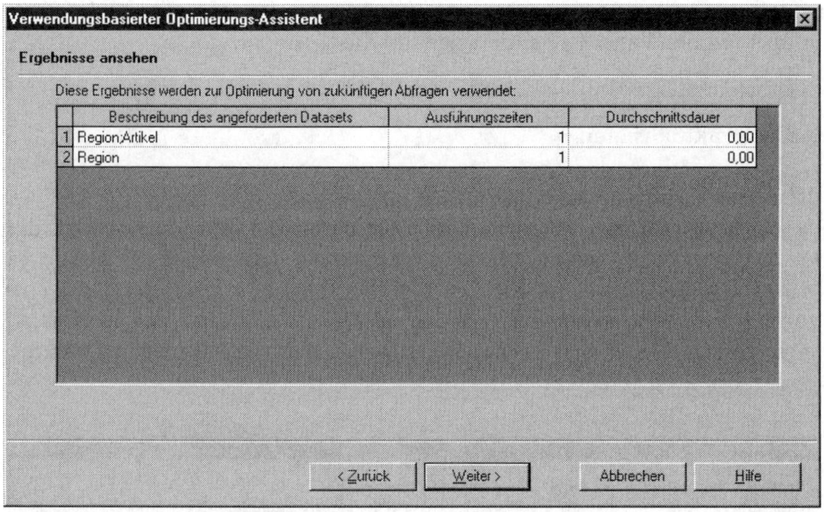

Abbildung 9.10: Dialogfeld »Ergebnisse ansehen«.

Das Dialogfeld *Wählen Sie den Datenspeichertyp* ist identisch mit dem im vorangehenden Punkt 9.3.2, *Speicherart und Aggregationen festlegen,* in Bild 9.6 wiedergegebenen Dialogfeld, und auch die weiteren Schritte des *Verwendungsbasierten Optimierungs-Assistenten* sind identisch mit denen des in Punkt 9.3.2, *Speicherart und Aggregationen festlegen* beschriebenen Assistenten. Daher braucht das weitere Vorgehen hier nicht mehr erklärt zu werden. Der inhaltliche Unterschied zwischen der verwendungsbasierten Optimierung und der einfachen Speicherfestlegung besteht darin, daß bei der verwendungsbasierten Optimierung zunächst die wichtigsten Abfragen ermittelt und dann beim Festlegen des Aggregationsdesigns an erster Stelle berücksichtigt werden, während der Benutzer bei der einfachen Festlegung des Speicherdesigns keinerlei Einfluß auf die inhaltliche Zusammensetzung der vorberechneten Aggregationen hat (wohl aber auf die Menge).

9.4 Cube aufbereiten

Das Aufbereiten (processing) eines Cube bedeutet, daß die Aggregationen, die für den Cube entworfen wurden, berechnet und zusammen mit den anderen Daten in den Cube geladen werden. Darüber hinaus werden die Dimensionstabellen gelesen und die Ebenen und Elemente der Dimensionen mit den aktuellen Werten versorgt. Schließlich wird die Faktentabelle gelesen, es werden die erforderlichen Aggregationen berechnet und beides wird im Cube gespeichert. Nach dem Aufbereiten eines Cube steht dieser für Abfragen von Clients zur Verfügung.

Die angeführten Vorgänge und Wirkungen der Aufbereitung müssen allerdings nicht alle zusammen passieren. Da das komplette Aufbereiten eines Cube sehr zeitaufwendig sein kann, bietet der OLAP Server drei Optionen an, mit denen das Aufbereiten in Abhängigkeit vom Kontext abgestuft ausgeführt werden kann. Es handelt sich um die Optionen

- Inkrementelle Aktualisierung,
- Daten aktualisieren,
- Aufbereiten.

Sie wählen eine dieser Möglichkeiten im Dialogfeld *Cube aufbereiten*, das der Befehl *Aufbereiten* anzeigt, vgl. Bild 9.11. (Das Dialogfeld *Cube aufbereiten* wird nur angezeigt, wenn für den betreffenden Cube Aggregationen entworfen und gespeichert worden sind, vgl. Punkt 9.3, *Cubes und Aggregationen speichern*.) Diese verschiedenen Aufbereitungsarten werden in den folgenden Punkten genauer besprochen.

Abbildung 9.11: Dialogfeld »Cube aufbereiten«.

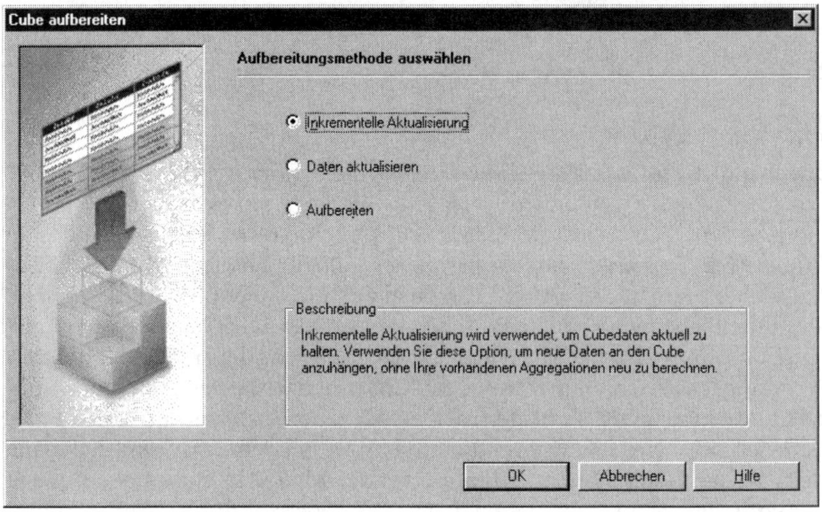

9.4.1 Cube insgesamt aufbereiten

Wenn Sie einen Cube total aufbereiten, wird er komplett neu erzeugt. Diese Option ist erforderlich, wenn Sie strukturelle Änderungen am Cube vorgenommen, beispielsweise eine neue Dimension oder ein neues Measure hinzugefügt oder bestehende geändert haben. Der Cube muß auch dann komplett neu aufbereitet werden, wenn geänderte Daten die Cubedefinition berühren. Es liegt keine strukturelle Änderung vor, wenn Sie dem Cube berechnete Elemente hinzugefügt oder vorhandene bearbeitet haben. In diesem Falle ist überhaupt keine neue Aufbereitung erforderlich, weil berechnete Elemente nicht vorberechnet, sondern stets *on the fly* für die jeweilige Abfrage an den Cube ermittelt werden.

Gehen Sie folgendermaßen vor, um einen Cube komplett aufzubereiten:

- Klicken Sie im Objektbaum der Management Console mit der rechten Maustaste auf den betreffenden Cube und wählen Sie im Kontextmenü den Befehl *Aufbereiten,*

oder

- wählen Sie im Cube-Editor im Menü *Extras* den Befehl *Aufbereiten.*
- Wählen Sie im Dialogfeld *Cube aufbereiten* (vgl. oben Bild 9.11) die Option *Aufbereiten* und bestätigen Sie mit OK. (Das Dialogfeld *Cube aufbereiten* wird nur angezeigt, wenn für den betreffenden Cube Aggregationen entworfen und gespeichert worden sind, vgl. Punkt 9.3, *Cubes und Aggregationen speichern.* Wenn dies nicht zutrifft, wird die Aufbereitung des Cube unmittelbar vorgenommen.)

Nach mehr oder minder langer Berechnungszeit wird dann das Dialogfeld *Aufbereiten* angezeigt, vgl. Bild 9.12. Darin gibt der OLAP Server Meldungen über die verschiedenen Aufbereitungsstationen wieder, ggf. auch Fehlermeldungen, die rot kenntlich gemacht sind. Falls eine Zeile für das Dialogfeld zu lang ist, um sie lesen zu können, können Sie darauf doppelklicken, um das Dialogfeld *Ablaufverfolgungszeile anzeigen* einzublenden, in dem dann die doppelgeklickte Meldung umbrochen wiedergegeben wird. Dies ist in Bild 9.12 für die drittletzte Zeile, die die SQL-Anweisung wiedergibt, geschehen.

9.4.2 Inkrementelle Aktualisierung

Das Dialogfeld *Cube aufbereiten,* in dem Sie die Option *Inkrementelle Aktualisierung* wählen können, wird nur angezeigt, wenn für den betreffenden Cube Aggregationen entworfen und gespeichert worden sind, vgl. Punkt 9.3, *Cube und Aggregationen speichern.* Die Option *Inkrementelle Aktualisierung* bewirkt, daß dem Cube *neue* Daten *angefügt* werden, ohne daß die bestehenden Aggregationen neu berechnet werden. Wenn bestehende Daten geändert wurden, ist diese Option dagegen nicht anwendbar. Inkrementelles Aktualisieren beeinflußt nicht die vorhandenen Daten und Aggregationen, die bereits früher aufbereitet wurden. Es verbraucht im allgemeinen erheblich weniger Zeit als ein komplettes Aufbereiten. Nach einem inkrementellen Aktualisieren haben Clients unmittelbar Zugriff auf die aktualisierten Daten, ohne sich ab- und anschließend wieder anzumelden. Daher kann diese Option auch ausgeführt werden, während Clients Abfragen an den Cube richten.

Beim inkrementellen Aktualisieren ist es auch möglich, die Datenquelle und/oder die Faktentabelle zu ändern. Welche Beschränkungen dabei zu beachten sind, wird weiter unten erläutert. Ferner können Sie eine Bedingung für die Auswahl der anzuhängenden Daten in der Art einer WHERE-Klausel formulieren.

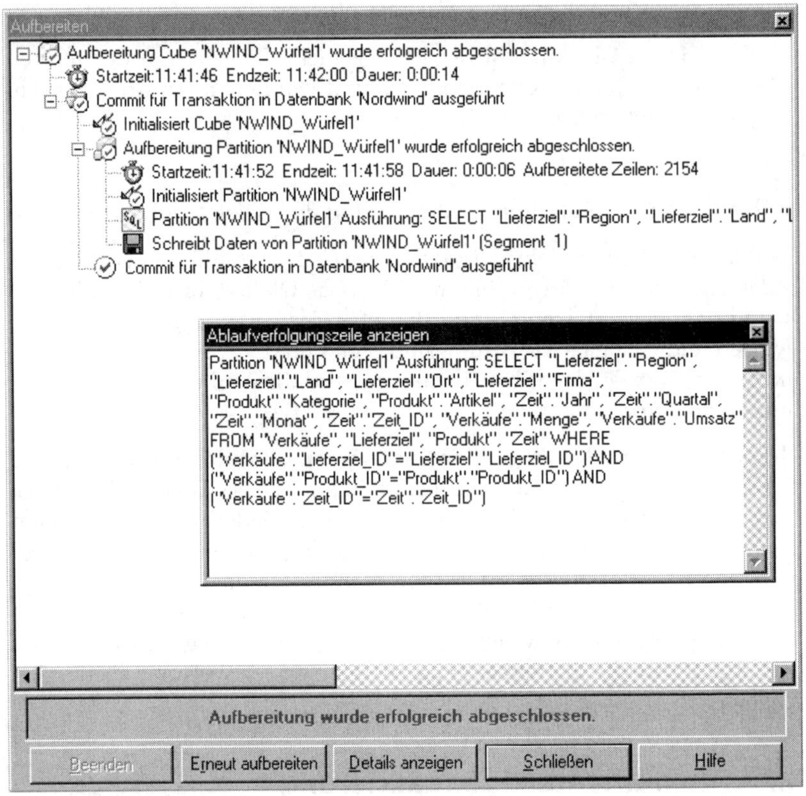

Abbildung 9.12: Dialogfeld »Aufbereiten«. Nachdem auf die drittletzte Zeile doppelgeklickt wurde, wird deren Inhalt im eingeblendeten Dialogfeld »Ablaufverfolgungszeile anzeigen« wiedergegeben.

Gehen Sie folgendermaßen vor, um eine inkrementelle Aktualisierung durchzuführen:

- Klicken Sie im Objektbaum der Management Console mit der rechten Maustaste auf den betreffenden Cube und wählen Sie im Kontextmenü den Befehl *Aufbereiten*

oder

- wählen Sie im Cube-Editor im Menü *Extras* den Befehl *Aufbereiten.*
- Wählen Sie im Dialogfeld *Cube aufbereiten* (vgl. oben Bild 9.11) die Option *Inkrementelle Aktualisierung* und bestätigen Sie mit OK.
- Klicken Sie im ersten Dialogfeld des Assistenten für inkrementelle Aktualisierung, das Ihnen Informationen über den Vorgang mitteilt, auf *Weiter >*.
- Falls Sie einen Cube mit mehr als einer Partition aufbereiten wollen, wird ein Dialogfeld angezeigt, in dem Sie die aufzubereitende Partition bestimmen müssen, da sich stets nur eine Partition zur selben Zeit aufbereiten läßt. Falls der Cube wie im Falle des Beispiels NWIND_Würfel1 nur eine Partition aufweist, wird dieses Dialogfeld nicht angezeigt.

- Im folgenden Dialogfeld *Datenquelle und Faktentabelle angeben* (vgl. Bild 9.13) können Sie die Datenquelle und/oder die Faktentabelle wechseln. Klicken Sie zu diesem Zweck auf die Schaltfläche *Ändern*.... Dann wird das Dialogfeld *Wählen Sie eine Faktentabelle aus* angezeigt, das Ihnen die Wahl einer der für die Datenbank definierten Datenquellen sowie daraus einer Faktentabelle erlaubt. Beachten Sie dabei allerdings, daß die Struktur der neuen Datenquelle und/oder Faktentabelle mit der bisherigen übereinstimmen muß. Insbesondere müssen zwischen den Dimensionstabellen und den Spalten der Faktentabelle dieselben Verknüpfungen existieren wie bisher. Klicken Sie schließlich auf die Schaltfläche *Weiter* >.

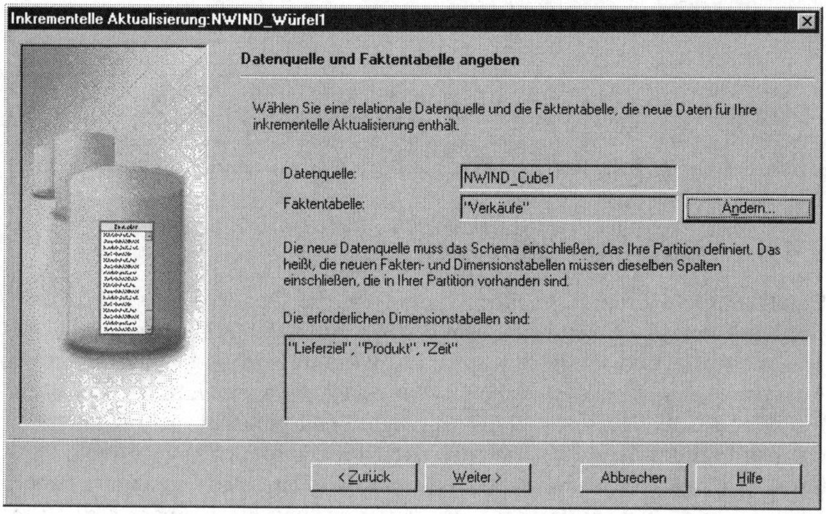

Abbildung 9.13: Dialogfeld des Assistenten zum inkrementellen Aktualisieren, in dem Datenquelle und/oder Faktentabelle geändert werden kann.

- Im folgenden Dialogfeld können Sie eine Bedingung für die Daten, mit denen inkrementell aktualisiert werden soll, angeben. Die Bedingung wird in der Art einer WHERE-Klausel einer SQL-Anweisung angegeben, jedoch ohne das Wort WHERE. Das Dialogfeld in Bild 9.14 zeigt einen solchen gültigen Ausdruck (Jahr = 1996 AND Ort = 'Berlin'). Geben Sie einen Bedingungsausdruck ein, oder lassen Sie das Feld frei und klicken Sie auf *Weiter* >.

- Klicken Sie im letzten Dialogfeld des Assistenten auf die Schaltfläche *Fertig stellen*.

Die Aktualisierung kann eine gewisse Zeit in Anspruch nehmen. Nach ihrer Beendigung meldet der Assistent, ob die Aktion erfolgreich war oder fehlgeschlagen ist. Letzteres kann verschiedene Gründe haben, beispielsweise könnte eine geänderte Faktentabelle in der Struktur unpassend sein, oder die Filterbedingung, deren syntaktische und inhaltliche Richtigkeit erst beim Ausführen der Aktualisierung geprüft wird, könnte fehlerhaft gewesen sein. Im Falle einer fehlgeschlagenen Aktualisierung müßten Sie den gesamten Vorgang, wie er in diesem Punkt beschrieben ist, wiederholen.

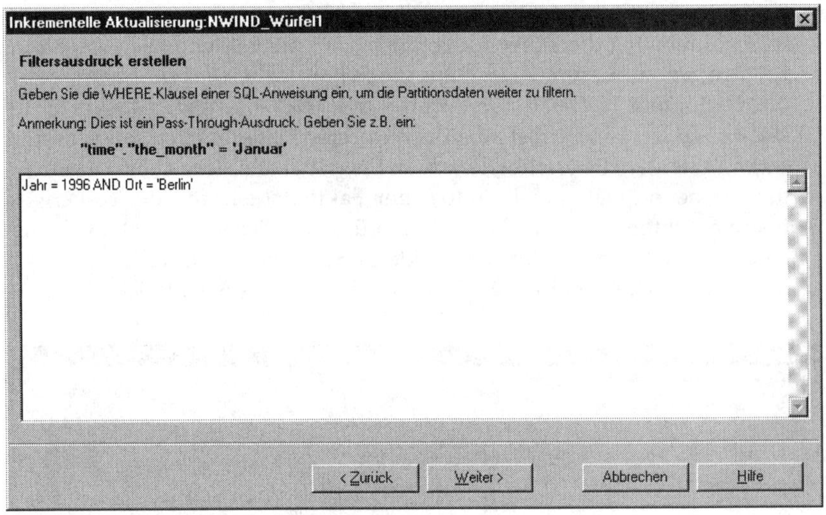

Abbildung 9.14: In diesem Dialogfeld können Sie eine Bedingung zum Filtern der zu aktualisierenden Daten angeben.

9.4.3 Daten aktualisieren

Das Dialogfeld *Cube aufbereiten*, in dem Sie die Option *Daten aktualisieren* wählen können, wird nur angezeigt, wenn für den betreffenden Cube Aggregationen entworfen und gespeichert worden sind, vgl. Punkt 9.3, *Cube und Aggregationen speichern*. Die Option *Daten aktualisieren* bewirkt, daß die bisherigen Cubedaten sowie die Aggregationen gelöscht, neue Cubedaten geladen und die Aggregationen neu berechnet werden. Es ist sinnvoll, diese Option zu wählen, wenn sich die Daten der Datenbasis geändert haben, ohne daß sich die Struktur des Cube verändert hat. Nach einem Aktualisieren der Daten haben Clients unmittelbar Zugriff auf die aktualisierten Daten, ohne sich ab- und anschließend wieder anzumelden. Daher kann diese Option auch ausgeführt werden, während Clients Abfragen an den Cube richten.

Gehen Sie folgendermaßen vor, um Daten zu aktualisieren:

- Klicken Sie im Objektbaum der Management Console mit der rechten Maustaste auf den betreffenden Cube und wählen Sie im Kontextmenü den Befehl *Aufbereiten*

oder

- wählen Sie im Cube-Editor im Menü *Extras* den Befehl *Aufbereiten*.
- Wählen Sie im Dialogfeld *Cube aufbereiten* (vgl. oben Bild 9.11) die Option *Daten aktualisieren* und bestätigen Sie mit OK.

Nach mehr oder minder langer Berechnungszeit wird dann, genau wie beim kompletten Aufbereiten des Cube, das Dialogfeld *Aufbereiten* angezeigt, vgl. oben Bild 9.12. Darin gibt der OLAP Server Meldungen über die verschiedenen Aufbereitungsschritte wieder, ggf. auch Fehlermeldungen, die rot kenntlich gemacht sind. Zu weiteren Einzelheiten dieses Dialogfelds vgl. oben Punkt 9.4.1, *Cube insgesamt aufbereiten*.

9.5 Cube bearbeiten

Wenn Sie die Struktur eines Cube ändern, werden die Ergebnisse früherer Aufbereitungen des Cube ungültig. Daher müssen Sie den Cube nach strukturellen Änderungen erneut aufbereiten. Wenn Sie lediglich Änderungen nicht struktureller Art vorgenommen haben – beispielsweise ein berechnetes Measure eingefügt oder bearbeitet haben –, brauchen Sie keine Aufbereitung vorzunehmen.

Einen Cube bearbeiten Sie im Cube-Editor. Diesen öffnen Sie folgendermaßen:

- Klicken Sie im Objektbaum der Management Console mit der rechten Maustaste auf den betreffenden Cube und wählen Sie im Kontextmenü den Befehl *Cube bearbeiten*.
- Bei bereits geöffnetem Cube-Editor wechseln Sie mit Hilfe der Dropdown-Liste *Cube* in der Symbolleiste zu einem anderen Cube.

In den folgenden Unterpunkten dieses Abschnitts werden die Möglichkeiten zur Bearbeitung eines Cube, die der Cube-Editor bietet, behandelt. Dabei beschreibe ich zunächst die Möglichkeiten, die sich aus der Bearbeitung der Eigenschaften der verschiedenen Objekte ergeben, den Cube selbst eingeschlossen. Im Anschluß werden die weiteren Möglichkeiten des Cube-Editors erklärt.

9.5.1 Eigenschaftenfenster öffnen und schließen

Im Eigenschaftenfenster des Cube-Editors werden die Eigenschaften des jeweils markierten Objekts im Cube-Editor wiedergegeben und können dort im allgemeinen auch bearbeitet werden. Um die Eigenschaften für ein bestimmtes Objekt anzuzeigen, gehen Sie folgendermaßen vor:

- Klicken Sie im Objektbaum des Cube-Editors auf das betreffende Objekt, um dieses zu markieren.
- Falls das Eigenschaftenfenster in der linken unteren Ecke des Cube-Editors nicht geöffnet ist: Klicken Sie auf die Schaltfläche *Eigenschaften*, um es zu öffnen. Durch nochmaliges Klicken auf diese Schaltfläche wird das Eigenschaftenfenster wieder geschlossen, vgl. z.B. Bild 9.15.

9.5.2 Cube-Eigenschaften

Um die Eigenschaften des Cube zu lesen oder zu bearbeiten, markieren Sie im Objektbaum des Cube-Editors den Knoten des Cube (das ist der oberste Knoten), um diesen zu markieren, und öffnen ggf. das Eigenschaftenfenster. In Bild 9.15 ist das geöffnete Eigenschaftenfenster mit dem aktiven Register *Grundlegend* für den Cube NWIND_Würfel1 wiedergegeben.

Ein Cube hat die folgenden Eigenschaften:

Register	Eigenschaft
Grundlegend	Name
	Description
	Data Source
	Fact Table
Erweitert	Fact Table Size
	Aggregation Prefix

In Bild 9.15 ist zu erkennen, daß die beiden Eigenschaften *Name* und *Data Source* abgeblendet wiedergegeben werden, während die anderen beiden Eigenschaften *Description* und *Fact Table* in voller Schrift angezeigt werden: Abgeblendete Eigenschaften lassen sich nicht bearbeiten, sondern können nur gelesen werden. Da die Eigenschaft *Fact Table* in voller Schrift wiedergegeben wird, ist sie bearbeitbar. Wenn Sie in das zugehörige Bearbeitungsfeld klicken, können Sie anschließend auf eine Schaltfläche am rechten Rand des Bearbeitungsfeldes klicken, um das Dialogfeld *Wählen Sie eine Faktentabelle aus* anzeigen zu lassen. Dann könnten Sie die alte gegen eine neue Faktentabelle austauschen. Achten Sie in diesem Falle darauf, daß die neue Faktentabelle strukturell zu den vorhandenen Dimensionstabellen paßt!

In ähnlicher Weise lassen sich auch die weiteren Eigenschaften eines Cube bearbeiten. Es erscheint überflüssig, an dieser Stelle auf jede weitere Eigenschaft detailliert einzugehen.

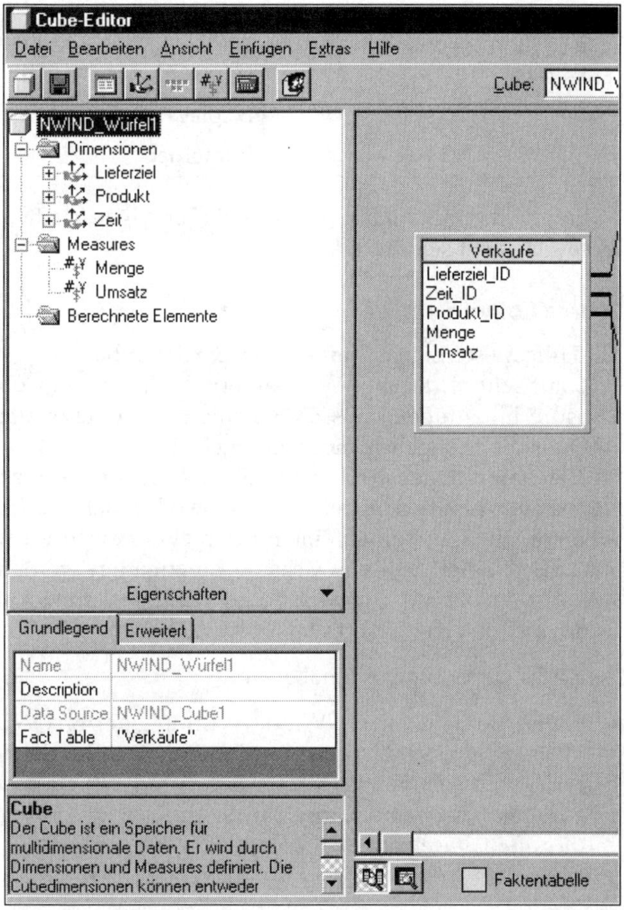

Abbildung 9.15: Eigenschaftenfenster mit Eigenschaften für einen Cube.

9.5.3 Measure Eigenschaften

Um die Eigenschaften eines Measure zu lesen oder zu bearbeiten, markieren Sie im Objektbaum des Cube-Editors das betreffende Measure, um es markieren, und öffnen ggf. das Eigenschaftenfenster.

Ein Measure hat die folgenden Eigenschaften:

Register	Eigenschaft
Grundlegend	Name
	Description
	Source Column
	Aggregate Function

Register	Eigenschaft
Erweitert	Data Type
	Display Format
	Is Internal

Im folgenden gehe ich auf einige dieser Eigenschaften näher ein, sofern diese sich nicht selbst erklären.

Source Column

Mit Hilfe dieser Eigenschaft können Sie den Inhalt, den ein Measure wiedergibt, auf sehr wirksame Weise ändern. Wenn Sie im Cube-Editor ein neues Measure hinzufügen, müssen Sie eine bestimmte Spalte der Faktentabelle als Quellspalte angeben, eine weitergehende Möglichkeit existiert dort nicht. Im Eigenschaftenfenster können Sie jedoch für die Eigenschaft *Source Column* einen Ausdruck angeben, der eine oder mehrere Spalten der Faktentabelle enthält. Dies soll an einem Beispiel demonstriert werden. Dem Cube NWIND_Würfel1 soll ein Measure hinzugefügt werden, das den Umsatz ausweist, wobei nur Umsätze berücksichtigt werden sollen, die in den Ursprungswerten einen Wert von >= 10.000 haben.

Gehen Sie dazu folgendermaßen vor:

- Fügen Sie dem Cube NWIND_Würfel1 oder NWIND_Cube1 ein neues Measure hinzu und geben Sie dabei als Quellspalte das Feld *Umsatz* an. Wie Sie im allgemeinen vorgehen müssen, um ein neues Measure hinzuzufügen, wird weiter unten in diesem Kapitel gezeigt, vgl. Punkt 9.5.8, *Measure einfügen* oder entfernen.

Abbildung 9.16: Die Eigenschaften »Name« und »Source Column« des neu eingefügten Measure wurden geändert.

- Geben Sie für die Eigenschaft *Name* den Namen UmsatzAb10000 und für die Eigenschaft *Source Column* den folgenden Ausdruck ein (vgl. auch Bild 9.16):

```
iif("Verkäufe"."Umsatz">=10000,"Verkäufe"."Umsatz")
```

Wenn Sie das Ergebnis dieser Änderung in der Vorschau auf die Cubedaten betrachten wollen, müssen Sie den Cube zuvor neu aufbereiten. In Bild 9.17 ist diese Vorschau wiedergegeben. Dort können Sie erkennen, daß das Measure *UmsatzAb10000* zu plausiblen Werten führt.

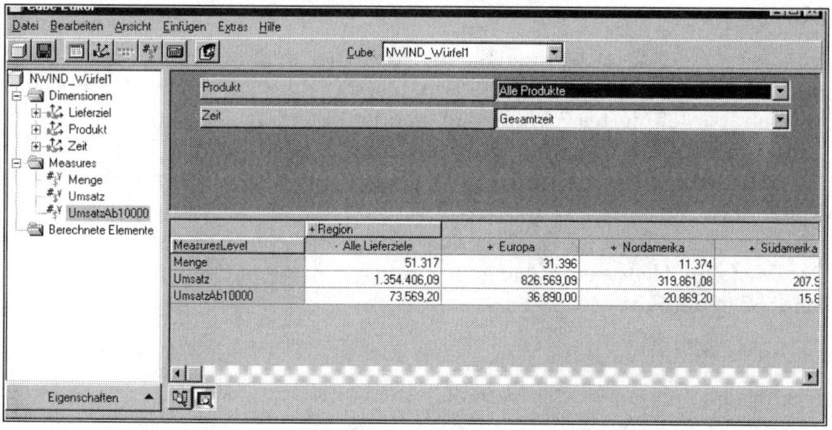

Abbildung 9.17: Vorschau auf die Cubedaten unter Einschluß des Measures UmsatzAb10000.

Die Bearbeitung der Eigenschaft *Source Column* eröffnet viele weitere Möglichkeiten gegenüber den Voreinstellungen von Cube-Editor und Cube-Assistent. Derartige Bearbeitungen sind auch nicht überflüssig, wenn man bedenkt, daß der OLAP Server die Möglichkeit bietet, berechnete Measures zu erstellen (vgl. dazu im allgemeinen Kap. 10, *Berechnete Elemente*), denn derselbe Ausdruck zur Eigenschaft *Source Column* wirkt sich völlig anders aus, als wenn er als Basis für ein berechnetes Measure angegeben wird: Wenn Sie den entsprechenden Ausdruck für das vorangehende Beispiel als Basis für ein berechnetes Measure eingeben, werden alle Umsatzwerte ausgewiesen, die auf der jeweiligen Aggregationsstufe einen Wert >= 10.000 haben. Die Eigenschaft *Source Column* dagegen verarbeitet den Ausdruck so, daß unter den Ursprungswerten nur diejenigen berücksichtigt werden, die dort einen Wert >= 10.000 haben. Diese Werte werden dann alle auch aggregiert.

Aggregate Function

Standardmäßig stellt der Cube-Editor bzw. der Cube-Assistent die Funktion, mit der die Werte eines Measure aggregiert werden, auf *SUM* ein. Zum Aggregieren stehen aber darüber hinaus die Funktionen *COUNT, MIN* und *MAX* zur Verfügung. Um eine Aggregation mit einer dieser Funktionen zu bewerkstelligen, stellen Sie die Eigenschaft *Aggregate Function* auf eine dieser Funktionen ein. Am besten wählen Sie dazu die entsprechende Funktion aus der Dropdown-Liste aus, die Sie aufschlagen können, nachdem Sie in das Bearbeitungsfeld der Eigenschaft geklickt haben.

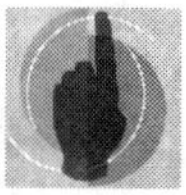

In MDX-Ausdrücken, beispielsweise zur Ermittlung eines berechneten Measures, können Sie außer den vier angeführten Aggregierungsfunktionen noch weitere angeben, beispielsweise *Avg* (Mittelwert) oder *Median* (Median). Diese Funktionen stehen jedoch nicht zum Aggregieren der Ursprungswerte eines (nicht berechneten) Measure zur Verfügung.

Display Format

Mit dieser Eigenschaft können Sie die Formatierung, mit der das betreffende Measure ausgegeben wird, einstellen. Sie können dazu aus der Dropdown-Liste ein vordefiniertes Format wählen oder, entsprechend den bei Microsoft üblichen Konventionen, ein benutzerdefiniertes Format angeben. Beachten Sie dabei, daß Komma und Punkt entsprechend der US-amerikanischen Konvention interpretiert werden: Das Komma ist Tausender-Teilungszeichen und der Punkt ist Dezimaltrennzeichen. Wenn Sie beispielsweise für das Measure *Menge* eine Ausgabe erreichen wollen, die eine Menge von 1234567 in der Form

1.234.567 Stk

wiedergibt, müssen Sie das Format in der Form

#,# "Stk"

angeben.

9.5.4 Dimensionseigenschaften

Die Eigenschaften Gemeinsamer Dimensionen lassen sich im Cube-Editor nur lesen, jedoch nicht bearbeiten. Wenn Sie diese bearbeiten wollen, müssen Sie ggf. den Cube-Editor verlassen und den Dimensions-Editor für die betreffende Eigenschaft öffnen, vgl. dazu im allgemeinen Kap. 8, *Dimensionen*, Punkt *Eigenschaften für die Dimension im Ganzen und für Ebenen bearbeiten*. Im Cube-Editor können Sie dagegen die Eigenschaften der Privaten Dimensionen des Cube, für den der Cube-Editor geöffnet ist, lesen und bearbeiten. Dies geschieht entsprechend der Bearbeitung Gemeinsamer Dimensionen, vgl. ebenda.

9.5.5 Quelltabellen bearbeiten

Tabelle entfernen

Um eine Tabelle eines Cube zu entfernen, muß im im rechten Fensterflügel des Cube-Editors die Ansicht *Quelltabellen anzeigen* eingeschaltet sein (statt der Ansicht *Vorschau auf Cubedaten*). Um dann eine Tabelle zu entfernen, gehen Sie folgendermaßen vor:

- Klicken Sie auf die betreffende Tabelle und drücken Sie die Taste `Entf`.

Dimensionstabelle Wenn es sich um eine Dimensionstabelle handelt, würden mit dem Entfernen der Tabelle gleichzeitig eine oder mehrere Dimensionen aus dem Cube entfernt. Dies meldet der Cube-Editor vor dem endgültigen Entfernen der Tabelle und Sie können dann bestätigen oder abbrechen.

Faktentabelle Wenn Sie das Löschen der Faktentabelle veranlassen wollen, zeigt der Cube-Editor zunächst das Dialogfeld *Wählen Sie eine Faktentabelle aus* an. Sie müssen dann darin eine andere Tabelle als Faktentabelle wählen, um die bisherige löschen zu können, denn ein Cube muß stets eine Faktentabelle besitzen. Diese Vorgehensweise entspricht dem Erstellen eines neuen Cube: Auch dabei besteht der erste Schritt darin, eine Faktentabelle anzugeben, weil alle weiteren Schritte ohne diesen ersten sinnlos wären.

Dimensionstabelle einfügen

Klicken Sie mit der rechten Maustaste auf eine beliebige Stelle in der Ansicht *Quelltabellen anzeigen* und wählen Sie aus dem Kontextmenü den Befehl *Tabellen einfügen...* Dann wird das Dialogfeld *Tabelle auswählen* angezeigt, in dem Sie die Dimensionstabelle auswählen können. Falls möglich, fügt der Cube-Editor dann auch eine Verknüpfungslinie zwischen dem Primärschlüsselfeld der neuen Dimensionstabelle und der Faktentabelle ein. Wenn dies nicht geschieht, müssen Sie die Verknüpfung ggf. manuell einfügen bzw. eine fehlerhaft eingefügte ändern, vgl. dazu weiter unten in diesem Punkt die Unterpunkte *Verknüpfung erstellen und Verknüpfung entfernen.*

Faktentabelle ersetzen

Klicken Sie mit der rechten Maustaste auf einen freien Punkt in der Ansicht *Quelltabellen anzeigen* und wählen Sie im Kontextmenü den Befehl *Faktentabelle ersetzen...* Dann wird das Dialogfeld *Wählen Sie eine Faktentabelle aus* angezeigt, in dem Sie die neue Faktentabelle auswählen müssen. Wenn möglich, werden nach dem Auswechseln der Faktentabelle Verknüpfungen zwischen dieser und den Dimensionstabellen automatisch erstellt. Ggf. müssen Sie Verknüpfungen auch manuell erstellen, vgl. die beiden folgenden Unterpunkte.

Verknüpfung erstellen

Um eine Verknüpfung zwischen zwei Tabellen zu erstellen, ziehen Sie das Schlüsselfeld der einen Tabelle auf das korrespondierende der anderen. Eine Verknüpfungslinie zeigt dann die neue Verknüpfung an. Die zu verknüpfenden Felder müssen dabei zueinander passende Datentypen besitzen. Falls dies nicht zutrifft, wird die Verknüpfung nicht erstellt, worüber der Cube-Editor eine entsprechend begründete Meldung ausgibt.

Verknüpfung entfernen

Klicken Sie in der Ansicht *Quelltabellen anzeigen* auf die Verknüpfungslinie und drücken Sie die Taste `Entf`. Daraufhin wird die Verknüpfung ohne weitere Vorwarnung entfernt. (Wenn Sie den Cube allerdings nicht speichern, bleibt die Verknüpfung tatsächlich erhalten.)

Tabellendaten anzeigen

Sie können sich die Daten jeder Tabelle aus der Ansicht *Quelltabellen anzeigen* anzeigen lassen. Dazu klicken Sie mit der rechten Maustaste auf die Titelleiste der betreffenden Tabelle und wählen den Befehl *Daten anzeigen*. Dann werden die ersten bis zu 1000 Zeilen der betreffenden Tabelle wiedergegeben, vgl. Bild 9.18. Dieses Werkzeug erscheint besonders nützlich, um Ebenen und Elemente von Dimensionen mit den korrespondierenden Quelltabellen zu vergleichen.

	Produkt_ID	Artikel	Kategorie
1	1	Chai	Getränke
2	2	Chang	Getränke
3	3	Aniseed Syrup	Gewürze
4	4	Chef Anton's Cajun Seasoning	Gewürze
5	5	Chef Anton's Gumbo Mix	Gewürze
6	6	Grandma's Boysenberry Spread	Gewürze
7	7	Uncle Bob's Organic Dried Pears	Naturprodukte
8	8	Northwoods Cranberry Sauce	Gewürze
9	9	Mishi Kobe Niku	Fleischprodukte
10	10	Ikura	Meeresfrüchte
11	11	Queso Cabrales	Milchprodukte
12	12	Queso Manchego La Pastora	Milchprodukte
13	13	Konbu	Meeresfrüchte
14	14	Tofu	Naturprodukte
15	15	Genen Shouyu	Gewürze

Abbildung 9.18: Anzeige der Daten einer Quelltabelle des Cube, hier dargestellt am Beispiel der Tabelle »Produkt«.

9.5.6 Gemeinsame Dimension einfügen oder entfernen

Gemeinsame Dimension einfügen

Eine Gemeinsame Dimension, die Sie in einen Cube einfügen wollen, muß zuvor außerhalb des Cube-Editors mit dem Dimensions-Assistenten oder dem Dimensions-Editor erstellt worden sein. Um dem Cube eine Gemeinsame Dimension einzufügen, verfahren Sie wie folgt:

- Klicken Sie auf das Symbol *Dimension einfügen* (vgl. nebenstehend) oder klicken Sie mit der rechten Maustaste auf den Ordner *Dimensionen* im Objektbaum des Cube-Editors und wählen Sie im Kontextmenü den Befehl *Dimensions-Manager...* Dann wird der Dimensions-Manager gestartet, der praktisch selbsterklärend ist, so daß das weitere Vorgehen an dieser Stelle nicht erklärt zu werden braucht.

Gemeinsame Dimension entfernen

Klicken Sie im Objektbaum des Cube-Editors auf die zu entfernende Gemeinsame Dimension und drücken Sie die Taste `Entf`. Dann wird die Dimension ohne weitere Vorwarnung aus dem Cube entfernt. (Wenn Sie den Cube allerdings nicht speichern, bleibt die Dimension tatsächlich erhalten.) Als Gemeinsame Dimension der Bibliothek zur Datenbank bleibt sie in jedem Falle erhalten.

9.5.7 Private Dimension einfügen und bearbeiten

Das Erstellen und Bearbeiten Privater Dimensionen ist ausführlich erklärt in Kap. 8, *Dimensionen*, Punkt *Private Dimensionen*. Um Wiederholungen zu vermeiden, sei auf diese Stelle verwiesen.

9.5.8 Measure einfügen oder entfernen

Measure einfügen

Für jedes Feld der Faktentabelle mit einem numerischen Datentyp oder einem Datentyp *Datum/Zeit* können Sie dem Cube ein weiteres Measure hinzufügen. Am einfachsten gehen Sie dazu folgendermaßen vor:

- Ziehen Sie das betreffende Feld der Faktentabelle (die Ansicht *Quelltabellen anzeigen* muß natürlich eingeschaltet sein) auf den Ordner *Measures* im Objektbaum des Cube-Editors. Alternativ: Klicken Sie mit der rechten Maustaste auf ein beliebiges Measure und wählen Sie im Kontextmenü den Befehl *Neues Measure...* Im Dialogfeld *Spalte auswählen* wählen Sie dann das Feld aus, auf dem das neue Measure basieren soll.

Beachten Sie, daß Sie neben den anderen Eigenschaften eines Measure auch die Eigenschaft *Source Column* bearbeiten können, wodurch Sie als Datenbasis des Measure statt nur einer puren Spalte einen Ausdruck angeben können, der eine oder mehrere Spalten der Faktentabelle verarbeitet, vgl. dazu genauer oben Punkt 9.5.3, *Measure Eigenschaften*, Unterpunkt *Source Column*.

Measure entfernen

Markieren Sie das betreffende Measure im Objektbaum des Cube-Editors und drücken Sie die Taste `Entf`.

9.6 Schreibzugriff ermöglichen

OLAP Cubes sind normalerweise für den lesenden Zugriff konzipiert. Wenn schreibende Änderungen der Daten erfolgen müssen, sollten sie in der zugrundeliegenden relationalen Datenbank des Data Warehouse vorgenommen werden und nicht im Cube selbst. Andernfalls können sich leicht Widersprüche ergeben. Gleichwohl gibt es das Bedürfnis, vor allem für Zwecke von Planungen und Szenariovergleichen, einzelne Daten im Cube zu verändern. Diese Möglichkeit, die standardmäßig nicht besteht, können Sie zulassen.

Die Aktivierung des Schreibzugriffs für einen Cube bleibt so lange theoretisch, wie Sie keine Client Software haben, die eine Vornahme von Änderungen ermöglicht. Der Cube Browser leistet dies nicht.

Gehen Sie folgendermaßen vor, um den Schreibzugriff für einen Cube zu aktivieren:

- Klicken Sie im Objektbaum der OLAP Management Console mit der rechten Maustaste auf den Cube, für den Sie Schreibzugriff ermöglichen wollen, und wählen Sie den Befehl *Schreibzugriff aktivieren...* Dann wird das Dialogfeld *Schreibzugriff aktivieren für <Cubename>* angezeigt, vgl. Bild 9.19.

Abbildung 9.19: Dialogfeld »Schreibzugriff aktivieren für <Cubename>«.

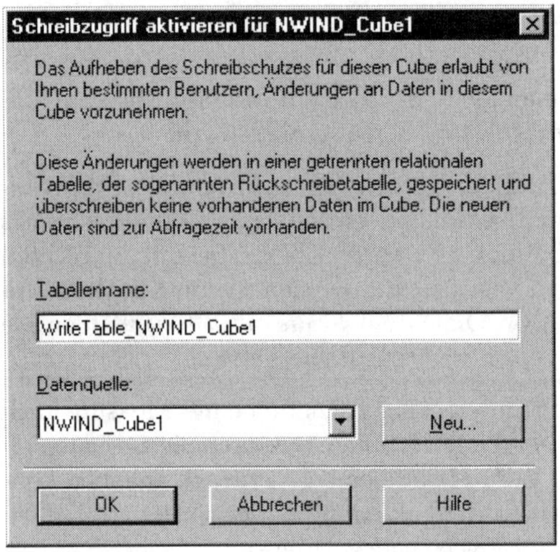

- Nehmen Sie im Dialogfeld *Schreibzugriff aktivieren für <Cubename>* ggf. Änderungen vor und bestätigen Sie dann mit OK.

Mit den Angaben im Dialogfeld *Schreibzugriff aktivieren für <Cubename>* hat es die folgende Bewandtnis: Datenänderungen von Cubezellen werden nicht im Cube selbst gespeichert, sondern in einer eigenen Tabelle, in der sie als Differenzen zu den Ursprungswerten aufgezeichnet werden. Auf diese Weise bleiben die Ursprungswerte stets erhalten – ein großer konzeptioneller Vorteil. In der Abfrage von Cubedaten merkt der Benutzer allerdings nichts davon, denn es werden stets die geänderten Daten (also die Ursprungswerte plus die gespeicherten Differenzen) ausgegeben. Das Aufzeichnen der Änderungen als Differenzen in einer eigenen Tabelle ermöglicht es, später den ursprünglichen Zustand des Cube wiederherzustellen, indem die Werte der Änderungstabelle, wie sie im Dialogfeld *Schreibzugriff aktivieren für <Cubename>* angegeben ist, gelöscht werden.

10 Berechnete Elemente

10.1 Berechnete Elemente mit MDX-Ausdrücken bilden

Mit dem *Generator für berechnete Elemente* können Sie auf Basis eines berechnenden MDX-Ausdrucks neue Members für vorhandene Dimensionen bilden oder bestehende verändern. Da Sie auch neue Measures bilden können, mag der Name *Generator für berechnete Elemente* auf den ersten Blick nicht gerechtfertigt erscheinen, weil er nahezulegen scheint, daß nur Members von Dimensionen gebildet oder bearbeitet werden können. Dieser scheinbare Widerspruch löst sich jedoch durch den folgenden Hinweis auf: Im MDX-Konzept sind Measures eine Dimension neben den anderen Dimensionen und die einzelnen Measures darin sind Elemente dieser Dimension, die den Namen *Measures* besitzt. Beispielsweise besitzt der Cube NWIND_Cube1 die beiden Measures *Menge* und *Umsatz*. Dies kann auch folgendermaßen betrachtet und formuliert werden: Im Cube NWIND_Cube1 existiert neben den Dimensionen *Lieferziel*, *Produkt* und *Zeit* die weitere Dimension *Measures*, die die beiden Members *Menge* und *Umsatz* aufweist. Mit dem *Generator für berechnete Elemente* nun können Sie jeder Dimension eine oder mehrere weitere Members hinzufügen, nachdem der Cube gebildet wurde. Diese neuen Members basieren auf den Werten, die im Cube bereits vorhanden sind. Wenn Sie der Dimension *Measure* ein neues Member hinzufügen, kann dies auch so ausgedrückt werden, daß Sie dem Cube ein weiteres Measure hinzufügen.

10.2 Der Generator für berechnete Elemente

Das Erzeugen oder Bearbeiten eines berechneten Elements geschieht mit dem *Generator für berechnete Elemente*, der als ein Editor für berechnete Elemente betrachtet werden kann. Er wird vom Cube-Editor aus aufgerufen. Gehen Sie folgendermaßen vor, um den *Generator für berechnete Elemente* zu öffnen:

- Öffnen Sie für den Cube, für den Sie ein berechnetes Element bilden oder bearbeiten wollen, den Cube-Editor, indem Sie im Objektbaum der Management Console mit der rechten Maustaste auf den Cube klicken und im Kontextmenü den Befehl *Cube bearbeiten* wählen.

- Um ein neues berechnetes Element zu bilden, klicken Sie in der Symbolleiste auf das Symbol *Berechnetes Element einfügen*, vgl. links nebenstehend. Dann wird das Dialogfeld des *Generators für berechnete Elemente* für ein neues berechnetes Element angezeigt, vgl. Bild 10.1.

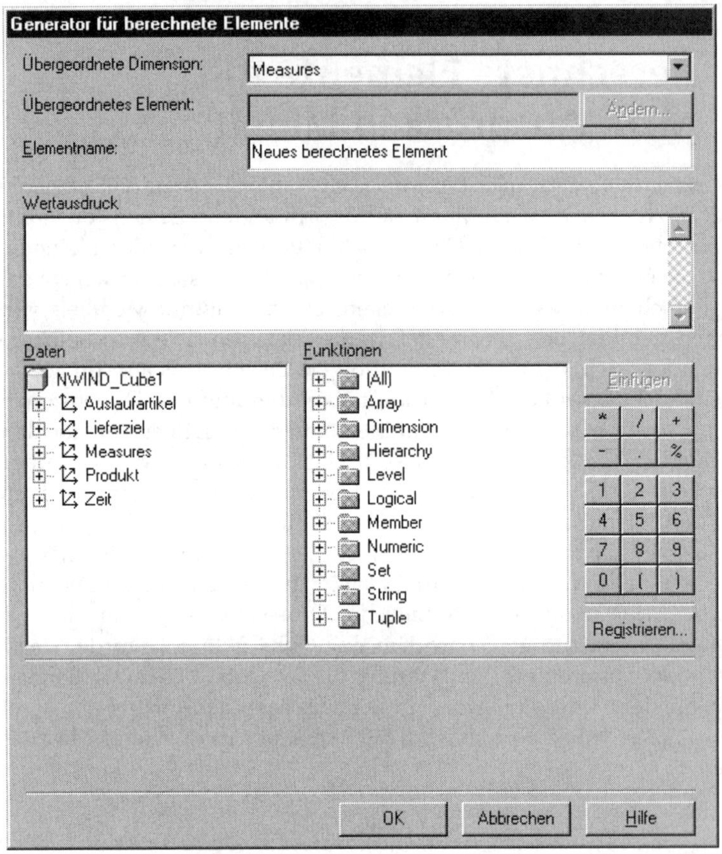

Abbildung 10.1: Dialogfeld »Generator für berechnete Elemente«, hier für ein neu zu erstellendes berechnetes Element.

Die Vorgehensweisen, ein neues Member einer (allgemeinen) Dimension versus ein neues Measure zu bilden, sind etwas unterschiedlich. Es werden zunächst diese beiden Wege aufgezeigt:

10.2.1 Member einer Dimension bilden

Die Vorgehensweise soll an einem Beispiel demonstriert werden. Das Beispiel: Fügen Sie im Cube NWIND_Cube1 der Dimension *Lieferziel* als Child des Elements *Europa* das neue berechnete Element *Skandinavien* hinzu. Gehen Sie dazu folgendermaßen vor:

- Öffnen Sie ggf. den *Generator für berechnete Elemente*, wie im vorangehenden Punkt beschrieben.
- Wählen Sie in der Dropdown-Liste *Übergeordnete Dimension* die Dimension *Lieferziel*.
- Klicken Sie am rechten Rand des Bearbeitungsfeldes *Übergeordnetes Element* auf die Schaltfläche *Ändern...* Dann wird das Dialogfeld *Wählen Sie das übergeordnete Element...* angezeigt. Öffnen Sie darin den Hierarchiebaum der Dimension *Lieferziel* so weit, daß das Element *Europa* angezeigt wird, markieren Sie dieses und bestätigen Sie mit OK. Dann wird ins Bearbeitungsfeld *Übergeordnetes Element* der Eintrag [Alle Lieferziele].[Europa] übernommen. Mit diesem Schritt haben Sie die Hierarchieebene (das Element) festgelegt, für die (das) das neu zu bildende Element ein Child sein soll.
- Geben Sie in das Bearbeitungsfeld *Elementname* den Namen *Skandinavien* ein.

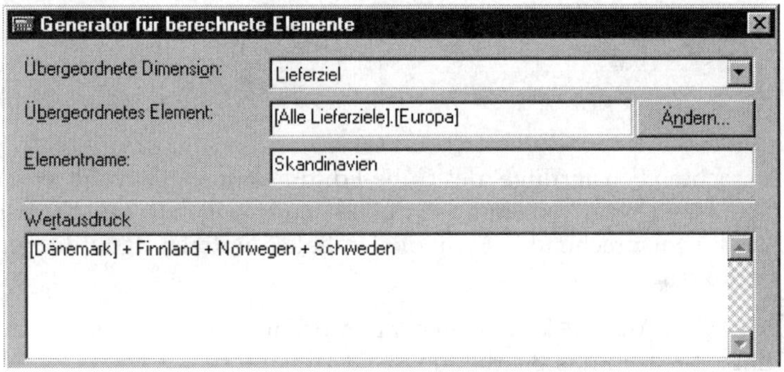

Abbildung 10.2: Dialogfeld »Generator für berechnete Elemente« (Ausschnitt) mit den Angaben zur Berechnung des neuen berechneten Elements »Skandinavien«.

- Geben Sie in das Bearbeitungsfeld *Wertausdruck* den MDX-Ausdruck ein, mit dem die Werte für das neue Element Skandinavien berechnet werden sollen. Die Werte für Skandinavien ergeben sich aus den Elementen mit den Namen *Dänemark, Finnland, Norwegen* und *Schweden*. Da diese Elementnamen im Cube NWIND_Cube1 singulär sind, können Sie den Ausdruck in der folgenden Form ins Bearbeitungsfeld *Wertausdruck* eingeben:

  ```
  [Dänemark] + Finnland + Norwegen + Schweden
  ```

  (Das eckige Klammerpaar um *Dänemark* ist erforderlich, weil das Wort mit dem Buchstaben »ä« ein Sonderzeichen enthält.)
- Bestätigen Sie den *Generator für berechnete Elemente* mit OK. Nunmehr steht das neue Element *Skandinavien* als Child des Member *Europa* zur Verfügung, vgl. die in Bild 10.3 wiedergegebene Vorschau auf die Cubedaten und den Objektbaum.

Abbildung 10.3: Das neue Member »Skandinavien« wird im Objektbaum und im Browser des Cube-Editors angezeigt.

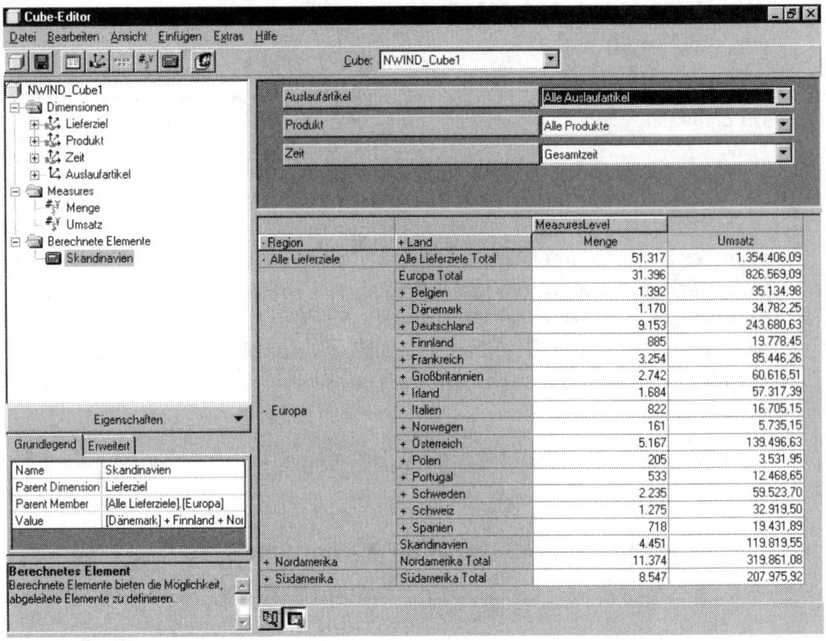

Im rechten Fensterflügel des Cube-Editors können Sie wahlweise die Quelltabellen oder die Vorschau auf Cubedaten anzeigen lassen. Klicken Sie dazu auf die entsprechenden Symbole am linken unteren Rand des rechten Fensterflügels.

Der MDX-Ausdruck zur Berechnung des neuen Elements muß nicht unbedingt direkt in das Bearbeitungsfeld *Wertausdruck* geschrieben werden, Sie können ihn auch per Drag & Drop vom *Generator für berechnete Elemente* erzeugen lassen. Im vorliegenden Beispiel für Skandinavien wäre wie folgt vorzugehen:

- Schlagen Sie im *Generator für berechnete Elemente* im Feld *Daten* den Hierarchiebaum für die Dimension *Lieferziel* so weit auf, daß die einzelnen Länder angezeigt werden, vgl. Bild 10.4.
- Ziehen Sie dann zunächst das Land *Dänemark* in das Feld *Wertausdruck*. Dann erzeugt der *Generator für berechnete Elemente* den entsprechenden Ausdruck für das Element Dänemark in voll qualifizierter Form. Schreiben Sie das Zeichen »+« und ziehen Sie danach rechts neben dieses Zeichen das nächste Element *Finnland*. Verfahren Sie entsprechend für die restlichen beiden Länder.

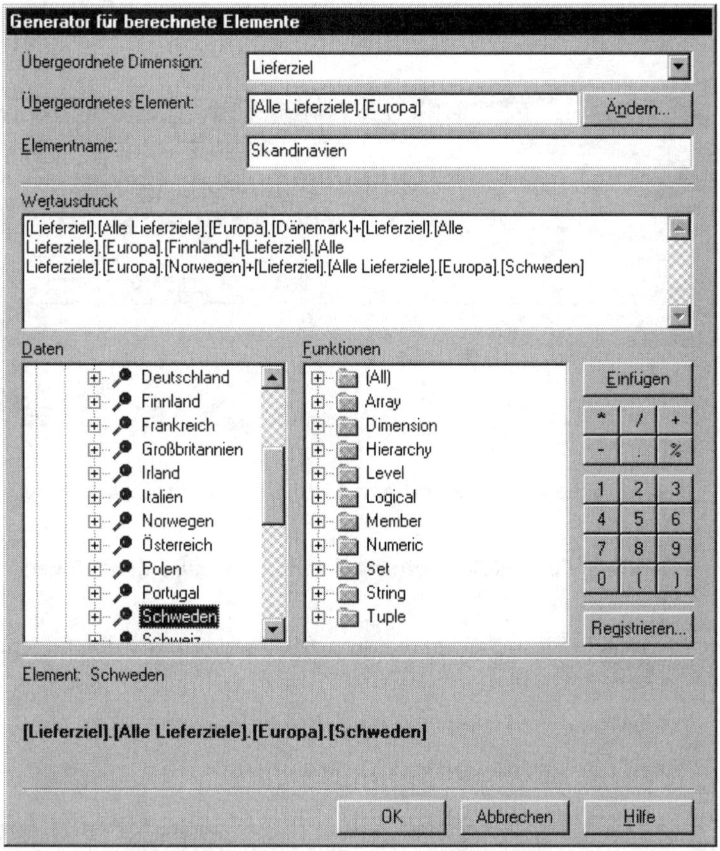

Abbildung 10.4: Der MDX-Ausdruck im Feld »Wertausdruck« wurde durch Drag & Drop erzeugt.

Die Methode Drag & Drop mag bequem erscheinen und sie wird von der Hilfe empfohlen. Andererseits produziert sie unnötig lange Namen, weil diese stets in voll qualifizierter Form geschrieben werden. Dies erhöht zwar die Sicherheit, schränkt jedoch die Übersichtlichkeit des MDX-Ausdrucks nicht unerheblich ein. Probieren Sie selbst aus, mit welcher Methode Sie am besten zurecht kommen. Beachten Sie dabei, daß Sie beide Methoden – Drag & Drop und direktes Tippen – auch mischen können.

10.2.2 Neues Measure bilden

Auch in diesem Falle soll die Vorgehensweise an einem Beispiel gezeigt werden: Bilden Sie ein berechnetes Measure, dessen Werte für die Dimension *Produkt* den Umsatzanteil eines Members an der übergeordneten Kategorie wiedergeben. Beispielsweise soll für das Produkt *Thüringer Rostbratwurst* dessen Umsatzanteil an der Produktgruppe *Fleischprodukte* ausgewiesen werden, und Entsprechendes soll für alle anderen Produkte und Produktgruppen gelten. Gehen Sie im allgemeinen folgendermaßen vor:

- Öffnen Sie ggf. den *Generator für berechnete Elemente,* wie oben zu Beginn dieses Punktes 10.2 beschrieben.

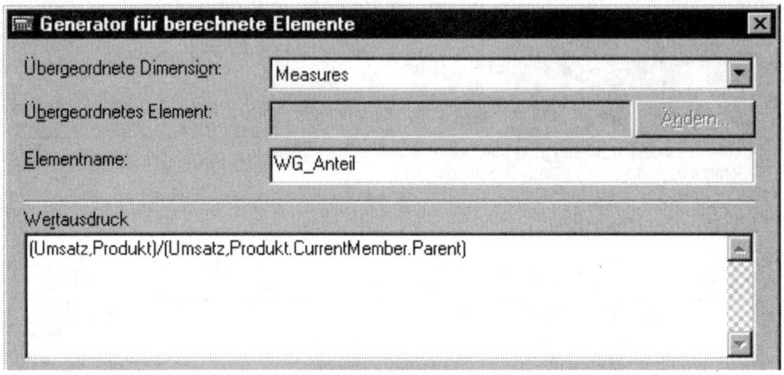

Abbildung 10.5: Dialogfeld »Generator für berechnete Elemente« (Ausschnitt) mit den Angaben zur Berechnung des neuen berechneten Measures WG_Anteil.

- Wählen Sie in der Dropdown-Liste *Übergeordnete Dimension* die Dimension *Measures.*

- Geben Sie in das Bearbeitungsfeld *Elementname* den Namen WG_Anteil ein.

- Schreiben Sie in das Bearbeitungsfeld *Wertausdruck* den folgenden MDX-Ausdruck:

```
(Umsatz,Produkt)/(Umsatz,Produkt.CurrentMember.Parent)
```

Dieser Ausdruck wird gleich näher erläutert.

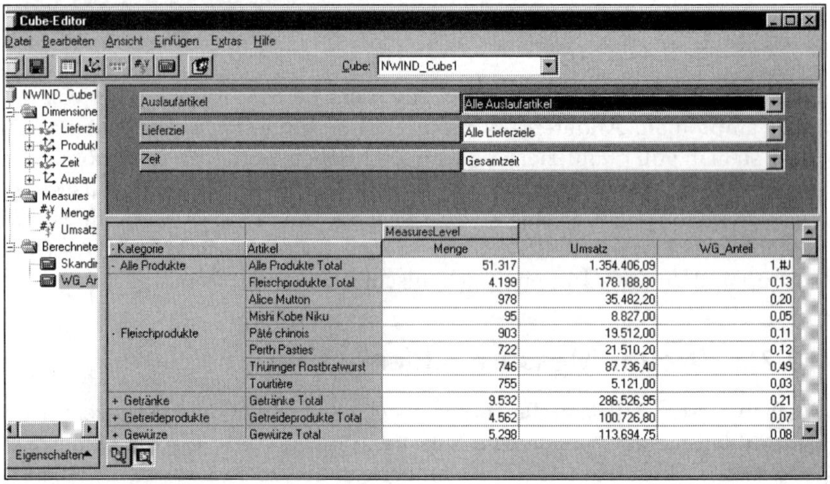

Abbildung 10.6: Das berechnete Measure WG_Anteil wird im Objektbaum und im Cube Browser wiedergegeben.

Nachdem Sie die Einträge im *Generator für berechnete Elemente* mit OK bestätigt haben, können Sie das Ergebnis in der Vorschau auf die Cubedaten betrachten, indem Sie die darzustellenden Dimensionen sinnvollerweise per Drag & Drop so hinziehen, wie dies in Bild 10.6 wiedergegeben ist. Die Ergebnisse sind im Prinzip so, wie wir dies verlangt hatten. Für *Thüringer Rostbratwurst* beispielsweise wird ein Anteil von 0,49 ausgewiesen, was der Division 87.736,40 / 178.188,80 entspricht, vgl. Bild 10.6. Nicht nur für die unterste Produktebene, sondern auch für die Warengruppen wird der Umsatzanteil am Gesamtumsatz korrekt ausgewiesen. Ein Fehler allerdings ist aufgetreten: Für die oberste Ebene *Alle Lieferziele* werden mit »1#J« fehlerhafte Werte ausgewiesen. Es wird gleich gezeigt werden, wie dieser Effekt durch Umformulierung des MDX-Ausdrucks unterdrückt werden kann. Dazu muß jedoch zuvor der bisher eingegebene Ausdruck erklärt werden.

Der MDX-Ausdruck, der zum Berechnen des berechneten Elements *WG_Anteil* verwendet wurde, besteht aus Zähler und Nenner. Der Zähler wird von dem Tupel (Umsatz, Produkt) gebildet. Für sich genommen wird dieser (Teil-)Ausdruck vom *Generator für berechnete Elemente* so verarbeitet, daß jeder Zelle des neu gebildeten Measures der Umsatzwert des entsprechenden Produkt-Elements zugewiesen wird. Nehmen wir beispielsweise das Produkt *Thüringer Rostbratwurst*. Für dieses Element existieren für alle Ebenen der Dimensionen *Lieferziel* und *Zeit* bestimmte Umsatzwerte. Bestünde der ganze MDX-Ausdruck nur aus dem Zähler, so hätte das neue Measure bei gegebenem Produkt-Element für alle Element-Kombinationen der Dimensionen *Lieferziel* und *Zeit* dieselben Werte wie das Produkt-Element. Tatsächlich weist der MDX-Ausdruck auch noch den Nenner (Umsatz,Produkt.CurrentMember.Parent) auf. Daher wird jeder Zählerwert durch diesen Nennerwert dividiert. Der Wert des Nenners ist jeweils der Umsatzwert des Elements, das übergeordnetes Element (*Parent*) des gerade aktuellen (*CurrentMember*) Elements ist. Für das Element *Thüringer Rostbratwurst* beispielsweise ist *Fleischprodukte* das übergeordnete Element (Parent-Element). Daher wird für dieses Produkt der Zähler von 87.736,40 durch den Nenner von 178.188,80 dividiert, was den Wert von 0,49 ergibt.

Der Nenner-Teilausdruck macht Gebrauch von den beiden Funktionen *CurrentMember* und *Parent*. Die Funktion *CurrentMember* ist im allgemeinen dann notwendig, wenn auf ein Element verwiesen werden soll, das sich jeweils durch Iteration einer Menge von Elementen (in diesem Falle aller Elemente der Dimension *Produkt*) ergibt. Die Funktion *Parent* verweist auf jenes Element, das für das vor dem Punkt angegebene Element übergeordnet (*Parent*) ist. Die Funktion *Parent* ergibt für alle Elemente der Dimension *Produkt* sinnvolle Werte, die unterhalb des Elements *Alle Produkte* liegen. Wenn jedoch *Alle Produkte* selbst das aktuelle Element (das ist das *CurrentMember*) ist, gibt es dazu kein *Parent*-Element. Dann ergibt der Nenner-Ausdruck

```
(Umsatz,Produkt.CurrentMember.Parent)
```

den Wert 0, so daß durch 0 zu dividieren versucht wird. Dadurch entsteht für alle Zellen des Elements *Alle Produkte* der Dimension *Produkt* ein Fehler, vgl. oben Bild 10.6. Dieser Fehler kann unterdrückt werden, wenn der bisherige Ausdruck in eine Iif-Funktion eingebettet wird, und zwar folgendermaßen:

```
Iif((Umsatz,Produkt.CurrentMember.Parent) = 0,0,
(Umsatz,Produkt)/(Umsatz,Produkt.CurrentMember.Parent))
```

Die Iif-Funktion ergibt den Wert 0, wenn der Nenner-Ausdruck (Umsatz,Produkt.CurrentMember.Parent) 0 ergibt. In allen anderen Fällen ergibt die Iif-Funktion denselben Wert wie vor der Neuformulierung des Ausdrucks.

11 Partitionen

11.1 Einführung und Überblick

Benutzerdefinierte Partitionen, wie sie in diesem Kapitel beschrieben werden, stehen Ihnen nur zur Verfügung, wenn Sie die Enterprise Edition der Microsoft SQL Server OLAP Services installiert haben.

11.1.1 Bedeutung von Partitionen

Der Microsoft OLAP Server sieht die Möglichkeit vor, einen Cube aus mehreren Partitionen zu bilden. Die Partitionen eines Cube werden stets automatisch zu dem Cube zusammengefaßt und entsprechend aggregiert. Der wesentliche Sinn des Konzepts der Partitionen liegt darin, daß für jede Partition eigene Speicheroptionen wie Speicherart (MOLAP, ROLAP oder HOLAP) oder Aggregationen festgelegt werden können. Darüber hinaus können verschiedene Partitionen auch auf unterschiedlichen Datenquellen und/oder Faktentabellen basieren. Dadurch kann auf sehr flexible Weise eine Speicherstrategie bestimmt werden, mit der das Optimum im trade-off zwischen Speicherplatz und Performance bei Abfragen auf den Cube erreicht wird. Beispielsweise könnte es sein, daß ein Cube außer den Daten des laufenden Jahres auch historische Daten vergangener Jahre enthält. Angenommen, die Datenzugriffe erfolgten umso häufiger, je aktueller die Werte der Dimension *Zeit* sind, könnte sich die folgende Strategie empfehlen: Sie bilden für jedes Jahr eine Partition. Die Partition mit den Werten des laufenden Jahres speichern Sie als MOLAP mit einem möglichst hohen Prozentsatz vorberechneter Aggregationen, um die Abfrageperformance zu maximieren. Die Partition mit den Daten des Vorjahres speichern Sie als HOLAP mit weniger vorberechneten Aggregationen. Die Partition des am weitesten zurückliegenden Jahres speichern Sie als ROLAP mit keinerlei vorberechneten Aggregationen.

Die Handhabung von Partitionen ist recht flexibel gestaltet. So können Sie für jede Partition eines Cube die Speicheroptionen nachträglich ändern. Es lassen sich auch mehrere Partitionen zu einer Partition zusammenfassen (verschmelzen) – dies setzt allerdings gleiche Speicheroptionen der zu verschmelzenden Partitionen voraus. Da die Speicheroptionen, wie gerade angemerkt, auch nachträglich geändert werden können, kann diese Voraussetzung auch später jederzeit hergestellt werden.

Die hohe Flexibilität beim Definieren von Partitionen hat allerdings auch einen Preis: Es werden alle Partitionen eines Cube automatisch zusammengefaßt und aggregiert. Dadurch können Doppelzählungen oder auch lückenhafte Zusammenfassungen entstehen: Wenn die Daten für den Cube aus den Partitionen aggregiert werden, werden alle Datenelemente, die in mehr als einer Partition vorhanden sind, so behandelt, als ob sie verschiedene Datenelemente wären. Wenn Sie für einen bestimmten Cube beispielsweise je eine Partition für die Regionen Westeuropa und Osteuropa vorsehen und (versehentlich) die Daten für das Land Polen in jeder der beiden Partitionen enthalten sind, entstünde im Cube insoweit eine Doppelzählung, als die polnischen Werte zweifach aggregiert werden würden. Es obliegt ausdrücklich dem Benutzer dafür zu sorgen, daß die Partitionen eines Cube so aufeinander abgestimmt sind, daß sich im Cube konsistente Daten ergeben. Im Grunde genommen handelt es sich bei dieser Sorgfaltspflicht des Benutzers um denselben Sachverhalt, der auch für das einem Cube zugrunde liegende Data Warehouse gilt: Auch dort können Inkonsistenzen auftreten, die vom Administrator zu verantworten sind. Der OLAP Server kann nicht erkennen, ob die Daten, mit denen er beschickt wird, zuverlässig sind oder nicht.

11.1.2 Problematischer Umgang mit der automatisch erstellten Partition

Für jeden Cube existiert stets mindestens eine Partition, auch dann, wenn der Benutzer nicht ausdrücklich eine solche gebildet hat: Wenn Sie einen neuen Cube erstellen, wird vom OLAP Server automatisch für diesen Cube eine Partition gebildet, die alle Daten enthält, die Sie dem Cube über die Auswahl der Dimensionen und Faktentabelle zugewiesen haben. Diese Partition erhält den Namen des Cube. Anders ausgedrückt: Ein Cube setzt sich stets – ob mit oder ohne ausdrückliche Veranlassung des Benutzers – aus Partitionen zusammen. Daher muß mindestens eine Partition existieren, wenn ein Cube überhaupt existieren soll. Ein (lösbares) Problem erwächst aus dem Umstand, daß die automatisch erzeugte Partition zunächst alle Daten des Cube ungefiltert enthält: Um Doppelzählungen zu vermeiden, müssen Sie diese Partition entweder mit einem Filter versehen oder sie löschen. Das Löschen ist allerdings erst möglich, wenn Sie dem Cube wenigstens eine weitere Partition hinzugefügt haben, denn die einzige Partition eines Cube läßt sich verständlicherweise nicht löschen. In diesem Falle würden, wenngleich nur vorübergehend, Doppelzählungen auftreten. Wenn Sie sich dafür entscheiden, die automatisch erzeugte Partition zu bearbeiten und sie dabei mit einem Filter zu versehen, entsteht ein anderes Problem: Die Partition trägt noch den alten Namen, der identisch mit dem des Cube ist. Dieser Name wird jedoch nach dem Festlegen eines Filters im allgemeinen nicht mehr zu dem Inhalt der Partition passen, so daß ein Umbenennen erforderlich wäre. Dies jedoch ist nicht möglich, so daß Sie in diesem Falle mit einem vermutlich unzweckmäßigen Partitionsnamen leben müßten.

Aus diesen Überlegungen folgt zusammenfassend: Wenn Sie vernünftige Namen für die erzeugten und bearbeiteten Partitionen eines Cube haben wollen, wählen Sie diese Strategie: Fügen Sie dem Cube zunächst mindestens eine weitere Partition hinzu und löschen Sie die automatisch erzeugte

Partition danach. Andernfalls wählen Sie dieses Vorgehen: Bearbeiten Sie die automatisch erzeugte Partition, indem Sie dafür einen Filter festlegen, und fügen Sie dem Cube die weiteren Partitionen hinzu.

11.2 Partition erstellen

Der Umgang mit Partitionen läßt sich am besten an einem Beispiel lernen. Daher sollen neue Partitionen für einen Beispielcube erstellt werden, der im Ergebnis zwei Partitionen enthalten soll: Eine Partition für die Region Europa, die zweite für Amerika. Bilden Sie zunächst einen entsprechenden Cube auf die folgende Weise:

- Bilden Sie in der Datenbank Nordwind einen neuen Cube, der auf den Tabellen der Datenquelle Nwind_Cube1 basiert. Für den Cube sollen die Gemeinsamen Dimensionen *Lieferziel*, *Produkt* und *Zeit* sowie die Measures *Menge* und *Umsatz* definiert werden. Speichern Sie den Cube unter dem Namen NWIND_RegionalePartitionen. Genaueres über die Datenbank Nordwind, die Datenquelle NWIND_Cube1, die genannten Dimensionen sowie darüber, wie Sie einen Cube erstellen, erfahren Sie in Kap. 6, *Einen OLAP Cube erstellen: Überblick und Tutorium*. Bilden Sie den Beispielcube NWIND_RegionalePartitionen für das vorliegende Kapitel auf entsprechende Weise wie dort den Cube NWIND_Cube1.

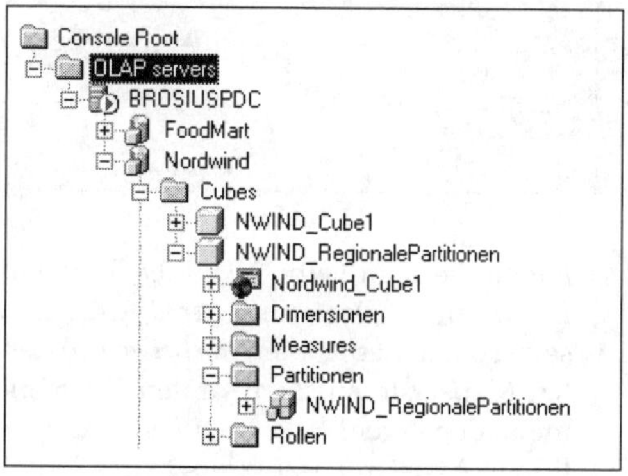

Abbildung 11.1: Die Partition NWIND_Regionale Partitionen ist unmittelbar nach dem Erstellen des gleichnamigen Cube dessen einzige, automatisch erzeugte Partition.

- Der entsprechend dem letzten Punkt gebildete Cube NWIND_RegionalePartitionen besitzt, wie jeder neu gebildete Cube, automatisch eine Partition, deren Inhalt identisch mit dem Inhalt des gesamten Cube ist. Diese Partition hat vom OLAP Server automatisch den Namen des Cube bekommen, also NWIND_RegionalePartitionen. Überzeugen Sie sich davon, indem Sie im Objektbaum der OLAP Management Console den Ordner für den neuen Cube NWIND_RegionalePartitionen und darunter den Ordner *Partitionen* öffnen. Dann sollte diese Partition angezeigt werden, wie in Bild 11.1 wiedergegeben.

11.2.1 Partition Europa hinzufügen

In diesem Punkt wird beschrieben, wie Sie dem Cube NWIND_RegionalePartitionen eine neue Partition, die Daten für die Region *Europa* enthalten soll, hinzufügen. Dabei sind die Überlegungen zu beachten, die oben in Punkt 11.1.2, *Problematischer Umgang mit der automatisch erstellten Partition*, bezüglich der automatisch mit dem Cube zusammen erstellten Partition angestellt wurden. Hier soll der folgende Weg gewählt werden: Dem Cube soll eine Partition hinzugefügt werden, ohne die bestehende Partition vorher zu bearbeiten. Statt dessen soll die automatisch erzeugte Partition gelöscht werden, nachdem die neue Partition *Europa* hinzugefügt wurde, und im Anschluß soll die weitere Partition *Amerika* hinzugefügt werden.

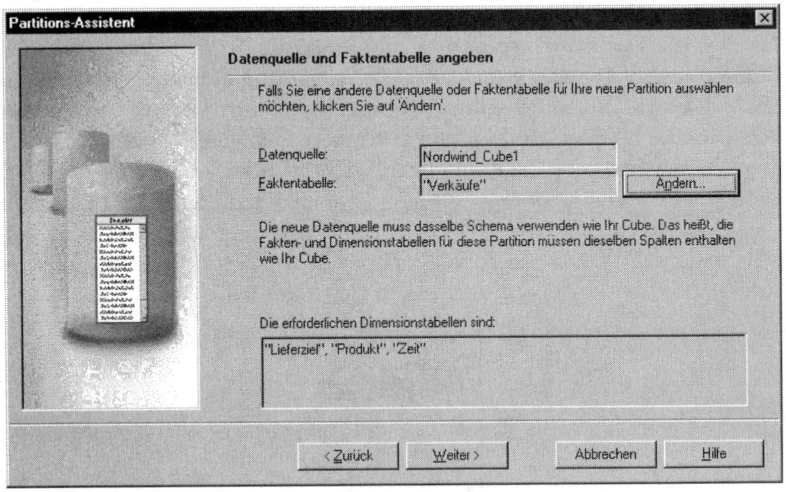

Abbildung 11.2: Dialogfeld »Datenquelle und Faktentabelle angeben« des Partitions-Assistenten. Mit der Schaltfläche »Ändern...« könnte eine andere Datenquelle und/oder Faktentabelle definiert werden.

- Fügen Sie dem Cube NWIND_RegionalePartitionen die neue Partition *Europa* hinzu. Dazu muß der Objektbaum unterhalb dieses Cube geöffnet sein, so daß der Knoten *Partitionen* zu sehen ist. Klicken Sie mit der rechten Maustaste auf den Knoten *Partitionen* und wählen Sie im Kontextmenü den Befehl *Neue Partition...* Dann wird das erste Dialogfeld des Partitions-Assistenten angezeigt, das lediglich einen erklärenden Text für das weitere Vorgehen enthält. Klicken Sie darin auf die Schaltfläche *Weiter >*, um zum Dialogfeld *Datenquelle und Faktentabelle angeben* des Partitions-Assistenten zu gelangen, vgl. Bild 11.2. Es zeigt die Datenquelle und Faktentabelle sowie die zugehörigen Dimensionstabellen der ersten Partition des Cube an. Durch Klicken auf die Schaltfläche *Ändern...* könnten Sie ein weiteres Dialogfeld öffnen, das die Auswahl einer anderen Datenquelle und/oder Faktentabelle erlaubt. Da die Partition *Europa* auf derselben Faktentabelle derselben Datenquelle basieren soll, braucht diese Änderung nicht vorgenommen zu werden, so daß Sie auf die Schaltfläche *Weiter >* klicken, um zum Dialogfeld *Datenslice auswählen* des Partitions-Assistenten zu gelangen, vgl. Bild 11.3.

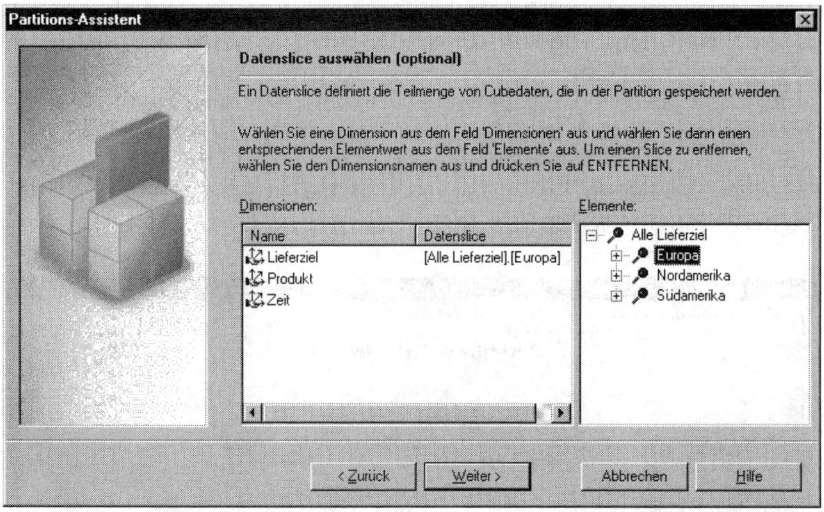

Abbildung 11.3: Dialogfeld »Datenslice auswählen«. Das Bild zeigt den ausgewählten Slice »Europa«.

- Im Dialogfeld *Datenslice auswählen* kann ein Filter auf Dimensionselemente für die zu erstellende Partition festgelegt werden, der *Datenslice* genannt wird. In unserem Fall soll ein Filter auf das Lieferziel *Europa* definiert werden. Das Dialogfeld *Datenslice auswählen* zeigt, anders als im bereits bearbeiteten Zustand in Bild 11.3, zunächst nur die Namen der Dimensionen an. Um *Europa* als Filter bestimmen zu können, klicken Sie im Feld *Name* auf die Dimension *Lieferziel*. Dann wird im Feld *Elemente* die Hierarchie dieser Dimension angezeigt. Öffnen Sie den Hierarchiebaum so weit, daß das Element *Europa* zu sehen ist, und markieren Sie dieses. Dann sollte das Dialogfeld *Datenslice auswählen* so aussehen, wie in Bild 11.3 wiedergegeben. Klicken Sie jetzt auf die Schaltfläche *Weiter >*, um zum Dialogfeld *Beenden des Partitions-Assistenten* zu gelangen, vgl. Bild 11.4.

Im Dialogfeld *Datenslice auswählen* kann lediglich ein einfacher Filter in Form eines Dimensionselements festgelegt werden. Der Filter kann zwar mehr als eine Dimension umfassen, jedoch läßt sich je Dimension nur jeweils ein Element angeben. Es ist an dieser Stelle beispielsweise nicht möglich, auf die Gesamtheit der beiden Dimensionselemente *Nordamerika* und *Südamerika* zu filtern, sondern nur entweder auf das eine oder das andere Element. Ferner läßt sich an dieser Stelle auch kein Vergleichsoperator angeben. Ein weiterer Filter, der auch logische und vergleichende Operatoren und damit komplexere Filterausdrücke zuläßt, kann jedoch im Dialogfeld *Erweiterte Einstellungen*, das Sie aus dem letzten Dialogfeld des Partitions-Assistenten aufrufen, angegeben werden, vgl. weiter unten in diesem Abschnitt das Hinzufügen der Partition *Amerika*. Ob diese Aufteilung der Filterangaben auf verschiedene Dialogfelder besonders zweckmäßig ist, steht auf einem anderen Blatt.

Gegen die Nutzung des Dialogfelds *Datenslice auswählen* spricht noch eine andere Überlegung: Die hier festgelegte Filterbedingung wird bei einem möglichen späteren Zusammenführen der Partition mit einer anderen nicht korrekt verarbeitet, vgl. dazu im allgemeinen weiter unten Punkt 11.7.3, *Filterbedingungen: korrekte und fehlerhafte Verarbeitung*. Sie vermeiden diesen Fehler, wenn Sie die Filterbedingung statt dessen im Dialogfeld *Erweiterte Einstellungen* angeben, vgl. weiter unten in diesem Abschnitt das Hinzufügen der Partition *Amerika*.

Abbildung 11.4: Dialogfeld »Beenden des Partitions-Assistenten«.

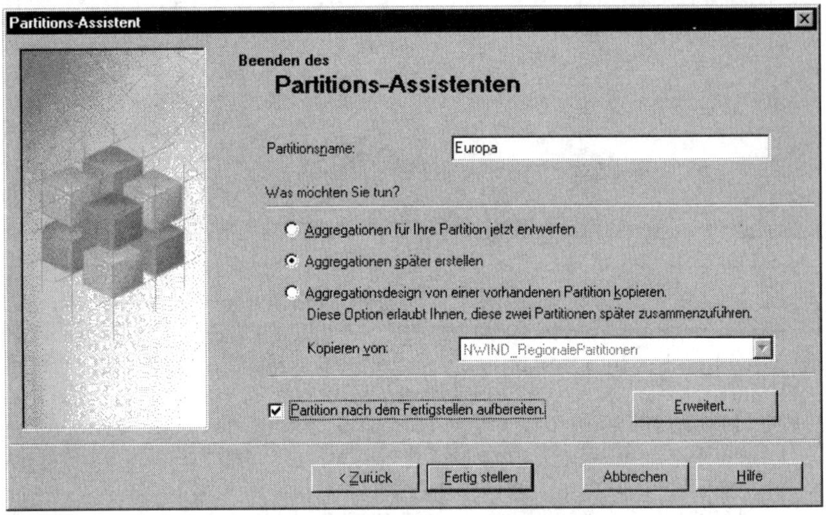

- Im letzten Dialogfeld des Partitions-Assistenten legen Sie den Namen für die Partition fest, für unser Beispiel also *Europa*. Darüber hinaus können Sie über die Art der Aggregationen für die Partition bestimmen: Mit der Option *Aggregationen für Ihre Partition jetzt entwerfen* wird nach Klicken der Schaltfläche *Fertig stellen* der *Speicherentwurfs-Assistent* aufgerufen, mit dessen Hilfe Sie Aggregationen erstellen können. Dieses Verfahren braucht nicht an dieser Stelle beschrieben zu werden, weil dies bereits ausführlich an anderer Stelle geschehen ist, vgl. Kap. 9, *Cubes*, Punkt *Speicherart und Aggregationen festlegen*. Sie könnten auch das Aggregationsdesign von einer bereits vorhandenen Partition des Cube übernehmen, vgl. die entsprechende Option. Diese Vorgehensweise empfiehlt sich u.a., wenn Sie ein späteres Zusammenführen der Partitionen beabsichtigen, denn dafür ist ein gleiches Aggregationsdesign der beteiligten Partitionen vorausgesetzt. Wählen Sie für unser Beispiel die Option *Aggregationen später erstellen*. Dann wird die Partition zunächst ohne benutzerdefiniertes Aggregationsdesign erstellt. Sie können dies jedoch später jederzeit nachholen, vgl. in diesem Kapitel weiter unten Punkt 11.6, *Aggregationen entwerfen*. Mit der Schaltfläche *Erweitert...* können Sie ein Dialogfeld öffnen, in dem Sie eine weitere Filterbedingung in Form einer SQL-WHERE-Klausel angeben können. Aktivieren Sie noch das Kontrollkästchen *Partition nach dem Fertigstellen aufbereiten*. Wenn dieses Kontrollkästchen deaktiviert bleibt, müssen Sie die Partition später, bevor Sie das erstemal auf ihre Daten zugreifen wollen, aufbereiten, vgl. weiter unten Punkt 11.4, *Partitionen aufbereiten*. Klicken Sie schließlich auf die Schaltfläche *Fertig stellen*. Dann wird die Partition erstellt und aufbereitet. Vergewissern Sie sich, daß die neue Partition im Objektbaum der Management Console angezeigt wird.

11.2.2 Partition NWIND_RegionalePartitionen löschen

Bevor dem Cube NWIND_RegionalePartitionen eine weitere Partition für die Lieferzielregion *Amerika* hinzugefügt wird, soll die erste, mit dem Erstellen des Cube automatisch erstellte gleichnamige Partition gelöscht werden, vgl. zu diesem Vorgehen oben Punkt 11.1.2, *Problematischer Umgang mit der automatisch erstellten Partition* und den ersten Absatz zu Punkt 11.2.1, *Partition Europa hinzufügen*.

Gehen Sie folgendermaßen vor, um die Partition NWIND_RegionalePartitionen zu löschen:

- Klicken Sie im Objektbaum der OLAP Management Console mit der rechten Maustaste auf diese Partition und wählen Sie im Kontextmenü den Befehl *Löschen*.

11.2.3 Partition Amerika hinzufügen

Beim Hinzufügen der Partition Amerika muß dafür gesorgt werden, daß dabei auf die beiden Lieferzielregionen *Nordamerika* und *Südamerika* gefiltert wird. Dieser Filter kann nicht mit dem Dialogfeld *Datenslice auswählen* des Partitions-Assistenten (vgl. oben Bild 11.3) festgelegt werden, weil dort für dieselbe Dimension nur ein einziges Element angegeben werden kann. Für unser Beispiel müssen jedoch für die Dimension *Lieferziel* die beiden Elemente *Nordamerika* und *Südamerika* angegeben werden, die logisch mit *Oder* bzw. *Or* verknüpft sind. Eine derartige Angabe ist an anderer Stelle möglich, nämlich durch Spezifikation einer WHERE-Klausel im Dialogfeld *Erweiterte Einstellungen*, das Sie aus dem Dialogfeld *Beenden des Partitions-Assistenten* heraus öffnen können. Gehen Sie daher folgendermaßen vor, um dem Cube NWIND_RegionalePartitionen eine Partition für die Region *Amerika* hinzuzufügen:

- Klicken Sie im Objektbaum der OLAP Management Console mit der rechten Maustaste auf den zum Cube NWIND_RegionalePartitionen gehörigen Knoten *Partitionen* und wählen Sie im Kontextmenü den Befehl *Neue Partition...*

- Belassen Sie es im Partitions-Assistenten für die ersten Dialogfelder bei den Voreinstellungen und blättern Sie bis zum Dialogfeld *Beenden des Partitions-Assistenten*, vgl. Bild 11.5.

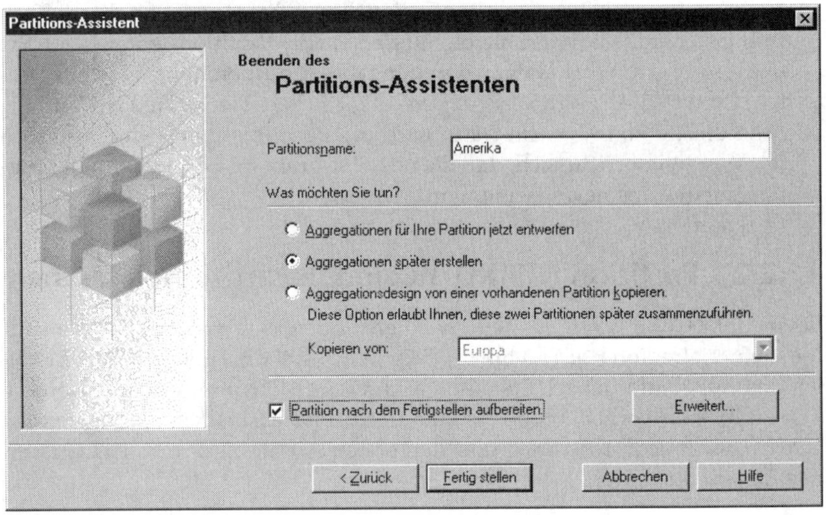

Abbildung 11.5: Dialogfeld »Beenden des Partitions-Assistenten«.

- Geben Sie der Partition den Namen *Amerika* und wählen Sie die Optionen für das Aggregieren bzw. Aufbereiten wie in Bild 11.5 wiedergegeben.
- Klicken Sie auf die Schaltfläche *Erweitert...* . Dann wird das Dialogfeld *Erweiterte Einstellungen* angezeigt, vgl. Bild 11.6.

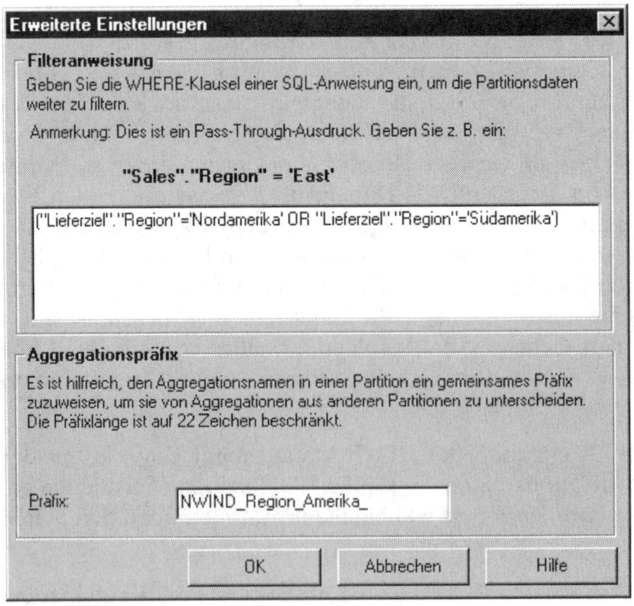

Abbildung 11.6: Dialogfeld »Erweiterte Einstellungen«.

- Geben Sie im Dialogfeld *Erweiterte Einstellungen* die Filterbedingung in Form einer SQL-WHERE-Klausel ein. Für unser Beispiel muß die Klausel lauten (vgl. auch Bild 11.6):

```
("Lieferziel"."Region"='Nordamerika' OR
"Lieferziel"."Region"='Südamerika')
```

Achten Sie hier und im allgemeinen darauf, daß der gesamte Ausdruck, sofern er einen Operator enthält, zwischen runden Klammern steht. Kritisch ist auch die Verwendung der Anführungszeichen: Die Namen der Dimensionen und Elemente müssen zwischen doppelten Anführungszeichen stehen, während eine Zeichenkette (wie hier 'Nordamerika' und 'Südamerika') zwischen einfachen Anführungszeichen (Hochkommata) stehen muß.

- Bestätigen Sie das Dialogfeld *Erweiterte Einstellungen* mit OK und dann das Dialogfeld *Beenden des Partitions-Assistenten* mit *Fertig stellen*. Dann sollte die neue Partition im Objektbaum der OLAP Management Console als Knoten zum Cube NWIND_RegionalePartitionen wie in Bild 11.7 angezeigt werden.

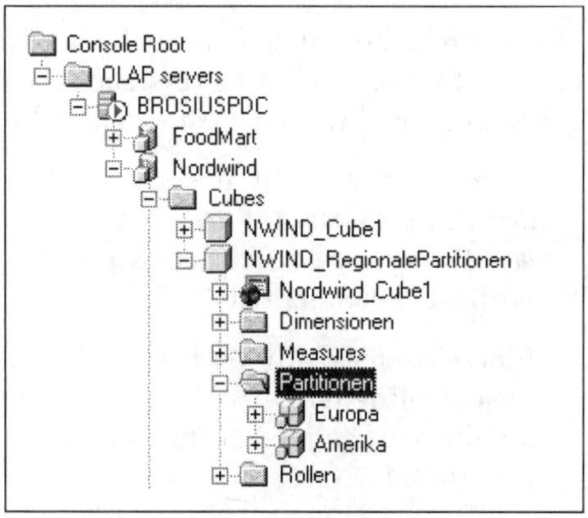

Abbildung 11.7: Die beiden Partitionen »Europa« und »Amerika« werden als Knoten im Objektbaum der OLAP Management Console dargestellt.

- Lassen Sie schließlich die Daten des Cube anzeigen und überprüfen Sie dabei, daß weder Doppelzählungen noch Auslassungen existieren, indem Sie beispielsweise stichprobenartig mit entsprechenden Werten aus dem Cube NWIND_Cube1 vergleichen, vgl. dazu Kap. 6, *Einen OLAP Cube erstellen: Überblick und Tutorium*. Falls Sie insoweit fehlerhafte Werte entdecken, könnte dies an einer fehlerhaften Formulierung einer der Filterbedingungen in den beiden Partitionen liegen. Sie können diese betrachten und ggf. bearbeiten, indem Sie die betreffende Partition bearbeiten, vgl. dazu den folgenden Punkt 11.3, *Partition bearbeiten*.

11.3 Partition bearbeiten

Um eine Partition zu bearbeiten, gehen Sie folgendermaßen vor:

- Klicken Sie im Objektbaum der OLAP Management Console mit der rechten Maustaste auf die zu bearbeitende Partition und wählen Sie im Kontextmenü den Befehl *Bearbeiten*.

Dann wird der Partitions-Assistent aufgerufen. Dieser bietet zum Bearbeiten der Partition dieselben Dialogfelder mit denselben Möglichkeiten an wie beim Hinzufügen der Partition. Das bedeutet, daß Sie sämtliche Einstellungen wie Datenquelle, Filterbedingungen oder Aggregationsdesign bearbeiten können. Lediglich der einmal vergebene Partitionsname kann auf diese Weise nicht geändert werden.

Nach dem Bearbeiten einer Partition müssen Sie diese aufbereiten, bevor Sie auf ihre Daten zugreifen können.

11.4 Partitionen aufbereiten

Wie einen Cube müssen Sie auch eine Partition aufbereiten, wenn Sie nach einer Definitionsänderung (Erstellen oder Bearbeiten einer Partition) auf die Daten zugreifen wollen. Dafür stehen Ihnen vier Wege offen:

- Wenn Sie eine Partition neu hinzufügen, können Sie im Dialogfeld *Beenden des Partitions-Assistenten* (vgl. oben Bild 11.5) die Option *Partition nach dem Fertigstellen aufbereiten* aktivieren. Dann wird diese Partition mit dem Fertigstellen aufbereitet.
- Eine einzelne Partition bereiten Sie auf diese Weise auf: Klicken Sie im Objektbaum der OLAP Management Console mit der rechten Maustaste auf die betreffende Partition und wählen Sie im Kontextmenü den Befehl *Aufbereiten*.
- Sie können auch alle Partitionen eines Cube mit einem Mal aufbereiten: Klicken Sie dazu im Objektbaum der OLAP Management Console mit der rechten Maustaste auf den betreffenden Knoten *Partitionen* und wählen Sie im Kontextmenü den Befehl *Alle Partitionen aufbereiten*.
- Wenn Sie einen Cube aufbereiten, werden auch alle seine Partitionen aufbereitet.

11.5 Partition löschen

Wenn ein Cube nur eine einzige Partition enthält, läßt sich diese nicht löschen. Solange er jedoch aus mehr als einer Partition besteht, kann jede einzelne davon auf die folgende Weise gelöscht werden:

- Klicken Sie im Objektbaum der OLAP Management Console mit der rechten Maustaste auf die zu löschende Partition und wählen Sie den Befehl *Löschen*. Alternativ: Markieren Sie die Partition im Objektbaum und drücken Sie die Taste `Entf`.

11.6 Aggregationen entwerfen oder übernehmen

Für jede einzelne Partition kann ein eigenes Aggregationsdesign erstellt werden. Sofern Sie später mehrere Partitionen zusammenführen wollen, müssen alle zusammenzuführenden Partitionen dasselbe Aggregationsdesign besitzen. In diesem Falle empfiehlt es sich, das Aggregationsdesign von einer der zusammenzuführenden Partitionen für die anderen zu übernehmen.

11.6.1 Aggregationsdesign übernehmen

Sie übernehmen das Aggregationsdesign für eine Partition von einer anderen, indem Sie folgendermaßen vorgehen:

- Klicken Sie im Objektbaum der OLAP Management Console mit der rechten Maustaste auf die Partition, für die Sie ein Aggregationsdesign übernehmen wollen, und wählen Sie im Kontextmenü den Befehl *Bearbeiten*. Dann wird der Partitions-Assistent aufgerufen.
- Blättern Sie im Partitions-Assistenten durch mehrfaches Klicken auf die Schaltfläche *Weiter >* zum Dialogfeld *Beenden des Partitions-Assistenten*, vgl. Bild 11.8.

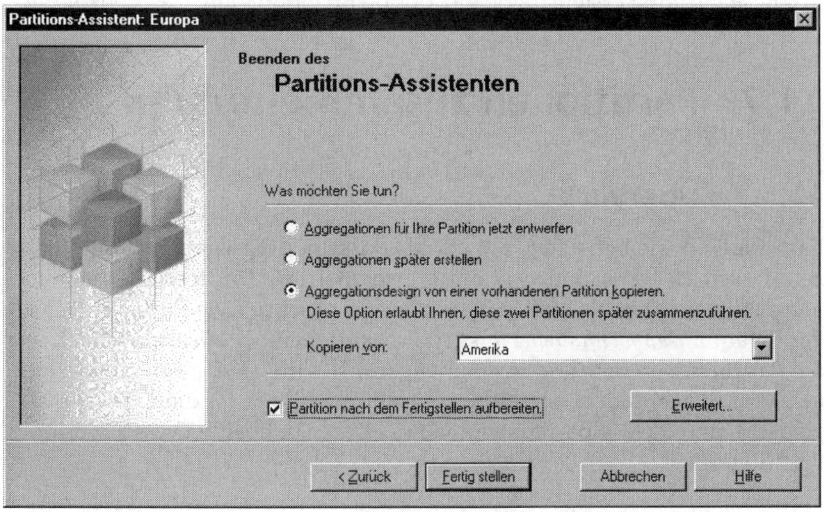

Abbildung 11.8: Dialogfeld »Beenden des Partitions-Assistenten«.

- Aktivieren Sie im Dialogfeld *Beenden des Partitions-Assistenten* die Option *Aggregationsdesign von einer vorhandenen Partition kopieren* und wählen Sie in der Dropdown-Liste *Kopieren von* die Partition aus, deren Design Sie für die in Bearbeitung befindliche Partition übernehmen wollen. Klicken Sie schließlich auf die Schaltfläche *Fertig stellen.*

11.6.2 Aggregationsdesign entwerfen

Sie veranlassen das Bilden eines Aggregationsdesigns auf zwei mögliche Weisen:

- *Erstellen oder Bearbeiten einer Partition.* Wenn Sie eine Partition erstellen oder bearbeiten, können Sie im Dialogfeld *Beenden des Partitions-Assistenten* (vgl. Bild 11.8) die Option *Aggregationen für Ihre Partition jetzt entwerfen* aktivieren. Wenn Sie dann auf die Schaltfläche *Fertig stellen* klicken, wird unmittelbar nach dem Fertigstellen der Speicherentwurfs-Assistent aufgerufen, mit dessen Dialogfeldern Sie das Aggregationsdesign erstellen können.
- *Fertige Partition.* Für eine fertige Partition können Sie den Speicherentwurfs-Assistenten folgendermaßen aufrufen: Klicken Sie im Objektbaum der OLAP Management Console mit der rechten Maustaste auf die betreffende Partition und wählen Sie den Befehl *Speicherentwurf...*, der den Speicherentwurfs-Assistenten aufruft.

Um unnötige Wiederholungen zu vermeiden, wird das Arbeiten mit dem Speicherentwurfs-Assistenten an dieser Stelle nicht weiter behandelt, weil dies bereits an anderer Stelle ausführlich geschehen ist, vgl. im Einzelnen Kap. 9, *Cubes,* Punkt *Speicherart und Aggregationen festlegen*: Der Speicherentwurfs-Assistent arbeitet für einen Cube genauso wie für eine Partition. Tatsächlich wird das Aggregationsdesign für einen Cube mit nur einer Partition für diese Partition erstellt, ohne daß der Benutzer dies angezeigt bekommt.

11.7 Partitionen zusammenführen

11.7.1 Überblick

Partitionen desselben Cube, die jeweils dasselbe Aggregationsdesign besitzen, lassen sich zusammenführen (verschmelzen). In diesem Zusammenhang wird von Quell- und Zielpartition gesprochen: Die Partition, für die der Befehl *Zusammenführen...* ausgeführt wird, heißt *Quellpartition,* während die Partition, mit der diese zusammengeführt wird, als *Zielpartition* bezeichnet wird. Nach dem erfolgreichen Zusammenführen ist die Quellpartition gelöscht, und die Zielpartition enthält die Daten der beiden verschmolzenen Partitionen.

Partitionen können nur unter den folgenden Bedingungen verschmolzen werden:

- Sie sind in derselben Speicherart (MOLAP, HOLAP oder ROLAP) gespeichert.
- Sie haben dasselbe Aggregationsdesign.

Wenn zwei zu verschmelzende Partitionen diese Bedingungen nicht von vornherein erfüllen, können Sie sie allerdings leicht nachträglich herstellen, indem Sie Aggregationsdesign und Speicherart der einen Partition auf die andere kopieren. Dieses Vorgehen wird weiter oben beschrieben, vgl. Punkt 11.6.1, *Aggregationsdesign übernehmen.*

Die Online-Hilfe (Produktdokumentation) gibt zum Konzept des Zusammenführens von Partitionen u. a. diese Auskunft:

Das Zusammenführen von Partitionen ist ein mächtiges Werkzeug, aber Sie müssen Sorgfalt walten lassen, um den Prozeß vollständig zu verstehen und sicherzustellen, daß der Vorgang des Zusammenführens die beabsichtigten Ergebnisse hervorbringt. (Übersetzung durch den Autor)

Unkorrekte Ergebnisse stellen sich nämlich dann ein, wenn Sie Partitionen zusammenführen, für die

- ein Datenslice definiert ist oder die
- auf unterschiedlichen Faktentabellen basieren.

In beiden Fällen müssen die Ergebnisse nachträglich manuell korrigiert werden, wenn fehlerhafte Ergebnisse vermieden werden sollen. Die Einzelheiten dazu werden weiter unten besprochen. Im weiteren wird zunächst gezeigt, wie Sie Partitionen – gleichgültig ob mit korrekten oder fehlerhaften Ergebnissen – zusammenführen können. Anschließend wird auf die verschiedenen Restriktionen und ihr mögliches Umschiffen eingegangen.

11.7.2 Zwei Partitionen zusammenführen

Soweit die folgenden Ausführungen ein Beispiel benötigen, wird dafür der Cube NWIND_ZeitPart herangezogen. Dieser ist identisch mit den Cubes *NWIND_Cube1* (vgl. Kap. 6, *Einen OLAP Cube erstellen: Überblick und Tutorium*, Punkt *Cube erstellen*) und NWIND_RegionalePartitionen (vgl. in diesem Kapitel, Punkt 11.2, *Partition erstellen*), ist jedoch in die drei Partitionen *Jahr1994, Jahr1995* und *Jahr1996* aufgeteilt, vgl. Bild 11.9. Alle drei Partitionen besitzen dasselbe Aggregationsdesign und dieselbe Speicherart (MOLAP).

Das Zusammenführen zweier Partitionen kann an dieser Aufgabenstellung demonstriert werden:

Führen Sie die Partition Jahr1995 als Quellpartition mit der Partition Jahr1996 als Zielpartition zusammen.

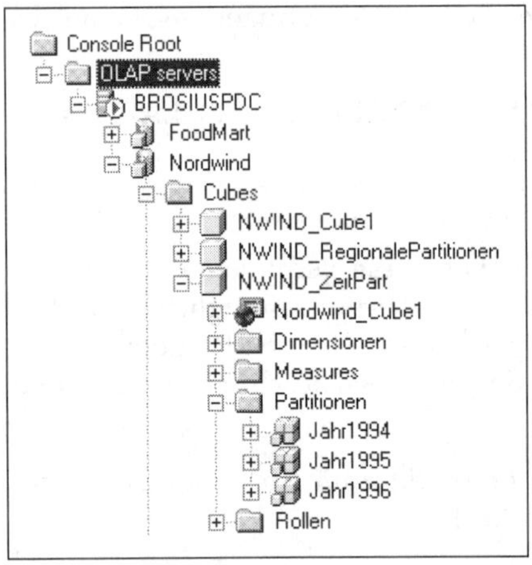

Abbildung 11.9: Die drei Partitionen des Cube NWIND_ZeitPart im Objektbaum der OLAP Management Console.

Gehen Sie folgendermaßen vor, um diese Aufgabe zu lösen:

- Klicken Sie im Objektbaum der OLAP Management Console mit der rechten Maustaste auf die Quellpartition *Jahr1995* und wählen Sie den Befehl *Zusammenführen...* . Dann wird das Dialogfeld *Partitionen zusammenführen* angezeigt, vgl. Bild 11.10.

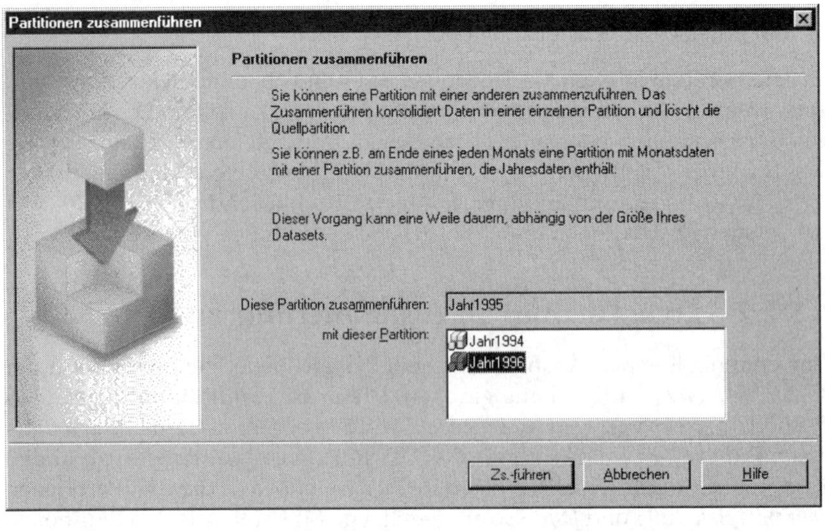

Abbildung 11.10: Dialogfeld »Partitionen zusammenführen«.

- Im Dialogfeld *Partitionen zusammenführen* werden in der Liste *mit dieser Partition* alle Partitionen des Cube angezeigt, die dasselbe Aggregationsdesign und dieselbe Speicherart besitzen wie die Quellpartition und daher mit dieser zusammengeführt werden können. Markieren Sie die Partition *Jahr1996* und klicken dann auf die Schaltfläche *Zs.-führen*. Daraufhin werden die beiden Partitionen zusammengeführt. Die Quellpartition ist danach verschwunden, so daß im Objektbaum der OLAP Management Console nur noch die beiden Partitionen *Jahr1994* und *Jahr1996* angezeigt werden.

Umbenennen der Zielpartition nicht möglich

Der Vorgang des Zusammenführens ist offensichtlich sehr einfach und komfortabel geregelt. Seine formal fehlerfreie Ausführung gibt indes keine Garantie dafür, daß er auch zu inhaltlich korrekten Ergebnissen geführt hat, vgl. dazu die beiden folgenden Punkte. Ein weiteres Defizit ist aber bereits an dieser Stelle sichtbar: Die Zielpartition, die nach dem Zusammenführen die Daten der Quellpartition und der vorherigen Version der Zielpartition enthält, hat den alten Namen beibehalten, ohne daß dem Benutzer die Möglichkeit zum Umbenennen eingeräumt wurde. Im vorliegenden Beispiel ist dies der Name *Jahr1996*, der nun aber nicht mehr mit dem Inhalt der Partition – Daten von 1995 und 1996 – übereinstimmt. Leider gibt es auch keine Möglichkeit, diesen Namen nachträglich zu ändern.

11.7.3 Filterbedingungen: korrekte und fehlerhafte Verarbeitung

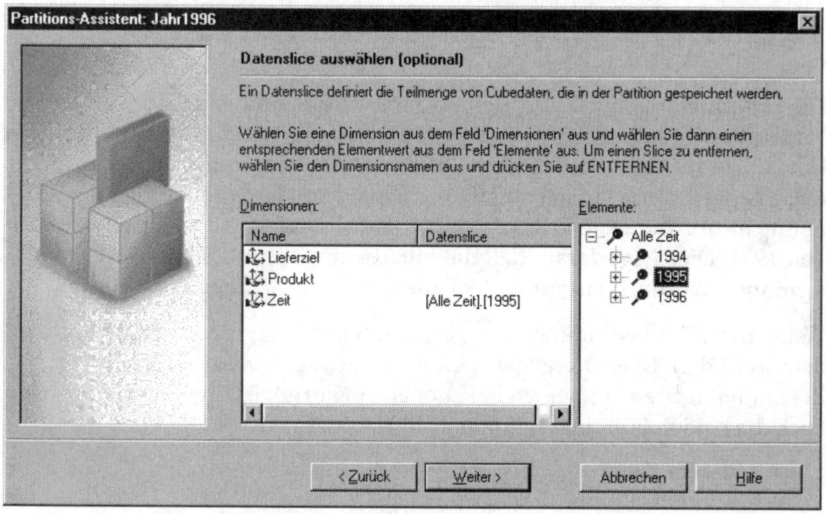

Abbildung 11.11: Dialogfeld »Daten-Slice auswählen«.

Wenn eine oder beide zusammenzuführenden Partitionen eine Filterbedingung besitzen, hängt die korrekte Verarbeitung des Filters durch den Prozeß des Zusammenführens davon ab, auf welche Weise die Filterbedingung formuliert war. Eine Filterbedingung, die mittels des Dialogfelds *Datenslice auswählen* im Partitions-Assistenten (vgl. Bild 11.11) formuliert wurde, wird fehlerhaft verarbeitet. Wird dagegen eine inhaltlich äquivalente Filterbedingung statt mit dem Dialogfeld *DatenSlice auswählen* mit dem Dialogfeld *Erweiterte Einstellungen* (vgl. Bild 11.12) als SQL-WHERE-Klausel formuliert, wird diese Bedingung korrekt verarbeitet.

Abbildung 11.12: Dialogfeld »Erweiterte Einstellungen«.

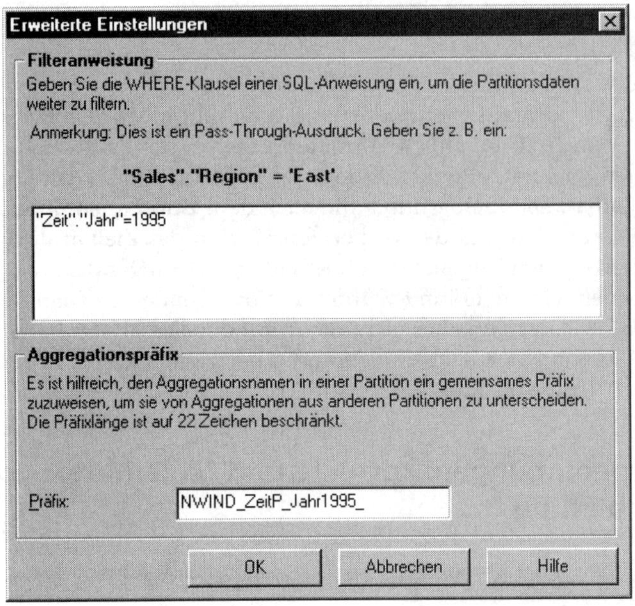

Die Zusammenhänge lassen sich noch etwas genauer angeben: Werden die beiden Partitionen *Jahr1995* und *Jahr1996* verschmolzen, für die jeweils ein DatenSlice für das Jahr 1995 bzw. 1996 mit dem Dialogfeld *DatenSlice auswählen* angegeben war, so enthält die Zielpartition nach dem Zusammenführen nicht nur die Daten dieser beiden Jahre, sondern aller Jahre, also auch von 1994. Dies liegt daran, daß die Filterbedingung in diesem Falle so umformuliert wurde, daß sie *alle* Elemente der Ebene *Jahr* berücksichtigt.

Wenn die Filterbedingungen dagegen inhaltlich äquivalent entsprechend dem in Bild 11.12 wiedergegebenen Ausdruck formuliert waren, bringt das Zusammenführen der beiden Partitionen ein korrektes Ergebnis hervor, weil auch die beiden Filterbedingungen

```
"Zeit"."Jahr"=1995
```

bzw.

```
"Zeit"."Jahr"=1996
```

zu der korrekten Bedingung

```
(("Zeit"."Jahr"=1996) OR ("Zeit"."Jahr"=1995))
```

verarbeitet wurden.

Die fehlerhafte Datenbesetzung der Zielpartition ergibt sich im übrigen erst beim Aufbereiten dieser Partition. Wenn diese Aufbereitung unterbleibt – was lediglich in Sonderfällen erwartet werden kann –, wird der Cube in der Regel korrekte Zahlen enthalten.[1]

11.7.4 Unterschiedliche Faktentabellen müssen manuell zusammengeführt werden

Wenn Sie Partitionen zusammenführen, die auf unterschiedlichen Faktentabellen basieren, werden diese Faktentabellen nicht automatisch zusammengeführt. Vielmehr gehen die Informationen der Faktentabelle, die der Quellpartition zugrunde liegt, für die Zielpartition verloren. Dies macht sich bemerkbar, wenn der Cube auf diese Faktentabelle zugreifen müßte, um die Daten wiederzugeben, also beim Aufbereiten der Zielpartition oder, im Falle von ROLAP oder HOLAP, auch bei einfachen Abfragen an die Partition. (Die Daten in der nicht aufbereiteten MOLAP Zielpartition sind dagegen korrekt.) Daher ergeben sich fehlende und somit fehlerhafte Daten in der Zielpartition. Sie vermeiden diese Fehler nur dann, wenn Sie die Faktentabelle der Zielpartition mit den (relevanten) Daten der Faktentabelle der Quellpartition zusammenführen. Dies muß durch einen Prozeß außerhalb des Microsoft OLAP Servers geschehen, also im allgemeinen in der Datenbank des Data Warehouse.

11.7.5 Schlußfolgerungen

Das Konzept des Zusammenführens von Partitionen erfordert in seinem gegenwärtigen Zustand im allgemeinen derartig viele und weitgehende manuelle Korrekturen, daß seine Anwendung kaum empfehlenswert erscheint. Lediglich im Falle von Filterbedingungen, die im Dialogfeld *Erweiterte Einstellungen* formuliert wurden, kann uneingeschränkt empfohlen werden, das Zusammenführen von Partitionen zu nutzen. Daraus ergibt sich indirekt die Empfehlung, Filterbedingungen für Partitionen vorsorglich nur auf diese Weise und nicht im Dialogfeld *DatenSlice auswählen* zu formulieren. In allen anderen Fällen sollten Sie überlegen, ob es nicht einfacher ist, eine gänzlich neue Partition oder gar einen neuen Cube zu definieren und die alten Partitionen zu löschen, statt diese zusammenzuführen. Diese Strategie könnte nicht nur mit geringerem Aufwand verbunden sein, sondern auch zu transparenteren und damit leichter nachvollziehbaren Verarbeitungsprozessen führen.

---

1. Die hier geschilderten Zusammenhänge der Verarbeitung von Filterbedingungen beim Zusammenführen von Partitionen sind dem Entwicklerteam des OLAP Servers offenbar bekannt, denn sie werden in der Produktdokumentation in ähnlicher, wenngleich verkürzter Weise beschrieben, vgl. dort das Thema *Merging Partitions Created by Slicing*. Insofern kann man nicht unbedingt von einem Bug sprechen. Gleichwohl sind die Ergebnisse unbefriedigend und es ist zu hoffen, daß dies in der nächsten Version zweckmäßiger gelöst wird, so daß Partitionen auch im Falle von Datenslices korrekt zusammengeführt werden.

12 Virtuelle Cubes

12.1 Einführung und Überblick

Ein virtueller Cube ist kein physikalisch eigenständiger Cube, sondern er stellt eine Abfrage auf einen oder mehrere vorhandene Cubes dar. Wenn Sie einen virtuellen Cube erstellen, wählen Sie Measures und Dimensionen der zugrundeliegenden vorhandenen Cubes aus. Aus diesem Grunde nimmt ein virtueller Cube – ganz ähnlich wie eine Abfrage in der relationalen Datenbankwelt – auch nur sehr wenig Speicherplatz ein, weil lediglich die Abfragedefinition gespeichert wird, nicht jedoch die Daten, die die Abfrage ergeben. Diese sind vielmehr mit den normalen Cubes gespeichert, die der Abfrage des virtuellen Cube zugrunde liegt. Für den Endbenutzer erscheint ein virtueller Cube indes wie ein einzelner normaler Cube, es läßt sich für ihn kein Unterschied dazwischen ausmachen.

Virtuelle Cubes bieten verschiedene Vorteile gegenüber normalen Cubes:

- **Zugriffsrechte beschränken**. Sie können bestimmten Benutzern – zusammen mit einer entsprechenden Definition von Benutzerrollen (vgl. dazu genauer Kap. 13, *Zugriffsrechte*) – mit Hilfe eines virtuellen Cube eine bestimmte Sicht auf die Daten zugänglich machen, ohne ihnen Zugriff auf alle Daten der zugrunde liegenden Cubes zu ermöglichen.
- **Modularität**. Virtuelle Cubes erlauben ein sehr modulares Design für Benutzer und damit einen leichteren und besseren Überblick über die Daten. Einige normale Cubes mögen sehr viele Dimensionen und Measures enthalten, was aus administrativen Gründen notwendig sein mag. Der durchschnittliche Benutzer wird es aber möglicherweise verwirrend finden, dauernd mit Informationen konfrontiert zu werden, die ihn gar nicht interessieren. Mit virtuellen Cubes können Sie die Sichtweise auf die Daten dagegen so zuschneiden, daß sie dem einzelnen Benutzer angemessen ist. Da virtuelle Cubes nahezu keinen Speicherbedarf haben, fällt es leicht, ggf. sehr viele davon zu definieren.

Nachdem ein virtueller Cube erstellt worden ist, muß er, genau wie ein normaler Cube, aufbereitet werden. Falls die dem virtuellen Cube zugrunde liegenden Cubes selbst nicht aufbereitet sind, werden diese dann zunächst aufbereitet. Dies kann, je nach Datenumfang der zugrunde liegenden Cubes, sehr zeitaufwendig sein. Sind die zugrunde liegenden Cubes dagegen bereits aufbereitet, nimmt die Aufbereitung eines virtuellen Cube nur sehr wenig Zeit in Anspruch.

Vergleich mit dem Erstellen mehrerer Partitionen

Ein virtueller Cube setzt sich aus mehrerer Cubes zusammen. Dies legt die Analogie zur Bildung von Partitionen, die zusammen einen Cube bilden, nahe. Dort besteht stets die Gefahr der Doppelzählung, wenn nämlich die einzelnen Partitionen nicht so aufeinander abgestimmt sind, daß dieselben Daten in ihnen nicht mehrfach vorkommen. Diese Gefahr der Doppelzählung besteht bei virtuellen Cubes dagegen nicht: Da im virtuellen Cube keine einzige neue Aggregation vorgenommen wird, ist eine Doppelzählung ausgeschlossen. Statt dessen existiert hier ein anderes Problem, das jedoch im Unterschied zur Doppelzählung ungefährlich ist: Wenn Sie beispielsweise Measures und Dimensionen aus zwei Cubes in einem virtuellen Cube zusammenbringen, kann es vorkommen, daß die Dimensionen des einen Cube mit den Measures des anderen nichts zu tun haben, und umgekehrt. In diesen Fällen bleiben die entsprechenden Zellen aber einfach leer, was zwar störend sein kann, jedoch nicht fehlerhaft ist.

12.2 Virtuellen Cube erstellen

Im weiteren wird gezeigt, wie Sie einen virtuellen Cube erstellen können. Dies soll an folgendem Beispiel geschehen: Dem neuen virtuellen Cube sollen die beiden Cubes *Sales* und *Warehouse* der Beispieldatenbank *FoodMart* zugrunde liegen. Der neue virtuelle Cube soll den Namen *Unit_Warehouse_Sales* bekommen und die folgenden Measures und Dimensionen übernehmen:

Measures Aus dem Cube *Sales* soll das Measure *Unit Sales*, aus dem Cube *Warehouse* das Measure *Warehouse Sales* übernommen werden.

Dimensionen Es sollen die drei Dimensionen *Store, Time* und *Product* übernommen werden. Diese Dimensionen sind in beiden zugrundeliegenden Cubes enthalten, so daß im Ergebnis insoweit keine leeren Zellen entstehen werden.

Gehen Sie folgendermaßen vor, um den neuen virtuellen Cube zu erstellen:

- Öffnen Sie ggf. den Ordner der Datenbank *FoodMart*, klicken Sie mit der rechten Maustaste auf den Ordner *Virtuelle Cubes* und wählen Sie im Kontextmenü den Befehl *Neuer virtueller Cube...* Dann wird das *Willkommen* Dialogfeld des *Assistenten für virtuellen Cube* angezeigt, falls Sie dies nicht bereits früher dauerhaft ausgeblendet haben. Klicken Sie in diesem Dialogfeld auf die Schaltfläche *Weiter* >. Dann wird das Dialogfeld *Cubes zum Einschließen in den virtuellen Cube auswählen* angezeigt, vgl. Bild 12.1.

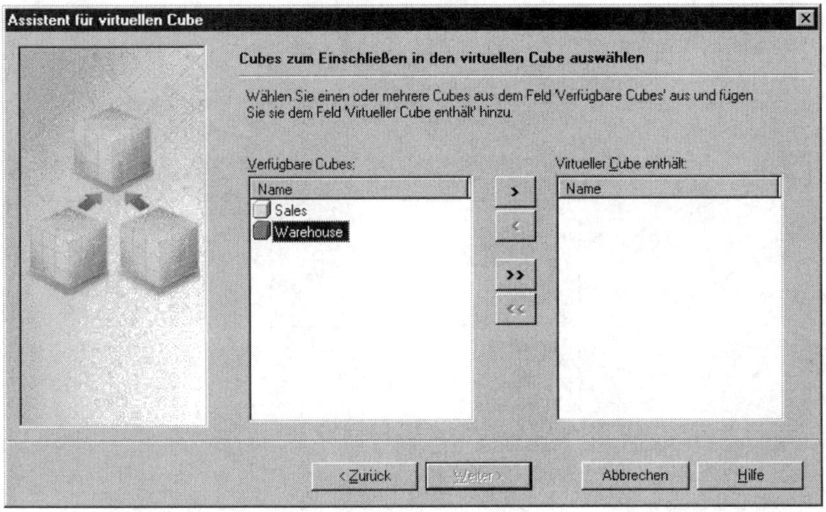

Abbildung 12.1: Dialogfeld »Cubes zum Einschließen in den virtuellen Cube auswählen«, mit dem Sie die dem virtuellen Cube zugrunde liegenden Cubes bestimmen.

- Klicken Sie im Dialogfeld auf die Schaltfläche >>, um die beiden Cubes *Sales* und *Warehouse* in die Liste *Virtueller Cube enthält* zu verschieben, und klicken Sie dann auf die Schaltfläche *Weiter* >. Dann wird das Dialogfeld *Measures für den virtuellen Cube auswählen* angezeigt, vgl. Bild 12.2.

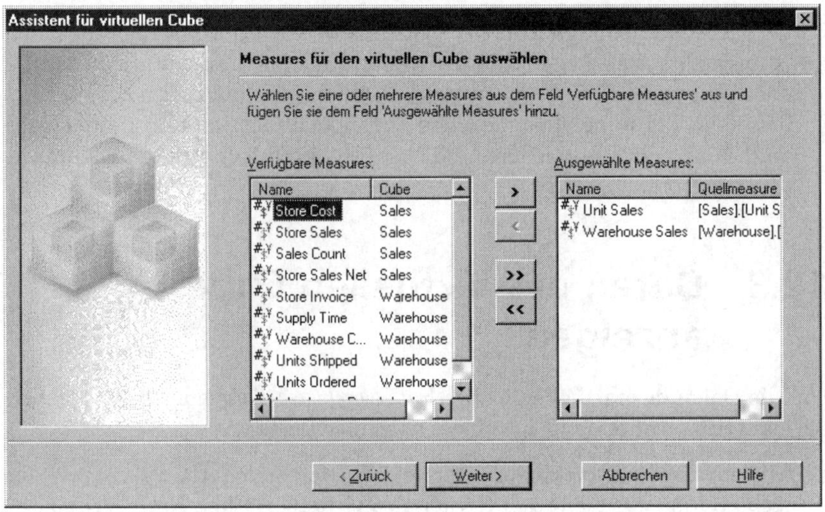

Abbildung 12.2: Dialogfeld »Measures für den virtuellen Cube auswählen«.

Verschieben Sie die beiden Measures *Unit Sales* und *Warehouse Sales* mit Hilfe der Schaltfläche > in das Listenfeld *Ausgewählte Measures* und klicken Sie dann auf die Schaltfläche *Weiter* >. Dann wird das Dialogfeld *Dimensionen für den virtuellen Cube auswählen* angezeigt, vgl. Bild 12.3.

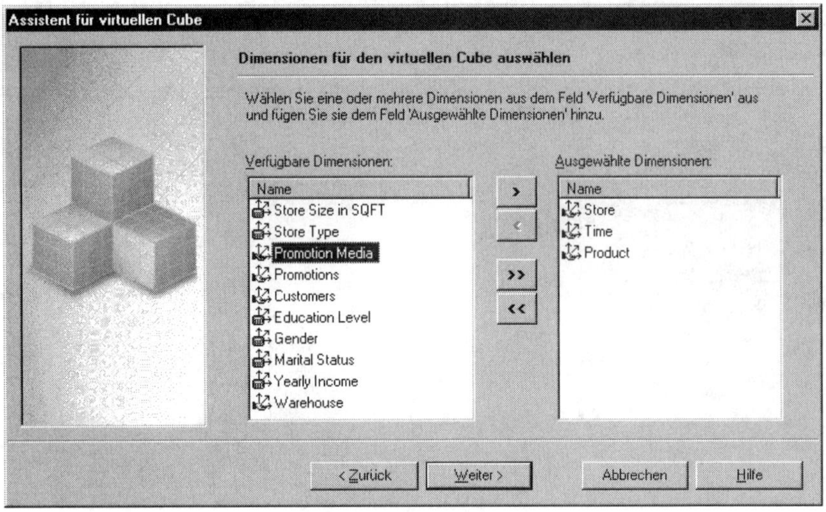

Abbildung 12.3: Dialogfeld »Dimensionen für den virtuellen Cube auswählen«.

- Verschieben Sie die drei Dimensionen *Store*, *Time* und *Product* mit Hilfe der Schaltfläche > in das Listenfeld *Ausgewählte Dimensionen* und klicken Sie dann auf die Schaltfläche *Weiter* >. Dann wird das Dialogfeld *Beenden des Assistent[en] für virtuellen Cube* angezeigt, das hier nicht wiedergegeben wird.

- Geben Sie im Dialogfeld *Beenden des Assistent[en] für virtuellen Cube* den Namen *Unit_Warehouse_Sales* ein und klicken Sie dann auf die Schaltfläche *Fertig stellen*. Wenn Sie zuvor die Option *Jetzt aufbereiten* gewählt haben, wird der neue virtuelle Cube zugleich aufbereitet und gespeichert, andernfalls nur gespeichert. In diesem letzteren Fall müßten Sie ihn explizit aufbereiten, bevor Sie über seine Daten verfügen können.

12.3 Daten des Virtuellen Cube anzeigen

Um die Daten des virtuellen Cube *Unit_Warehouse_Sales* anzuzeigen, gehen Sie ganz entsprechend wie bei einem normalen Cube vor:

- Klicken Sie im Objektbaum der OLAP Management Console mit der rechten Maustaste auf den Knoten des virtuellen Cube *Unit_Warehouse_Sales* und wählen Sie den Befehl *Daten anzeigen*. Dann werden die Daten dieses virtuellen Cube – ununterscheidbar von einem normalen Cube – im Cube Browser angezeigt, vgl. Bild 12.4.

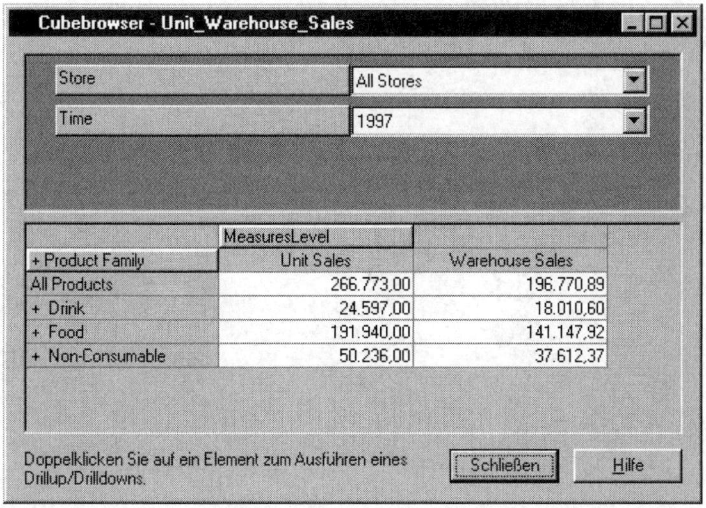

Abbildung 12.4: Die Daten des virtuellen Cube »Unit_Warehouse_Sales« werden im Cube Browser dargestellt wie bei einem normalen Cube.

12.4 Virtuellen Cube bearbeiten oder löschen

Sie können einen virtuellen Cube auch bearbeiten. Dabei haben Sie dieselben Möglichkeiten wie beim Erstellen eines neuen virtuellen Cube: Sie können andere zugrunde liegende Cubes wählen, andere Measures und andere Dimensionen. Dies geschieht auch mit denselben Dialogfeldern des Assistenten für virtuellen Cube, wie sie oben in Bild 12.1, Bild 12.2 und Bild 12.3 wiedergegeben sind.

Um einen virtuellen Cube zu bearbeiten, gehen Sie folgendermaßen vor:

- Klicken Sie im Objektbaum der OLAP Management Console mit der rechten Maustaste auf den Knoten des virtuellen Cube, den Sie bearbeiten wollen, und wählen Sie im Kontextmenü den Befehl *Bearbeiten*. Dann meldet sich der Assistent für virtuellen Cube mit seinen Dialogfeldern.

Um einen virtuellen Cube zu löschen, gehen Sie folgendermaßen vor:

- Klicken Sie im Objektbaum der OLAP Management Console mit der rechten Maustaste auf den Knoten des virtuellen Cube, den Sie löschen wollen, und wählen Sie im Kontextmenü den Befehl *Löschen*. Bestätigen Sie anschließend die Warnung mit *Ja*.

13 Zugriffsrechte

13.1 Einführung und Überblick

Das Konzept der Zugriffsrechte auf den OLAP Server und seine Datenbanken und Cubes ist eng mit den Benutzerrechten im Windows NT Netzwerk verzahnt. Daher funktionieren die Zugriffsrechte nur, wenn der OLAP Server auf einem Windows NT NTFS Dateisystem installiert ist, das Access Control Lists (ACLs) unterstützt. Die Zugriffsrechte funktionieren nicht auf einem Datesystem wie File Allocation Table (FAT), das keine ACLs unterstützt.

Zum Verständnis der Zugriffsrechte sind zwei grundlegend verschiedene Situationen zu unterscheiden:

- **Verwaltung des OLAP Servers mit der OLAP Management Console**
  Dieser Fall verlangt relativ weitgehende Benutzerrechte im Netzwerk, weil er mit administrativen Befugnissen in Bezug auf den OLAP Server verbunden ist.
- **Zugriff eines Client auf einen Cube**
  In diesem Falle erfolgen keine definitorischen Änderungen an Datenbanken oder Cubes, sondern im allgemeinen findet nur lesender Zugriff (ggf. erweitert um schreibenden Zugriff für Daten) statt.

Während die Benutzung der OLAP Management Console entscheidend von den NT Netzwerkrechten eines Benutzers abhängt, regelt sich der Zugriff eines Client wesentlich durch Rechte, die im Rahmen des OLAP Servers Benutzern oder Gruppen des NT Netzwerks zugewiesen wurden. Dies geschieht mittels des Konzeptes der *Rollen*: Innerhalb des OLAP Servers werden Rollen definiert, denen bestimmte NT Netzwerk Benutzer oder Gruppen zugeordnet werden. An die Rollen wiederum werden Zugriffsrechte auf Cubes vergeben. Entsprechend diesen beiden verschiedenen Situationen ist der folgende Text gegliedert.

Zwischen der Dokumentation und der Realität der Zugriffsrechte auf Netzwerkebene existieren nach meiner Erfahrung Widersprüche. Es mag sein, daß diese Widersprüche mit der endgültig ausgelieferten Version der OLAP Services verschwinden. Daher muß an dieser Stelle besonders hervorgehoben werden, daß diesem Kapitel die Version des sogenannten Release Candidate 1 (RC1) in deutscher Lokalisierung zugrundeliegt.

13.2 Allgemeine Netzwerkrechte für Zugriff auf den OLAP Server

Die Produktdokumentation nennt als allgemeine Voraussetzung für den Zugriff auf den OLAP Server: »Zugriff auf den OLAP Server erfordert, daß der Benutzer Mitglied derselben Domäne ist wie der Benutzer, unter dessen Konto der Server installiert wurde, oder daß er Mitglied einer vertrauten Domäne ist. Einem Benutzer wird der Zugriff verweigert, wenn sein Konto nicht als einer vertrauten Domäne zugehörig erkannt wird.«[1] Diese Aussage ist nach meiner Erfahrung in dieser strengen Form nicht zutreffend: Sie können mit einer Client-Software – beispielsweise mit der mitgelieferten Anwendung *MDX-Beispielanwendungen* – auch dann auf den OLAP Server zugreifen, wenn Sie sich bei einer nicht vertrauten Domäne angemeldet haben. Daß der OLAP Server auch in dieser Situation erkannt wird, dürfte an dem TCP/IP-Protokoll liegen, auf dessen Basis er im Netzwerk kommuniziert. Für die Administration des OLAP Servers mit der OLAP Management Console dagegen trifft die Aussage zu.

13.3 Besondere Netzwerkrechte für die Serververwaltung mit der OLAP Management Console

13.3.1 Arbeiten an der OLAP Server Console

Der Benutzer, unter dessen Konto der OLAP Server installiert wurde, hat mit demselben Konto auf demselben Computer stets mittels OLAP Management Console administrativen Zugriff auf den OLAP Server. Andere Benutzer müssen der Gruppe *OLAP Administrators*, die beim Installieren für die betreffende Domäne eingerichtet wird, zugeordnet werden. Dies geschieht mit dem Windows NT Benutzer-Manager für Domänen. Folgt man der Aussage in der Produktdokumentation, so reicht diese Zuordnung aus, um den OLAP Server mit der OLAP Management Console zu verwalten. Nach meiner Erfahrung müssen Benutzer zusätzlich (mindestens) der Gruppe der Domänen-Administratoren zugeordnet werden, damit ein Arbeiten mit der OLAP Management Console möglich wird.

---

1. Produktdokumentation, Thema *Authentication* (Übersetzung durch Verfasser) als Unterthema im *Administrator's Guide*.

13.3.2 Arbeiten an einer NT-Workstation

Wenn Sie den OLAP Server von einer NT-Workstation aus mittels OLAP Management Console administrieren wollen, müssen Sie für die Domäne, in der sich der OLAP Server befindet, der Gruppe *OLAP Administrators* zugeordnet sein und zusätzlich Rechte eines Domänen-Administrators besitzen. Für die NT-Workstation, an der Sie arbeiten, sollten Sie darüber hinaus der Gruppe der *OLAP Administrators* zugeordnet sein. Wenn Sie dieses lokale Recht nicht haben, wird beim Starten der OLAP Management Console die folgende Fehlermeldung eingeblendet (vgl. Bild 13.1):

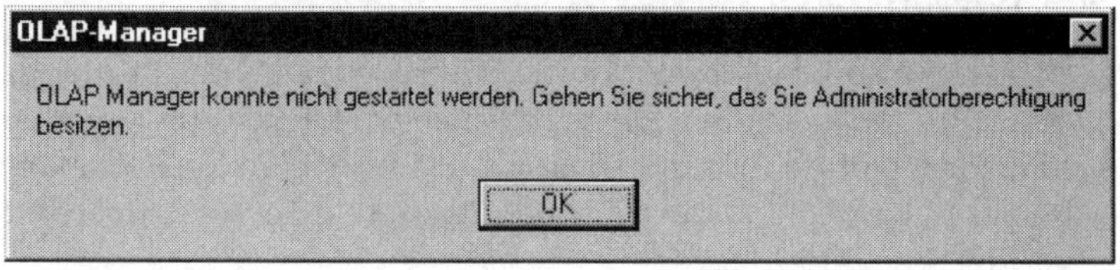

Abbildung 13.1: Diese Meldung zeigt der OLAP-Manager an, wenn Sie beim Start der OLAP Management Console unzureichende Benutzerrechte haben.

Nach Bestätigung dieser Meldungsbox wird die OLAP Management Console zwar trotzdem gestartet und Sie können darin auf den OLAP Server zugreifen, müssen diesen jedoch stets erneut registrieren. Es ist daher besser, auch auf der NT-Workstation der Gruppe der *OLAP Administrators* zugeordnet zu sein.

13.4 Das Konzept der Rollen: Spezielle Zugriffsrechte auf OLAP Datenbanken und Cubes

In den vorangehenden Punkten wurden die Netzwerkrechte besprochen, die Sie besitzen müssen, um den OLAP Server mit der OLAP Management Console prinzipiell administrieren zu können. Innerhalb des OLAP Servers können darüber hinaus noch speziellere Rechte definiert werden, die einzelnen Benutzern und Gruppen, wie sie im Netzwerk definiert sind, den lesenden und/oder schreibenden Zugriff auf einzelne Cubes ermöglichen oder verweigern. Dies geschieht mittels sogen. *Rollen*. Eine Rolle wird stets für eine Datenbank des OLAP Servers festgelegt. Sie bekommt einen frei definierbaren Namen, ähnlich einem Benutzerkonto. Der Rolle werden dann einzelne Domänen-Benutzer, -Gruppen oder das vordefinierte Schlüsselwort *Jeder* zugeordnet. Nachdem eine Rolle erstellt ist, kann sie einzelnen

Cubes derselben Datenbank, für die die Rolle definiert ist, zugewiesen werden. Dabei wird das Zugriffsrecht auf *Lesen* oder *Lesen/Schreiben* eingestellt.[2]

13.4.1 Rolle erstellen und bearbeiten

Rolle erstellen

Wie Sie eine Rolle erstellen, soll an einem Beispiel erläutert werden: Legen Sie für den Cube NWIND_Cube1 die Rolle *Vertrieb* fest und ordnen Sie dieser mindestens einen Benutzer des Netzwerks zu. Gehen Sie dazu folgendermaßen vor:

- Öffnen Sie im Objektbaum der OLAP Management Console für die Datenbank *Nordwind* den Ordner *Bibliothek*, klicken Sie mit der rechten Maustaste auf den Ordner *Rollen* und wählen Sie im Kontextmenü den Befehl *Neue Rolle...* Dann wird das Dialogfeld *Datenbankrolle erstellen* angezeigt, vgl. Bild 13.2.

Abbildung 13.2: Dialogfeld »Datenbankrolle erstellen«.

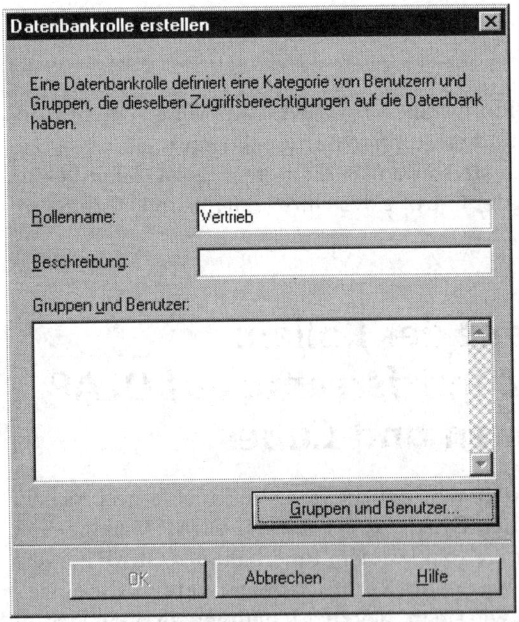

- Geben Sie in das Eingabefeld *Rollenname* den Namen *Vertrieb* (oder einen anderen Namen) ein.

2. Das Schreibrecht hat nur Bedeutung für Cubes, bei denen der Schreibzugriff aktiviert wurde. Das Schreibrecht kann tatsächlich nur mittels bestimmter Clients ausgeübt werden. Mit dem Cube Browser der OLAP Management Console können dagegen keine Daten eines Cube verändert werden.

- Klicken Sie auf die Schaltfläche *Gruppen und Benutzer...* Dann wird zusätzlich das Dialogfeld *Gruppen und Benutzer hinzufügen* angezeigt, vgl. Bild 13.3.

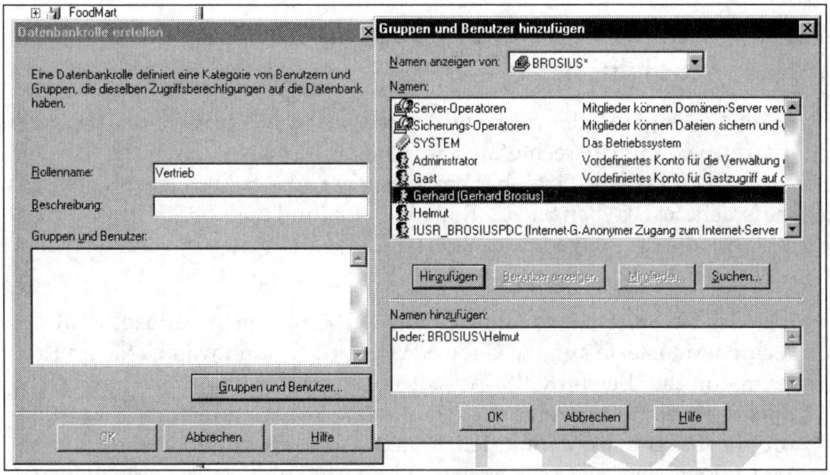

Abbildung 13.3: Das Dialogfeld »Gruppen und Benutzer hinzufügen« wird zusätzlich zum Dialogfeld »Datenbankrolle erstellen« angezeigt.

- Markieren Sie in der Liste *Namen* den Namen, den Sie der Rolle zuordnen wollen, und klicken Sie dann auf die Schaltfläche *Hinzufügen*. Dann wird der markierte Name in das Feld *Namen hinzufügen* kopiert. In Bild 13.3 wurde dies bereits für die (vordefinierte) Gruppe *Jeder* und den Benutzer *Helmut*, der der Domäne *Brosius* angehört, ausgeführt. Beachten Sie, daß das Dialogfeld standardmäßig nur die Namen von Gruppen anzeigt. Um auch Benutzernamen anzuzeigen, müssen Sie einmal auf die Schaltfläche *Benutzer anzeigen* klicken.
- Wiederholen Sie den vorangehenden Schritt für jeden weiteren Benutzer bzw. jede weitere Gruppe, den bzw. die Sie der Rolle hinzufügen wollen.
- Wenn Sie alle gewünschten Benutzer / Gruppen in das Feld *Namen hinzufügen* kopiert haben, bestätigen Sie das Dialogfeld mit OK. Dann wird es ausgeblendet, und die gewählten Namen werden in das Feld *Gruppen und Benutzer* des Dialogfelds *Datenbankrolle erstellen* kopiert.
- Bestätigen Sie schließlich das Dialogfeld *Datenbankrolle erstellen* mit OK. Dann wird die neu erstellte Rolle im Objektbaum der OLAP Management Console für die Datenbank *Nordwind* im Ordner *Rollen* angezeigt.

Rolle bearbeiten

Um eine vorhandene Rolle zu bearbeiten, gehen Sie folgendermaßen vor:

- Klicken Sie im Objektbaum der OLAP Management Console mit der rechten Maustaste auf die zu bearbeitende Rolle und wählen Sie im Kontextmenü den Befehl *Bearbeiten*. Dann wird das Dialogfeld *Datenbankrolle bearbeiten* angezeigt, das prinzipiell so aussieht und dieselbe Funktionalität bietet wie das Dialogfeld *Datenbankrolle erstellen*, vgl. oben Bild 13.2. Außer den Namen der Rolle können Sie alle anderen Eigenschaften verändern.

13.4.2 Einem Cube eine Rolle mit Zugriffsrecht zuordnen

Das Erstellen einer Rolle ist nur der erste von zwei Schritten, um Benutzer oder Gruppen Zugriffsrechte auf einzelne Cubes zuzuweisen. Im zweiten Schritt ordnen Sie eine Datenbankrolle einem Cube zu und legen dabei das Zugriffsrecht fest. Geben Sie der Rolle *Vertrieb* (und damit den Gruppen und Benutzern, die ihr zugeordnet sind) Lese-/Schreibzugriff auf den Cube *NWIND_Cube1*, und zwar wie folgt:

- Klicken Sie im Objektbaum der OLAP Management Console mit der rechten Maustaste auf den Cube *NWIND_Cube1* und wählen Sie im Kontextmenü den Befehl *Rollen verwalten...* Dann wird das Dialogfeld *Cuberollen verwalten* angezeigt. Es sollte – ggf. neben anderen bereits früher für die Datenbank definierten Rollen – die im vorangehenden Punkt 13.4.1, *Rolle erstellen und bearbeiten*, definierte Rolle *Vertrieb* enthalten, vgl. Bild 13.4.

Abbildung 13.4: Dialogfeld »Cuberollen verwalten«.

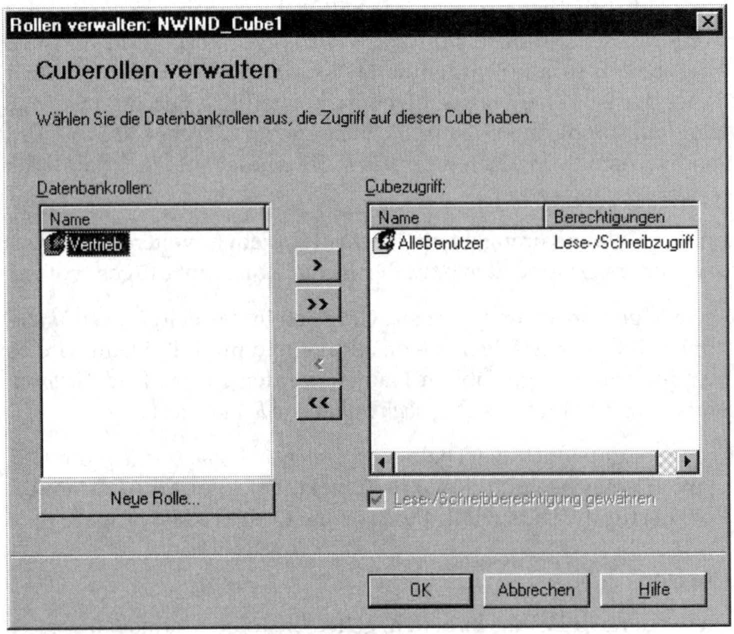

- Kopieren Sie die Rolle *Vertrieb* mit der Schaltfläche > aus dem Feld *Datenbankrollen* in das Feld *Cubezugriff*. Dann wird dieser Rolle automatisch das Zugriffsrecht *Lesen* zugeordnet.

- Markieren Sie die Rolle *Vertrieb* im Feld *Cubezugriff* und aktivieren Sie das Kontrollkästchen *Lese-/Schreibberechtigung gewähren*. Dann erhält diese Rolle das Recht *Lese-/Schreibzugriff*. Schließen Sie das Dialogfeld mit OK.

Die Zuweisung einer Rolle zu einem Cube und / oder Ausstattung mit einem bestimmten Zugriffsrecht kann jederzeit durch erneutes Ausführen des Befehls *Rollen verwalten...* durch entsprechende Bearbeitung verändert werden.

Nachdem Sie die Rolle eines Cube verändert haben, müssen Sie die davon abhängigen virtuellen Cubes erneut aufbereiten, damit die Änderung wirksam wird. Dieses Aufbereiten wird sehr schnell ausgeführt, sofern nicht gleichzeitig ein zugrunde liegender Cube implizit mit aufbereitet werden muß. (Wegen der Rollenänderung allein ist dieses Letztere nicht erforderlich.) Bei Änderung einer Rollenzuweisung bleiben Benutzer, die mit einem virtuellen Cube verbunden sind, so lange davon unberührt, wie die Verbindung weiter besteht. Jedoch können Benutzer einen abhängigen virtuellen Cube beim erneuten Herstellen einer Serververbindung erst dann sehen, wenn er inzwischen aufbereitet wurde.

14 MDX: Abfragesprache für OLAP

14.1 MDX-Features im Microsoft OLAP Konzept

Für relationale Datenbanken existiert seit langem die spezielle Abfragesprache SQL, die universell auf relationalen Systemen anwendbar ist, weil sie von praktisch allen OLTP-Herstellern unterstützt wird. Wir haben oben gezeigt (vgl. Kap. 2, *OLAP Konzepte: Grundlagen*, Punkt *Möglichkeiten und Grenzen von SQL*), daß SQL den Anforderungen multidimensionaler Systeme nur höchst unzureichend gerecht wird. Andererseits gibt es zweifellos ein wachsendes Bedürfnis nach einer dem SQL analogen Abfragesprache, die auf multidimensionale Datenbanken anwendbar ist. Bisher gab es eine derartige Sprache nicht. Mit dem OLAP Server bietet Microsoft zugleich eine spezielle multidimensionale Abfragesprache an, die sich an das relationale SQL anlehnt. Diese Sprache wird MDX (steht für Multidimensional Expressions) genannt. Offensichtlich hofft Microsoft, daß sich MDX zum Standard mausert. Jedenfalls hat Microsoft über die reine Sprachschöpfung hinaus Anstrengungen unternommen, dieses Ziel zu erreichen: MDX kann automatisch von allen OLAP Systemen genutzt werden, deren Provider die Schnittstelle OLE DB for OLAP in ihr System integriert haben. MDX ist also – wie die Schnittstelle OLE DB for OLAP – als nicht-proprietäres Systemkonzept gedacht. Da bereits heute zahlreiche bedeutsame Anbieter ihre Absicht bekundet haben, die Schnittstelle OLE DB for OLAP zu unterstützen, besteht die begründete Vermutung, daß sich MDX im OLAP Bereich ebenso als Standard durchsetzen wird, wie dies für SQL im OLTP-Bereich bereits seit langem gilt. Nach Microsofts Aussage[1] stellt das Sprachkonzept MDX eine SQL-Erweiterung mit einer reichhaltigen Syntax für multidimensionale Zwecke dar. Obwohl das Konzept als SQL-Erweiterung anzusehen sei, bediene es sich im Hintergrund gleichwohl dieser Sprache, denn die zugrundeliegenden Macros seien mit den Mitteln der SQL-Sprache definiert.

Systematisch betrachtet ist MDX also kein spezielles Konzept des Microsoft OLAP Servers, sondern Bestandteil von OLE DB. Im Sprachgebrauch dieses Konzepts ist der OLAP Server nur ein Provider unter anderen, die dem Standard OLE DB for OLAP folgen. Dieser Standard legt obligatorische und wahlfreie Schnittstellen und Optionen fest. Daher kann man generell nur hinsichtlich der obligatorischen Vereinbarungen – und das heißt in bezug

---

1. Vgl. Dokumentation zum OLAP Server, Hilfedatei oledb200.chm, Thema *Multidimensional Expressions and Datasets.*

auf MDX-Sprachelemente – darauf vertrauen, daß sie von allen OLAP-Providern eingehalten werden. Dies gilt auch für den Microsoft OLAP Server: Obwohl dieser fast alle Sprachelemente, die im MDX-Konzept von OLE DB for OLAP vorgesehen sind, realisiert hat, gibt es einige Punkte, für die das nicht gilt. Beispielsweise sieht das allgemeine MDX-Konzept multiple Hierarchien für Dimensionen vor, die der Microsoft OLAP Server nicht realisiert hat.

Von MDX wird teilweise oder im Ganzen an verschiedenen Stellen im Microsoft OLAP Konzept Gebrauch gemacht. Diese Features werden im Folgenden kurz beschrieben und – auch mit Hilfe von Beispielen – erläutert.

ADO MD und OLE DB for OLAP: Cellsets durch Select-Anweisungen

ADO MD und OLE DB for OLAP sind Microsofts aktuelle Datenzugriffskonzepte auf multidimensionale Daten. Dabei setzt OLE DB for OLAP – wie auch das normale OLE DB – Programmierung in C++ voraus. ADO MD, das intern selbst auf OLE DB for OLAP aufsetzt, steht dagegen Visual Basic Programmierern zur Verfügung und ist gegenüber der Programmierung mit OLE DB for OLAP nur geringfügig eingeschränkt, beim lesenden Zugriff überhaupt nicht. Da es in diesem Zusammenhang nur um lesende MDX-Abfragen geht, wird im weiteren nur von ADO MD gesprochen.

Multidimensionale Datenzugriffe über ADO MD werden stets als MDX-Abfragen mit einem *Select* Statement realisiert. Das Ergebnis einer MDX-Abfrage ist stets ein *Cellset* genannter multidimensionaler View der Cube Daten, der einen ähnlichen Aufbau hat wie der Cube selbst, jedoch werden die *Dimensionen* des Cube hier *Achsen* genannt. Jede Achse besteht aus einer oder mehr Dimensionen, die auf sie projiziert sind.

Ein typisches Statement für eine MDX-Abfrage könnte z.B. lauten:

```
Select Region.members on Columns, Kategorie.members on Rows From
NWIND_Cube1 Where (Umsatz, Zeit.[1995])
```

Mit diesem MDX-Statement wird ein Cellset aus den Daten des Cube NWIND_Cube1 erzeugt, das zwei Achsen hat. Auf der X-Achse (*Columns*) werden die Elemente der Hierarchieebene *Region* und auf der Y-Achse (*Rows*) die Elemente der Hierarchieebene *Kategorie* abgebildet. In den Zellen, in denen sich die Elemente der beiden Achsen schneiden, werden die Umsatzwerte für 1995 wiedergegeben.

In der folgenden Tabelle 14.1 ist das Cellset wiedergegeben, das durch das MDX-Statement erzeugt wurde. Allerdings wird eine solche Tabelle keinesfalls automatisch erstellt. Vielmehr wurde sie in diesem Falle durch VBA-Code in eine Excel Tabelle geschrieben, genau wie das Ausführen des MDX-Statement mit VBA-Code realisiert wurde. Dieses Programmieren wird ausführlich in Kap. 16, *Client Zugriffe mit ADO und ADO MD*, behandelt.

	Europa	Nordamerika	Südamerika
Fleischprodukte	48.705,22 DM	24.928,28 DM	9.469,30 DM
Getränke	71.068,10 DM	30.625,95 DM	24.367,20 DM
Getreideprodukte	30.527,90 DM	16.552,80 DM	6.282,50 DM
Gewürze	36.874,60 DM	11.237,60 DM	7.516,40 DM
Meeresfrüchte	37.392,25 DM	12.786,27 DM	10.116,48 DM
Milchprodukte	75.517,90 DM	23.909,80 DM	19.679,70 DM
Naturprodukte	33.632,35 DM	7.098,65 DM	6.767,15 DM
Süßwaren	53.330,20 DM	19.661,65 DM	8.878,08 DM

Tabelle 14.1

MDX für den Datenzugriff über ADO MD läuft also darauf hinaus, MDX-Statements der hier beispielhaft angegebenen Art zu beherrschen. Dies ist im Vergleich zu den anderen Features der umfangreichste Anwendungsbereich von MDX, weil derartige Statements von allen datenmanipulierenden MDX-Sprachelementen Gebrauch machen können. Auf dieser Ebene entspricht MDX dem, was im relationalen SQL als *DML* (*Data Manipulation Language*) bezeichnet wird.

MDX-Ausdrücke im Generator für berechnete Elemente des Microsoft OLAP Servers

Sie können einem bestehenden Cube berechnete Measures und berechnete Elemente von Dimensionen hinzufügen. Für diesen Zweck steht im Cube Editor das spezielle Werkzeug *Generator für berechnete Elemente* zur Verfügung. Ein neues Element einer Dimension oder ein neues berechnetes Measure wird dabei auf der Grundlage eines MDX-Ausdrucks gebildet, der auch um mathematische Formeln und benutzerdefinierte Funktionen ergänzt werden kann. Für den Cube NWIND_Cube1 beispielsweise soll das neue Measure »WG_Anteil« gebildet werden, das den relativen Umsatzanteil jedes Elements der Dimension *Produkt* am Umsatz der übergeordneten Warengruppe ausweist. Dies erreichen Sie mit dem folgenden MDX-Ausdruck:

```
(Umsatz,Produkt)/(Umsatz,Produkt.CurrentMember.Parent)
```

Der Zähler dieses Ausdrucks ergibt für jede Zelle des neuen Measure den Umsatz der einzelnen Elemente der Dimension *Produkt*. Der Nenner des Ausdrucks ergibt dazu den Umsatz des Elements, das dem aktuellen Element (*CurrentMember*) als *Parent* übergeordnet ist, also die übergeordnete Warengruppe.

DDL (Data Definition Language): lokale Cubes bilden

MDX enthält nicht nur Sprachelemente zur Datenmanipulation, wie sie bisher gezeigt wurden, sondern auch Konstrukte zur Datendefinition. Diese erlauben es, lokale Cubes zu definieren und mit Daten eines bestehenden Cube des OLAP Servers zu versorgen. Dabei muß der lokale Cube keinesfalls eine Kopie des Server Cube sein, sondern er kann eine Teilmenge von dessen Daten übernehmen. Die Daten können zudem mit den MDX-Sprachelementen zur Datenmanipulation transformiert werden. Lokale Cubes haben den Vorteil, daß auf sie auch von einem Client zugegriffen werden kann, der unter Windows 95/98 laufen kann. Beispielsweise kann Excel 2000 lokale Cubes als Pivot-Tabellen mit hierarchischen Dimensionen wiedergeben. Da lokale Cubes nicht an einen OLAP Server gebunden sind, sind sie hervorragend zum Portieren auf andere PCs geeignet, nicht zuletzt auch für Notebooks. Diese Zusammenhänge werden im allgemeinen in Kap. 18, *Lokale Cubes erstellen*, behandelt.

DSO: Den OLAP Server über Code steuern

Die übliche Administration und Steuerung des OLAP Servers erfolgt, wie Sie dies in den vorangehenden Kapiteln dieses Buches kennengelernt haben, über die OLAP Management Console mit ihrem Objektbaum und den verschiedenen Werkzeugen wie dem Cube Editor, dem Generator für berechnete Elemente usw. Man könnte dies die manuelle Steuerung des OLAP Servers nennen, wobei die OLAP Management Console das UI (User Interface) zum OLAP Server darstellt. Der OLAP Server ist aber auch vollständig als Visual Basic Objektmodell verfügbar und entsprechend programmierbar. Das Modell hat den Namen *DSO* (*Decision Support Objects*). Mit DSO können alle Aufgaben, die über die OLAP Management Console manuell erledigt werden, codegesteuert gelöst werden. Tatsächlich ist die OLAP Management Console selbst mit Hilfe von DSO programmiert worden. Dabei wird die multidimensionale Datenmanipulation und -definition mit MDX vorgenommen. Das DSO-Konzept wird ausführlich in Kap. 17, *DSO: OLAP Server programmieren*, behandelt.

MDXSample: Übungsprogramm für MDX-Abfragen

Das Installationsprogramm für den OLAP Server installiert auch das Programm *MDXSample*. Dies ist ein in Visual Basic geschriebenes Programm, das ein Dialogfeld bereitstellt, mit dem MDX-Select-Statements für reine Übungszwecke ausgeführt und tabellarisch dargestellt werden können. Der Vorteil dieser Anwendung liegt darin, daß Sie sich vollständig auf die Sprachebene MDX konzentrieren und mit verschiedenen MDX-Ausdrücken experimentieren können, ohne eine einzige Zeile selbst programmieren zu müssen. Ohne diese Übungsanwendung müßten Sie selbst wenigstens ein Minimum an Visual Basic Code schreiben, um eine MDX-Abfrage ausführen und ihr Ergebnis anschauen zu können. Von diesem zusätzlichen Lernaufwand können Sie sich entlasten, wenn Sie nur MDX erproben wollen, ohne beispielsweise eine Client-Anwendung mit ADO MD schreiben zu wollen. Das Programm *MDXSample* wird in diesem Kapitel weiter unten erklärt, vgl. Punkt 14.3, *Das Übungswerkzeug MDXSample*.

14.2 MDX-Sprachelemente, Namensraum und eindeutige Namen

14.2.1 MDX-Sprachelemente

1. Ein Cube wird durch Dimensionen und deren Elemente definiert. Diese Aussage gilt trotz des Umstandes, daß jeder Cube mindestens ein Measure besitzen muß, denn es ist Folgendes zu beachten: Measures sind im MDX-Konzept als Teil der Dimensionen modelliert. Es existiert stets die Dimension mit dem vordefinierten Namen *Measures*, deren Elemente die Namen der einzelnen Measures wie *Umsatz, Menge, Umsatzveränderung* sind. Auch die berechneten Measures sind Elemente der Dimension *Measures*.

2. Ein MDX-Statement enthält Ausdrücke, die auf *Sets, Tupels, Elemente, Zahlen* und *Zeichenketten* als Operatoren wirken. Diese Elemente haben im Einzelnen die folgende Bedeutung:
   - **Zahl.** Dies kann eine Zahl selbst sein oder ein Ausdruck, der mit Hilfe der üblichen Rechenoperatoren für Addition, Subtraktion, Multiplikation und Division eine Zahl ergibt.
   - **Zeichenkette**. Dies ist eine Folge von alphanumerischen Zeichen.
   - **Element**. Ein Element Wert Ausdruck (member value expression) kann eine Operation auf ein anderes Element ausführen. Beispielsweise ergibt der Ausdruck *Berlin.Parent* das Parent-Element zu *Berlin*, das ist *Deutschland*.
   - **Tupel**. Ein Tupel ist eine Sammlung (collection) von Elementen aus unterschiedlichen Dimensionen. Beispielsweise stellt der Ausdruck *(Berlin, [1997])* ein Tupel dar, dessen beide Elemente aus den Dimensionen *Lieferziel* und *Zeit* stammen. Tupels werden stets zwischen runden Klammern angegeben. Ein Tupel kann auch aus nur einem Element bestehen. In diesem Falle wird von einem degenerierten Tupel gesprochen; die runden Klammern können dabei entfallen.
   - **Set**. Ein Set ist eine Sammlung (collection) von Tupel Elementen. Ein Set Wert Ausdruck führt eine Operation auf ein Element, ein Tupel oder auf andere Set Elemente aus und ergibt dabei andere Set Elemente. Eine numerische Funktion kann ebenfalls eine Operation auf ein Set Element ausführen und ergibt dann eine Zahl. Beispielsweise führt die Funktion *AVG({Europa, Nordamerika}, Umsatz)* eine Operation auf das Set *{Europa, Nordamerika}* aus und ergibt den Durchschnittsumsatz für Europa und Nordamerika.

Bei der Spezifikation von MDX-Ausdrücken kommt es auch auf den Kontext an, in dem die Ausdrücke verarbeitet werden. Wir besprechen hier einerseits MDX-Select-Statements und andererseits den *Generator für berechnete Ele-*

mente. Das sind jeweils verschiedene Kontexte, die zu ganz unterschiedlichen Konsequenzen führen. Beispielsweise kann sowohl der Generator für berechnete Elemente wie auch ein MDX-Select-Statement das Tupel *(Umsatz, [1995])* verarbeiten. Für den Generator für berechnete Elemente reicht es aus, nur dieses Tupel anzugeben. Er verarbeitet den Ausdruck so, daß das neue berechnete Element mit Umsatzwerten von 1995 besetzt wird. Ein MDX-Select-Statement dagegen benötigt noch mehr Informationen als nur dieses Tupel, damit es einen View auf einen Cube ausgeben kann.

14.2.2 Eindeutige Namen spezifizieren

Wenn Sie in einem MDX-Ausdruck Namen von Dimensionen, Elementen oder Hierarchien angeben, müssen diese natürlich in dem Kontext eindeutig sein. Eindeutigkeit bedeutet jedoch nicht unbedingt, daß der Name stets vollqualifiziert spezifiziert sein muß. Es kann sein, daß es in einem bestimmten Kontext ausreicht, allein den Namen ohne weitere Qualifizierung anzugeben. Um die genaueren Zusammenhänge besser verstehen zu können, ist es sinnvoll, den Begriff *Namensraum* einzuführen. Als Namensraum eines Objekts wird die Domäne bezeichnet, innerhalb derer ein Objektname singulär sein muß. Beispielsweise müssen die Namen von Elementen einer Dimension keinesfalls für die gesamte Dimension singulär sein. Allerdings müssen alle Children eines Elements singuläre Namen haben. Dies ist der Namensraum eines Elementnamens.

Wenn der Namensraum eines Objekts kleiner ist als der gesamte Raum, auf den sich der MDX-Ausdruck bezieht (z. B. der Cube oder die Cubes), kann es vorkommen, daß Namen uneindeutig werden. Wenn sie dennoch eindeutig sind, reicht es aus, im MDX-Ausdruck nur den Namen zu spezifizieren. Wenn beispielsweise der Elementname *Hamburg* innerhalb eines Cube nur einmal als Elementname vorkommt, reicht es aus, dieses Element durch Angabe von *Hamburg* zu spezifizieren. Wenn der Name dagegen mehrdeutig ist, weil er im Cube mehrfach vorkommt, muß er eindeutig angegeben werden, indem er qualifiziert spezifiziert wird. Das braucht allerdings keine volle Qualifizierung zu sein, sondern es reicht aus, den Namen so weit zu qualifizieren, bis er eindeutig wird. Nehmen wir beispielsweise an, in der Dimension *Region* komme der Name *Frankfurt* zweimal als Elementname vor, wobei er einmal dem Bundesland Hessen, das andere Mal dem Bundesland Brandenburg untergeordnet sei. Um das hessische Frankfurt eindeutig anzugeben, reicht es aus, *Hessen.Frankfurt* anzugeben; der Dimensionsname *Region* muß dann nicht mitangeführt werden. In einem anderen Zusammenhang könnte allerdings auch dies erforderlich sein. Beispielsweise könnte in dem Cube mit zwei regionalen Dimensionen – nennen wir sie *Kundenregion* und *Herstellerregion* – gearbeitet werden. Wenn die beiden Frankfurts mit denselben übergeordneten Bundesländern dann auch in beiden Dimensionen vorkommen, muß für die Kundenregion beispielsweise *Kundenregion.Hessen.Frankfurt* angegeben werden, um dieses Element eindeutig zu bestimmen.[2] Falls sich im Laufe der Zeit eine dieser Namenskomponenten ändert, muß die Angabe natürlich entsprechend angepaßt werden. Dies kann insbesondere bei gespeicherten Abfragen oder Ausdrücken für berechnete Elemente eine Fehlerquelle sein.

14.2.3 Der Gebrauch von Punkt und Klammern

Punkt. Der Punkt wird verwendet, um einzelne Namen miteinander zu verbinden, wie beispielsweise in *Lieferziel.All.Europa.Deutschland.*

Eckige Klammern [] Jeder Name muß zwischen ein Paar eckiger Klammern gesetzt werden, wenn er Leerzeichen oder Sonderzeichen enthält. Auch Zahlen, die als Elementnamen dienen, müssen zwischen eckigen Klammern angegeben werden. Andernfalls dürfen die eckigen Klammern fortgelassen werden. Beispielsweise müssen die Namen [Dänemark] oder [Alle Produkte] zwischen eckige Klammern gesetzt werden, weil sie einen Umlaut bzw. ein Leerzeichen enthalten. [1995] braucht die eckigen Klammern, um nicht mit einem numerischen Wert verwechselt zu werden.

Runde Klammern () Ein Tupel – also eine Menge von Elementen – wird zwischen runde Klammern gesetzt. Im Falle eines Tupels, das aus nur einem Element besteht (degeneriertes Tupel), können die Klammern fortgelassen werden.

Geschweifte Klammern {} Zwei oder mehr Sets können zu einem größeren Set vereinigt werden, indem die Sets als Liste, deren einzelne Sets durch Kommas getrennt sind, und zwischen geschweifte Klammern gesetzt angeführt wird. Dies wird auch als implizite Vereinigung (Union) bezeichnet im Unterschied zur expliziten Vereinigung mit der Funktion *Union*. Beispielsweise gibt der Ausdruck *{Fleischprodukte.Children, Getränke.Children}* eine implizite Vereinigung der beiden Sets *Fleischprodukte.Children* und *Getränke.Children* zu einem größeren Set an, in dem die Children der Kategorien *Fleischprodukte* und *Getränke* vereinigt sind. Geschweifte Klammern sind auch erforderlich, wenn ein einzelnes Element in der Achsenspezifikation durch seinen Namen (statt z.B. durch eine Funktion) angegeben wird. Beispielsweise muß in der Achsenspezifikation *{Europa}* geschrieben werden, jedoch reicht *Lieferziel.Children*, um die Elemente der obersten Lieferzielebene zu spezifizieren.

---

2. Das OLE DB for OLAP Konzept ermöglicht es Providern, sogen. Unique Names vorzusehen, die dann eine eindeutige Identifizierung erlauben. Auf diese Möglichkeit wird hier nicht eingegangen, vgl. genauer Dokumentation zum OLAP Server, Hilfedatei oledb200.chm, Thema *Name Space and Unique Names*.

14.3 Das Übungswerkzeug MDXSample

Zusammen mit dem OLAP Server installiert das Installationsprogramm die Anwendung *MDXSample*. Dieses Programm ist eine Client Anwendung für den Microsoft OLAP Server, die zum Üben gedacht ist. Ihr Leistungsumfang beschränkt sich darauf, daß sie MDX-Select-Statements, die vom Benutzer eingegeben werden, ausführt und das Ergebnis in einer Tabelle wiedergibt. Die Abfragen können auch gespeichert werden. Der wesentliche Vorteil des Programms liegt darin, daß Sie sich unmittelbar auf die Formulierung von MDX-Select-Statements konzentrieren können, ohne Visual Basic Code schreiben zu müssen.

Visual Basic Code studieren

MDXSample ist in Visual Basic geschrieben. Sie arbeiten zwar mit dem kompilierten Projekt, das als Programmdatei MDXSampl.exe ausgeführt wird, jedoch liegt das gesamte Programm auch als Visual Basic Projekt im Quellcode vor. Sie finden es unter dem Namen MDXSampl.vbp im Ordner Sample\MDXSample, einem Unterordner zu dem Ordner, in dem der Microsoft OLAP Server installiert ist. Wenn Sie selbst eine Client Anwendung mit ADO MD erstellen wollen, kann es lohnend sein, den Code des Projekts MDXSampl.vbp zu studieren. In Kap. 16, *Client Zugriffe mit ADO und ADO MD*, wird ausführlich auf das Erstellen von ADO MD Client Anwendungen eingegangen.

MDXSample starten

MDXSample ist als eine weitere Anwendung unter der Bezeichnung *MDX-Beispielanwendungen* in dieselbe Programmgruppe aufgenommen, in der sich auch der Microsoft OLAP Server befindet. Sie starten die Anwendung daher am besten über das Startmenü. Falls dies für Sie nicht zutrifft, können Sie die Programmdatei MDXSampl.exe auf der Festplatte suchen (zum entsprechenden Ordner vgl. den vorangehenden Abschnitt) und von dort starten.

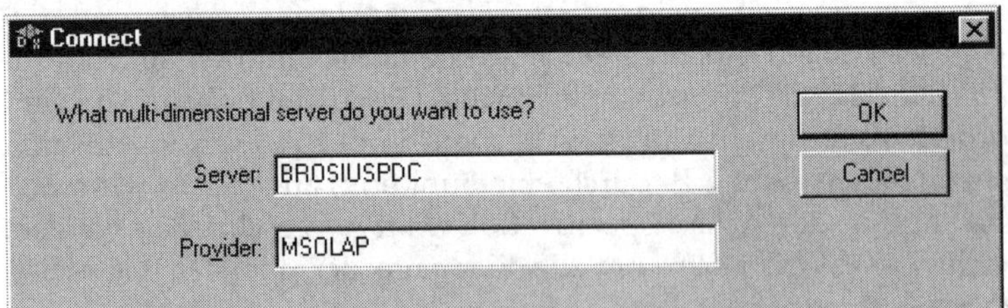

Abbildung 14.1: Dialogfeld »Connect« der Anwendung MDXSample.

Unmittelbar nach dem Start wird das Dialogfeld *Connect* angezeigt, in dem Sie den Namen des OLAP Servers sowie den Provider angeben müssen, vgl. Bild 14.1. Da *MDXSample* so ausgelegt ist, daß es auch für einen anderen Provider als Microsoft OLAP Server als Client fungieren kann, ist es sinnvoll, dies abzufragen. Wenn der Microsoft OLAP Server als NT-Dienst läuft, sollten die beiden Eingabefelder mit den für Sie zutreffenden Angaben bereits korrekt vorbesetzt sein, weil *MDXSample* dies automatisch zu ermitteln versucht. Falls dies nicht zutrifft, müßten Sie entsprechende Änderungen vornehmen. Wenn Sie den Namen Ihres Servers nicht kennen, können Sie dafür auch *LocalHost* angeben. Der Microsoft OLAP Server hat in jedem Falle den Providernamen MSOLAP.

Datenbank und Cube wählen

Nachdem Sie das Dialogfeld *Connect* mit OK bestätigt haben, erscheint das (einzige) Dialogfeld von MDXSample, vgl. Bild 14.2. Um MDX-Select-Statements ausführen zu können, muß die Anwendung wissen, in welcher Datenbank der Cube liegt, auf den sich die Abfrage richtet. Dies wird in der Dropdown-Liste *DB*, die sich in der Symbolleiste der Anwendung befindet, festgelegt. Darüber hinaus können Sie auch einen Cube dieser Datenbank festlegen, indem Sie diesen in der Dropdown-Liste *Cube* auswählen. Diese Wahl hat allerdings für die Ausführung des MDX-Select-Statement keinerlei Bedeutung, da dort der entsprechende Cube direkt mit der From-Klausel angegeben wird.

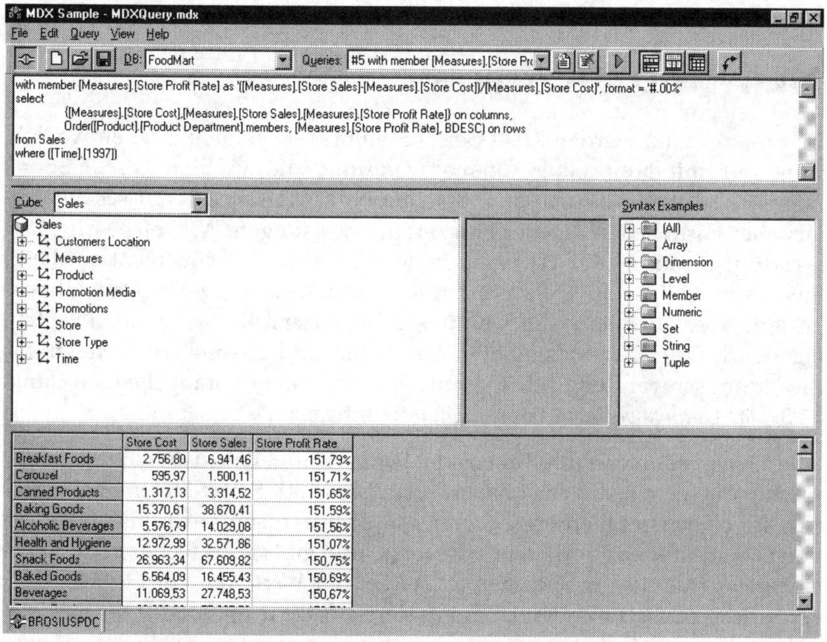

	Store Cost	Store Sales	Store Profit Rate
Breakfast Foods	2.756,80	6.941,46	151,79%
Carousel	595,97	1.500,11	151,71%
Canned Products	1.317,13	3.314,52	151,65%
Baking Goods	15.370,61	38.670,41	151,59%
Alcoholic Beverages	5.576,79	14.029,08	151,56%
Health and Hygiene	12.972,99	32.571,86	151,07%
Snack Foods	26.963,34	67.609,82	150,75%
Baked Goods	6.564,09	16.455,43	150,69%
Beverages	11.069,53	27.748,53	150,67%

Abbildung 14.2: Dialogfeld der Anwendung »MDXSample«. Das MDX-Select-Statement wurde ausgeführt, und der Inhalt des Cellset wird im unteren Teil des Dialogfeldes wiedergegeben.

Drag & Drop für Dimensionen und Elemente

Die Auswahl eines Cube in der gleichnamigen Dropdown-Liste hat zur Folge, daß dann dessen Dimensionen unterhalb der Dropdown-Liste *Cube* angezeigt werden, vgl. Bild 14.2. Sie können die Hierarchiebäume der einzelnen Dimensionen auch öffnen. Nicht zuletzt können Sie die einzelnen Dimensionen oder deren Elemente zum Formulieren eines MDX-Select-Statement auch per Drag & Drop in das Abfragefeld ziehen.

MDX-Select-Statement formulieren

Um ein MDX-Select-Statement zu formulieren, schreiben Sie dieses in das Feld unterhalb der Symbolleiste. Sofern sich dort bereits eine Abfrage befindet, können Sie mit dem Symbol *New Query* Platz für eine neue schaffen, ohne daß die vorhandene überschrieben wird. Sie können dazu Dimensionen und deren Elemente per Drag & Drop in das Feld ziehen, ebenso Funktionen aus der Funktionsliste, die mit *Syntax Examples* überschrieben ist.

MDX-Select-Statement starten

Sie starten eine formulierte Abfrage durch Klicken auf das Symbol *Run Query*. Falls die Abfrage fehlerfrei ist, wird der Inhalt des Cellset, das sie ergibt, im unteren Teil des Dialogfeldes tabellarisch wiedergegeben.

Gespeicherte MDX-Select-Statements verwenden

MDXSample liefert eine kleine Auswahl vorformulierter MDX-Select-Statements mit, die in der Datei \Samples\MDXQuery.mdx gespeichert sind. Wenn Sie diese Datei öffnen, können Sie in der Dropdown-Liste *Queries* eine der Abfragen auswählen, deren Text dann in das Abfragefeld kopiert wird. In Bild 14.2 ist gerade die Abfrage #5 ausgewählt.

Eigene Abfragen speichern

Sie können die jeweils in der Liste *Queries* verfügbaren Abfragen in einer Datei speichern, indem Sie aus dem Menü File den Befehl *Save* (Speichern in geöffnete Datei) bzw. *Save as...* (Speichern in neue Datei) wählen.

14.4 MDX-Abfragen

In diesem Punkt werden MDX-Select-Statements behandelt, deren Ausführung nur mit Hilfe einer Clientanwendung, die auf den OLAP Server zugreift, möglich ist. Auch die Darstellung des Abfrageergebnisses in tabellarischer Form bedarf eigener Programmanweisungen. Wie solche Clientanwendungen mit ADO MD realisiert werden können, wird nicht an dieser Stelle, sondern in Kap. 16, *Client-Zugriffe mit ADO und ADO MD*, ausführlich erklärt. Aber auch ohne die Kenntnisse aus diesem Kapitel können Sie Ihre eigenen MDX-Select-Statements formulieren und ausprobieren, indem Sie die Übungsanwendung MDXSample starten, die im vorangehenden Punkt 14.3, *Das Übungswerkzeug MDXSample*, beschrieben ist.

Alle Daten in einer multidimensionalen Datenquelle existieren als Datenpunkte in einem n-dimensionalen Cube. Ein MDX-Select-Statement bezieht sich auf einen oder mehrere Cubes. Das Abfrageergebnis extrahiert einen Set von Datenpunkten aus diesem(n) Cube(s) und gibt sie als weiteren p-dimensionalen Cube aus. Im allgemeinen beträgt der Wert von p nicht mehr als 4, typischerweise ist er 2 oder 3. Der aus der Abfrage resultierende p-dimensionale Cube wird *Cellset*[3] genannt. Die Analogie zu einer relationalen Select Abfrage ist diese: Eine relationale Abfrage bezieht sich auf eine oder mehrere Tabellen, und das Abfrageergebnis hat die Struktur einer flachen Tabelle, die als *Recordset* wiedergegeben wird.

Obwohl ein Cellset selbst die Struktur eines Cube hat, ist die Begrifflichkeit im allgemeinen hier eine etwas andere: Statt von Dimensionen wie beim

3. Der Terminus *Cellset* wird in der Microsoft Dokumentation zu ADO MD verwendet. Die Dokumentation zu OLE DB for OLAP verwendet dagegen die Bezeichnung *Dataset*. Da wir in diesem Buch ADO MD ausführlich, OLE DB for OLAP dagegen nur am Rande behandeln, haben wir uns für den Ausdruck Cellset entschieden.

Cube wird beim Cellset von *Achsen* gesprochen. Auf jede Achse sind eine oder mehrere (dann geschachtelte) Dimensionen projiziert. Die Punkte auf einer Achse werden *Positionen* genannt. Für eine Achse, die aus einer einzigen Dimension besteht, sind diese Punkte eine Teilmenge der Elemente dieser Dimension. Wenn auf eine Achse mehr als eine Dimension projiziert ist, dann ist jede Position eine aus n Teilen zusammengesetzte Einheit, wobei n die Anzahl der auf die Achse projizierten Dimensionen ist; jeder Teil der Position ist ein Element einer der beteiligten Dimensionen. Beispiel: Auf einer Achse werden die beiden Dimensionen *Lieferziel* und *Produkt* abgebildet. Dann könnte eine Kombination von Elementen dieser beiden Dimensionen *Europa* und *Getränke* sein. Dieser Kombination entspricht dann eine Position auf der Achse, die auch entsprechend mit *Europa Getränke* bezeichnet wird. Die Schnittpunkte der Achsenkoordinaten werden *Zellen* genannt.

In Tabelle 14.2 ist ein Cellset wiedergegeben, der das Ergebnis eines MDX-Select-Statement an den Cube NWIND_Cube1 darstellt. Auf die X-Achse (*Columns*) wurden hier Elemente aus den beiden Dimensionen *Lieferziel* und *Produkt* projiziert. Dabei ist die Dimension *Produkt* in die Dimension *Lieferziel* geschachtelt. Die Y-Achse (*Rows*) enthält nur Elemente der Dimension *Zeit*. Die Zellen geben die Umsatzwerte (*Umsatz* ist ein Measure) für die jeweiligen Schnittpunkte der Achsenkoordinaten wieder.

Umsatz

	Europa		**Nordamerika**		**Südamerika**	
	Getränke	**Gewürze**	**Getränke**	**Gewürze**	**Getränke**	**Gewürze**
1994	13634,4	5992,5	6792,4	6044	2008,4	1772,3
1995	71068,1	36874,6	30625,95	11237,6	24367,2	7516,4
1996	67169,5	30989,2	39772,5	6284,85	31088,5	6983,3

Tabelle 14.2

Das in Tabelle 14.2 wiedergegebene Cellset ist das Ergebnis des folgenden MDX-Select-Statement:

```
Select Crossjoin(Lieferziel.children, {Produkt.[Getränke],
Produkt.[Gewürze]}) On Columns, Zeit.children On Rows From NWIND_Cube1
Where Umsatz
```

14.4.1 Typische Bestandteile eines MDX-Statement

Informationen zum Definieren eines Cellset

Um ein Cellset hinreichend zu bestimmen, muß das MDX-Statement Informationen über die folgenden Punkte enthalten:

- Der Cube oder die Cubes, auf den oder die sich die Abfrage bezieht.
- Die Zahl der Achsen.
- Die Dimensionen, die auf jede Achse projiziert werden, sowie die Schachtelungsebene, bei der jede Dimension.wiedergegeben wird.
- Die Elemente oder Tupel von Elementen jeder Dimension, die berücksichtigt werden sollen, sowie die Sortierfolge.
- Die Elemente der nicht auf die Achsen projizierten Dimensionen, auf die die Daten der auf den Achsen berücksichtigten Dimensionselemente gefiltert werden.

Ein typisches MDX-Select-Statement hat die folgende Form:

```
Select <Achsen_Spezifikation> [, <Achsen_Spezifikation>...]
From <Cube_Spezifikation>
Where <Slicer_Spezifikation>
```

Diese Teile werden im folgenden genauer erklärt.[4]

Achsen- und Slicerdimensionen

Im allgemeinen werden die Dimensionen eines Cube beim Formulieren eines MDX-Select-Statement in zwei Teilmengen geteilt:

- **Achsendimensionen**. Für diese Dimensionen werden für verschiedene ihrer Elemente Daten wiedergegeben.
- **Slicerdimensionen**. Hierfür werden Daten für einzelne Dimensionselemente wiedergegeben.

Nehmen wir beispielsweise den Cube NWIND_Cube1. Er enthält die drei Dimensionen *Lieferziel, Produkt* und *Zeit* sowie die beiden Measures *Menge* und *Umsatz*. Nehmen wir weiter an, daß davon der Getränkeumsatz für die obersten Ebenen der Dimensionen *Lieferziel* und *Zeit* wiedergegeben werden sollen, dann würde dies folgendermaßen tabellarisch dargestellt werden (vgl. Tabelle 14.3):

---

4. Die vollständige Syntax eines Statement, das eine Cellset-Abfrage definiert, ist um Einiges reichhaltiger als dieses Beispiel, das nur die wichtigsten und typischen Elemente enthält. Eine wesentlich ausführlichere Dokumentation finden Sie in der Hilfedatei \Msolap\Documentation\oledb\oledb200.chm (SQL Server 7.0 CD-ROM) unter dem Thema *OLE DB for OLAP Programmer's Reference*, Unterthema *Chapter 6 Mapping MDX to SQL Statements*.

Umsatz für Getränke

	Europa	Nordamerika	Südamerika
1994	13634,4	6792,4	2008,4
1995	71068,1	30625,95	24367,2
1996	67169,5	39772,5	31088,5

Tabelle 14.3

In diesem Beispiel sind die Dimensionen *Lieferziel* und *Zeit* die *Achsen*dimensionen, während *Measures* und *Produkt* die *Slicer*dimensionen sind. Diese Zusammenhänge können auch bildlich veranschaulicht werden. Ausgangspunkt ist ein vierdimensionaler Cube mit den vier Dimensionen *Lieferziel, Produkt, Zeit* und *Measures*. Jede dieser Dimensionen bildet eine Kante des Cube. Das Slicing ergibt sich dann folgendermaßen: Die Abfrage bewegt sich entlang der Measures Kante und wählt den Punkt *Umsatz* aus. Danach bleibt ein dreidimensionaler Cube übrig, der nur Umsatzdaten enthält. In diesem Cube bewegt sich die Abfrage entlang der *Produkt* Kante und wählt den Punkt *Getränke*. Hiernach bleibt eine zweidimensionale Scheibe im Cube übrig. Aus dieser Scheibe wird eine Teilmenge von Daten wiedergegeben, die den Achsenangaben entspricht. Im Beispiel von Tabelle 3 werden Angaben für die Elemente der obersten Ebene der Dimensionen *Lieferziel* und *Zeit* berücksichtigt.

Zusammenfassend kann man sagen, daß die Slicerdimensionen dazu dienen, aus einem n-dimensionalen Cube eine p-dimensionale Projektion zu bilden (mit n >= p). Die Achsendimensionen schneiden diese Projektion dann entlang einer oder mehrerer Achsen auf und geben das Ergebnis in tabellarischer Form wieder. Mit welchen MDX-Ausdrücken Dimensionen zu Achsen- bzw. zu Slicerdimensionen gemacht werden, wird in den folgenden Punkten dieses Kapitels behandelt.

14.4.2 Cube angeben

In einem MDX-Select-Statement wird der Cube, auf den sich die Abfrage richtet, mit der *From* `<Cube_Spezifikation>` Klausel angegeben. Dabei wird für `<Cube_Spezifikation>` einfach der Name des Cube notiert. Es können auch mehr als ein Cube spezifiziert werden. Dann werden die einzelnen Cubenamen jeweils durch ein Komma voneinander getrennt.

14.4.3 Anzahl und Inhalte der Achsen angeben

Die Zahl der Achsen und der Inhalt jeder Achse werden hinter dem Schlüsselwort *Select* und vor dem Schlüsselwort *From* angegeben. Jede einzelne *<Achsen_Spezifikation>* spezifiziert eine Achse. Die Zahl der Achsen im

Cellset ergibt sich aus der Zahl der im MDX-Statement verwendeten *<Achsen_Spezifikation>* Ausdrücke. Die Syntax einer Achsenspezifikation lautet wie folgt:

```
<Achsen_Spezifikation> ::= <Set> ON <Achsen_Name>
```

Dabei wird mit *<Set>* die Menge der Dimensionselemente, die auf die Achse projiziert werden sollen, angegeben. Der Achsenname wird durch ein Schlüsselwort oder ein Schlüsselwort plus Indexzahl angegeben. Die Einzelheiten werden in den folgenden Abschnitten erläutert.

Achsennamen spezifizieren

Zunächst einmal muß das Achsenkonzept erläutert werden, das einem Cellset zugrunde liegt. Ein Cellset kann keine, eine, zwei ... viele Achsen besitzen. Gehen wir einmal von dem typischen Fall eines Cellset mit zwei Achsen aus. Diese haben dann die Namen *Columns* und *Rows*. Im obigen Beispiel von Tabelle 3 besitzt das zugrunde liegende Cellset auch die beiden Achsen *Columns* und *Rows*. Auf der *Columns*-Achse werden dabei die Dimensionselemente *Europa, Nordamerika* und *Südamerika* abgebildet, auf der *Rows*-Achse die Dimensionselemente *1994, 1995* und *1996*. Andere Achsen wurden in dem betreffenden Cellset nicht spezifiziert. Dies hätte jedoch der Fall sein können. Beispielsweise hätten Dimensionselemente der Dimension *Produkt* auf einer weiteren Achse abgebildet werden können. Dies wäre dann die dritte Achse gewesen, die den Namen *Pages* hat. Insgesamt gilt für die Spezifikation eines Achsennamens diese Syntax:

```
<Achsen_Name> ::= COLUMNS | ROWS | PAGES | SECTIONS
                | CHAPTERS
                | AXIS(index)
```

Dies Syntaxdiagramm ist folgendermaßen zu verstehen: Um eine Achse zu identifizieren, können Sie wählen, ob Sie eines der fünf Schlüsselwörter *Columns, Rows, Pages, Sections, Chapters* verwenden oder die Angabe *Axis(Index)*. Bei letzterer Form ist *Index* eine ganze Zahl, und die Zählfolge beginnt bei 0. Daher sind die Angaben *Axis(0)* und *Columns* äquivalent, entsprechend sind es *Axis(1)* und *Rows, Axis(2)* und *Pages* ... Bei Verwendung der Schlüsselwörter *Columns* ... *Chapters* sind Sie auf fünf Achsen beschränkt, was für die Praxis ausreichen wird. Tatsächlich unterstützt das Cellset-Konzept aber auch mehr als fünf Achsen, die Sie dann mit *Axis(5), Axis(6)* ... bezeichnen können.

In einem MDX-Statement dürfen Sie eine höhere Achse (im Sinne eines höheren Indexwertes) nur angeben, wenn die Achsen mit den niedrigeren Indexwerten ebenfalls angegeben sind, und zwar in lückenloser Folge. Ein Cellset kann daher beispielsweise niemals nur die Achse *Rows* enthalten, ohne auch die vorangehende Achse *Columns* aufzuweisen. Eine Abweichung von dieser Regel führt zu einem Fehler. Allerdings ist es möglich, ein Cellset ganz ohne Achsenspezifikation zu erzeugen. In diesem Falle sind alle Dimensionen Slicerdimensionen, und das Cellset kann höchstens eine Zelle enthalten.

Dimensionselemente spezifizieren

Eine Achse enthält ein Set von Tupeln, wobei ein Tupel ein Vektor von Dimensionselementen ist. Um die Koordinaten (=Positionen) einer Achse zu spezifizieren, gehen Sie folgendermaßen vor:

1. Geben Sie einen MDX-Ausdruck an, der Dimensionselemente erzeugt. Einige Ausdrücke ergeben nur ein Element, andere dagegen – der Regelfall – ein Set von Elementen.
2. Erzeugen Sie das gewünschte Set von Elementen für jede Dimension, die Sie auf der Achse abbilden wollen.
3. Im Falle von mehr als einer Dimension für eine Achse bilden Sie das Kreuzprodukt (Funktion *Crossjoin*) der Dimensionselemente, um eine Menge von Tupeln für die Positionen der Achse zu erhalten.

Um ein Set von Dimensionselementen zu erhalten, steht eine ganze Reihe von Möglichkeiten zur Verfügung. Die wichtigsten seien im folgenden angeführt:

- **Aufzählung der Dimensionselemente**. Dies ist sicherlich der einfachste Weg, ein Set von Elementen zu erhalten. Geben Sie einfach eine Komma-separierte Liste von Dimensionselementen an, die Sie zwischen geschweifte Klammern setzen, wie beispielsweise:

  ```
  {Anchorage, [Buenos Aires], Berlin}.
  ```

  Die geschweiften Klammern sind auch erforderlich, wenn die Liste nur aus einem einzigen Element besteht, das mit Hilfe seines Elementnamens bezeichnet wird.

- **Elementausdrücke**. Es stehen verschiedene Funktionen zum Gewinnen von Dimensionselementen (Member Functions) zur Verfügung. Beispielsweise können Sie die Funktion *Children* verwenden, um das Set von Dimensionselementen des übergeordneten Elements zu erhalten. Der Ausdruck

  ```
  Zeit.Children
  ```

  z.B. erzeugt das Set *{1994, 1995, 1996}*. Ein derartiger Ausdruck kann auch mit einer Aufzählung von Dimensionselementen kombiniert werden, wie beispielsweise in

  ```
  {Europa.Children, Nordamerika, [Südamerika]}
  ```

- **Bereich von Dimensionselementen**. Sie können die Elemente einer Dimensionsebene auch als Bereich angeben, wie z.B. mit

  ```
  Belgien:Norwegen
  ```

  In diesem Falle werden alle Elemente zwischen *Belgien* und *Norwegen* – die Grenzen eingeschlossen – in das Set einbezogen. Entscheidend dafür, welche Elemente berücksichtigt werden, ist die Reihenfolge, die für die Elemente in der Dimension besteht.

- **Kreuzprodukt bilden**. Wenn Sie auf einer Achse mehr als eine Dimension abbilden, müssen Sie für die Dimensionselemente das *Kreuzprodukt* bilden. Dazu steht die Funktion *Crossjoin* zur Verfügung. Beispielsweise wird mit dem folgenden Ausdruck das Kreuzprodukt für Elemente der beiden Dimensionen *Lieferziel* und *Produkt* gebildet:

  ```
  Crossjoin({Europa, Nordamerika}, Zeit.Children)
  ```

  Dieser Ausdruck ergibt das folgende Set von Tupeln:

Europa	Europa	Europa	Nordamerika	Nordamerika	Nordamerika
1994	1995	1996	1994	1995	1996

Über die in den vorangehenden Aufzählungspunkten genannten Möglichkeiten hinaus existiert eine ganze Reihe weiterer Funktionen, mit denen Sie Sets von Dimensionselementen für die Abbildung auf Achsen bilden können. Die Gesamtheit der MDX-Funktionen wird ausführlich an anderer Stelle behandelt, vgl. Kap. 15, *MDX-Funktionen*.

14.4.4 Slicerdimensionen angeben

Dimensionen können auf zweierlei Weise zur Slicerdimension werden:

- **Explizite Spezifikation in der WHERE-Klausel**. Mindestens ein Dimensionselement wird in einem Set oder Tupel in der WHERE-Klausel angegeben. Die WHERE-Klausel selbst allerdings ist optional.
- **Implizite Spezifikation**. Alle Dimensionen, die weder auf eine Achse projiziert noch explizit in der (wahlfreien) WHERE-Klausel angeführt werden, werden in einem MDX-Statement automatisch als Slicerdimensionen angenommen. In diesen Fällen wird auf das Standardelement (Default Member) der Dimension gefiltert. Wenn eine derartige Dimension kein Standardelement hat, entsteht ein Fehler. Im allgemeinen ist das Element der obersten Dimensionsebene das Standardelement, das, wenn es nicht bearbeitet wurde, den Namen *(All)* hat. Im Dimensions-Editor kann dieser Name allerdings als Eigenschaft der Dimension geändert werden. Daher sollten Sie dort ggf. nachschauen, indem Sie die Box *Eigenschaften* öffnen. Für die Dimension *Measures* ist das erste im Cube-Editor angezeigte Measure das Standardelement. Sie können das Standardelement auch mittels der Funktion *DefaultMember* ausgeben lassen, die die Syntax *<Dimension>.DefaultMember* hat. Als *<Dimension>* kann auch hier *Measures* angegeben werden.

Wenn Slicerdimensionen explizit mit der WHERE-Klausel angegeben werden, gilt diese Syntax:

```
Where <Slicer_Spezifikation>
```

Für die Syntax von <Slicer_Spezifikation> gilt:

```
<Slicer_Spezifikation> ::= {<Set | <Tupel>}
```

Beispielsweise stellt die folgende Zeile eine gültige WHERE-Klausel dar:

```
Where(Umsatz, [1995])
```

Mit diesem Ausdruck wird explizit auf die Umsatzwerte für 1995 gefiltert.

Anders als bei der WHERE-Klausel in einer relationalen Select Abfrage sind hier keine weiteren logischen Operatoren wie *And* oder *Or* erlaubt. Die Elemente der Komma-separierten Liste sind vielmehr implizit durch das logische *And* verbunden.

14.4.5 Vollständig spezifizierte MDX-Select-Statements: Beispiele

Die bisherigen Ausführungen zum Punkt 14.4, *MDX-Abfragen*, haben einzelne Teile eines MDX-Statement erklärt, ohne jedoch Beispiele für komplette MDX-Select-Statements anzuführen. Dies soll an dieser Stelle geschehen. Sie können die Abfragen selbst ausführen lassen, indem Sie sie in der Übungsanwendung *MDXSample* (vgl. dazu oben, Punkt 14.3, *Das Übungswerkzeug MDXSample*) eingeben, ggf. bearbeiten und starten. Die folgenden tabellarischen Ergebnisse wurden nicht mit *MDXSample* erzeugt, sondern mit einer selbst mit Visual Basic über ADO MD erstellten Clientanwendung, vgl. dazu genauer Kap. 16, *Client-Zugriffe mit ADO und ADO MD*. Diese Clientanwendung gibt die tabellarische Darstellung in ein Excel-Spreadsheet aus, von wo sie an diese Stelle kopiert wurde.

In den folgenden Beispielen werden zum einen die Cubes Sales und Warehouse, die mit dem OLAP Server als Samples installiert werden, verwendet, zum anderen auch der Cube NWIND_Cube1. Letzterer ist in diesem Buch in Kap. 6, *Einen OLAP Cube erstellen: Überblick und Tutorium*, erstellt worden. Lesen Sie dort ggf. nach, wie Sie diesen Cube erzeugen können. Die entsprechende relationale Datenbank befindet sich auf der dem Buch beigefügten Beispieldiskette. Hier seien noch einmal die für den Cube NWIND_Cube1 definierten Dimensionen und Measures wiedergegeben:

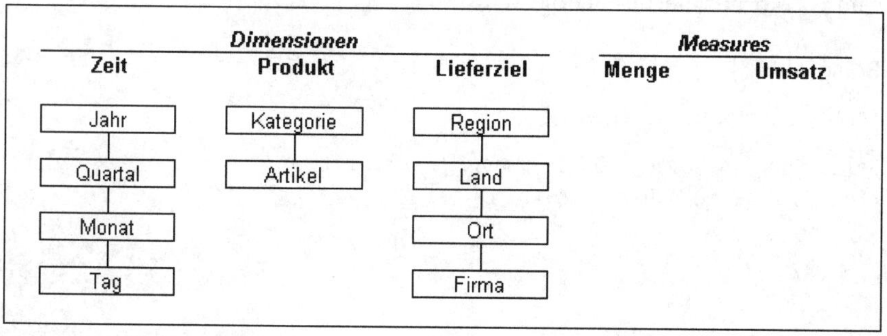

Abbildung 14.3: Dimensionen und Measures im Cube NWIND_Cube1

Beispiel 1

MDX-Select-Statement

```
Select Region.Members On Columns, Kategorie.Members On Rows From
NWIND_Cube1 Where Umsatz
```

Abfrageergebnis

	Europa	Nordamerika	Südamerika
Fleischprodukte	112.952,32	49.660,06	15.576,42
Getränke	151.872,00	77.190,85	57.464,10
Getreideprodukte	62.952,65	26.176,40	11.597,75
Gewürze	73.856,30	23.566,45	16.272,00
Meeresfrüchte	85.379,48	30.501,67	25.741,94
Milchprodukte	157.562,60	52.081,30	41.634,10
Naturprodukte	78.102,80	12.577,90	14.587,90
Süßwaren	103.890,94	48.106,45	25.101,71

Erläuterung. Für die X-Achse (*Columns*) werden alle Elemente (*members*) der Hierarchieebene *Region*, für die Y-Achse (*Rows*) alle Elemente der Ebene *Kategorie* spezifiziert. Diese Set-Angaben brauchen nicht zwischen geschweifte Klammern gesetzt zu werden, weil sich die Elemente mittels einer Funktion ergeben, hier der Funktion *Members*. Die WHERE-Klausel bestimmt den Umsatz zur Slicer-Dimension, so daß in den Zellen die Umsatzwerte ausgegeben werden. Ohne die explizite Spezifizierung des Measure *Umsatz* als Slicer-Dimension wäre auf das Measure *Menge* gefiltert worden, weil dies das Standardelement der Dimension *Measures* ist, auf das ja bei impliziter Spezifikation zur Slicerdimension gefiltert wird, vgl. oben Punkt 14.4.4, *Slicerdimensionen angeben*. Die Dimension *Zeit* befindet sich dadurch, daß sie in der Abfrage nicht explizit angeführt ist, ebenfalls implizit in der Slicerdimension, und es wird auf ihr Standardelement *Gesamtzeit* gefiltert, so daß der gesamte Zeitraum berücksichtigt wird.

Beispiel 2

MDX-Select-Statement

```
Select Region.Members On Columns,{[07.08.95]} On Rows
From NWIND_Cube1 Where Umsatz
```

Abfrageergebnis

	Europa	Nordamerika	Südamerika
07.08.95	543,00		838,45

Erläuterung. Für die X-Achse (*Columns*) werden alle Elemente (*members*) der Hierarchieebene *Region*, für die Y-Achse (*Rows*) wird ein einzelnes Element der untersten Ebene, nämlich der Datumswert *07.08.95*, spezifiziert. (Beachten Sie das Format, in dem das Datum angegeben ist. Da die Hilfe keine Auskunft über das Format, in dem ein Datumswert zu spezifizieren ist, gibt, habe ich nach mehreren erfolglosen Versuchen das Format gewählt, das im Cube Browser angezeigt wird, das ist im vorliegenden Beispiel *07.08.95*.) Es wird explizit auf das Measure *Umsatz* gefiltert. Beachten Sie auch das Paar geschweifter Klammern um das *Zeit* Element. Es ist erforderlich, weil das Element durch seinen Namen spezifiziert wird.

Die Zelle für Nordamerika ist leer. Im nächsten Beispiel wird gezeigt, wie Sie leere Zellen unterdrücken können.

Beispiel 3

MDX-Select-Statement

```
Select Non Empty Region.Members On Columns,
{[07.08.95]} On Rows From NWIND_Cube1 Where Umsatz
```

Abfrageergebnis

	Europa	Südamerika
07.08.95	543,00	838,45

Erläuterung. Dieses Beispiel ist dem vorangehenden gleich, jedoch mit dem folgenden Unterschied: Die Spezifikation für die Columns-Achse beginnt mit den Schlüsselwörtern *Non Empty*. Dies bewirkt, daß Positionen dieser Achse, für die nur leere Zellen existieren, unterdrückt werden. Gegenüber dem vorangehenden Beispiel fehlt daher im Abfrageergebnis das Element *Nordamerika*.

Beispiel 4

MDX-Select-Statement

```
Select Non Empty Region.Members On Columns,
Non Empty Produkt.Children On Rows
From NWIND_Cube1 Where (Umsatz,[07.08.95])
```

Abfrageergebnis

	Europa	Südamerika
Getränke		180,00
Gewürze		408,45
Milchprodukte	50,00	250,00
Süßwaren	493,00	

Erläuterung. Auf die X-Achse (*Columns*) werden die Elemente der Hierarchieebene *Region*, auf die Y-Achse (*Rows*) die Children der Dimension *Produkt* – das sind die Elemente der obersten Ebene *Kategorie* – projiziert. Die Datumsangabe aus dem vorangehenden Beispiel wird hier zur Spezifikation der Filterdimension verwendet. Es werden also in den Zellen die Umsatzwerte für den 07.08.95 wiedergegeben. Leere Elemente werden für beide Achsen unterdrückt (*Non Empty*).

Beispiel 5

MDX-Select-Statement

```
Select Crossjoin(Lieferziel.children, {Produkt.[Getränke],
Produkt.[Gewürze]}) On Columns,
Zeit.children On Rows From nwind_cube1 Where Umsatz
```

Abfrageergebnis

	Europa	Europa	Nord-amerika	Nord-amerika	Süd-amerika	Süd-amerika
	Getränke	Gewürze	Getränke	Gewürze	Getränke	Gewürze
1994	13.634,40	5.992,50	6.792,40	6.044,00	2.008,40	1.772,30
1995	71.068,10	36.874,60	30.625,95	11.237,60	24.367,20	7.516,40
1996	67.169,50	30.989,20	39.772,50	6.284,85	31.088,50	6.983,30

Erläuterung. Auf die *Columns*-Achse werden Elemente aus zwei Dimensionen projiziert, daher müssen diese mit der Funktion *Crossjoin* zu einem Kreuzprodukt vereinigt werden. Es werden die Umsatzwerte für die einzelnen Jahre wiedergegeben, weil auf das Measure *Umsatz* explizit gefiltert wird.

Beispiel 6

MDX-Select-Statement

```
Select Measures.Members On Columns, Zeit.children On Rows From
nwind_cubel
```

Abfrageergebnis

	Menge	Umsatz
1994	5.781,00	128.598,60
1995	24.461,00	626.926,33
1996	21.075,00	598.881,16

Erläuterung. Nicht nur Dimensionen, sondern auch Measures (die ja formal ebenfalls eine Dimension sind) können auf einer Achse abgebildet werden. Dies ist hier für die X-Achse (*Columns*) geschehen. Mit dem Ausdruck *Measures.Members* werden alle (in diesem Falle sind dies nur zwei) Measures des Cube auf die X-Achse projiziert. Entsprechend könnte auch nur eine Auswahl davon spezifiziert werden. Um beispielsweise nur den Umsatz auf der X-Achse abzubilden, wäre zu spezifizieren: *{Umsatz} On Columns*.

Beispiel 7

MDX-Select-Statement

```
Select {Umsatz}  On Columns,
Order(Produkt.Children, Umsatz, Desc) On Rows From nwind_cubel
```

Abfrageergebnis

	Umsatz
Getränke	286.526,95
Milchprodukte	251.278,00
Fleischprodukte	178.188,80
Süßwaren	177.099,10
Meeresfrüchte	141.623,09
Gewürze	113.694,75
Naturprodukte	105.268,60
Getreideprodukte	100.726,80

Erläuterung. Auf die X-Achse wird das Measure *Umsatz* projiziert, auf die Y-Achse die Children der Dimension *Produkt*, und zwar sortiert nach der Größe ihres Umsatzwertes in absteigender Folge. Diese Ordnung wird von der Funktion *Order* hergestellt. Zu deren Syntax im allgemeinen vgl. Kapitel 15, *MDX-Funktionen*. Da keine WHERE-Klausel angegeben ist, wird auf die Standardelemente der beiden Dimensionen *Lieferziel* und *Zeit* gefiltert, das ist jeweils das oberste Element.

Beispiel 8

MDX-Select-Statement

```
Select Berlin:Anchorage  On Columns,
[Getränke]:Milchprodukte On Rows From nwind_cube1
```

Abfrageergebnis

	Berlin	Brandenburg	Cunewalde	...	Vancouver	Albuquerque	Anchorage
Getränke	36,00	128,00	886,00		10,00	232,00	104,00
Getreideprodukte			344,00		15,00	158,00	108,00
Gewürze	44,00	90,00	519,00		5,00	98,00	33,00
Meeresfrüchte	2,00	195,00	557,00		27,00	71,00	70,00
Milchprodukte	15,00	180,00	505,00			340,00	42,00

Erläuterung. Auf der X-Achse (*Columns*) werden alle Elemente von *Berlin* bis *Anchorage*, auf der Y-Achse (*Rows*) alle Elemente von *Getränke* bis *Milchprodukte* abgebildet. Die Reihenfolge der Elemente ist durch die Anordnung im Cube bestimmt. Da keine WHERE-Klausel angegeben ist, wird auf das Standardelement von Measures gefiltert, das ist *Menge*.

Beispiel 9

MDX-Select-Statement

```
Select Descendants([Spanien],Firma)  On Columns, {[Alle Produkte]} On
Rows From nwind_cube1  Where Umsatz
```

Abfrageergebnis

	Galería del gastrónomo	Bólido Comidas preparadas	Romero y tomillo	Godos Cocina Típica
Alle Produkte	836,70	5297,80	1467,29	11830,10

Erläuterung. Auf der X-Achse (*Columns*) werden mittels der Funktion *Descendants* alle Firmen, die aus Spanien stammen, abgebildet, während die Y-Achse (*Rows*) die oberste Kategorie der Dimension *Produkt* wiedergibt. Die Funktion *Descendants* ermöglicht es, zu einem bestimmten Dimensionselement gehörige Dimensionselemente einer beliebigen anderen Ebene (statt nur der unmittelbar untergeordneten wie mit *Children*) auszugeben. Dargestellt werden Umsatzwerte über die *Gesamtzeit*. Beachten Sie bitte, daß die Bezeichnung der obersten Ebene für die Dimension *Produkt* hier mit *Alle Produkte* angegeben ist. Per Voreinstellung wird dafür vom Dimensions-Editor bzw. -Assistenten die Bezeichnung *Alle Produkt* vergeben. In Kap. 8, *Dimensionen*, wurde gezeigt, wie Sie diese Bezeichnung ändern können, indem Sie im Dimensions-Editor die Eigenschaft *All Caption* entsprechend einstellen. Solche Änderungen empfehlen sich sehr, da die Voreinstellung nicht immer die richtige Grammatik trifft (was im Deutschen auch sehr schwer ist!).

Beispiel 10

MDX-Select-Statement

```
Select Order(Topcount(Ort.Members,6,(Umsatz, [Getränke])),(Umsatz,
[Getränke]),Bdesc)  On Rows,
{[Getränke]} On Columns From nwind_cubel  Where Umsatz
```

Abfrageergebnis

	Getränke
Cunewalde	38.272,80
Rio de Janeiro	23.101,80
Albuquerque	19.334,90
São Paulo	14.794,70
Graz	13.704,55
Salzburg	12.747,50

Erläuterung. Auf der X-Achse (*Columns*) wird einzig das Dimensionselement *Getränke* abgebildet. (Beachten Sie, daß die Achsenspezifikation zu *Columns* in diesem Falle hinter derjenigen zu *Rows* erfolgt. Dies ist zulässig. Nicht erlaubt ist dagegen, die Spezifikation zu *Columns* fortzulassen, während gleichzeitig eine Achsenspezifikation zu *Rows* angeführt ist.) Auf der Y-Achse (*Rows*) werden die 6 Orte mit dem größten Getränkeumsatz dargestellt, geordnet in absteigender Folge nach der Größe dieses Umsatzes. Bei der Sortierung bleiben die Hierarchiegrenzen unbeachtet, was durch die Angabe *Bdesc* bewirkt wird.

Beispiel 11

MDX-Select-Statement

```
Select From nwind_cube1 Where Umsatz
```

Abfrageergebnis

1.354.406,09

Erläuterung. Mit dieser Abfrage, in der keine Achsenspezifikation vorkommt, wird ein Cellset mit nur einer Zelle erzeugt. Alle Dimensionen befinden sich in der Slicerdimension. Bis auf Measures, für die explizit der *Umsatz* als Filter angegeben ist, wird für die anderen Dimensionen auf die Standardelemente gefiltert, das ist jeweils das Element der obersten Ebene. Daher gibt die ausgewiesene Zahl den Umsatz über alle *Zeit, Produkte* und *Lieferziele* dar, also den Gesamtumsatz im Cube. (Beim Programmieren bedarf es hier eines besonderen Vorgehens: Da keine Achsenspezifikation vorliegt, existieren im Cellset auch keine Achsen, über deren Positionen sonst die Zellen ausgelesen werden können. Hier muß mit dem ordinalen Wert 0 auf die einzige Zelle des Cellset zugegriffen werden.)

14.4.6 Formatierte Werte ausgeben

Standardmäßig werden die Werte der Measures unformatiert ausgegeben, auch dann, wenn für sie im Cube ein Format abgespeichert ist. Letzteres ist möglich, weil jede Zelle im Cube neben anderen die Eigenschaft *Formatted_Value* besitzt. Daher besteht eine Möglichkeit, formatierte Werte auszugeben, auf der Seite der Client-Anwendung: Diese kann die Zellwerte statt mit der (standardmäßigen) Eigenschaft *Value* mit der Eigenschaft *Formatted_Value* ausgeben. Von dieser Möglichkeit ist in den Beispielen des vorangehenden Punktes 14.4.5, *Vollständig spezifizierte MDX-Select-Statements: Beispiele,* Gebrauch gemacht worden, weshalb die Umsatzwerte dort stets in formatierter Form erscheinen (die Mengenwerte liegen im Cube NWIND_Cube1 in nicht formatierter Form vor).

Sie können die Ausgabe formatierter Measurewerte auch im MDX-Statement veranlassen. Dies geschieht in der Slicerspezifikation, also in der WHERE-Klausel, mit Hilfe der Schlüsselwörter *Properties Formatted_Value.* Das folgende MDX-Statement veranlaßt die Ausgabe der Umsatzwerte in formatierter Form.

MDX-Select-Statement

```
Select Region.Members On Columns,
{Fleischprodukte, Naturprodukte} On Rows From NWIND_Cube1 Where Umsatz
Properties Formatted_Value
```

Abfrageergebnis

	Europa	Nordamerika	Südamerika
Fleischprodukte	112.952,32	49.660,06	15.576,42
Naturprodukte	78.102,80	12.577,90	14.587,90

Wenn Sie in der Slicerdimension zu einem Measure *Properties Formatted_Value* angeben, müssen Sie im VB Code gleichzeitig mit der Cellset Eigenschaft *Formatted_Value* auslesen, andernfalls führt dies zu einem Laufzeitfehler.

Formatted_Values kommen als Strings heraus, man kann also nicht unmittelbar damit rechnen. Beispielsweise können Sie, wenn Werte in formatierter Form in eine Excel Arbeitstabelle ausgegeben werden, keine numerischen Operationen damit ausführen, weil sie dort als Texte erkannt werden. Es wäre an der Client-Applikation, die Strings vorher in numerische Werte umzuwandeln.

14.4.7 Filtern mit Bedingungen

Durch explizite Spezifikation der Slicerdimension werden die Daten des Cube in der MDX-Select-Abfrage auf die dort angeführten Elemente gefiltert. Beispielsweise führt die folgende WHERE-Klausel dazu, daß das Cellset nur Umsatzwerte von 1995 enthält.

```
Where (Umsatz, [1995])
```

Das Filtern durch Spezifizieren der Slicerdimension in der WHERE-Klausel unterliegt allerdings zwei wesentlichen Beschränkungen:

- Die Dimensionen, die sich durch Aufführen eines ihrer Elemente in der WHERE-Klausel in der Slicerdimension befinden, können nicht gleichzeitig als Achsendimensionen verwendet werden. Daher kann beispielsweise nicht mit Hilfe der WHERE-Klausel erreicht werden, daß auf das Jahr 1995 gefiltert und gleichzeitig die Zeit als eine Achsendimension in der Tabelle ausgewiesen wird.
- In der WHERE-Klausel kann keine Bedingung spezifiziert werden. Beispielsweise ist es nicht möglich, mit Hilfe der WHERE-Klausel nur Zellen im Cellset auszugeben, deren Umsatzwert eine bestimmte Größe überschreitet.

Aus diesen Gründen gibt es außer der WHERE-Klausel eine andere Möglichkeit des Filterns, für die die beiden angeführten Beschränkungen nicht gelten: Sie können in der Achsenspezifikation die Funktion *Filter* verwenden und auf diese Weise auf bestimmte Elemente einer Achsendimension filtern. Dabei wird auch eine Bedingung angegeben.

Die Syntax der Funktion Filter lautet:

Filter(<Set>, <Search Condition>)

Die Funktion gibt ein Set aus, das diejenigen Elemente aus dem Input Set enthält, die der Suchbedingung entsprechen. Beispiel: Für den Cube NWIND_Cube1 würde der Ausdruck

```
Produkt.Children
```

die folgenden 8 Produktkategorien ergeben:

Fleischprodukte
Getränke
Getreideprodukte
Gewürze
Meeresfrüchte
Milchprodukte
Naturprodukte
Süßwaren

Dieses Set wird mit dem Ausdruck

```
Filter(Produkt.Children, (Umsatz, [1995]) >= 60000)
```

gefiltert. Dann gibt die Funktion *Filter* ein Set mit den folgenden fünf Elementen aus:

Fleischprodukte
Getränke
Meeresfrüchte
Milchprodukte
Süßwaren

Die Kategorien *Getreideprodukte, Gewürze* und *Naturprodukte* sind herausgefallen, weil ihr Jahresumsatz in 1995 < 60000 war.

Das folgende MDX-Select-Statement zeigt, wie der vorangehende Filterausdruck in eine Abfrage eingebaut werden kann:

MDX-Select-Statement

```
Select Region.Members On Columns,
Filter(Produkt.Children, (Umsatz, [1995]) >= 60000) On Rows
From NWIND_Cubel Where Umsatz
```

Abfrageergebnis

	Europa	Nordamerika	Südamerika
Fleischprodukte	112.952,32	49.660,06	15.576,42
Getränke	151.872,00	77.190,85	57.464,10
Meeresfrüchte	85.379,48	30.501,67	25.741,94
Milchprodukte	157.562,60	52.081,30	41.634,10
Süßwaren	103.890,94	48.106,45	25.101,71

Erläuterung. Die Filterbedingung hat dafür gesorgt, daß nur die fünf Produktkategorien mit einem Umsatz in 1995 von >= 60000 auf der Y-Achse abgebildet wurden, obwohl die Umsatzwerte von 1995 gar nicht dargestellt werden.

In Umkehrung des Filtergedankens aus dem letzten Beispiel könnte es interessieren, wie sich der Umsatz für die Produktkategorien mit einem Umsatz < 60000 in den verschiedenen Jahren und auf die Regionen verteilt und insgesamt entwickelt hat. Dies leistet das folgende MDX-Select-Statement.

MDX-Select-Statement

```
Select {Region.Members, [Alle Lieferziele]} On Columns,
Filter(Crossjoin(Kategorie.Members, Jahr.Members), (Umsatz, [1995]) <
60000) On Rows
From NWIND_Cubel Where Umsatz
```

Abfrageergebnis

		Europa	Nordamerika	Südamerika	Alle Lieferziele
Getreide-produkte	1994	4.215,00	537,60	112,00	4.864,60
Getreide-produkte	1995	30.527,90	16.552,80	6.282,50	53.363,20
Getreide-produkte	1996	28.209,75	9.086,00	5.203,25	42.499,00
Gewürze	1994	5.992,50	6.044,00	1.772,30	13.808,80
Gewürze	1995	36.874,60	11.237,60	7.516,40	55.628,60
Gewürze	1996	30.989,20	6.284,85	6.983,30	44.257,35
Natur-produkte	1994	6.600,80	360,00	2.078,40	9.039,20

		Europa	Nordamerika	Südamerika	Alle Lieferziele
Naturprodukte	1995	33.632,35	7.098,65	6.767,15	47.498,15
Naturprodukte	1996	37.869,65	5.119,25	5.742,35	48.731,25

Erläuterung. Gefiltert wird das Set, welches die Funktion *Crossjoin* ausgibt. Diese ist erforderlich, wenn man mehr als eine Dimension auf einer Achse darstellen will. Als Suchbedingung in der *Filter*-Funktion steht der Ausdruck *(Umsatz, [1995]) < 60000*. Damit werden nur Tupel im Y-Achsen-Set belassen, deren Umsatzwert im Jahr 1995 < 60000 war. Für diese Tupel werden dann allerdings die Umsatzwerte für alle drei verfügbaren Jahre wiedergegeben. Dies wäre auch dann der Fall gewesen, wenn für das Jahr 1994 oder 1996 ein Umsatzwert >= 60000 vorhanden gewesen wäre – was im vorliegenden Beispiel zufällig nicht zutreffend ist.

14.4.8 Berechnete Elemente erzeugen

In einem MDX-Select-Statement haben Sie die gleichen Möglichkeiten wie im *Generator für berechnete Elemente*, berechnete Elemente (sowohl Dimensionselemente als auch Measures) zu bilden, mit dem Unterschied, daß die berechneten Elemente hier nicht dauerhafter Bestandteil des Cube werden, sondern nur für das temporäre Cellset verfügbar sind. Die Syntax zum Erzeugen eines berechneten Elements lautet:

```
With Member <Element_Name> As <Wert_Ausdruck>
    [Member <Element_Name> As <Wert_Ausdruck>]
    ...
Select ...
```

Die Angaben zu <Wert_Ausdruck> müssen zwischen einfachen Anführungszeichen (Hochkommata) stehen.

Damit das berechnete Element auch im Cellset ausgegeben wird, muß es im Select-Teil des MDX-Select-Statement in der Achsen- oder Slicerspezifikation aufgenommen werden.

Neues Dimensionselement bilden

Das folgende Statement bildet für die Dimension *Lieferziel* das neue Element *Skandinavien*.

MDX-Select-Statement

```
With Member Lieferziel.Europa.Skandinavien
As '[Dänemark]+Finnland+Norwegen+Schweden'
Select {[Dänemark], Finnland, Norwegen, Schweden, Skandinavien} On
Columns, Measures.Members On Rows
From nwind_Cube1
```

Abfrageergebnis

	Dänemark	Finnland	Norwegen	Schweden	Skandinavien
Menge	1170	885	1610	2235	4451
Umsatz	34782,25	19778,45	5735,15	59523,7	119819,55

Erläuterung

Das MDX-Select-Statement bildet das neue Element *Skandinavien,* das dem Element *Europa* der Dimension *Lieferziel* untergeordnet ist. Diesem Element wird die Summe der Länder *Dänemark, Finnland, Norwegen* und *Schweden* zugeordnet. Im Select-Teil des Statement werden die Dimensionselemente *Dänemark, Finnland, Norwegen, Schweden* und *Skandinavien* auf der X-Achse (*Columns*) abgebildet, während alle Measures des Cube – das sind hier *Umsatz* und *Menge* – auf der Y-Achse (*Rows*) abgebildet werden.

Neues Measure bilden

Das folgende MDX-Select-Statement bildet das neue Measure *Preis,* das als Quotient aus *Umsatz* und *Menge* ermittelt wird.

MDX-Select-Statement

```
With Member Measures.Preis
As 'Umsatz/Menge', Format='0.00 DM'
Select {Preis, Umsatz, Menge} On Columns,
[Getränke].Children On Rows From nwind_Cubel
```

Abfrageergebnis

	Preis	Umsatz	Menge
Chai	17,24 DM	14.277,60	828
Chang	17,56 DM	18.559,20	1,057
Chartreuse verte	16,58 DM	13.150,80	793
Côte de Blaye	240,75 DM	149.984,20	623
Guaraná Fantástica	4,25 DM	4.782,60	1,125
Ipoh Coffee	43,24 DM	25.079,20	580
Lakkalikööri	17,12 DM	16.794,00	981
Laughing Lumberjack Lager	13,92 DM	2.562,00	184
Outback Lager	14,04 DM	11.472,00	817
Rhönbräu Klosterbier	7,49 DM	8.650,55	1,155

Sasquatch Ale	13,20 DM	6.678,00	506
Steeleye Stout	16,46 DM	14.536,80	883

Erläuterung

Mit dem Ausdruck *Member Measures.Preis* wird der Dimension Measures das neue Element *Preis* hinzugefügt, dem der Ausdruck *Umsatz/Menge* zugeordnet wird. Beim Bilden eines neuen Measure haben Sie auch die Möglichkeit, diesem eine Formatierung zuzuweisen. Der Ausdruck *Format='0.00 DM'* weist dem neuen Measure *Preis* ein Format zu. Das neue Measure *Preis* wird zusammen mit den anderen beiden Measures des Cube auf der X-Achse (*Columns*) ausgegeben.

Weitere Beispiele zum Bilden neuer Dimensionselemente und Measures finden Sie in der Übungsanwendung MDXSample in den mitgelieferten MDX-Select-Statements #3 bis #7.

14.4.9 Flache Tabelle statt Cellset erzeugen

Gelegentlich kann es nützlich sein, den gesamten Inhalt eines Cube in einer Tabelle als sogen. flache Tabelle (flat file) auszugeben. Dies ist mit dem folgenden Statement möglich:

```
Select * From <Cube_Name>
```

Das Ergebnis dieser Abfrage ist kein Cellset wie bei den bisher behandelten MDX-Abfragen, sondern ein Recordset. Die folgenden Codezeilen schreiben den Inhalt des Cube NWIND_Cube1 als flache Tabelle in das Excel Arbeitsblatt *Tabelle2*, vgl. Bild 14.4. Weil es sehr lange dauern kann, alle Zeilen des Recordset in die Excel Tabelle zu schreiben, fragt die Prozedur zu Beginn nach der Anzahl der Zeilen, die geschrieben werden sollen.

```
Sub FlacheTabelle()
Dim cn As New ADODB.Connection
Dim rs As New ADODB.Recordset
Dim TB2 As Worksheet
Dim strcn As String
Dim i, j, AnzZeilen

AnzZeilen = InputBox("Anzahl Zeilen:")
Set TB2 = Worksheets("Tabelle2")
TB2.Cells(1, 1).CurrentRegion.Clear
strcn = "PROVIDER=MSOLAP;DATA SOURCE=LOCALHOST;"
strcn = strcn & "INITIAL CATALOG=Nordwind;"
cn.Open strcn
rs.ActiveConnection = cn
rs.Open "SELECT * FROM NWIND_Cube1"
```

```
i = 1
For Each Feld In rs.Fields
  TB2.Cells(1, i) = Feld.Name
  i = i + 1
Next Feld

i = 1
j = 2
Do While Not rs.EOF
For Each Feld In rs.Fields
  TB2.Cells(j, i) = rs(Feld.Name)
  i = i + 1
Next Feld

i = 1
j = j + 1
rs.MoveNext

If j >= AnzZeilen + 2 Then
  Exit Do
End If

Loop
End Sub
```

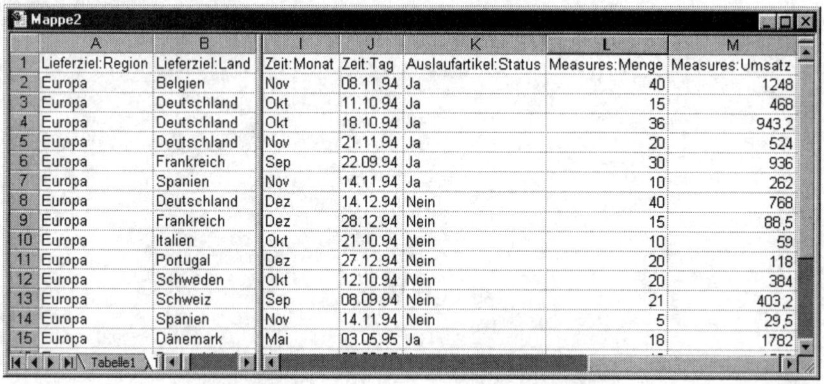

	A	B	I	J	K	L	M
1	Lieferziel:Region	Lieferziel:Land	Zeit:Monat	Zeit:Tag	Auslaufartikel:Status	Measures:Menge	Measures:Umsatz
2	Europa	Belgien	Nov	08.11.94	Ja	40	1248
3	Europa	Deutschland	Okt	11.10.94	Ja	15	468
4	Europa	Deutschland	Okt	18.10.94	Ja	36	943,2
5	Europa	Deutschland	Nov	21.11.94	Ja	20	524
6	Europa	Frankreich	Sep	22.09.94	Ja	30	936
7	Europa	Spanien	Nov	14.11.94	Ja	10	262
8	Europa	Deutschland	Dez	14.12.94	Nein	40	768
9	Europa	Frankreich	Dez	28.12.94	Nein	15	88,5
10	Europa	Italien	Okt	21.10.94	Nein	10	59
11	Europa	Portugal	Dez	27.12.94	Nein	20	118
12	Europa	Schweden	Okt	12.10.94	Nein	20	384
13	Europa	Schweiz	Sep	08.09.94	Nein	21	403,2
14	Europa	Spanien	Nov	14.11.94	Nein	5	29,5
15	Europa	Dänemark	Mai	03.05.95	Ja	18	1782

Abbildung 14.4: Die ersten Zeilen des Cube NWIND_Cube1, als flache Tabelle in ein Excel Arbeitsblatt geschrieben. Die Spalten C bis H enthalten die anderen, hier ausgeblendeten Dimensionselemente.

15 MDX-Funktionen

In diesem Kapitel werden die im OLAP Server für die Abfragesprache MDX verfügbaren Funktionen vorgestellt und erklärt. Die Abfragesprache MDX selbst ist Gegenstand von Kap. 14, *MDX: Abfragesprache für OLAP*. In den Beispielen wird häufig von MDX-Select-Abfragen Gebrauch gemacht, die Sie nur mit Hilfe einer Client Software absetzen können, nicht jedoch mit der OLAP Management Console. Es ist unabdingbar, auf derartige Abfragen zu rekurrieren, wenn man Beispiele für die einzelnen Funktionen heranziehen will. Sie können sich in Kap. 16, *Client Zugriffe mit ADO und ADO MD*, im Einzelnen darüber informieren, wie Sie eine MDX-Select-Abfrage mit VB oder VBA Code abschicken und ihr Ergebnis wiedergeben können. Der bequemste Weg, eine MDX-Select-Abfrage abzuschicken, besteht jedoch im Gebrauch der *MDX-Beispielanwendung* (*MDXSample*), deren wesentlicher Zweck es ist, derartige Abfragen an einen Cube zu richten und das Ergebnis tabellarisch darzustellen. Sie rufen diese Anwendung auf, indem Sie den entsprechenden Befehl aus der Programmgruppe der OLAP Services wählen.

Außer den integrierten Funktionen können Sie auch über benutzerdefinierte Funktionen verfügen, wenn Sie die Bibliotheken, in denen diese enthalten sind, entsprechend registrieren. Darüber hinaus können Sie auch auf die Excel Tabellenfunktionen zugreifen. Auch dies setzt eine Registrierung der entsprechenden Bibliothek voraus. Einzelheiten über den Einsatz dieser Funktionen finden sich in der Produktdokumentation, vgl. das Thema *Register Function Libraries Dialog Box*. Sie rufen das Dialogfeld zum Registrieren einer Funktionsbibliothek folgendermaßen auf:

- Rufen Sie den Cube-Editor auf, indem Sie im Objektbaum der OLAP Management Console mit der rechten Maustaste auf einen Cube klicken und im Kontextmenü den Befehl *Bearbeiten* wählen.
- Klicken Sie im Cube-Editor in der Symbolleiste auf das Symbol *Berechnetes Element einfügen*. Dann wird der *Generator für berechnete Elemente* angezeigt.
- Klicken Sie im *Generator für berechnete Elemente* auf die Schaltfläche *Registrieren...* Dann erscheint das Dialogfeld *Funktionsbibliotheken registrieren*, mit dem Sie die Registrierung vornehmen können, vgl. Bild 15.1.

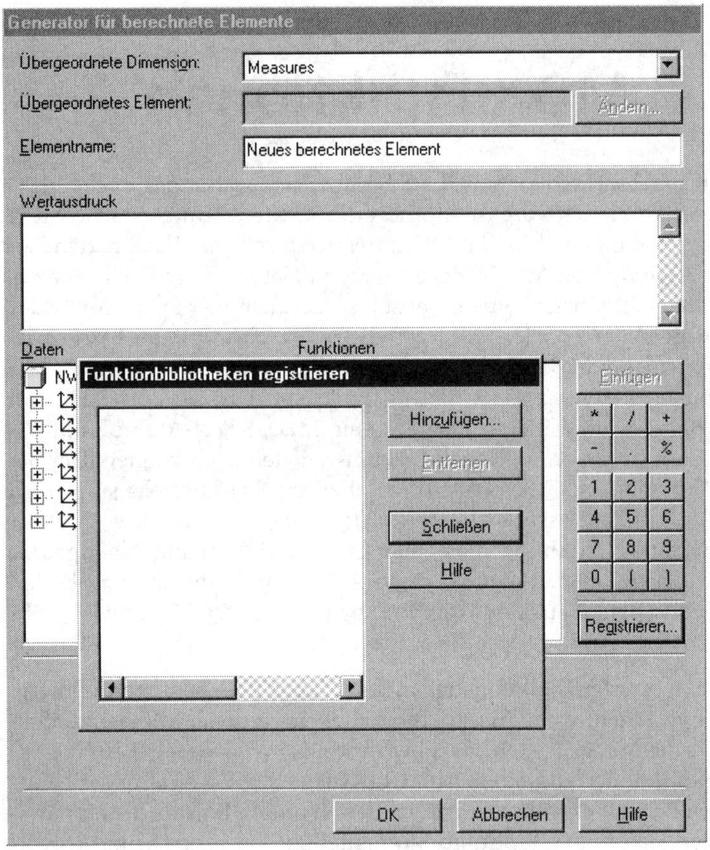

Abbildung 15.1: Dialogfeld »Funktionsbibliothek registrieren«, das aus dem »Generator für berechnete Elemente« heraus aufgerufen wird.

15.1 Arrayfunktion

SetToArray

Syntax

SetToArray(<Set>, <Set>, <Numerischer Ausdruck>)

Bedeutung

Konvertiert ein oder mehrere Sets in einen Array zur Verwendung in einer benutzerdefinierten Funktion.

Beispiel

```
SetToArray(Lieferziel.Members, Produkt.Members, Umsatz)
```

15.2 Dimension Funktionen

Dimension

Syntax

<Member>.**Dimension** oder <Level>.**Dimension**

Bedeutung

Ergibt die Dimension, in der <Member> bzw. <Level> enthalten ist. Diese Funktion kann sinnvoll verwendet werden, wenn die Angabe eines Dimensionsnamens erforderlich ist, jedoch nur eines ihrer Elemente (Member) oder eine ihrer Ebenen (Level) bekannt ist.

Beispiel

Die folgenden Ausdrücke ergeben beide denselben Dimensionsnamen *Lieferziel*. Dabei ist *Ort* eine Level Bezeichnung der Dimension *Lieferziel*, und *Berlin* ist ein beliebiges Element (Member) von *Lieferziel*.

```
Ort.Dimension
Berlin.Dimension
```

Das folgende MDX-Select-Statement ergibt für die X-Achse (*Columns*) das Set mit den Children der Dimension, in der sich *Berlin* befindet, also die Children von *Lieferziel*.

```
Select Berlin.Dimension.Children On Columns, {Fleischprodukte} on Rows
From NWIND_Cube1 Where Umsatz
```

Ergebnis

	Europa	Nordamerika	Südamerika
Fleischprodukte	112.952,32	49.660,06	15.576,42

Dimensions

Syntax

Dimensions(<Numeric Expression>) oder **Dimensions**(<String Expression>)

Bedeutung

Gibt eine Dimension aus. <Numeric Expression> muß eine ganze Zahl >= 0 ergeben: Die Dimension *Measures* wird stets mit dem Wert 0, die weiteren Dimensionen werden mit 1, 2 ... indiziert. Alternativ kann ein Stringausdruck angegeben werden; dieser Fall dient vor allem dazu, in benutzerdefinierten Funktionen auf die Dimension zugreifen zu können.

Beispiel

```
Dimensions(1)
```

ergibt die Dimension *Lieferziel.*

```
Dimensions("Lieferziel")
```

ergibt ebenfalls die Dimension *Lieferziel.*

15.3 Level Funktionen

Level

Syntax

<Member>.**Level**

Bedeutung

Ergibt die Ebene (Level), der <Member> zugehört.

Beachten Sie auch die Funktion *Parent,* die das einem Element übergeordnete Element ergibt.

Beispiel

```
Europa.Level
```

ergibt *Region,* weil dies die Hierarchieebene ist, der Europa zugehört.

Das folgende MDX-Select-Statement gibt auf der X-Achse (*Columns*) alle Elemente der Ebene aus, zu der *Belgien* gehört, das sind alle Länder, die zur Ebene *Land* gehören.

```
Select Belgien.Level.Members On Columns, {Fleischprodukte} on Rows
From NWIND_Cubel Where Umsatz
```

Abfrageergebnis

	Belgien	Dänemark	Deutschland	...	Mexiko	Venezuela
Fleisch-produkte	2.258,50	3.700,70	22.607,44			4.739,40

Levels

Syntax

Levels(<String Expression>) oder <Dimension>.**Levels**(<Numeric Expression>)

Bedeutung

Ergibt die Ebene (Level), deren Name bzw. Indexnummer als Argument angegeben ist. Die erste Syntaxform dient vor allem der Verwendung in benutzerdefinierten Funktionen. Der numerische Ausdruck in der zweiten Syntaxform muß eine ganze Zahl >= 0 ergeben. Die oberste Ebene (im allgemeinen *Alle <Dimensionsname>* oder ähnlich) wird durch die Zahl 0 indiziert, alle weiteren durch 1, 2, ...

Beispiel

```
Lieferziel.Levels(2)
```

ergibt die Ebene Land.

15.4 Member Funktionen

Ancestor

Syntax

Ancestor(<Member>, <Level>)

Bedeutung

Ergibt für ein Element sein übergeordnetes Element (Member) auf der angegebenen Ebene (Level).

Beispiel

```
Ancestor(Berlin, Region)
```

ergibt *Europa.*

```
Ancestor(Berlin, Land)
```

ergibt *Deutschland.*

Das folgende MDX-Select-Statement gibt das Element *Berlin* auf der X-Achse (*Columns*) aus, weil dies der Ort ist, dem *Alfreds Futterkiste* zugehört.

```
Select {Ancestor([Alfreds Futterkiste], [Ort])} On Columns,
{[Getränke]} on Rows From NWIND_Cube1 Where Umsatz
```

Abfrageergebnis

	Berlin
Getränke	648,00

Das folgende MDX-Select-Statement gibt auf der X-Achse (*Columns*) die unmittelbar untergeordneten Elemente (Children) aus, die zu dem *Land* gehören, welchem die *Firma Bottom-Dollar Markets* zugehört, das sind die drei u.a. Orte.

```
Select {Ancestor([Bottom-Dollar Markets], [Land]).Children} On
Columns, {[Getränke]} on Rows From NWIND_Cube1 Where Umsatz
```

	Montréal	Tsawassen	Vancouver
Getränke	11.665,70	2.066,50	97,50

ClosingPeriod

Syntax

ClosingPeriod([<Level>[, <Member>]])

Bedeutung

Ermittelt die zu <Member> untergeordneten Elemente auf der mit <Level> angegebenen Ebene und gibt das letzte davon aus. Diese Funktion ist für Dimensionen mit Zeitangaben konzipiert. Sie arbeitet jedoch auch mit beliebigen anderen Dimensionen. Wenn <Member> nicht angegeben ist, wird dafür *Time.CurrentMember* angenommen. Wenn auch <Level> ausgelassen wird, wird die Ebene unmittelbar unterhalb von <Member> angenommen.

Die Funktion *ClosingPeriod* ist äquivalent zu dem Ausdruck *BottomCount*(*Descendants*(,<Member>, <Level>), 1).

Der Funktion *ClosingPeriod* analog ist die Funktion *OpeningPeriod*. Diese ergibt statt des letzten das erste Element im oben definierten Sinne.

Beispiel

```
ClosingPeriod(Monat, [1996])
```

ergibt *Juli,* weil dieser Monat das letzte zu 1996 gehörige Element auf der Ebene *Monat* ist (der Cube NWIND_Cube1 endet zeitlich im Juli 1996).

```
ClosingPeriod(Firma, [Dänemark])
```

ergibt *Simons Bistro,* denn dies ist das letzte Element, das auf der Ebene *Firma* zum Element *Dänemark* gehört.

Das folgende MDX-Select-Statement gibt auf der X-Achse (*Columns*) alle verfügbaren Tage für den Juli 1996 aus.

```
Select {ClosingPeriod(Monat, [1996]).Children} On Columns, {[Alle
Produkte]} on Rows From NWIND_Cube1 Where Umsatz
```

Abfrageergebnis

	01. Jul 96	02. Jul 96	03. Jul 96	10. Jul 96	11. Jul 96
Alle Produkte	3.299,20	7.901,50	3.261,90	1.838,00	510,00

Cousin

Syntax

Cousin(<Member1>, <Member2>)

Bedeutung

Ergibt das Element mit derselben relativen Position unterhalb <Member2> wie unterhalb <Member1>. Falls die Funktion verwendet wird, um zeitliche Parallelitäten zu ermitteln, stellen sich nur dann korrekte Ergebnisse ein, wenn die beiden sich entsprechenden Ebenen auch mit entsprechenden Elementen vollständig besetzt sind.

Beispiel

```
Cousin([1995].[Quartal 3].Juli, [1996])
```

ergibt Juli 1996.

Das folgende MDX-Select-Statement gibt auf der X-Achse (*Columns*) das Element Januar von 1996 aus, obwohl in der Funktion *Cousin* als erstes Argument der August 1994 spezifiziert ist. Dieses formal korrekte, inhaltlich jedoch fehlerhafte Ergebnis stellt sich ein, weil für das Jahr 1994 die Monatswerte erst ab August verfügbar sind. Daher hat der August für dieses Jahr die relative Position 1, welcher der Januar in 1996 entspricht.

```
Select {Cousin([1994].[Quartal 3].August, [1996])} On Columns, {[Alle
Produkte]} on Rows From NWIND_Cube1 Where Umsatz
```

Abfrageergebnis

	Januar
Alle Produkte	64.935,06

CurrentMember

Syntax

<Dimension>.**CurrentMember**

Bedeutung

Ergibt das aktuelle Element, wenn durch mehrere Elemente iteriert wird. Iterationen können beim Bilden eines berechneten Elements mit dem Generator für berechnete Elemente oder in Verbindung mit gewissen Funktionen wie z.B. *Generate* vorkommen. Um sich auf das während der Iteration jeweils aktuelle Element zu beziehen, wird diese Funktion verwendet.

Beispiel

```
(Umsatz,Produkt)/(Umsatz,Produkt.CurrentMember.Parent)
```

Mit diesem Ausdruck kann ein neues Measure gebildet werden, das den relativen Umsatzanteil jedes Members der Dimension *Produkt* am Umsatz der übergeordneten Warengruppe ausweist. Der Zähler des Ausdrucks ergibt für jede Zelle des neuen Measure den Umsatz der einzelnen Elemente der Dimension *Produkt*. Der Nenner des Ausdrucks ergibt dazu den Umsatz des Elements, das dem aktuellen Element (*CurrentMember*) als *Parent* übergeordnet ist, also die übergeordnete Warengruppe.

DefaultMember

Syntax

<Dimension>.**DefaultMember**

Bedeutung

Ergibt das Standardelement (Defaultmember) einer Dimension. Im allgemeinen hat das Standardelement die Bezeichnung *Alle <Dimensionsname>*. Allerdings kann diese voreingestellte Bezeichnung geändert werden, indem für die Dimensionseigenschaft *All Caption* eine andere Zeichenkette eingegeben wird. Die Funktion *DefaultMember* liefert die aktuelle Bezeichnung.

Beispiel

```
Zeit.DefaultMember
```

ergibt *Gesamtzeit* (vorausgesetzt, die Dimensionseigenschaft *All Caption* wurde entsprechend eingestellt).

FirstChild

Syntax

<Member>.**FirstChild**

Bedeutung

Ergibt das erste <Member> untergeordnete Element. Die analoge Funktion zu dieser ist *LastChild*.

Beispiel

```
Zeit.[1994].FirstChild
```

ergibt *Quartal 3*, weil für das Jahr 1994 die Quartalsfolge erst mit dem dritten Quartal beginnt.

Das folgende MDX-Select-Statement gibt auf der X-Achse (*Columns*) die Elemente Children aus, die dem ersten Europa untergeordneten Element untergeordnet sind. Dies sind sozusagen die Enkel, die Europa von seinem ersten Child (das ist im Cube NWIND_Cube1 *Belgien*) besitzt.

```
Select {Lieferziel.Europa.FirstChild.Children} On Columns, {[Alle
Produkte]} on Rows From NWIND_Cube1 Where Umsatz
```

Abfrageergebnis

	Bruxelles	Charleroi
Alle Produkte	10.430,58	24.704,40

FirstSibling

Syntax

<Member>.**FirstSibling**

Bedeutung

Ergibt das erste Element (Geschwisterteil, daher der Namensteil Sibling = Geschwister) der Ebene, der <Member> zugehört. Die analoge Funktion zu dieser ist *LastSibling*.

Beispiel

```
[1995].[Quartal 3].Sep.FirstSibling
```

ergibt August, weil dies das erste Element auf der Ebene ist, in der sich *[1995].[Quartal 3].Sep* befindet. Das heißt, August ist der erste aller überhaupt auf der Ebene *Monat* vorhandenen Monate.

Das folgende MDX-Select-Statement gibt auf der X-Achse (*Columns*) das erste Land aus, das auf der Ebene Land vorhanden ist.

```
Select {Deutschland.FirstSibling} On Columns, {[Alle Produkte]} on
Rows From NWIND_Cube1 Where Umsatz
```

Abfrageergebnis

	Belgien
Alle Produkte	35.134,98

Item

Syntax

<Tuple>.**Item**(<Numeric Expression>)

oder

<Set>.**Item**(<String Expression> [, <String Expression>...] | <Index>)

Bedeutung

Ergibt das Element, dessen Position in <Tuple> durch <Numeric Expression> angegeben wird.

oder

Ergibt ein Tupel von <Set>, wobei <String Expression> [, <String Expression>...] angibt, welches Tupel genommen wird. Der Wert von <Index> gibt die Position des Tupels in <Set> an.

Die Numerierung der Tupel ist Null-basiert.

Beispiel

```
([1995], Berlin).Item(1)
```

ergibt *Berlin.*

Das folgende MDX-Select-Statement gibt auf der X-Achse (*Columns*) das siebente Element (Null-basiert!) des Set aus, das mit *Europa.Children* spezifiziert ist, das ist *Irland.*

```
Select {(Europa.Children).Item(6)} On Columns, {[Alle Produkte]} on
Rows From NWIND_Cubel Where Umsatz
```

Abfrageergebnis

	Irland
Alle Produkte	57.317,39

Lag

Syntax

<Member>.**Lag**(<Numeric Expression>)

Bedeutung

Ergibt das Element, das <Numeric Expression> Positionen weit vor <Member> liegt. Wenn <Numeric Expression> negativ ist, resultiert ein Lead. Im übrigen ist die Funktion *Lead* analog zu dieser.

Beachten Sie bei Elementen von Zeit Dimensionen, daß die Funktion nur dann korrekte Ergebnisse hervorbringt, wenn keine Lücken existieren.

Beispiel

```
[1995].[Quartal 4].Nov.Lag(2)
```

ergibt September. Wenn beispielsweise der September 1995 im Cube nicht existierte, wohl aber die Monate Oktober und August 1995, würde sich August ergeben.

```
[1995].[Quartal 4].Lag(2)
```

ergibt Quartal 2, vorausgesetzt, es existiert keine Lücke.

```
[1995].[Quartal 4].Lag(4)
```

ergibt Quartal 4 von 1994, vorausgesetzt, es existiert keine Lücke.

```
Berlin.Lag(1)
```

ergibt *Aachen*, weil dieser Ort im Cube auf der Ebene *Ort*, der *Berlin* zugehörig ist, eine Position vor *Berlin* liegt.

```
Berlin.Lag(-10)
```

ergibt *Helsinki*, weil dieser Ort im Cube auf der Ebene *Ort*, der *Berlin* zugehörig ist, zehn Positionen hinter *Berlin* liegt.

LastChild

Syntax

<Member>.**LastChild**

Bedeutung

Ergibt das letzte <Member> untergeordnete Element. Die analoge Funktion zu dieser ist *FirstChild*.

Beispiel

```
Zeit.[1994].LastChild
```

ergibt *Quartal 4*, weil dies das letzte Element der Ebene unterhalb *1994* ist.

Das folgende MDX-Select-Statement gibt auf der X-Achse (*Columns*) die Children-Elemente aus, die dem letzten *Europa* untergeordneten Element untergeordnet sind. Dies sind sozusagen die Enkel, die Europa von seinem letzten Child (das ist im Cube NWIND_Cube1 *Spanien*) besitzt.

```
Select {Lieferziel.Europa.LastChild.Children} On Columns, {[Alle
Produkte]} on Rows From NWIND_Cube1 Where Umsatz
```

Abfrageergebnis

	Barcelona	Madrid	Sevilla
Alle Produkte	836,70	6.765,09	11.830,10

LastSibling

Syntax

<Member>.**LastSibling**

Bedeutung

Ergibt das letzte Element (Geschwisterteil, daher der Namensteil Sibling = Geschwister) der Ebene, der <Member> zugehört. Die analoge Funktion zu dieser ist *LastSibling*.

Beispiel

```
[1995].[Quartal 3].Sep.LastSibling
```

ergibt Juli, weil dies das letzte Element auf der Ebene ist, in der sich *[1995].[Quartal 3].Sept* befindet. Das heißt *Juli* ist der letzte aller überhaupt auf der Ebene *Monat* vorhandenen Monate.

Das folgende MDX-Select-Statement gibt auf der X-Achse (*Columns*) das letzte Land aus, das auf der Ebene *Land* vorhanden ist.

```
Select {Deutschland.LastSibling} On Columns, {[Alle Produkte]} on Rows
From NWIND_Cubel Where Umsatz
```

Abfrageergebnis

	Venezuela
Alle Produkte	60.814,89

Lead

Syntax

<Member>.**Lead**(<Numeric Expression>)

Bedeutung

Ergibt das Element, das <Numeric Expression> Positionen weit hinter <Member> liegt. Wenn <Numeric Expression> negativ ist, resultiert ein Lag. Im übrigen ist die Funktion *Lag* analog zu dieser.

Beachten Sie bei Elementen von Zeit Dimensionen, daß die Funktion nur dann korrekte Ergebnisse hervorbringt, wenn keine Lücken existieren.

Beispiel

```
[1995].[Quartal 4].Nov.Lead(2)
```

ergibt *Januar.* Wenn beispielsweise der Januar 1996 im Cube nicht existierte, wohl aber die Monate Dezember 1995 und Februar 1996, würde sich *Februar* ergeben.

```
[1995].[Quartal 4].Lead(2)
```

ergibt Quartal 2, vorausgesetzt, es existiert keine Lücke.

```
[1994].[Quartal 4].Lead(4)
```

ergibt Quartal 4 von 1995, vorausgesetzt, es existiert keine Lücke.

```
Berlin.Lead(3)
```

ergibt *Frankfurt a.M.*, weil dieser Ort im Cube auf der Ebene *Ort*, der *Berlin* zugehörig ist, drei Positionen hinter *Berlin* liegt.

```
Berlin.Lead(-5)
```

ergibt *Bruxelles*, weil dieser Ort im Cube auf der Ebene *Ort*, der *Berlin* zugehörig ist, fünf Positionen vor *Berlin* liegt.

Members

Syntax

***Members*(<String Expression>)**

Bedeutung

Ergibt das Element, das mit <String Expression> angegeben ist. Diese Funktion ergibt einen Sinn, wenn <String Expression> durch eine benutzerdefinierte Funktion ausgegeben wird.

Die Funktion *Members* existiert noch in einer anderen Form, in der sie statt wie hier ein einzelnes Element ein Set ergibt, vgl. weiter unten Punkt 15.6, *Set Funktionen.*

Beispiel

```
Members(AktuellerOrt())
```

ergibt *Berlin,* wenn die benutzerdefinierte Funktion *AktuellerOrt()* die Zeichenkette »Berlin« ausgibt.

NextMember

Syntax

<Member>.**NextMember**

Bedeutung

Ergibt das nächste Element in der Ebene, der <Member> zugehört. Analog ist die Funktion *PrevMember,* die das vorangehende Element ergibt.

Beispiel

```
[1994].NextMember
```

ergibt *1995.*

OpeningPeriod

Syntax

OpeningPeriod([<Level>[, <Member>]])

Bedeutung

Ermittelt die zu <Member> untergeordneten Elemente auf der mit <Level> angegebenen Ebene und gibt das erste davon aus. Diese Funktion ist für Dimensionen mit Zeitangaben konzipiert. Sie arbeitet jedoch auch mit beliebigen anderen Dimensionen. Wenn <Member> nicht angegeben ist, wird dafür *Time.CurrentMember* angenommen. Wenn auch <Level> ausgelassen wird, wird die Ebene unmittelbar unterhalb von <Member> angenommen.

Die Funktion *OpeningPeriod* ist äquivalent zu dem Ausdruck *TopCount(Descendants*(,<Member>, <Level>), 1).

Der Funktion *OpeningPeriod* analog ist die Funktion *ClosingPeriod.* Diese ergibt statt des ersten das letzte Element im oben definierten Sinne.

Beispiel

```
OpeningPeriod(Monat, [1994])
```

ergibt *Aug,* weil dieser Monat das erste zu *1994* gehörige Element auf der Ebene *Monat* ist; der Cube NWIND_Cube1 beginnt zeitlich im August 1996.

```
OpeningPeriod(Firma, [Dänemark])
```

ergibt *Vaffeljernet,* denn dies ist das erste Element, das auf der Ebene *Firma* zum Element *Dänemark* gehört.

Das folgende MDX-Select-Statement gibt auf der X-Achse (*Columns*) alle verfügbaren Tage für den August 1994 aus. Das ist hier nur ein Tag, weil der August 1994 im Cube NWIND_Cube1 nur den 24. als Tag enthält.

```
Select {OpeningPeriod(Monat, [1994]).Children} On Columns, {[Alle
Produkte]} on Rows From NWIND_Cube1 Where Umsatz
```

Abfrageergebnis

	24.08.94
Alle Produkte	1.444,80

ParallelPeriod

Syntax

ParallelPeriod([<Level>[, <Numeric Expression>[, <Member>]]])

Bedeutung

Diese Funktion ähnelt der Funktion *Cousin,* ist aber enger für die Bedürfnisse von Zeitreihenanalysen ausgelegt. *ParallelPeriod* sucht zunächst das übergeordnete Element (*Ancestor*) von <Member>, nimmt das Element von *Ancestor,* welches um <Numeric Expression> Positionen davor liegt und wählt dann unter dessen untergeordneten Elementen dasjenige, welches parallel zu <Member> ist. Dabei ist Parallelität durch die relative Position im jeweiligen Set von Elementen definiert.

ParallelPeriod hat die folgenden Voreinstellungen:

<Member>: Wenn <Level> nicht angegeben ist, wird für <Member> *CurrentMember* angenommen, andernfalls *Dimension.CurrentMember,* wobei *Dimension* diejenige ist, zu der <Level> gehört.

<Numeric Expression>: Voreingestellter Wert ist 1.

<Level>: Voreingestellt ist die <Member> übergeordnete Ebene.

Die Funktion *ParallelPeriod* ist dem folgenden Ausdruck äquivalent:

Cousin(Member,*Lag*(*Ancestor*(Member,Level),Numeric Expression)

Beachten Sie, daß die Funktion *ParallelPeriod* nur dann korrekte Ergebnisse für Zeitreihen ergibt, wenn die Perioden im betrachteten Zeitraum im Cube vollständig vorhanden sind. Zwar ergeben sich auch im Falle lückenhafter Zeitreihen formal fehlerfreie Ergebnisse, jedoch sind diese dann im allgemeinen inhaltlich fehlerhaft. Dieser Sachverhalt ergibt sich daraus, daß die Parallelität von Perioden nicht an Hand von deren Namen, sondern mittels der relativen Positionen innerhalb der Ebenen definiert ist.

Beispiel

```
ParallelPeriod(Jahr,1,[1996].[Quartal 1].Februar)
```

ergibt *Februar 1995*.

Im folgenden MDX-Select-Statement wird im *With*-Abschnitt das neue Measure *Vorjahresumsatz* definiert und mit Hilfe des Ausdrucks *(Umsatz, ParallelPeriod(Jahr,1))* berechnet. Weil das dritte Argument <Member> ausgelassen ist, wird dafür der voreingestellte Wert *CurrentMember* eingesetzt. Auf der X-Achse (*Columns*) werden der *Umsatz* und der *Vorjahresumsatz* ausgewiesen, auf der Y-Achse (*Rows*) alle vorhandenen Quartale. Das Ergebnis zeigt, daß der Vorjahresumsatz nur für die drei Quartale in 1996 korrekt berechnet wurde, denn für diese drei Quartale existieren tatsächlich parallele Quartale in 1995. Für die Quartale 1 und 2 in 1995 werden dagegen als Vorjahreswerte die Umsatzwerte der beiden ersten und einzigen in 1994 vorhandenen Quartale 3 und 4 wiedergegeben. Dies liegt daran, daß die relativen Positionen dieser beiden Quartale (Positionen 0 und 1) denen der beiden Quartale 3 und 4 in 1995 entsprechen. Entsprechend werden für die beiden Quartale 3 und 4 in 1995 Null-Werte für den Vorjahresumsatz ausgewiesen, weil diese die relativen Positionen 2 und 3 haben, welche in 1994 nicht existieren.

```
With Member Measures.Vorjahresumsatz As '(Umsatz,
ParallelPeriod(Jahr,1))' Select {Umsatz, Vorjahresumsatz} On Columns,
{Quartal.Members} on Rows From NWIND_Cube1
```

Abfrageergebnis

	Umsatz	Vorjahresumsatz
[Zeit].[Gesamtzeit].[1994].[Quartal 3]	33.161,30	
[Zeit].[Gesamtzeit].[1994].[Quartal 4]	95.437,30	
[Zeit].[Gesamtzeit].[1995].[Quartal 1]	161.318,50	33.161,30
[Zeit].[Gesamtzeit].[1995].[Quartal 2]	146.455,24	95.437,30
[Zeit].[Gesamtzeit].[1995].[Quartal 3]	144.829,58	
[Zeit].[Gesamtzeit].[1995].[Quartal 4]	174.323,01	

[Zeit].[Gesamtzeit].[1996].[Quartal 1]	244.517,54	161.318,50
[Zeit].[Gesamtzeit].[1996].[Quartal 2]	337.553,02	146.455,24
[Zeit].[Gesamtzeit].[1996].[Quartal 3]	16.810,60	144.829,58

Parent

Syntax

<Member>.**Parent**

Bedeutung

Ergibt das übergeordnete Element (*Parent*) von <Member>.

Beachten Sie auch die Funktion *Level*, die die einem Element übergeordnete Ebene (Level) ergibt.

Beispiel

```
Berlin.Parent
```

ergibt *Deutschland*.

Das folgende MDX-Select-Statement gibt auf der X-Achse (*Columns*) alle Child Elemente aus, die zum Parent-Element von *Graz* gehören, das sind alle österreichischen Städte im Cube.

```
Select {Graz.Parent.Children} On Columns, {[Alle Produkte]} on Rows
From NWIND_Cube1 Where Umsatz
```

Abfrageergebnis

	Graz	Salzburg
Alle Produkte	113.236,68	26.259,95

PrevMember

Syntax

<Member>.**PrevMember**

Bedeutung

Ergibt das vorangehende Element in der Ebene, der <Member> zugehört. Analog ist die Funktion *NextMember*, die das nächste Element ergibt.

Beispiel

[1996].PrevMember

ergibt *1995*.

ValidMeasure

Syntax

ValidMeasure(<Tuple>)

Bedeutung

Ergibt in einem virtuellen Cube ein gültiges Measure, indem die eigentlich ungeeigneten Dimensionen auf ihre oberste Ebene gezwungen werden. Wenn in einem virtuellen Cube Berechnungen vorgenommen werden, enthalten im Falle von Dimensionen, die nicht allen zugrunde liegenden Cubes gemeinsam sind, die Zellen von Measures nur Werte auf der obersten Ebene (*All level*). Die Funktion *ValidMeasure* ergibt den Measure Wert von der Zelle mit den Koordinaten auf der obersten Ebene (*All level*) für die Dimensionen, die nicht allen Cubes gemeinsam sind.

15.5 Numerische Funktionen

Aggregate

Syntax

Aggregate(<Set>[, <Numeric Expression>])

Bedeutung

Ergibt einen berechneten Wert, der auf einer Aggregierungsfunktion basiert, welche sich aus dem Kontext der Abfrage ergibt. Diese Funktion kann nicht für berechnete Elemente verwendet werden.

Beispiel

Das folgende MDX-Select-Statement berechnet für die Dimension *Lieferziel* das neue Element *Total*, indem es die beiden Elemente *Europa* und *Nordamerika* aggregiert. Der Cube NWIND_Cube2, auf den sich diese Abfrage richtet, enthält dieselben Daten wie der Cube NWIND_Cube1, jedoch zusätzlich die beiden Measures *Geschäftsvorfälle* und *MaxUmsatz*. Dabei wurde das Measure *Geschäftsvorfälle* mit der Aggregierungsfunktion *Count*, *MaxUmsatz* mit der Aggregierungsfunktion *Max* gebildet. (Wie Sie für ein Measure eine von der Standardfunktion *Sum* abweichende Aggregierungsfunktion spezifizieren können, erfahren Sie in Kap. 9, *Cubes*, Punkt *Measure Eigenschaften*, Unterpunkt *Aggregate Function*.) Das MDX-Select-Statement gibt auf der X-Achse (*Columns*) die drei Measures *Umsatz*, *Geschäftsvorfälle* und *MaxUmsatz* aus, auf der Y-Achse (*Rows*) die Elemente *Europa*, *Nordamerika* und *Total*. Das Abfrageergebnis zeigt, daß zum Aggregieren für das Element *Total* offensichtlich jeweils die Funktion verwendet wurde, die dem jeweiligen Measure im Cube zugrunde liegt: Der Wert für (*Total, Umsatz*) ergibt sich als Summe, (*Total, Geschäftsvorfälle*) wurde mit *Count* ermittelt, und (*Total, MaxUmsatz*) wurde mit *Max* aggregiert.

```
With Member Lieferziel.Total As 'Aggregate({Europa, Nordamerika})'
Select {Umsatz, [Geschäftsvorfälle], MaxUmsatz} On Columns, {Europa,
Nordamerika, Total} On Rows From NWIND_Cube2
```

Abfrageergebnis

	Umsatz	Geschäftsvorfälle	MaxUmsatz
Europa	826.569,09	1.299	15.810,00
Nordamerika	319.861,08	428	10.540,00
Total	1.146.430,17	1.727	15.810,00

Avg

Syntax

Avg(<Set>[, <Numeric Expression>])

Bedeutung

Ergibt den Durschnittswert für <Numeric Expression> über die Elemente von <Set>. Wenn <Numeric Expression> ausgelassen wird, wird ein Ausdruck herangezogen, der sich aus dem Kontext ergibt, in dem die Funktion *Avg* verwendet wird. Beachten Sie die entsprechende Funktion *Median,* die den Medianwert ergibt.

Beispiel

```
Avg({Hamburg, Berlin, Stuttgart, Wien}, Umsatz)
```

ergibt 2500, wenn diese Städte Umsatzwerte von 1000, 2000, 3000 und 4000 aufweisen.

Das folgende MDX-Select-Statement berechnet für die Dimension *Lieferziel* das Element *RegionDurchschnitt* als Durchschnitt der Umsatzwerte für die Regionen *Europa* bis *Südamerika,* gibt die Umsatzwerte auf der X-Achse (*Columns*) und die Regionen sowie das berechnete Element *RegionDurchschnitt* auf der Y-Achse (*Rows*) aus.

```
With Member Lieferziel.RegionDurchschnitt As
'Avg({Europa:[Südamerika]}, Umsatz)' Select {Umsatz} On Columns,
{Europa:[Südamerika],RegionDurchschnitt} on Rows From NWIND_Cube1
```

Abfrageergebnis

	Umsatz
Europa	826.569,09
Nordamerika	319.861,08

Südamerika	207.975,92
RegionDurchschnitt	451.468,70

Das folgende MDX-Select-Statement gleicht dem vorangehenden bis auf diesen Unterschied: In der Funktion *Avg* wurde die Angabe für den numerischen Ausdruck fortgelassen, und für die Ausgabe auf der X-Achse (*Columns*) wurde statt *Umsatz* das Measure *Menge* spezifiziert. Das Abfrageergebnis zeigt, daß der regionale Durchschnitt nunmehr auf Basis der Mengen ermittelt wurde. Dabei hat sich der OLAP Server die fehlende Angabe für <Numeric Expression> offensichtlich aus dem Kontext geholt.

```
With Member Lieferziel.RegionDurchschnitt As
'Avg({Europa:[Südamerika]})' Select {Menge} On Columns,
{Europa:[Südamerika],RegionDurchschnitt} on Rows From NWIND_Cubel
```

	Menge
Europa	31,396
Nordamerika	11,374
Südamerika	8,547
Region Durchschnitt	17,106

CoalesceEmpty

Syntax

CoalesceEmpty(<Value Expression>[, <Value Expression>]...)

Bedeutung

Verschmilzt den Wert einer leeren Zelle mit einer Zahl oder Zeichenkette und gibt den verschmolzenen Wert aus. Ergibt – links beginnend – den ersten nicht-leeren *<Value Expression>* aus der Liste der Wertausdrücke. Wenn alle Wertausdrücke der Liste leer sind, wird der leere Zellwert ausgegeben.

Beispiel[1]

Zeichenkette:

```
CoalesceEmpty(Zeit.Parent.Name, "Leer")
```

ergibt »Leer«, wenn *Zeit.Parent.Name* der leere Zellwert ist, andernfalls den Wert von *Zeit.Parent.Name.*

---

1. Das folgende Beispiel entstammt der Produktdokumentation zu dieser Funktion. Es wurde lediglich sprachlich eingedeutscht. In der mir verfügbaren Version RC1 war diese Funktion nicht ausführbar.

Zahl:

```
CoalesceEmpty(Measures.CurrentMember, -99)
```

Ergibt -99, wenn *Measures.CurrentMember* der leere Zellwert ist, andernfalls *Measures.CurrentMember.*

Correlation

Syntax

Correlation(<Set>, <Numeric Expression>[, <Numeric Expression>])

Bedeutung

Ergibt den *Korrelationskoeffizienten* für <Set>. Wertet <Set> gegen das erste Argument <Numeric Expression> aus, um die Werte für die Y-Achse zu erhalten. Wenn das zweite Argument <Numeric Expression> angegeben ist, wird <Set> gegen dieses ausgewertet, um die Werte für die X-Achse zu erhalten. Falls das zweite Argument <Numeric Expression> nicht spezifiziert ist, werden die Elemente von <Set> als Werte für die X-Achse genommen. Dies ergibt im allgemeinen nur für die Zeit Dimension einen Sinn. Dabei müssen die Dimensionselemente dann numerische Werte sein.

Beispiel

Das folgende MDX-Select-Statement gibt für den Cube NWIND_Cube2 den Korrelationskoeffizienten zwischen den *Umsatz-* und den *Geschäftsvorfälle-*Werten aus, wobei die Wertepaare der Elemente des Set *Europa:[Südamerika]* in die Berechnung eingehen.

```
With Member Measures.UmsatzKorr As 'Correlation({Europa:[Südamerika]},
Umsatz,[Geschäftsvorfälle])' Select {UmsatzKorr } On Columns From
NWIND_Cube2
```

Abfrageergebnis

UmsatzKorr
0,985661495

Count

Syntax

Count(<Set>[, ExcludeEmpty])

Bedeutung

Ergibt die Anzahl von Tupeln in <Set>. Wenn das optionale Argument *ExcludeEmpty* mit *True* angegeben ist, werden Tupel mit leeren Zellen ausgeschlossen, andernfalls werden sie mitgezählt.

Beispiel

```
Count({Zeit.Members})
```

ergibt 26, wenn *Zeit* die beiden Ebenen *Jahr* und *Monat* aufweist, *Jahr* die Elemente *1995* und *1996* und jedes dieser Jahre alle Monate enthält.

Das folgende MDX-Select-Statement zählt für jedes Element in der Dimension *Produkt* die Anzahl seiner Children und gibt das Ergebnis für alle Elemente der obersten Ebene aus.

```
With Member Measures.[GeschäftsVorfälle] As
'Count({Produkt.CurrentMember.Children})' Select {[GeschäftsVorfälle]}
On Columns, {Produkt.Children} on Rows From NWIND_Cube1
```

Abfrageergebnis

	GeschäftsVorfälle
Fleischprodukte	6
Getränke	12
Getreideprodukte	7
Gewürze	12
Meeresfrüchte	12
Milchprodukte	10
Naturprodukte	5
Süßwaren	13

Covariance

Syntax

Covariance(<Set>, <Numeric Expression>[, <Numeric Expression>])

Bedeutung

Ergibt die Kovarianz für <Set>. Die Funktion wertet <Set> gegen das erste Argument <Numeric Expression> aus, um die Werte für die Y-Achse zu erhalten. Wenn das zweite Argument <Numeric Expression> angegeben ist, wird <Set> gegen dieses ausgewertet, um die Werte für die X-Achse zu erhalten. Falls das zweite Argument <Numeric Expression> nicht spezifiziert ist, werden die Elemente von <Set> als Werte für die X-Achse genommen. Dies ergibt im allgemeinen nur für die Zeit Dimension einen Sinn. Dabei müssen die Dimensionselemente dann numerische Werte sein.

Leere Zellen oder Zellen, die Text oder logische Werte enthalten, bleiben unberücksichtigt, während Zellen mit dem Wert 0 einbezogen werden.

Beispiel

Das folgende MDX-Select-Statement gibt für den Cube NWIND_Cube2 die Kovarianz zwischen den *Umsatz-* und den *Geschäftsvorfälle*-Werten aus, wobei die Wertepaare der Elemente des Set *Europa:[Südamerika]* in die Berechnung eingehen.

```
With Member Measures.UmsatzKovar As 'Covariance({Europa:[Südamerika]},
Umsatz,[Geschäftsvorfälle])' Select {UmsatzKovar} On Columns From
NWIND_Cube2
```

Abfrageergebnis

UmsatzKovar
163477967,73

CovarianceN

Syntax

CovarianceN(<Set>, <Numeric Expression>[, <Numeric Expression>])

Bedeutung

Diese Funktion arbeitet identisch wie die vorangehend beschriebene *Covariance* mit dem folgenden Unterschied: *CovarianceN* geht von einer unverzerrten Grundgesamtheit aus, während *Covariance* von einer Stichprobe der daten aus der Grundgesamtheit ausgeht.

Iif

Syntax

IIf(<Logical Expression>, <Value Expression1>, <Value Expression2>)

Bedeutung

Ergibt einen von zwei möglichen Werten, abhängig vom Ergebnis der Prüfung von *<Logical Expression>*: Ergibt die Auswertung von *<Logical Expression>* den Wert *True*, so wird *<Value Expression1>* ausgegeben, andernfalls *<Value Expression2>*.

Beispiel

Im folgenden Beispiel wird das neue Measure *WG_Anteil* als Anteil einer Warengruppe am Umsatz des übergeordneten Elements (*Parent*) berechnet. Der Ausdruck im Nenner würde ohne die *Iif*-Funktion für das Element der obersten *All*-Ebene – das ist *Alle Produkte* – einen Fehlerwert ergeben, weil für dieses Element kein Parent existiert. Das System weist dem *CurrentMember* in diesem Falle den Wert 0 zu, so daß durch 0 zu dividieren versucht werden würde, was einen Fehlerwert ergeben würde. Die *Iif*-Funktion fängt dies ab, indem sie vor der Division prüft, ob der Ausdruck *(Umsatz,Produkt.Cur-*

rentMember.Parent) den Wert 0 ergibt. Trifft dies zu, so wird dem Zellwert des Measure 0 zugewiesen. (Leider kann in der gegenwärtigen Version des OLAP Servers kein Wert NULL zugewiesen werden, was hier sachlich korrekter wäre.)

```
With Member Measures.WG_Anteil As
'Iif((Umsatz,Produkt.CurrentMember.Parent) = 0,0,(Umsatz,Produkt)/
(Umsatz,Produkt.CurrentMember.Parent))' Select {WG_Anteil} On Columns,
{[Alle Produkte],Produkt.Children} on Rows From NWIND_Cubel
```

Abfrageergebnis

	WG_Anteil
Alle Produkte	0
Fleischprodukte	0,131562
Getränke	0,211552
Getreideprodukte	0,07437
Gewürze	0,083944
Meeresfrüchte	0,104565
Milchprodukte	0,185526
Naturprodukte	0,077723
Süßwaren	0,130758

LinRegIntercept

Syntax

LinRegIntercept(<Set>, <Numeric Expression>[, <Numeric Expression>])

Bedeutung

Berechnet die lineare Regression für ein Set und ergibt den Wert des Achsenabschnitts b der Regressionsgeraden y = ax + b. Zur Berechnung von a steht die Funktion *LinRegSlope* zur Verfügung.

Die Funktion wertet <Set> gegen das erste Argument <Numeric Expression> aus, um die Werte für die Y-Achse zu erhalten. Wenn das zweite Argument <Numeric Expression> angegeben ist, wird <Set> gegen dieses ausgewertet, um die Werte für die X-Achse zu erhalten. Falls das zweite Argument <Numeric Expression> nicht spezifiziert ist, werden die Elemente von <Set> als Werte für die X-Achse genommen. Dies ergibt im allgemeinen nur für die Zeit Dimension einen Sinn. Dabei müssen die Dimensionselemente dann numerische Werte sein.

Beispiel

Das folgende MDX-Select-Statement gibt für den Cube NWIND_Cube2 den Achsenabschnitt für die lineare Regression zwischen den *Umsatz*- und den *Geschäftsvorfälle*-Werten aus, wobei die Wertepaare der letzten 10 Tage des Jahres 1996, die sich im Cube befinden, in die Berechnung eingehen.

```
With Member Measures.Achsenabschnitt As
'LinRegIntercept({LastPeriods(10, ClosingPeriod(Tag,[1996]))},
Umsatz,[Geschäftsvorfälle])' Select {Achsenabschnitt} On Columns From
NWIND_Cube2
```

Abfrageergebnis

Achsenabschnitt
2650,360705

LinRegPoint

Syntax

LinRegPoint(<Numeric Expression>, <Set>, <Numeric Expression> [, <Numeric Expression>])

Bedeutung

Berechnet die lineare Regression y = ax + b für ein Set, setzt das erste Argument <Numeric Expression> als x-Wert in die Gleichung ein und gibt den zugehörigen Y-Wert aus. Zur Berechnung von a und b stehen die Funktionen *LinRegSlope* und *LinRegIntercept* zur Verfügung.

Die Funktion wertet <Set> gegen das zweite Argument <Numeric Expression> aus, um die Werte für die Y-Achse zu erhalten. Wenn das dritte Argument <Numeric Expression> angegeben ist, wird <Set> gegen dieses ausgewertet, um die Werte für die X-Achse zu erhalten. Falls das dritte Argument <Numeric Expression> nicht spezifiziert ist, werden die Elemente von <Set> als Werte für die X-Achse genommen. Dies ergibt im allgemeinen nur für die Zeit Dimension einen Sinn. Dabei müssen die Dimensionselemente dann numerische Werte sein.

Beispiel

Das folgende MDX-Select-Statement gibt für den Cube NWIND_Cube2 den zu *Geschäftsvorfälle*-Wert von 20 gehörigen y-Wert als Prognosewert für die lineare Regression zwischen den *Umsatz*- und den *Geschäftsvorfälle*-Werten aus, wobei die Wertepaare der letzten 10 Tage des Jahres 1996, die sich im Cube befinden, in die Berechnung der Regressionsgeraden eingehen.

```
With Member Measures.Prognosewert As 'LinRegPoint(20,{LastPeriods(10,
ClosingPeriod(Tag,[1996]))}, Umsatz,[Geschäftsvorfälle])' Select
{Prognosewert} On Columns From NWIND_Cube2
```

Prognosewert
4365,945637

LinRegR2

Syntax

LinRegR2(<Set>, <Numeric Expression>[, <Numeric Expression>])

Bedeutung

Berechnet die lineare Regression für ein Set und ergibt den Wert des Bestimmtheitsmaßes R^2 der Regressionsgeraden y = ax + b. Zur Berechnung von a und b stehen die Funktionen *LinRegSlope* und *LinRegIntercept* zur Verfügung.

Die Funktion wertet <Set> gegen das erste Argument <Numeric Expression> aus, um die Werte für die Y-Achse zu erhalten. Wenn das zweite Argument <Numeric Expression> angegeben ist, wird <Set> gegen dieses ausgewertet, um die Werte für die X-Achse zu erhalten. Falls das zweite Argument <Numeric Expression> nicht spezifiziert ist, werden die Elemente von <Set> als Werte für die X-Achse genommen. Dies ergibt im allgemeinen nur für die Zeit Dimension einen Sinn. Dabei müssen die Dimensionselemente dann numerische Werte sein.

Beispiel

Das folgende MDX-Select-Statement gibt für den Cube NWIND_Cube2 das Bestimmtheitsmaß R^2 für die lineare Regression zwischen den *Umsatz-* und den *Geschäftsvorfälle*-Werten aus, wobei die Wertepaare der letzten 10 Tage des Jahres 1996, die sich im Cube befinden, in die Berechnung eingehen.

```
With Member Measures.R2 As 'LinRegR2({LastPeriods(10,
ClosingPeriod(Tag,[1996]))}, Umsatz,[Geschäftsvorfälle])' Select {R2}
On Columns From NWIND_Cube2
```

R2
0,091496381

LinRegSlope

Syntax

LinRegSlope(<Set>, <Numeric Expression>[, <Numeric Expression>])

Bedeutung

Berechnet die lineare Regression für ein Set und ergibt den Wert des Steigungsmaßes a der Regressionsgeraden y = ax + b. Zur Berechnung von b steht die Funktion *LinRegIntercept* zur Verfügung.

Die Funktion wertet <Set> gegen das erste Argument <Numeric Expression> aus, um die Werte für die Y-Achse zu erhalten. Wenn das zweite Argument <Numeric Expression> angegeben ist, wird <Set> gegen dieses ausgewertet, um die Werte für die X-Achse zu erhalten. Falls das zweite Argument <Numeric Expression> nicht spezifiziert ist, werden die Elemente von <Set> als Werte für die X-Achse genommen. Dies ergibt im allgemeinen nur für die Zeit Dimension einen Sinn. Dabei müssen die Dimensionselemente dann numerische Werte sein.

Beispiel

Das folgende MDX-Select-Statement gibt für den Cube NWIND_Cube2 das Steigungsmaß für die lineare Regression zwischen den *Umsatz-* und den *Geschäftsvorfälle-*Werten aus, wobei die Wertepaare der letzten 10 Tage des Jahres 1996, die sich im Cube befinden, in die Berechnung eingehen.

```
With Member Measures.Steigungsmass As 'LinRegSlope({LastPeriods(10,
ClosingPeriod(Tag,[1996]))}, Umsatz,[Geschäftsvorfälle])' Select
{Steigungsmass} On Columns From NWIND_Cube2
```

Steigungsmass
85,77924661

LinRegVariance

Syntax

LinRegVariance(<Set>, <Numeric Expression>[, <Numeric Expression>])

Bedeutung

Berechnet die lineare Regression für ein Set und ergibt den Wert der Varianz (mittlere Quadratsumme) der Residuen der Regressionsgeraden $y = ax + b$. Zur Berechnung von a und b stehen die Funktionen *LinRegSlope* und *LinRegIntercept* zur Verfügung.

Die Funktion wertet <Set> gegen das erste Argument <Numeric Expression> aus, um die Werte für die Y-Achse zu erhalten. Wenn das zweite Argument <Numeric Expression> angegeben ist, wird <Set> gegen dieses ausgewertet, um die Werte für die X-Achse zu erhalten. Falls das zweite Argument <Numeric Expression> nicht spezifiziert ist, werden die Elemente von <Set> als Werte für die X-Achse genommen. Dies ergibt im allgemeinen nur für die Zeit Dimension einen Sinn. Dabei müssen die Dimensionselemente dann numerische Werte sein.

Beispiel

Das folgende MDX-Select-Statement gibt für den Cube NWIND_Cube2 die Varianz der Residuen für die lineare Regression zwischen den *Umsatz-* und den *Geschäftsvorfälle-*Werten aus, wobei die Wertepaare der letzten 10 Tage des Jahres 1996, die sich im Cube befinden, in die Berechnung eingehen.

```
With Member Measures.Varianz As 'LinRegVariance({LastPeriods(10,
ClosingPeriod(Tag,[1996]))}, Umsatz,[Geschäftsvorfälle])' Select
{Varianz} On Columns From NWIND_Cube2
```

Varianz
6254957,736

Max

Syntax

Max(<Set>, <Numeric Expression>)

Bedeutung

Ergibt den maximalen Wert des Arguments <Numeric Expression> innerhalb der Elemente von <Set>. Die analoge Funktion zu *Max* ist *Min.*

Beispiel

```
Max({Europa, Nordamerika, [Südamerika]}, Umsatz)
```

ergibt 826569,09, wenn die entsprechenden Umsätze 826569,09, 319861,08 und 207975,92 betragen.

Das folgende MDX-Select-Statement berechnet für jedes Element der Dimension *Lieferziel* den maximalen Umsatz seiner Children Elemente und weist auf der X-Achse (*Columns*) den Umsatz sowie den maximalen Umsatz, auf der Y-Achse (*Rows*) die obersten vier Elemente der Dimension *Lieferziel* aus.

```
With Member Measures.MaxUmsatz As
'Max(Lieferziel.CurrentMember.Children,Umsatz)' Select {Umsatz,
MaxUmsatz} On Columns, {Lieferziel.[Alle Lieferziele],
Lieferziel.Children} On Rows From NWIND_Cube1
```

Abfrageergebnis

	Umsatz	MaxUmsatz
Alle Lieferziele	1354406,09	826569,09
Europa	826569,09	243680,63
Nordamerika	319861,08	263566,98
Südamerika	207975,92	114968,48

Median

Syntax

Median(<Set>, <Numeric Expression>)

Bedeutung

Ergibt den Median des Arguments <Numeric Expression> innerhalb der Elemente von <Set>. Beachten Sie die entsprechende Funktion *Avg*, die den Mittelwert ergibt.

Beispiel

Das folgende MDX-Select-Statement berechnet für jedes Element der Dimension *Lieferziel* den Median des Umsatzes seiner Children Elemente und weist auf der X-Achse (*Columns*) den Umsatz sowie den Median des Umsatzes, auf der Y-Achse (*Rows*) das Element *Südamerika* und seine Children Elemente aus. Der Median des Umsatzes für die Children Elemente von Südamerika wird in diesem Falle, weil eine gerade Anzahl von Elementen vorliegt, als Mittelwert der beiden Elemente, die in der Mitte liegen, berechnet, also als (24073,45 + 60814,89) / 2 = 42444,17.

```
With Member Measures.MedianUmsatz As
'Median(Lieferziel.CurrentMember.Children,Umsatz)' Select {Umsatz,
MedianUmsatz} On Columns, {Lieferziel.[Südamerika],
[Südamerika].Children} On Rows From NWIND_Cube1
```

Abfrageergebnis

	Umsatz	MedianUmsatz
Südamerika	207975,92	42444,17
Argentinien	8119,1	8119,1
Brasilien	114968,48	27244,3
Mexiko	24073,45	24073,45
Venezuela	60814,89	17857,305

Min

Syntax

Min(<Set>, <Numeric Expression>)

Bedeutung

Ergibt den minimalen Wert des Arguments <Numeric Expression> innerhalb der Elemente von <Set>. Die analoge Funktion zu *Min* ist *Max*.

Beispiel

```
Min({Europa, Nordamerika, [Südamerika]}, Umsatz)
```

ergibt 207975,92, wenn die entsprechenden Umsätze 826569,09, 319861,08 und 207975,92 betragen.

Das folgende MDX-Select-Statement berechnet für jedes Element der Dimension *Lieferziel* den minimalen Umsatz seiner Children Elemente und weist auf der X-Achse (*Columns*) den Umsatz sowie den minimalen Umsatz, auf der Y-Achse (*Rows*) die obersten vier Elemente der Dimension *Lieferziel* aus.

```
With Member Measures.MinUmsatz As
'Min(Lieferziel.CurrentMember.Children,Umsatz)' Select {Umsatz,
MinUmsatz} On Columns, {Lieferziel.[Alle Lieferziele],
Lieferziel.Children} On Rows From NWIND_Cube1
```

Abfrageergebnis

	Umsatz	MinUmsatz
Alle Lieferziele	1354406,09	207975,92
Europa	826569,09	3531,95
Nordamerika	319861,08	56294,1
Südamerika	207975,92	8119,1

Ordinal

Syntax

<Level>.**Ordinal**

Bedeutung

Ergibt den ordinalen Wert der mit <Level> angegebenen Ebene. Die oberste Ebene hat den Ordinalwert 0.

Beispiel

```
Region.Ordinal
```

ergibt 1, weil die Ebene *Region* die zweite Ebene der Dimension *Lieferziel* ist.

Rank

Syntax

Rank(<Tuple>, <Set>)

Bedeutung

Ergibt die ordinale Position von <Tuple> in <Set>, wobei die erste Position den Wert 1 hat.

Beispiel

```
Rank((Fleischprodukte, Nordamerika), {([Getränke], Nordamerika),
(Fleischprodukte, Nordamerika), (Fleischprodukte, [Südamerika])})
```

ergibt 2.

Stddev

Dies ist ein Aliasname für die Funktion *Stdev,* vgl. dort.

StddevP

Dies ist ein Aliasname für die Funktion *StdevP,* vgl. dort.

Stdev

Syntax

Stdev(<Set>, <Numeric Expression>)

Bedeutung

Ergibt die Standardabweichung von <Numeric Expression> in <Set>. Dabei wird zur Korrektur der Verzerrung unterstellt, daß es sich um eine Stichprobe handelt. *Stdev* wird nach folgender Formel berechnet:

$$\sqrt{\frac{n\sum x^2 - \left(\sum x\right)^2}{n(n-1)}}$$

Beachten Sie auch die Funktion *Var,* die die Varianz ermittelt, das ist das Quadrat der Standardabweichung.

Beispiel

Das folgende MDX-Select-Statement berechnet die Standardabweichung des Umsatzes für die Children Elemente des Jahres 1995 und gibt sie auf der X-Achse (*Columns*) aus.

```
With Member Measures.Standardabweichung As 'Stdev([1995].Children,
Umsatz)' Select {Standardabweichung} On Columns From NWIND_Cube1
```

Abfrageergebnis

Standardabweichung
13877,54796

StdevP

Syntax

Stdev(<Set>, <Numeric Expression>)

Bedeutung

Ergibt die Standardabweichung von <Numeric Expression> in <Set>. Dabei wird keine Korrektur der Verzerrung vorgenommen, d.h. es wird unterstellt, daß es sich nicht um eine Stichprobe, sondern um die Grundgesamtheit (*population,* daher das *P* im Funktionsnamen) handelt. *StdevP* wird nach folgender Formel berechnet:

$$\sqrt{\frac{n\sum x^2 - \left(\sum x\right)^2}{n^2}}$$

Beachten Sie auch die Funktion *VarP*, die die Varianz ermittelt, das ist das Quadrat der Standardabweichung.

Beispiel

Das folgende MDX-Select-Statement berechnet die Standardabweichung des Umsatzes für die Children Elemente des Jahres 1995 und gibt sie auf der X-Achse (*Columns*) aus.

```
With Member Measures.Standardabweichung As 'StdevP([1995].Children,
Umsatz)' Select {Standardabweichung} On Columns From NWIND_Cube1
```

Abfrageergebnis

Standardabweichung
12018,30908

Sum

Syntax

Sum(<Set>, [<Numeric Expression>])

Bedeutung

Ergibt die Summe von <Numeric Expression> für die Tupel von <Set>. Wenn <Numeric Expression> ausgelassen wird, wird dafür der Ausdruck genommen, der sich implizit aus den anderen Angaben des MDX-Statement ergibt.

Beispiel

Das folgende MDX-Select-Statement berechnet die Umsatzsumme für die Children Elemente von 1995 und gibt sie auf der X-Achse (*Columns*) aus.

```
With Member Measures.Umsatzsumme As 'Sum([1995].Children, Umsatz)'
Select {Umsatzsumme} On Columns From NWIND_Cube1
```

Abfrageergebnis

Umsatzsumme
626926,33

Value

Syntax

<Member>.**Value**

Bedeutung

Ergibt den Wert für ein Measure. Diese Funktion sollte in der Anwendung eigentlich überflüssig sein, da *value* die Standardeigenschaft eines Measure ist.

Beispiel

```
Sales.Measures.CurrentMember.Value
```

Var

Syntax

Var(<Set>, <Numeric Expression>)

Bedeutung

Ergibt die Varianz von <Numeric Expression> in <Set>. Dabei wird zur Korrektur der Verzerrung unterstellt, daß es sich um eine Stichprobe handelt. *Var* wird nach folgender Formel berechnet:

$$\frac{n\sum x^2 - \left(\sum x\right)^2}{n(n-1)}$$

Beachten Sie auch die Funktion *Stdev*, die die Standardabweichung ermittelt, das ist die Quadratwurzel der Varianz.

Beispiel

Das folgende MDX-Select-Statement berechnet die Varianz des Umsatzes für die Children Elemente des Jahres 1995 und gibt sie auf der X-Achse (*Columns*) aus.

```
With Member Measures.Varianz As 'Var([1995].Children, Umsatz)' Select
{Varianz} On Columns From NWIND_Cube1
```

Abfrageergebnis

Varianz
192586337,4

Variance

Dies ist ein Aliasname für die Funktion *Var*, vgl. dort.

VarianceP

Dies ist ein Aliasname für die Funktion *VarP*, vgl. dort.

VarP

Syntax

VarP(<Set>, <Numeric Expression>)

Bedeutung

Ergibt die Varianz von <Numeric Expression> in <Set>. Dabei wird keine Korrektur der Verzerrung vorgenommen, d.h. es wird unterstellt, daß es sich nicht um eine Stichprobe, sondern um die Grundgesamtheit (*population*, daher das *P* im Funktionsnamen) handelt.

VarP wird nach folgender Formel berechnet:

$$\frac{n\sum x^2 - \left(\sum x\right)^2}{n^2}$$

Beachten Sie auch die Funktion *StdevP*, die die Standardabweichung ermittelt, das ist die Quadratwurzel der Varianz.

Beispiel

Das folgende MDX-Select-Statement berechnet die Varianz des Umsatzes für die Children Elemente des Jahres 1995 und gibt sie auf der X-Achse (*Columns*) aus.

```
With Member Measures.Varianz As 'VarP([1995].Children, Umsatz)' Select
{Varianz} On Columns From NWIND_Cube1
```

Abfrageergebnis

Varianz
144439753,1

15.6 Set Funktionen

AddCalculatedMembers

Syntax

AddCalculatedMembers(<Set>)

Bedeutung

Fügt <Set> die berechneten Elemente hinzu. Standardmäßig werden berechnete Elemente in Funktionen, die ein Set ergeben, nicht berücksichtigt. Angenommen, der Cube NWIND_Cube2 enthalte für die Dimension *Lieferziel* auf der Ebene *Region* das berechnete Element *Amerika*, welches die Summe der Elemente *Nordamerika* und *Südamerika* wiedergibt. Dann ergibt der Ausdruck

```
Region.Members
```

nur das Set *{Europa, Nordamerika, Südamerika}*, obwohl das weitere (berechnete) Element *Amerika* auf der Ebene *Region* existiert. Um auch dieses in das Set einzubeziehen, muß der Ausdruck, der das Set ergibt, als Argument der Funktion *AddCalculatedMembers* ausgewertet werden.

Im vorliegenden Beispiel würde daher der Ausdruck

```
AddCalculatedMembers(Region.Members)
```

das Set *{Europa, Nordamerika, Südamerika, Amerika}* ergeben.

Beispiel

Das folgende MDX-Select-Statement gibt den Umsatz für die Elemente der Ebene *Region* wieder, wobei die berechneten Elemente berücksichtigt werden, das ist hier das Element *Amerika*. (Das berechnete Element Amerika wurde dem Cube NWIND_Cube2 zuvor hinzugefügt.)

```
Select {Umsatz} on Columns, AddCalculatedMembers(Region.Members)} On
Rows From NWIND_Cube2
```

Abfrageergebnis

	Umsatz
Europa	826569,09
Nordamerika	319861,08
Südamerika	207975,92
Amerika	527837

BottomCount

Syntax

BottomCount(<Set>, <Index> [, <Numeric Expression>])

Bedeutung

Sortiert <Set> entsprechend <Numeric Expression> und gibt die <Index> untersten Elemente aus, wobei <Index> ein numerischer Ausdruck ist. Wenn <Numeric Expression> ausgelassen wird, erfolgt keine Sortierung, und es werden die untersten <Index> Elemente entsprechend der Anordnung im Cube ausgegeben. Beachten Sie die entsprechende Funktion *TopCount*. Wenn das Argument <Numeric Expression> mit einem negativen Vorzeichen versehen wird, entspricht die Funktion *BottomCount* der Funktion *TopCount*, und umgekehrt.

Beispiel

Das folgende MDX-Select-Statement gibt Umsatzwerte der 5 Länder mit den geringsten Umsätzen wieder.

```
Select {Umsatz} on Columns, {BottomCount(Land.Members, 5,Umsatz)} On
Rows From NWIND_Cubel
```

Abfrageergebnis

	Umsatz
Polen	3531,95
Norwegen	5735,15
Argentinien	8119,10
Portugal	12468,65
Italien	16705,15

BottomPercent

Syntax

BottomPercent(<Set>, <Percentage>, <Numeric Expression>)

Bedeutung

Sortiert <Set> entsprechend <Numeric Expression> und gibt die x untersten Elemente aus, deren kumulierter prozentualer Wert von <Numeric Expression> mindestens <Percentage> ist. <Percentage> ist ein numerischer Ausdruck. Beachten Sie die entsprechende Funktion *TopPercent*. Wenn das Argument <Numeric Expression> mit einem negativen Vorzeichen versehen wird, entspricht die Funktion *BottomPercent* der Funktion *TopPercent*, und umgekehrt.

Beispiel

Das folgende MDX-Select-Statement gibt die Umsatzwerte der untersten nach ihrem Umsatz sortierten Länder wieder, deren Umsatzsumme mindestens 5% des Gesamtumsatzes ausmacht.

```
Select {Umsatz} on Columns, {BottomPercent(Land.Members, 5,Umsatz)} On
Rows From NWIND_Cubel
```

Abfrageergebnis

	Umsatz
Polen	3531,95
Norwegen	5735,15

Argentinien	8119,10
Portugal	12468,65
Italien	16705,15
Spanien	19431,89
Finnland	19778,45

BottomSum

Syntax

BottomSum(<Set>, <Value>, <Numeric Expression>)

Bedeutung

Sortiert <Set> entsprechend <Numeric Expression> und gibt die x untersten Elemente aus, deren Summe von <Numeric Expression> mindestens <Value> ist. <Value> ist ein numerischer Ausdruck ist. Beachten Sie die entsprechende Funktion *TopSum*. Wenn das Argument <Numeric Expression> mit einem negativen Vorzeichen versehen wird, entspricht die Funktion *BottomSum* der Funktion *TopSum*, und umgekehrt.

Beispiel

Das folgende MDX-Select-Statement gibt die Umsatzwerte der untersten nach ihrem Umsatz sortierten Länder wieder, deren Umsatzsumme mindestens 20.000 des Gesamtumsatzes ausmacht.

```
Select {Umsatz} on Columns, {BottomSum(Land.Members, 20000,Umsatz)} On
Rows From NWIND_Cube1
```

Abfrageergebnis

	Umsatz
Polen	3531,95
Norwegen	5735,15
Argentinien	8119,10
Portugal	12468,65

Children

Syntax

<Member>.**Children**

Bedeutung

Ergibt die Children Elemente eines Elements, das sind die einem Element unmittelbar untergeordneten Elemente. Statt <Member> darf auch eine Dimension spezifiziert werden. Dann werden die Children-Elemente des Standard Elements ausgegeben.

Beispiel

Das folgende MDX-Select-Statement gibt die Children Elemente für das Element *Fleischprodukte* auf der Y-Achse (*Rows*) aus.

```
Select {Umsatz} on Columns, Fleischprodukte.Children On Rows From
NWIND_Cube1
```

Abfrageergebnis

	Umsatz
Alice Mutton	35482,20
Mishi Kobe Niku	8827,00
Pâté chinois	19512,00
Perth Pasties	21510,20
Thüringer Rostbratwurst	87736,40
Tourtière	5121,00

CrossJoin

Syntax

CrossJoin(<Set1>, <Set2>)

Bedeutung

Ergibt das Kreuzprodukt der beiden Sets <Set1> und <Set2>. Die Elemente von <Set1> und <Set2> müssen aus zwei verschiedenen Dimensionen stammen. Das Gegenstück zu dieser Funktion ist die Funktion *Extract*.

Die Reihenfolge der Tupel im Ergebnisset ist folgendermaßen:

Wenn <Set1> = {x1, x2,…,xn} und <Set2> = {y1, y2, …, yn}, dann gibt

```
CrossJoin(Set1, Set2)
```

das folgende Ergebnis aus:

{(x1, y1), (x1, y2), ..., (x1, yn), (x2, y1), (x2, y2), ..., (x2, yn),

..., (xn, y1), (xn, y2), ..., (xn, yn)}

Beispiel

Das folgende MDX-Select-Statement gibt auf der Y-Achse (*Rows*) das Kreuzprodukt der Children Elemente von *Lieferziel* einerseits und der Elemente *Fleischprodukte* und *Getränke* andererseits aus.

```
Select {Umsatz} on Columns, CrossJoin({Lieferziel.Children},
{Fleischprodukte, [Getränke]}) On Rows From NWIND_Cube1
```

Abfrageergebnis

		Umsatz
Europa	Fleischprodukte	112952,32
Europa	Getränke	151872,00
Nordamerika	Fleischprodukte	49660,06
Nordamerika	Getränke	77190,85
Südamerika	Fleischprodukte	15576,42
Südamerika	Getränke	57464,10

Descendants

Syntax

Descendants(<Member>, <Level> [, <Desc_flag>])

Bedeutung

Ergibt alle abhängigen Elemente von <Member> zur Ebene <Level>. <Desc_flag> bestimmt, ob und wie abhängige Elemente auf der Ebene <Level>, Children vor oder Children nach <Level> (bis zur untersten Ebene) einbezogen werden. Standardmäßig werden nur Children Elemente nach <Level> einbezogen. Dies entspricht einem Wert für <Desc_flag> von SELF, was auch angenommen wird, wenn <Desc_flag> ausgelassen wird. Die Ebene, zu der <Member> gehört, muß mindestens eine Stufe höher liegen als <Level>.

Im einzelnen gelten die folgenden Möglichkeiten für <Desc_flag>, die hier statt in allgemeiner Formulierung beispielhaft angegeben werden. Als Beispiel dient die Dimension *Lieferziel*, die die folgenden Hierarchieebenen aufweist:

Lieferziel – *Alle Lieferziele – Region – Land – Ort – Firma.*

Spezifizierung	Ergebnis
`Descendants(Europa, Firma)`	Alle europäischen Firmen.
`Descendants(Europa, Firma, Self)`	Alle europäischen Firmen.

Spezifizierung	Ergebnis
`Descendants(Europa, Firma, Before)`	Alle europäischen Orte und Länder. Allgemein: Elemente aller Ebenen, die oberhalb der Ebene <Level> und unterhalb der Ebene, zu der <Member> gehört, liegen.
`Descendants(Europa, Land, After)`	Alle europäischen Orte und Firmen. Allgemein: Elemente aller Ebenen, die unterhalb der Ebene <Level> und oberhalb der Ebene, zu der <Member> gehört, liegen.
`Descendants(Lieferziel.[Alle Lieferziele], Land, Before_And_After)`	Alle Regionen, Orte und Firmen. Allgemein: Die zusammengesetzte Wirkung von Before und After.

Beispiel

Das folgende MDX-Select-Statement gibt auf der Y-Achse (*Rows*) alle Regionen und Länder aus.

```
Select {Umsatz} on Columns, Descendants([Alle Lieferziele], Ort,
Before) On Rows From NWIND_Cubel
```

Abfrageergebnis

	Umsatz
Europa	826569,09
Belgien	35134,98
Dänemark	34782,25
...	...
Schweiz	32919,50
Spanien	19431,89
Nordamerika	319861,08
Kanada	56294,10
USA	263566,98
Südamerika	207975,92
Argentinien	8119,10
Brasilien	114968,48

Mexiko	24073,45
Venezuela	60814,89

Distinct

Syntax

Distinct(<Set>)

Bedeutung

Entfernt duplikate Tupel aus einem Set und gibt die singulären aus. Entfernt wird vom Ende her.

Beispiel

Im folgenden MDX-Select-Statement sorgt die Funktion *Distinct* dafür, daß das in der zweiten Achsenspezifikation redundante Tupel (Europa, Fleischprodukte) eliminiert wird, so daß auf der Y-Achse (*Rows*) nur die beiden ersten Tupel ausgegeben werden.

```
Select {Umsatz} on Columns, Distinct({(Europa, Fleischprodukte),
(Nordamerika, Fleischprodukte), (Europa, Fleischprodukte)}) On Rows
From NWIND_Cube1
```

Abfrageergebnis

		Umsatz
Europa	Fleischprodukte	112952,32
Nordamerika	Fleischprodukte	49660,06

DrilldownLevel

Syntax

DrilldownLevel(<Set>, [,Level])

Bedeutung

Führt ein Drill down für die Elemente von *Set* aus bis zu einer Ebene unterhalb der untersten in *Set* repräsentierten Ebene oder, wenn *Level* angegeben ist, bis zu einer Ebene unterhalb der angegebenen Ebene eines in *Set* repräsentierten Elements.

Beispiel

Das folgende MDX-Select-Statement gibt auf der X-Achse (*Columns*) das Land *Belgien* und dessen zwei Städte *Bruxelles* und *Charleroi* aus, weil ein Drill down zu einer Ebene unterhalb derjenigen von *Belgien* ausgeführt wird, das ist die Ebene *Ort*.

```
Select DrilldownLevel({Belgien}) On Columns, {Milchprodukte} On Rows
From NWIND_Cubel Where Umsatz
```

Abfrageergebnis

	Belgien	Bruxelles	Charleroi
Milchprodukte	8825	3082	5743

DrilldownLevelBottom

Syntax

DrilldownLevelBottom(<Set>, <Count>[, [<Level>][, <Numeric Expression>]])

Bedeutung

Führt für eine Ebene unterhalb der angegebenen Ebene ein Drill down aus für die untersten n Elemente eines Set, basierend auf <Numeric Expression>. Diese Funktion arbeitet wie die Funktion *DrilldownLevel*, jedoch bezieht sie nicht alle Child Elemente für jedes Element der angegebenen Ebene ein, sondern nur die untersten <Count> Child Elemente werden wiedergegeben, basierend auf <Numeric Expression>.

Beispiel

Das folgende MDX-Select-Statement gibt auf der X-Achse (*Columns*) neben dem Element *Deutschland* die Umsatzwerte der fünf Orte aus, deren Umsätze innerhalb aller deutschen Orte am geringsten waren.

```
Select DrilldownLevelBottom({Deutschland},5,,Umsatz) On Columns From
NWIND_Cubel Where Umsatz
```

Abfrageergebnis

Deutschland	Mannheim	Berlin	Aachen	Münster	Leipzig
243680,63	3239,8	3636,2	3763,21	4954	5042,2

DrilldownLevelTop

Syntax

DrilldownLevelTop(<Set>, <Count>[, [<Level>][, <Numeric Expression>]])

Bedeutung

Führt für eine Ebene unterhalb der angegebenen Ebene ein Drill down aus für die obersten n Elemente eines Set, basierend auf <Numeric Expression>. Diese Funktion arbeitet wie die Funktion *DrilldownLevel*, jedoch bezieht sie nicht alle Child Elemente für jedes Element der angegebenen Ebene ein, sondern nur die obersten <Count> Child Elemente werden wiedergegeben, basierend auf <Numeric Expression>.

Beispiel

Das folgende MDX-Select-Statement gibt auf der X-Achse (*Columns*) neben dem Element *Deutschland* die Umsatzwerte der fünf Orte aus, deren Umsätze innerhalb aller deutschen Orte am größten waren.

```
Select DrilldownLevelTop({Deutschland},5,,Umsatz) On Columns From
NWIND_Cube1 Where Umsatz
```

Abfrageergebnis

Deutschland	Cunewalde	Brandenburg	München	Frankfurt a.M.	Köln
243680,63	117483,39	31745,75	28722,71	21282,02	13157,5

DrilldownMember

Syntax

DrilldownMember(<Set1>, <Set2>[, RECURSIVE])

Bedeutung

Führt ein Drill down für die Elemente in <Set1> durch, die auch in <Set2> vorkommen. Wenn RECURSIVE angegeben ist, wird das Drill down fortgesetzt, indem das erweiterte Ergebnisset bei jedem Schritt mit <Set2> verglichen wird.

Beispiel

Das folgende MDX-Select-Statement gibt auf der X-Achse (*Columns*) außer allen Elementen von <Set1> die Children derjenigen Elemente von <Set1> aus, die auch in <Set2> enthalten sind, das sind die belgischen Städte *Bruxelles* und *Charleroi* sowie die norwegische Stadt *Stavern*.

```
Select
DrilldownMember({Belgien,[Dänemark],Norwegen},{Belgien,Charleroi,
Norwegen}) On Columns From NWIND_Cube1 Where Umsatz
```

Belgien	Bruxelles	Charleroi	Dänemark	Norwegen	Stavern
35134,98	10430,58	24704,4	34782,25	5735,15	5735,15

Beispiel

Das folgende Beispiel unterscheidet sich von dem vorangehenden nur darin, daß das Schlüsselwort RECURSIVE angegeben wurde. Dies bewirkt, daß auf der X-Achse im Vergleich zum vorangehenden Beispiel zusätzlich die Firma *Suprêmes délices* ausgegeben wird, weil die Stadt *Charleroi* in <Set2> enthalten ist, gleichzeitig aber auch Ergebnis des Drill down von *Belgien* ist.

```
Select
DrilldownMember({Belgien,[Dänemark],Norwegen},{Belgien,Charleroi,
Norwegen}, Recursive) On Columns From NWIND_Cube1 Where Umsatz
```

Abfrageergebnis

Belgien	Bruxelles	Charleroi	Suprêmes délices	Dänemark	Norwegen	Stavern
35134,98	10430,58	24704,4	24704,4	34782,25	5735,15	5735,15

DrilldownMemberBottom

Syntax

DrilldownMemberBottom(<Set1>, <Set2>, <Count>[, <Numeric Expression>][, RECURSIVE]])

Bedeutung

Diese Funktion arbeitet wie die vorangehend beschriebene Funktion *DrilldownMember* mit dem Unterschied, daß hier nur die <Count> untersten Child Elemente, basierend auf <Numeric Expression>, wiedergegeben werden.

Beispiel

Das nachfolgende MDX-Select-Statement gibt auf der X-Achse (*Columns*) außer allen Elementen von <Set1> – das sind die Länder Deutschland und Dänemerk – auch die vier umsatzschwächsten deutschen Städte aus.

```
Select
DrilldownMemberBottom({Deutschland,[Dänemark]},{Deutschland,Berlin,
Norwegen},4,Umsatz) On Columns From NWIND_Cube1 Where Umsatz
```

Abfrageergebnis

Deutschland	Mannheim	Berlin	Aachen	Münster	Dänemark
243680,63	3239,8	3636,2	3763,21	4954	34782,25

Beispiel

Das nachfolgende MDX-Select-Statement unterscheidet sich von dem vorangehenden nur durch das zusätzliche Schlüsselwort RECURSIVE. Das Abfrageergebnis weist daher für das Element Berlin auch dessen Child Elemente – das ist hier nur eines – aus.

```
Select
DrilldownMemberBottom({Deutschland,[Dänemark]},{Deutschland,Berlin,
Norwegen},4,Umsatz,Recursive) On Columns From NWIND_Cube1 Where Umsatz
```

Abfrageergebnis

Deutschland	Mannheim	Berlin	Alfreds Futterkiste	Aachen	Münster	Dänemark
243680,63	3239,8	3636,2	3636,2	3763,21	4954	34782,25

DrilldownMemberTop

Syntax

DrilldownMemberTop(<Set1>, <Set2>, <Count>[, <Numeric Expression>][, RECURSIVE]])

Bedeutung

Diese Funktion arbeitet wie die oben beschriebene Funktion *DrilldownMember* mit dem Unterschied, daß hier nur die <Count> obersten Child Elemente, basierend auf <Numeric Expression>, wiedergegeben werden.

Beispiel

Das nachfolgende MDX-Select-Statement gibt auf der X-Achse (*Columns*) außer allen Elementen von <Set1> – das sind die Länder Deutschland und Dänemerk – auch die vier umsatzstärksten deutschen Städte aus.

```
Select
DrilldownMemberTop({Deutschland,[Dänemark]},{Deutschland,[München],
Norwegen},4,Umsatz) On Columns From NWIND_Cube1 Where Umsatz
```

Abfrageergebnis

Deutschland	Cunewalde	Brandenburg	München	Frankfurt a.M.	Dänemark
243680,63	117483,39	31745,75	28722,71	21282,02	34782,25

Beispiel

Das nachfolgende MDX-Select-Statement unterscheidet sich von dem vorangehenden nur durch das zusätzliche Schlüsselwort RECURSIVE. Das Abfrageergebnis weist daher für das Element [München] auch dessen Child Elemente – das ist hier nur eines – aus.

```
Select
DrilldownMemberTop({Deutschland,[Dänemark]},{Deutschland,[München],
Norwegen},4,Umsatz,Recursive) On Columns From NWIND_Cube1 Where Umsatz
```

Abfrageergebnis

Deutschland	Cunewalde	Brandenburg	München	Frankenversand	Frankfurt a.M.	Dänemark
243680,63	117483,39	31745,75	28722,71	28722,71	21282,02	34782,25

DrillupLevel

Syntax

DrillupLevel(<Set>[, <Level>])

Bedeutung

Führt ein Drill up aus für die Elemente von <Set>, die unterhalb der mit <Level> angegebenen Ebene liegen. Wenn <Level> nicht angegeben ist, wird dies als eine Ebene unterhalb der Ebene angenommen, in der das hierarchisch geringste Element liegt.

Beispiel

Das folgende MDX-Select-Statement gibt auf der X-Achse (*Columns*) alle Elemente des angegebenen <Set> aus, die oberhalb der Ebene von *Alfreds Futterkiste* liegen, weil dies die kleinste vorkommende Ebene ist und das Argument <Level> nicht spezifiziert wurde.

```
Select DrillupLevel({Nordamerika,Deutschland,Aachen,Paris,[Alfreds
Futterkiste]}) On Columns From NWIND_Cubel Where Umsatz
```

Abfrageergebnis

Nordamerika	Deutschland	Aachen	Paris
319861,08	243680,63	3763,21	2423,35

DrillupMember

Syntax

DrillupMember(<Set1>,<Set2>)

Bedeutung

Führt ein Drill up aus für die Elemente in <Set1>, die auch in <Set2> vorkommen.

Beispiel

Das folgende MDX-Select-Statement gibt auf der X-Achse (*Columns*) die Umsatzwerte von <Set1> aus, unterdrückt jedoch die Child Elemente von Deutschland, weil dieses Element in <Set2> vorkommt.

```
Select
DrillupMember({Nordamerika,Deutschland,Berlin,Aachen,Mannheim,Paris},{
Deutschland}) On Columns From NWIND_Cubel Where Umsatz
```

Abfrageergebnis

Nordamerika	Deutschland	Paris
319861,08	243680,63	2423,35

Except

Syntax

Except(<Set1>, <Set2> [,All])

Bedeutung

Ergibt ein Set mit den Tupeln aus <Set1>, in denen sich dieses von den Tupeln aus <Set2> unterscheidet. Bevor diese Unterschiede ermittelt werden, werden Duplikate aus beiden Input Sets eliminiert, was durch Angabe des optionalen dritten Arguments durch das Schlüsselwort *All* verhindert wird. In diesem Fall bleiben Duplikate aus <Set1>, die sich von den Tupeln in <Set2> unterscheiden, erhalten.

Beispiel

Das folgende MDX-Select-Statement gibt auf der Y-Achse (*Rows*) die Elemente Aachen und Europa aus, weil diese im ersten, nicht jedoch im zweiten spezifizierten Set enthalten sind.

```
Select {Umsatz} on Columns, Except({Aachen, Berlin, Europa},{Berlin,
[München]}) On Rows From NWIND_Cube1
```

Abfrageergebnis

	Umsatz
Aachen	3763,21
Europa	826569,09

Extract

Syntax

Extract(<Set>, <Dimension>[, <Dimension>...])

Bedeutung

Ergibt ein Set mit Elementen der Dimension <Dimension>, die in <Set> enthalten sind. Dabei werden Duplikate stets eliminiert. Diese Funktion ist das Gegenstück zur Funktion *Crossjoin*.

Beispiel

Das folgende MDX-Select-Statement gibt auf der Y-Achse (*Rows*) die Elemente *1994* und *1995* aus, weil diese im spezifizierten Set der angegebenen Dimension *Zeit* zugehören und weil die Duplikate *1994* und *1995* entfernt wurden.

```
Select {Umsatz} on Columns, Extract( {([1994], USA), ([1995], USA),
([1994], Belgien), ([1995], Belgien)}, Zeit) On Rows From NWIND_Cube1
```

Abfrageergebnis

	Umsatz
1994	128598,60
1995	626926,33

Filter

Syntax

Filter(<Set>, <Search Condition>)

Bedeutung

Ergibt diejenigen Tupel aus <Set>, die der angegebenen <Search Condition> genügen.

Beispiel

Das folgende MDX-Select-Statement filtert aus dem Set der europäischen Länder diejenigen aus, deren Umsatz in 1996 mehr als das 1,5-fache des Umsatzes aus 1995 betrug, und gibt die gefilterten Elemente auf der Y-Achse (*Rows*) wieder.

```
Select {[1995], [1996]} on Columns, Filter({Europa.Children}, (Umsatz,
[1996]) > 1.5*(Umsatz, [1995])) On Rows From NWIND_Cube1 Where Umsatz
```

Abfrageergebnis

	1995	1996
Belgien	8755,10	19941,08
Italien	4927,35	10773,60
Norwegen	1758,40	3976,75
Polen	1267,00	2264,95
Spanien	4153,25	12314,24

Generate

Syntax

Generate(<Set1>, <Set2> [,ALL])

Bedeutung

Wendet <Set2> auf jedes Element von <Set1> an und vereinigt die resultierenden Sets zu einem (*Union*) Set. Weitere Erklärungen finden sich unten bei der Erläuterung des Beispiels.

Beispiel

Das folgende MDX-Select-Statement gibt auf der Y-Achse (*Rows*) die Orte aus, die in *Belgien*, der *Schweiz* oder *Österreich* liegen. Das Set dieser Orte wird folgendermaßen erzeugt: Die Funktion wendet den Ausdruck *Descendants(Lieferziel.CurrentMember, Ort)* auf jedes Element des Set *{Belgien, Schweiz, [Österreich]}* an. Jede dieser Anwendungen ergibt ein Set: Das erste Set enthält alle belgischen, das zweite alle schweizerischen und das dritte alle österreichischen Orte. Diese Sets werden mit *Union* zu einem Set vereinigt.

```
Select {Umsatz} on Columns, Generate({Belgien, Schweiz, [Österreich]},
Descendants(Lieferziel.CurrentMember, Ort)) On Rows From NWIND_Cubel
```

Abfrageergebnis

	Umsatz
Bruxelles	10430,58
Charleroi	24704,40
Bern	12886,30
Genève	20033,20
Graz	113236,68
Salzburg	26259,95

Wenn der Ausdruck, der <Set2> ergibt, ohne die Funktion *CurrentMember* spezifiziert ist, erzeugt die Funktion *Generate* eine schlichte Wiederholung der Elemente in <Set2>, und zwar finden so viele Wiederholungen statt, wie <Set1> Tupel besitzt. Wenn das Schlüsselwort *All* nicht als drittes Argument angegeben wird, werden Duplikate allerdings eliminiert.

Beispiel

Im folgenden MDX-Select-Statement ist der Ausdruck, der das zweite Set ergibt, mit *{Berlin, Aachen}* angegeben, die Funktion *CurrentMember* taucht also nicht auf. Daher werden diese beiden Elemente im Ergebnisset repliziert, und zwar dreimal, weil das erste Set mit *{Belgien, Schweiz, [Österreich]}* drei Tupel enthält. Weil das dritte Argument zu *Generate* mit *All* angegeben ist, werden Duplikate nicht unterdrückt. Das Ergebnis der zwei sich dreimal wiederholenden Elemente Berlin und Aachen wird auf der Y-Achse (*Rows*) ausgegeben.

```
Select {Umsatz} on Columns, Generate({Belgien, Schweiz, [Österreich]},
{Berlin, Aachen}, All) On Rows From NWIND_Cubel
```

Abfrageergebnis

	Umsatz
Berlin	3636,20
Aachen	3763,21
Berlin	3636,20
Aachen	3763,21
Berlin	3636,20
Aachen	3763,21

Head

Syntax

Head(<Set>[, <Count>])

Bedeutung

Ergibt die ersten <Count> Elemente von <Set>. Dabei bleibt die Anordnung der Elemente erhalten. Der Standardwert für <Count> ist 1. Wird dafür ein kleinerer Wert als 1 angegeben, ist das Resultat ein leeres Set. Wenn <Count> die Anzahl der Tupel in <Set> übersteigt, wird das ursprüngliche <Set> ausgegeben. Beachten Sie auch die analoge Funktion *Tail*.

Beispiel

Das folgende MDX-Select-Statement gibt auf der Y-Achse (*Rows*) die ersten vier Länder entsprechend der Anordnung im Cube aus.

```
Select {Umsatz} on Columns, Head(Land.Members,4) On Rows From
NWIND_Cube1
```

Abfrageergebnis

	Umsatz
Belgien	35134,98
Dänemark	34782,25
Deutschland	243680,63
Finnland	19778,45

Hierarchize

Syntax

Hierarchize(<Set>)

Bedeutung

Ergibt ein Set, in dem die Elemente von <Set> hierarchisch geordnet sind. Elemente innerhalb einer Ebene werden in ihrer ursprünglichen Anordnung in der Ebene angeordnet. Dies gilt auch dann, wenn <Set> eine andere Anordnung enthält. Duplikate werden nicht entfernt.

Beispiel

Das folgende MDX-Select-Statement ordnet das unionierte Set aus den Elementen der Ebenen *Region* und *Ort* so, daß zunächst die Region *Europa,* dann deren Orte, dann *Nordamerika,* dann dessen Orte und schließlich *Südamerika* und dessen Orte angeführt werden. Das Ergebnis wird auf der Y-Achse (*Rows*) ausgegeben.

```
Select {Umsatz} on Columns, Hierarchize({Region.Members, Ort.Members})
On Rows From NWIND_Cube1
```

Abfrageergebnis

Europa	826569,09
Bruxelles	10430,58
Charleroi	24704,40
Århus	16643,80
...	...
Nordamerika	319861,08
Montréal	32203,90
Tsawassen	23567,70
Vancouver	522,50
...	...
Südamerika	207975,92
Buenos Aires	8119,10
Campinas	8702,23
Resende	6480,70
...	...

Absender

Firma ______________________________

ggf. Abt. ______________________________

Name / Vorname ______________________________

Straße / Nr. (bitte kein Postfach angeben) ______________________________

PLZ / Ort ______________________________

Telefon ______________________________

Telefax ______________________________

E-Mail ______________________________

Datum ______________________________

Einfach per Fax an:
(0 21 91) 99 11 11

ADDISON-WESLEY

❑ ***Ja*, ich will über Bücher von Addison-Wesley informiert werden, und ich will das Gratis-Abo PC Professionell.**

❑ Nein danke, ich verzichte auf das Mini-Abo.

Diese Karte lag im folgenden Buch

Titel ______________________________

ISBN ______________________________

Dieses Buch habe ich gekauft,...

❑ weil mich der Titel angesprochen hat
❑ weil mir der Autor bekannt war
❑ weil mir Addison-Wesley bekannt war
❑ weil: ______________________________

Dieses Buch ❑ würde ich noch einmal kaufen ❑ würde ich nicht mehr kaufen
weil:

____

____

____

____

Das ist unser handfestes DANKESCHÖN, wenn Sie uns diese Karte zurückschicken!

ADDISON-WESLEY

... die aktuellste Verlagsinformation

Gratis für Sie: das Mini-Ab

PC Professione

* Wenn Sie diese Karte ausgefüllt einsenden, erhalten Sie im Laufe der nächsten 3-4 Monate kostenlos zwei reguläre Ausgaben der anerkannten Computerfachzeitschrift PC Professionell aus dem Haus Ziff-Davis. Das Abo beinhaltet natürlich keine Verpflichtung und verlängert sich nicht automatisch; es ist nur einmal abrufbar.

Viel Spaß damit und viele Grüße
Ihr Verlagsteam

ADDISON-WESLEY

Absender

Firma ______________________

ggf. Abt. ______________________

Name / Vorname ______________________

Straße / Nr. ______________________
(bitte kein Postfach angeben)

PLZ / Ort ______________________

Telefon ______________________

Telefax ______________________

E-Mail ______________________

Datum ______________________

Bitte freimachen, falls DM 1,– zur Hand, oder Rückseite faxen !

Antwort

Addison Wesley Longman
Verlag GmbH
Wachsbleiche 7-12

D - 53111 Bonn

Intersect

Syntax

Intersect(<Set1>, <Set2> [,ALL])

Bedeutung

Gibt ein Set aus, das die Schnittmenge der Elemente aus <Set1> und <Set2> enthält. Standardmäßig werden Duplikate aus den beiden Input Sets entfernt, bevor die Schnittmenge gebildet wird. Wenn *All* angegeben wird, bleiben Duplikate erhalten. Dann wird bei der Schnittmengenbildung folgendermaßen verfahren: Singuläre Elemente werden wie üblich geschnitten. Dann wird für jedes duplikate Element in <Set1> geprüft, ob diesem ein Duplikat in <Set2> entspricht. Trifft dies zu, wird es in die Schnittmenge aufgenommen.

Beispiel

Das folgende MDX-Select-Statement gibt auf der Y-Achse (*Rows*) die Firmen aus, die sowohl 1995 wie auch 1996 zu den zehn umsatzstärksten Firmen im Cube gehörten.

```
Select {Umsatz} on Columns,
Intersect(TopCount(Firma.Members,10,(Umsatz,[1995])),
TopCount(Firma.Members,10,(Umsatz,[1996]))) On Rows From NWIND_Cube1
```

Abfrageergebnis

	Umsatz
QUICK-Stop	117483,39
Save-a-lot Markets	115673,39
Ernst Handel	113236,68
Hungry Owl All-Night Grocers	57317,39
Rattlesnake Canyon Grocery	52245,90

LastPeriods

Syntax

LastPeriods(<Index>[, <Member>])

Bedeutung

Ergibt ein Set mit <Index> Elementen, dessen letztes <Member> und dessen erstes <Index> – 1 Positionen vor <Member> liegt. Dieselbe Wirkung läßt sich mit der Funktion *Lag* erzielen, wenn man folgendermaßen spezifiziert:

```
<Member>.Lag(<Index> - 1): <Member>
```

Beispiel

Das folgende MDX-Select-Statement gibt auf der Y-Achse (*Rows*) die letzten fünf Monate bis zum Oktober 1995 aus, diesen eingeschlossen.

```
Select {Umsatz} on Columns, LastPeriods(5, [1995].[Quartal 4].Okt) On
Rows From NWIND_Cube1
```

Abfrageergebnis

	Umsatz
[Zeit].[Gesamtzeit].[1995].[Quartal 3].[Jul]	53273,65
[Zeit].[Gesamtzeit].[1995].[Quartal 3].[Sep]	50343,55
[Zeit].[Gesamtzeit].[1995].[Quartal 4].[Dez]	51930,30
[Zeit].[Gesamtzeit].[1995].[Quartal 4].[Nov]	69955,14
[Zeit].[Gesamtzeit].[1995].[Quartal 4].[Okt]	52437,57

Members

Syntax

{<Dimension> | <Level>.**Members**

oder

Members(<String Expression>)

Bedeutung

Ergibt die Elemente von <Dimension> bzw. <Level>. Die Syntax für <String Expression> dient vor allem dazu, eine Dimension oder eine Ebene als Zeichenkette durch eine benutzerdefinierte Funktion angeben zu können. Wenn <Dimension> spezifiziert wird, werden alle Elemente aller Ebenen, von der obersten bis zur untersten, ausgegeben.

Beispiel

Das folgende MDX-Select-Statement gibt die Elemente der Ebene *Region* auf der Y-Achse (*Rows*) aus.

```
Select {Umsatz} on Columns, Region.Members On Rows From NWIND_Cube1
```

Abfrageergebnis

	Umsatz
Europa	826569,09
Nordamerika	319861,08
Südamerika	207975,92

Mtd

Syntax

Mtd([<Member>])

Bedeutung

Dies ist eine Kurzform für die Funktion *PeriodsToDate*. Die Funktion *Mtd* nimmt als <Level> Argument, das bei *PeriodsToDate* explizit angegeben werden muß, implizit die Ebene *Monat* (*Month*) an. Wenn <Member> nicht angegeben ist, wird *Time.CurrentMember* angenommen.

Die Funktion *Mtd* setzt voraus, daß die Eigenschaft *Level Type* der Monatsebene in der Dimension *Zeit* auf den Typ *Months* eingestellt ist. Wenn die Dimension *Zeit* als solche mit dem Dimensions-Assistenten eingerichtet wurde, trifft dies automatisch zu. Falls Sie die Dimension *Zeit* jedoch wie eine gewöhnliche Dimension definiert haben, muß die Eigenschaft *Level Type* für die einzelnen Dimensionsebenen im Dimensions-Editor manuell auf den jeweils entsprechenden Wert eingestellt werden, das ist für die Monatsebene *Months*.

Beispiel

Das folgende MDX-Select-Statement gibt alle Tage des Monats August 1995 aus, die im Cube definiert sind und vor dem 07.08.95 (diesen eingeschlossen) liegen.

```
Select {Umsatz} on Columns, {MTD([07.08.95])} On Rows From NWIND_Cube1
```

Abfrageergebnis

	Umsatz
02.08.95	2142,90
03.08.95	547,80
04.08.95	6249,20
07.08.95	1381,45

Order

Syntax

Order(<Set>, {<String Expression> | <Numeric Expression>} [, Asc | Desc | Basc | Bdesc])

Bedeutung

Ergibt ein Set, dessen Elemente diejenigen von <Set> sind, jedoch in einer bestimmten Weise angeordnet. Die Funktion bietet zwei unterschiedliche Arten zu ordnen: hierarchisch (*Asc* und *Desc*) und nicht hierarchisch (*Basc* und *Bdesc*, wobei das Zeichen *B* für *Break hierarchy* steht). Das hierarchische

Sortieren ordnet die Elemente zunächst entsprechend ihrer Position in der Hierarchie und ordnet sie danach innerhalb jeder Ebene. Das nicht hierarchische Sortieren ordnet die Elemente im Set ohne Berücksichtigung ihrer Stellung in der Hierarchie an.Wenn keine explizite Sortierung angegeben ist, wird standardmäßig *Asc* angenommen.

Beispiel

Im folgenden MDX-Select-Statement werden die Elemente des Set, den der Ausdruck *Descendants(Europa, Firma, Before)* ergibt, nach der Größe des zugehörigen Umsatzes in aufsteigender Richtung sortiert und auf der Y-Achse (*Rows*) ausgegeben. Das zu sortierende Set enthält Elemente aus zwei unterschiedlichen Ebenen – *Land* und *Ort*. Sortieren mit dem Schlüsselwort *Asc* führt dazu, daß die Hierarchie nicht durchbrochen wird. Daher werden zunächst die Elemente der höheren Ebene *Land* nach der Umsatzgröße geordnet, danach werden deren Children Elemente – das sind die zugehörigen Orte – nach der Umsatzgröße geordnet.

```
Select {Umsatz} on Columns, {Order(Descendants(Europa, Firma, Before),
Umsatz, Asc)} On Rows From NWIND_Cube1
```

Abfrageergebnis

	Umsatz
Polen	3531,95
Warszawa	3531,95
Norwegen	5735,15
Stavern	5735,15
Portugal	12468,65
Lisboa	12468,65
Italien	16705,15
Torino	1545,70
Reggio Emilia	7555,60
Bergamo	7603,85
...	...

Das folgende MDX-Select-Statement gibt die geordneten Elemente auf der Y-Achse (*Rows*) aus. Beim Ordnen wird die Hierarchie durchbrochen, weshalb beispielsweise die Stadt *Barcelona* ohne das zugehörige Land *Spanien* ausgegeben wird.

```
Select {Umsatz} on Columns, {Order(Descendants(Europa, Firma, Before),
Umsatz, Basc)} On Rows From NWIND_Cube1
```

Abfrageergebnis

	Umsatz
Barcelona	836,70
Reims	1427,50
Torino	1545,70
Versailles	1992,05
Paris	2423,35
Helsinki	3161,35
Mannheim	3239,80
Polen	3531,95
Warszawa	3531,95
Berlin	3636,20

PeriodsToDate

Syntax

PeriodsToDate([<Level>[, <Member>]])

Bedeutung

Ergibt ein Set mit Perioden (Elementen), die bis zu <Member> reichen, dieses eingeschlossen. Dabei werden die Perioden von der Ebene genommen, der <Member> zugehört. Die erste Periode ist das erste Geschwisterelement von <Member>, das zum *Parent* Element von <Member> auf der Ebene von <Level> gehört. Wenn weder <Level> noch <Member> angegeben sind, wird für <Member> *Time.CurrentMember* und für <Level> die jeweilige *Parent* Ebene von *Time.CurrentMember* angenommen. Wenn <Level> spezifiziert ist, wird <Member> als *Dimension.CurrentMember* angenommen, wobei *Dimension* die zu <Level> gehörige ist.

Beachten Sie auch die Funktion *Mtd*, die eine Kurzform für diese Funktion darstellt.

Beispiel

Das folgende MDX-Select-Statement gibt auf der Y-Achse (*Rows*) alle Tagesdatumswerte des Monats August 1995 aus, die vor dem 10.08.95 liegen, dieses Datum jedoch eingeschlossen. Würde als Argument für <Level> statt *Monat* die Ebene *Quartal* angegeben, würden alle Tageswerte des dritten Quartals 1995 bis zum 10.08.95 ausgegeben werden.

```
Select {Umsatz} on Columns, {PeriodsToDate(Monat,[10.08.95])} On Rows
From NWIND_Cube1
```

Abfrageergebnis

	Umsatz
02.08.95	2142,90
03.08.95	547,80
04.08.95	6249,20
07.08.95	1381,45
08.08.95	1299,00
09.08.95	2547,00
10.08.95	5149,00

Qtd

Syntax

Qtd([<Member>])

Bedeutung

Dies ist eine Kurzform für die Funktion *PeriodsToDate*. Die Funktion *Qtd* nimmt als <Level> Argument, das bei *PeriodsToDate* explizit angegeben werden muß, implizit die Ebene *Quartal* (*Quarter*) an. Wenn <Member> nicht angegeben ist, wird *Time.CurrentMember* angenommen.

Vgl. oben den Hinweis zur Funktion *Mtd*, der entsprechend für die Funktion *Qtd* gilt.

Beispiel

Das folgende MDX-Select-Statement gibt alle Tage des dritten Quartals 1995 aus, die im Cube definiert sind und vor dem 10.07.95 (diesen eingeschlossen) liegen.

```
Select {Umsatz} on Columns, {Qtd([10.07.95])} On Rows From NWIND_Cube1
```

Abfrageergebnis

	Umsatz
03.07.95	3014,00
04.07.95	2427,50
05.07.95	946,00

06.07.95	4290,00
07.07.95	796,35
10.07.95	2812,60

StripCalculatedMembers

Syntax

StripCalculatedMembers(<Set>)

Bedeutung

Entfernt berechnete Elemente aus einem Set, dem solche Elemente mit der Funktion *AddCalculatedMembers* hinzugefügt wurden.

StrToSet

Syntax

StrToSet(<String>)

Bedeutung

Ergibt das Set, das mit <String> als Zeichenkette spezifiziert ist. Der wesentliche Einsatzzweck dieser Funktion liegt beim Gebrauch von benutzerdefinierten Funktionen, die die Setspezifikation als Zeichenkette ausgeben.

Beispiel

Das folgende MDX-Select-Statement gibt die Children Elemente der obersten Ebene von *Lieferziel* auf der Y-Achse (*Rows*) aus.

```
Select {Umsatz} on Columns, {StrToSet("Lieferziel.Children")} On Rows
From NWIND_Cubel
```

Abfrageergebnis

	Umsatz
Europa	826569,09
Nordamerika	319861,08
Südamerika	207975,92

Subset

Syntax

Subset(<Set>, <Start>[, <Count>])

Bedeutung

Ergibt <Count> Elemente von <Set>, beginnend mit <Start>. Die Zählweise beginnt bei 0. Wenn <Count> ausgelassen wird, werden alle Elemente von <Set>, beginnend bei <Start>, bis zum Ende ausgegeben.

Beispiel

Das folgende MDX-Select-Statement gibt auf der Y-Achse (*Rows*) vier Elemente aus dem mit *Descendants(Deutschland,Firma)* spezifizierten Set aus, beginnend mit dem dritten. Da das Input Set alle deutschen Firmen enthält, werden also vier deutsche Firmen als Teilmenge ausgegeben.

```
Select {Umsatz} on Columns,
{Subset(Descendants(Deutschland,Firma),2,4)} On Rows From NWIND_Cube1
```

Abfrageergebnis

	Umsatz
Königlich Essen	31745,75
QUICK-Stop	117483,39
Lehmanns Marktstand	21282,02
Ottilies Käseladen	13157,50

Tail

Syntax

Tail(<Set>[, <Count>])

Bedeutung

Ergibt die letzten <Count> Elemente von <Set>. Dabei bleibt die Anordnung der Elemente erhalten. Der Standardwert für <Count> ist 1. Wird dafür ein kleinerer Wert als 1 angegeben, ist das Resultat ein leeres Set. Wenn <Count> die Anzahl der Tupel in <Set> übersteigt, wird das ursprüngliche <Set> ausgegeben. Beachten Sie auch die analoge Funktion *Head*.

Beispiel

Das folgende MDX-Select-Statement gibt auf der Y-Achse (*Rows*) die letzten vier Länder entsprechend der Anordnung im Cube aus.

```
Select {Umsatz} on Columns, Tail(Land.Members,4) On Rows From
NWIND_Cube1
```

Abfrageergebnis

	Umsatz
Argentinien	8119,10
Brasilien	114968,48
Mexiko	24073,45
Venezuela	60814,89

ToggleDrillState

Syntax

ToggleDrillState(<Set1>, <Set2>, Recursive)

Bedeutung

Wechselt den Drill Status eines jeden Elements in <Set2>, das auch in <Set1> vorkommt. Diese Funktion ist eine Kombination der beiden Funktionen *DrillupMember* und *DrilldownMember.* Wenn ein Element *e* von <Set2>, das in <Set1> vorkommt, sich im Status *drilled down* befindet (d.h. einen Descendant besitzt), wird die Funktion *DrillupMember(<Set1>, {e})* angewandt. Wenn es sich im Status *drilled up* befindet (d.h. es gibt keinen Descendant zu *e*, der *e* unmittelbar folgt), wird *DrilldownMember(<Set1>, {e}[, RECURSIVE])* auf <Set1> angewandt. Der optionale Schalter RECURSIVE wird dabei verwendet, wenn die Funktion *ToggleDrillState* selbst mit diesem Schalter aufgerufen wurde.

TopCount

Syntax

TopCount(<Set>, <Index> [, <Numeric Expression>])

Bedeutung

Sortiert <Set> entsprechend <Numeric Expression> und gibt die <Index> obersten Elemente aus, wobei <Index> ein numerischer Ausdruck ist. Wenn <Numeric Expression> ausgelassen wird, erfolgt keine Sortierung, und es werden die obersten <Index> Elemente entsprechend der Anordnung im Cube ausgegeben. Beachten Sie die entsprechende Funktion *BottomCount*. Wenn das Argument <Numeric Expression> mit einem negativen Vorzeichen versehen wird, entspricht die Funktion *TopCount* der Funktion *BottomCount* und umgekehrt.

Beispiel

Das folgende MDX-Select-Statement gibt Umsatzwerte der 5 Länder mit den höchsten Umsätzen wieder.

```
Select {Umsatz} on Columns, {TopCount(Land.Members, 5,Umsatz)} On Rows
From NWIND_Cubel
```

Abfrageergebnis

	Umsatz
USA	263566,98
Deutschland	243680,63
Österreich	139496,63
Brasilien	114968,48
Frankreich	85446,26

TopPercent

Syntax

TopPercent(<Set>, <Percentage>, <Numeric Expression>)

Bedeutung

Sortiert <Set> entsprechend <Numeric Expression> und gibt die x obersten Elemente aus, deren kumulierter prozentualer Wert von <Numeric Expression> mindestens <Percentage> ist. <Percentage> ist ein numerischer Ausdruck ist. Beachten Sie die entsprechende Funktion *BottomPercent*. Wenn das Argument <Numeric Expression> mit einem negativen Vorzeichen versehen wird, entspricht die Funktion *TopPercent* der Funktion *BottomPercent* und umgekehrt.

Beispiel

Das folgende MDX-Select-Statement gibt die Umsatzwerte der obersten nach ihrem Umsatz sortierten Länder wieder, deren Umsatzsumme mindestens 5% des Gesamtumsatzes ausmacht.

```
Select {Umsatz} on Columns, {TopPercent(Land.Members, 5,Umsatz)} On
Rows From NWIND_Cubel
```

Abfrageergebnis

	Umsatz
USA	263567

TopSum

Syntax

TopSum(<Set>, <Value>, <Numeric Expression>)

Bedeutung

Sortiert <Set> entsprechend <Numeric Expression> und gibt die x obersten Elemente aus, deren Summe von <Numeric Expression> mindestens <Value> ist. <Value> ist ein numerischer Ausdruck. Beachten Sie die entsprechende Funktion *BottomSum*. Wenn das Argument <Numeric Expression> mit einem negativen Vorzeichen versehen wird, entspricht die Funktion *TopSum* der Funktion *BottomSum* und umgekehrt.

Beispiel

Das folgende MDX-Select-Statement gibt die Umsatzwerte der obersten nach ihrem Umsatz sortierten Länder wieder, deren Umsatzsumme mindestens 20.000 des Gesamtumsatzes ausmacht.

```
Select {Umsatz} on Columns, {TopSum(Land.Members, 20000,Umsatz)} On
Rows From NWIND_Cubel
```

Abfrageergebnis

	Umsatz
USA	263567

Union

Syntax 1

Union(<Set1>, <Set2> [, ALL])

Syntax 2 (Implicit Union)

{Set1, Set2}

Bedeutung

Ergibt die Vereinigungsmenge der Elemente aus <Set1> und <Set2>. Bei der impliziten Angabe von *Union* durch das Paar geschweifter Klammern werden Duplikate nicht entfernt. Wenn *Union* explizit als Funktion angeführt wird, werden Duplikate entfernt, es sei denn, das dritte Argument wird mit dem Schlüsselwort *All* angegeben. Beim Entfernen von Duplikaten wird am Ende begonnen.

Beispiel

Die beiden folgenden MDX-Select-Statements sind gleichwertig. Sie geben auf der Y-Achse (*Rows*) die Elemente der beiden Input Sets aus, wobei ggf. vorhandene Duplikate nicht entfernt würden.

```
Select {Umsatz} on Columns, Union(Schweiz.Children,
[Österreich].Children, All) On Rows From NWIND_Cubel
```

oder

```
Select {Umsatz} on Columns, {Schweiz.Children, [Österreich].Children}
On Rows From NWIND_Cubel
```

Abfrageergebnis

	Umsatz
Bern	12886,30
Genève	20033,20
Graz	113236,68
Salzburg	26259,95

VisualTotals

Syntax

VisualTotals(<Set>, <Pattern>)

Bedeutung

Addiert die Child Elemente eines Parent Elements, die zusammen in <Set> angegeben werden, d.h. es werden nur die *sichtbaren* Child Elemente (und nicht, wie sonst üblich, alle) aggregiert; Child Elemente desselben Parent Elements, die nicht in <Set> aufgeführt sind, werden nicht mit aggregiert. Ausgegeben werden die Child Elemente und das Aggregationsergebnis für diese Elemente, nicht jedoch das Parent Element selbst. Zur Formatierung der Bezeichnung des Aggregationsergebnisses dient das Argument <Pattern>. Der zu <Pattern> angegebene Text wird unverändert ausgegeben, ein Stern (*) steht für die Bezeichnung des Parent Elements und ein Stern wird als Zeichen ausgegeben, wenn ein Doppelstern (**) spezifiziert wird.

Beispiel

Das folgende MDX-Select-Statement gibt den Umsatz für die Child Elemente *Nordamerika* und *Südamerika* als Zeilen aus. Davor wird das Aggregationsergebnis für diese beiden Elemente unter der Bezeichnung **SubTotal – Alle Lieferziele* ausgegeben. Diese Bezeichnung wird mit der Spezifizierung des Arguments <Pattern> als »***SubTotal* – *« bewirkt.

```
Select {Umsatz} on Columns, VisualTotals({[Alle
Lieferziele],Nordamerika,[Südamerika]},"**SubTotal - *") On Rows From
NWIND_Cubel
```

Abfrageergebnis

	Umsatz
*SubTotal – Alle Lieferziele	527837,00
Nordamerika	319861,08
Südamerika	207975,92

Wtd

Syntax

Wtd([<Member>])

Bedeutung

Dies ist eine Kurzform für die Funktion *PeriodsToDate*. Die Funktion *Wtd* nimmt als <Level> Argument, das bei *PeriodsToDate* explizit angegeben werden muß, implizit die Ebene Woche (Week) an. Wenn <Member> nicht angegeben ist, wird *Time.CurrentMember* angenommen.

Beachten Sie den Hinweis bezüglich der Eigenschaft *Level Type*, der oben bei der Beschreibung der Funktion *Mtd* angegeben ist und hier entsprechend gilt.

Beispiel

Das folgende MDX-Select-Statement gibt alle Tage der Woche aus, in der der 30.06.95 liegt und die im Cube definiert sind sowie vor dem 30.06.95 (diesen eingeschlossen) liegen. (Dem Cube NWIND_Cube2 wurde für diesen Zweck eigens vorübergehend eine Zeitdimension eingefügt, die auch Wochen als Ebene enthält.)

```
Select {Umsatz} on Columns, {Wtd([30.06.95])} On Rows From NWIND_Cube2
```

Abfrageergebnis

	Umsatz
26.06.95	2356,00
27.06.95	425,50
28.06.95	4481,60
29.06.95	5908,55
30.06.95	846,00

Ytd

Syntax

Ytd([<Member>])

Bedeutung

Dies ist eine Kurzform für die Funktion *PeriodsToDate*. Die Funktion *Ytd* nimmt als <Level> Argument, das bei *PeriodsToDate* explizit angegeben werden muß, implizit die Ebene Jahr (Year) an. Wenn <Member> nicht angegeben ist, wird *Time.CurrentMember* angenommen.

Beachten Sie den Hinweis bezüglich der Eigenschaft *Level Type*, der oben bei der Beschreibung der Funktion *Mtd* angegeben ist und hier entsprechend gilt.

Beispiel

Das folgende MDX-Select-Statement gibt alle Tage des Jahres aus, in dem der 12.01.95 liegt und die im Cube definiert sind sowie vor dem 12.01.95 (diesen eingeschlossen) liegen.

```
Select {Umsatz} on Columns, {Ytd([12.01.95])} On Rows From NWIND_Cube1
```

Abfrageergebnis

	Umsatz
02.01.95	2924,80
04.01.95	928,00
05.01.95	396,00
06.01.95	141,60
09.01.95	6391,00
11.01.95	10741,60

15.7 String Funktionen

Name

Syntax

<Level>.**Name**

oder

<Dimension>.**Name**

oder

<Member>.**Name**

oder

<Hierarchy>.**Name**.

Bedeutung

Ergibt den Namen einer(s) Ebene, Dimension, Elements oder Hierarchie.

SetToStr

Syntax

SetToStr(<Set>)

Bedeutung

Erstellt einen String aus den Elementen von <Set> und gibt diesen aus.

Beispiel

```
SetToStr({[1995], [1996]})
```

ergibt »{[Zeit].[1995], [Zeit].[1996]}«

TupleToStr

Syntax

TupleToStr(<Tuple>)

Bedeutung

Erstellt einen String aus <Tuple> und gibt diesen aus.

Beispiel

```
TupleToStr(Belgien, [1995])
```

Ergibt »([Zeit].[1995], [Lieferziel].[Alle Lieferziele].[Europa].[Belgien])«.

UniqueName

Syntax

{<Dimension> | <Level> | <Member>}**UniqueName**

Bedeutung

Ergibt den eindeutigen Namen (*Unique Name*) der Dimension, Ebene oder des Elements.

15.8 Tuple Funktionen

Current

Syntax

<Set>.**Current**

Bedeutung

Während einer Iteration durch ein Set, wie beispielsweise in solchen Funktionen wie *Generate*, ist bei jedem Iterationsschritt das laufende Tupel dasjenige, auf das gerade die Operation ausgeübt wird. Diese Funktion ergibt dieses Tupel.

Item

Syntax 1

<Tuple>.**Item**(<Numeric Expression>)

Syntax 2

<Set>.**Item**(<String Expression> [, <String Expression>...] | <Index>)

Bedeutung

Syntax 1: Ergibt das Element mit der Position <Index> in <Tuple>. Die Zählweise der Positionen beginnt bei 0.

Syntax 2: Ergibt ein Tupel aus <Set>. Das Tupel kann mittels <String Expression> oder mittels <Index> identifiziert werden. Die Zählweise der Positionen beginnt bei 0.

Beispiel

Das folgende MDX-Select-Statement gibt auf der Y-Achse (*Rows*) das zweite Element des Set aus, das die Children Elemente der obersten Ebene von *Lieferziel* enthält, das ist *Nordamerika.*

```
Select {Umsatz} on Columns, {Lieferziel.Children.Item(1)} On Rows From
NWIND_Cube1
```

Abfrageergebnis

	Umsatz
Nordamerika	319861,08

StrToTuple

Syntax

StrToTuple(<String>)

Bedeutung

Ergibt das Tupel, das mit <String> als Zeichenkette spezifiziert ist. Der wesentliche Einsatzzweck dieser Funktion liegt beim Gebrauch von benutzerdefinierten Funktionen, die die Tupel Spezifikation als Zeichenkette ausgeben.

Beispiel

Das folgende MDX-Select-Statement gibt das Tupel Europa auf der Y-Achse (*Rows*) aus.

```
Select {Umsatz} on Columns, {StrToTuple("(Europa)")} On Rows From
NWIND_Cube1
```

Abfrageergebnis

	Umsatz
Europa	826569,09

16 Client Zugriffe mit ADO und ADO MD

16.1 Einführung und Überblick

OLEDB und ADO sind die neuesten nicht-proprietären Datenzugriffsobjekte von Microsoft. Sie sollen langfristig die bis dahin angebotenen Datenzugriffsobjekte DAO und ODBC ablösen, zumindest aber ergänzen. Im Prinzip leisten die beiden Objekte OLEDB und ADO dasselbe: Sie bieten Objekte und Methoden an, auf Daten unterschiedlichster Formatierung lesend und schreibend zuzugreifen, wobei Abfragen auf die Daten bzw. Manipulationen der Daten im wesentlichen mit SQL-Statements erfolgen. Dabei stellt OLEDB das etwas umfassendere Konzept dar, indem es Entwicklern erlaubt, eigene Anwendungen zu erstellen, die den offengelegten OLEDB Spezifikationen entsprechen. Der Preis für die Nutzung dieses umfassenderen Konzepts besteht u. a. darin, daß es nur mit der Programmiersprache C bzw. C++ realisierbar ist. Demgegenüber erlaubt ADO, die Programme in einer der Sprachen Visual Basic (VB), Visual Basic for Applications (VBA), Visual C++ und Visual J++ zu formulieren. ADO, das im übrigen selbst auf Basis von OLEDB programmiert wurde, ist daher für den leichteren Zugang zum Datenzugriffskonzept erstellt worden. Der Preis dafür besteht darin, daß der Umfang an Entwicklungsmöglichkeiten unter ADO geringer ist als unter OLEDB. Für den allgemeinen Entwickler, der keinen sogen. OLEDB-Provider entwickeln will, ist dies aber im allgemeinen unbedeutend. Insbesondere für Zwecke dieses Buches, in dem es in erster Linie um den Microsoft OLAP Server geht, stellt ADO einen völlig ausreichenden Rahmen dar, Zugriffsmöglichkeiten von Clients auf den Server zu realisieren. Die Verwendung von VBA bietet darüber hinaus den Vorteil, daß derartige Client Zugriffe in die Office Anwendungen, vor allem in Excel, unmittelbar integriert werden können. Aus diesen Gründen beschränken wir uns im Weiteren auf das Datenzugriffsobjekt ADO und gehen auf das Objekt OLEDB nicht weiter ein.

OLEDB bzw. ADO organisieren den Zugriff auf Daten, die in tabellarischer Form vorliegen, sei es als flache Tabellen, sei es als relationale Datenbank. Demgegenüber haben multidimensionale Daten eine andere eigene Struktur, zu der OLEDB bzw. ADO nicht unmittelbar passen. Im OLEDB bzw. ADO Konzept stellt beispielsweise das *Recordset* das zentrale Objekt dar, mit dem Daten gelesen und manipuliert werden. Dabei handelt es sich um ein zweidimensionales Objekt mit Spalten und Zeilen, also eine Art Tabelle. In einem derartigen Objekt können Ergebnisse von SQL-Abfragen auf eine relationale Datenbank gut wiedergegeben werden, nicht jedoch Abfragen auf eine multidimensionale Datenbank, also einen Cube, denn derartige Abfrageergebnisse sind im allgemeinen nicht in Form von Spalten und Zeilen wiederzugeben, weil sie eine mehrdimensionale Struktur besitzen. Wegen der wachsenden Bedeutung multidimensionaler Datenstrukturen hat Microsoft daher die Datenzugriffsobjekte OLEDB und ADO jeweils um ein Objekt ergänzt, dessen interne Objekte, Methoden und Eigenschaften speziell darauf ausgelegt sind, auf Daten mit multidimensionaler Struktur zugreifen zu können. Diese beiden Objekte heißen *OLEDB for OLAP* bzw. *ADO MD*. Darin findet sich u. a. ein Objekt, das als Analogie zum Recordset Objekt betrachtet werden kann, das *Cellset*. Dieses spielt für multidimensionale Datenstrukturen dieselbe zentrale Rolle wie das Recordset für relationale und wird uns daher im Weiteren noch vielfach begegnen.

OLEDB for OLAP und ADO MD sind ebenfalls nicht-proprietäre Datenzugriffskonzepte, deren Spezifikationen von Microsoft offengelegt worden sind, so daß sie von jedem Entwickler eingesehen und befolgt werden können. Damit ist erstmalig für multidimensionale Datenstrukturen ein nicht-proprietäres Datenzugriffskonzept entwickelt und bereitgestellt worden.[1] Microsoft verbindet mit der Bereitstellung dieses Konzepts die Aufforderung und Hoffnung, daß sich möglichst alle Anbieter von OLAP Software künftig an diesen Standard halten werden. Wenn sich diese Hoffnung erfüllt, können künftig die verschiedenen OLAP Softwareprodukte als Komponenten miteinander kommunizieren. Beispielsweise wird es dann möglich sein, daß ein Anwender einen OLAP Server von der einen Firma und die Client Software von einer anderen Firma einsetzt, ohne daß neue Schnittstellen programmiert werden müssen. Gegenwärtig sieht es so aus, daß die mit OLEDB for OLAP bzw. ADO MD angebotenen Spezifikationen tatsächlich zum Industriestandard werden, denn viele namhafte Anbieter von OLAP Software folgen bereits heute dem Konzept. Unter der Adresse http://www.microsoft.com/data/oledb/olap/indsupp.htm findet sich (Update Datum 06.01.1999) eine Liste mit 44 *Companies Developing with or Supporting OLE DB for OLAP*, darunter sehr bedeutsame OLAP-Provider wie Applix TM1, Arbor, arcplan, MIS, Business Objects, Cognos, Baan, SAS etc.[2] Der Umstand, daß bereits so kurze Zeit nach Bereitstellung des neuen Konzepts durch die Firma Microsoft sich so viele und so bedeutsame Firmen positiv dazu einstellen, ist m.E. ein starkes Indiz dafür, daß OLEDB for OLAP in kurzer Zeit Industriestandard sein wird.

ADO MD und VBA in Excel

Entsprechend der oben angegebenen Abgrenzung werde ich im weiteren auch für den multidimensionalen Datenzugriff ausschließlich das Objekt ADO MD verwenden, auf das wie auf ADO u. a. mit VB und VBA zugegriffen werden kann. Hinsichtlich der Dokumentation muß allerdings gelegentlich auch auf Texte verwiesen werden, die sich auf OLEDB for OLAP beziehen, weil die Dokumentation zu ADO MD recht dürftig und damit nicht

---

1. Seit vielen Jahren existiert in den USA das OLAP Council, das sich um eine Vereinheitlichung der bisher hoffnungslos unterschiedlichen – weil jeweils proprietären – OLAP Datenkonzepte bemüht. Es ist jedoch bisher zu keinem einheitlichen Standard vorgedrungen.
2. Sie finden dort auch zu jeder Firma die zugehörige Adresse für die Internet Homepage.

ausreichend ist. Als Programmiersprache wird im weiteren VB verwendet, und zwar vorwiegend in der Form VBA von einem Excel Modul aus. Die letztere Arbeitsweise hat den Vorteil, daß die Ergebnisse von Datenzugriffen unmittelbar in ein Arbeitsblatt geschrieben werden können und damit, vor allem gegenüber der alternativen Ausgabe mit der Methode Debug.Print ins Direktfenster, bei mehrdimensionalen Strukturen besser lesbar sind.

16.2 Dokumentation

Mit dem SQL Server 7.0 wird auch eine ausführliche Dokumentation zu OLE DB 2.0, Data Objects (ADO) und ADO MD (Multidimensionales ADO) ausgeliefert. Diese werden in Form der kompilierten HTML Dateien *oledb200.chm* und *ado200.chm* sowie der zugehörigen Indexdateien *oledb200.chi* und *ado200.chi* angeboten, die sich auf der CD-ROM in den entsprechenden Unterordnern zu \MSOLAP befinden. Sie können diese Dateien entweder direkt von der CD-ROM starten oder auf die Festplatte kopieren und von dort starten. Für dieses Kapitel ist unmittelbar die Datei *ado200.chm* wichtig, da sie die für ADO und ADO MD aufbereitete Dokumentation enthält. Bei speziellen Fragen, zu denen diese Datei keine ausreichenden Informationen liefert, lohnt es sich jedoch auch, in der Datei *oledb200.chm* nach Hilfe zu suchen. Sie müssen dort allerdings vielfach von der Tatsache abstrahieren, daß OLE DB für C++-Progammierung geschrieben ist, und manche Eigenschaften oder Funktionen in die Sprache Visual Basic übersetzen.

Um die jeweils neuesten Updates zu erfahren, können Sie sich im Internet unter der folgenden Adresse informieren:

http://www.microsoft.com/data/oledb/olap/

16.3 Voraussetzungen für das Arbeiten mit ADO MD

Verweis auf ADO MD einrichten

Damit Sie über die Objekte, Methoden und Eigenschaften von ADO MD verfügen können, müssen Sie für das betreffende Projekt eine Referenz (einen Verweis) auf die entsprechende Bibliothek eingerichtet haben. Der Dateiname für ADO MD ist *msadomd.dll* und die Identifizierung im Programm (ProgID) erfolgt unter dem Namen ADOMD.

Unter Excel 97 (Excel 8.0) richten Sie einen derartigen Verweis auf die folgende Weise ein:

- Aktivieren Sie ein beliebiges Modul des betreffenden Projekts.
- Wählen Sie den Befehl *Verweise...* aus dem Menü *Extras*.

- Kreuzen Sie im Dialogfeld *Verweise VBAProjekt* in der Liste *Verfügbare Verweise* das ADO MD Objekt an, vgl. Bild 16.1. Falls dieses nicht in der Liste angezeigt wird, können Sie mit Hilfe der Schaltfläche *Suchen...* in einem Ordner nach der Datei *msadomd.dll* suchen.

Abbildung 16.1: Dialogfeld »Verweise VBAProjekt« aus dem VBA-Editor in Excel 97.

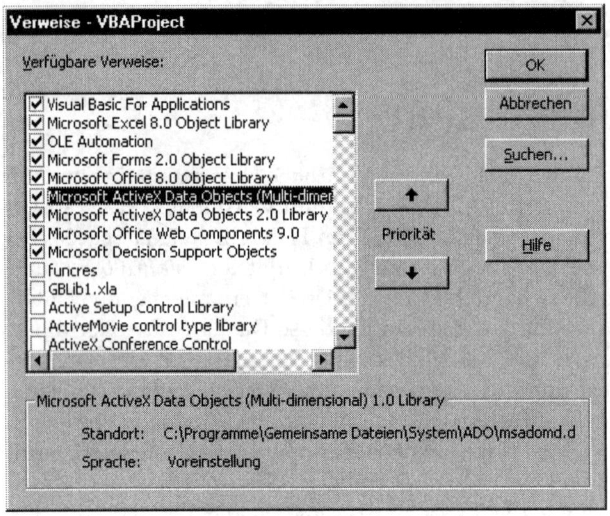

Nachdem auf ADO MD ein Verweis eingerichtet ist, werden im Objektkatalog auch dessen Objekte, Methoden und Eigenschaften angezeigt, vor allem aber stehen sie im VBA-Code zur Verfügung.

Obwohl für viele Fälle nicht erforderlich, sollten Sie außerdem auch einen Verweis auf ADO einrichten. Dies geschieht auf ganz entsprechende Weise, wie gerade für ADO MD gezeigt. Der Dateiname für dieses Objekt lautet für die z.Zt. aktuelle Version *msado15.dll*, die Identifizierung im Code erfolgt mit dem Namen ADODB.

Für Visual Basic 5.0 geschieht die Einrichtung eines Verweises (Referenz) auf ganz ähnliche Weise wie für VBA. Dort finden Sie den Befehl *Verweise* ... allerdings im Menü *Projekt*.

Basiskenntnisse in VB und VBA erforderlich

Die Codebeispiele dieses Kapitels sind sämtlich in VB bzw. VBA geschrieben. Da es nicht möglich ist, im Rahmen dieses Buches eine Einführung in diese Programmiersprache zu geben, müssen entsprechende Kenntnisse vorausgesetzt werden. Nützlich erscheint es, wenn Sie bereits einmal mit dem Datenzugriffsobjekt DAO gearbeitet haben, wenngleich dies keine zwingende Voraussetzung für das weitere Verständnis ist.

Keine allgemeine Einführung in ADO

Ziel der folgenden Punkte ist es, Sie mit den Möglichkeiten des multidimensionalen Datenzugriffs mittels ADO MD vertraut zu machen. Es ist nicht beabsichtigt, Sie gleichfalls mit den Möglichkeiten von ADO bekannt zu machen. Diese werden nur insoweit berücksichtigt, als sie für das Verständnis und dieAnwendung von ADO MD erforderlich sind.

16.4 Ein Schnupperbeispiel

In diesem Punkt wird ohne systematische Vorbereitung ein kleines Einführungsbeispiel wiedergegeben. Die Prozedur *DimensionenAusgeben*, deren Listing im Folgenden wiedergegeben ist, gibt die Namen der Dimensionen, die der Cube NWIND_Cube1 der Datenbank Nordwind enthält, im Direktfenster aus.

ADOMD.xls, Modul1

```
Sub DimensionenAusgeben()

Dim cat    As New ADOMD.Catalog
Dim cdf    As ADOMD.CubeDef
Dim Dimen

'Teilt dem Objekt Catalog die notwendigen
'Verbindungsdaten mit, indem der Eigenschaft
'ActiveConnection der sogen. ConnectionString
'zugewiesen wird.
cat.ActiveConnection = "Data Source=LocalHost;" & _
  "Provider=msolap;Initial Catalog=Nordwind"
'Weist der Variablen cdf den Cube NWIND_Cube1 zu.
Set cdf = cat.CubeDefs("NWIND_Cube1")
'Gibt den Namen jeder Dimension des Cube im
'Direktfenster aus.
For Each Dimen In cdf.Dimensions
    Debug.Print Dimen.Name
Next Dimen

End Sub
```

Wenn Sie das Beispiel – ggf. in abgewandelter Form – ablaufen lassen wollen, beachten Sie bitte, daß dazu ein Verweis auf das Objekt ADO MD eingerichtet sein muß, vgl. dazu den vorangehenden Punkt 1327088.1324512.26523240, *Verweis auf ADO MD einrichten*. Falls Sie dies versäumt haben und die Prozedur dennoch starten, erhalten Sie bezüglich der beiden Variablen vom Typ *ADOMD.Catalog* bzw. *ADOMD.CubeDef* die in Bild 16.2 wiedergegebene Fehlermeldung.

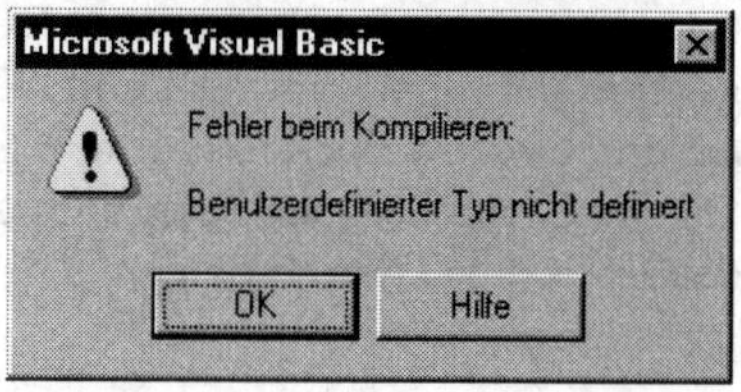

Abbildung 16.2: Fehlermeldung als Folge eines nicht eingerichteten Verweises auf das Objekt ADO MD.

Erklärung der Prozedur

Bei der Variablendeklaration fällt auf, daß es sich bei den beiden Variablen *cat* bzw. *cdf* um Objektvariablen handelt. Die Objekttypen *Catalog* bzw. *Cube-*

Def sind Objekte in ADO MD. (Im nächsten Punkt wird das ADO MD Objektmodell ausführlich besprochen.) Das Objekt *Catalog* hat die Eigenschaft *ActiveConnection*, die auf einen Wert eingestellt werden kann, der bestimmte notwendige Verbindungsparameter enthält. Im vorliegenden Falle geschieht dies dadurch, daß die Verbindungsparameter der Eigenschaft *ActiveConnection* in Form einer Zeichenkette, dem sogen. *Connection String*, übergeben werden. Der Connection String lautet hier:

»Data Source=LocalHost;Provider=msolap;Initial Catalog=Nordwind«

Er enthält drei Parameter. Die Angabe zu *Data Source* bezeichnet den OLAP Server (hier könnte auch der Name des Servers angegeben werden, z.B. in der Form BROSIUSPDC). Mit *Provider* wird der Provider des Programms identifiziert, in dessen Format der Cube administriert wird. Beim Microsoft OLAP Server geschieht diese Identifikation durch den Namen *msolap*. Der Katalog der Data Source kann mehrere Datenbanken enthalten, beispielsweise die Datenbanken *FoodMart* und *Nordwind*. Es kann aber nur jeweils eine Datenbank für die Prozedur aktiv sein. Welche dies ist, wird mit der Angabe zu *Initial Catalog* angegeben; hier ist dies die Datenbank *Nordwind*.

Nachdem die gewünschte Verbindung eingestellt und aktiviert ist, kann auf die Cubes der Datenbank zugegriffen werden. Das Objekt *CubeDefs* enthält die Definitionen aller Cubes der Datenbank, die in den Verbindungsparametern angegeben wurde. Daher kann der Variablen *cdf* der bestimmte Cube NWIND_Cube1 aus der Sammlung *CubeDefs* als Objekt zugewiesen werden. Jedes Objekt vom Typ *CubeDef* enthält als Container die Sammlung *Dimensions*, die sämtliche Dimensionen des Cube als Objekte enthält. In einer *For ... Each*-Schleife wird für jedes Objekt dieser Sammlung die Eigenschaft *Name* – das ist der Dimensionsname – ins Direktfenster ausgegeben.

16.5 ADO MD Objektmodell

Das ADO MD Objektmodell ist in Bild 16.3 in grafischer Form wiedergegeben. Die einzelnen Objekte werden im Folgenden näher erläutert.

16.5.1 Connection Objekt

Connection ist kein Objekt von ADO MD, sondern von ADO, so daß es streng genommen nicht zum ADO MD Objektmodell gehört. Da die Objekte *Catalog* und *Cellset* jedoch über ihre Eigenschaften sich unmittelbar auf das ADO Objekt *Connection* beziehen können, erscheint es sinnvoll, dieses Objekt in die grafische Darstellung des Objektmodells einzubeziehen.

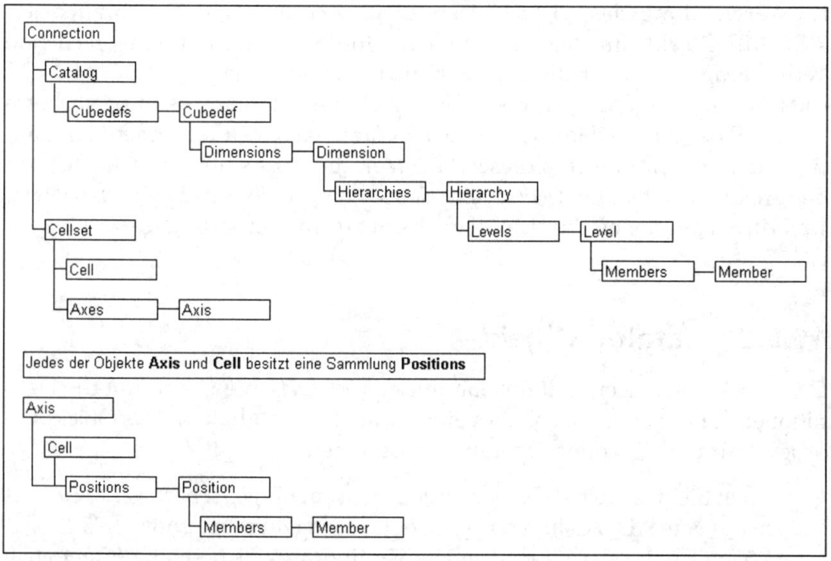

Abbildung 16.3: ADO MD Objektmodell.

Das folgende Code Beispiel macht von dieser Möglichkeit Gebrauch: Die Objektvariable *cnn* wird mit dem Connection String »Data Source= ...« geöffnet. Von da an repräsentiert die Variable *cnn* diese Verbindung. Der Objektvariablen *cst* vom Typ *Cellset* muß vor ihrem Öffnen mit der Methode *Open* eine aktive Verbindung übergeben werden, was dadurch geschieht, daß ihrer Eigenschaft *ActiveConnection* die *Connection* Variable *cnn* zugewiesen wird. Damit ist eine unmittelbare Verbindung zwischen dem ADO MD Objekt *Cellset* und dem ADO Objekt *Connection* hergestellt. Ein entsprechendes Beispiel läßt sich für das ADO MD Objekt *Catalog* anführen, das ebenfalls die Eigenschaft *ActiveConnection* besitzt, die entsprechend eingestellt werden kann.

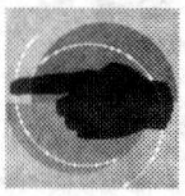

ADOMD.xls, ObjektDemos

```
Sub DemoConnectionObjekt()

Dim cnn     As New ADODB.Connection
Dim cst     As New ADOMD.Cellset
cnn.Open "Data Source=BROSIUSPDC;Provider=msolap;" & _
  "Initial Catalog=Nordwind"
cst.Source = "SELECT Lieferziel.Children on Columns, " & _
  “Produkt.Children on Rows " & _
  "From NWIND_Cube1 Where (Umsatz, Zeit.[1995])"
Set cst.ActiveConnection = cnn
cst.Open
'Folgt Code zum Auslesen des Cellset cst
'...
'...
End Sub
```

Die Verwendung des ADO Objekts *Connection* ist für den Gebrauch der ADO MD Objekte im allgemeinen nicht erforderlich, weil die entsprechende Verbindung auch über die Eigenschaft *ActiveConnection* des ADO MD Objekts *Catalog* aufgebaut werden kann. Andererseits wird es öfter vorkommen, daß das ADO Objekt *Connection* aus anderen Gründen ohnehin initialisiert ist, und zumindest in diesen Fällen erscheint es sinnvoll, sich auch mit den ADO MD Objekten *Cellset* bzw. *Catalog* unmittelbar darauf zu beziehen, weil dies dann die effektivste Möglichkeit zur Initialisierung dieser Objekte ist.

16.5.2 Catalog Objekt

Das Objekt *Catalog* enthält die Sammlung *CubeDefs*, die wiederum die Definitionen für die einzelnen Cubes einer Datenbank enthalten. Das Objekt *Catalog* ist für die folgenden Operationen geeignet:

- Öffnen Sie das Objekt *Catalog*, indem Sie seine Eigenschaft *ActiveConnection* auf eine ADO *Connection* (vgl. den vorangehenden Punkt 16.5.1, *Connection Objekt*) oder eine geeignete Verbindungszeichenkette (*Connection String*) einstellen.
- Benutzen Sie die Sammlung *CubeDefs*, um Merkmale der Cubes des Katalogs wiederzugeben.

Das folgende Code Beispiel demonstriert diese beiden Möglichkeiten: Zunächst wird der *Catalog* Eigenschaft *ActiveConnection* eine Verbindungszeichenkette zugewiesen, womit die Objektvariable *cat* die Verbindung kennt. Daher können dann in einer *For ... Each* Schleife die Namen der Cubes, die in der Datenbank *Nordwind* enthalten sind, ins Direktfenster ausgegeben werden.

ADOMD.xls, ObjektDemos

```
Sub DemoCatalogObjekt()
Dim cat     As New ADOMD.Catalog
Dim Würfel  As ADOMD.CubeDef
cat.ActiveConnection = "Data Source=BROSIUSPDC;Provider=msolap;" & _
  "Initial Catalog=Nordwind"
For Each Würfel In cat.CubeDefs
  Debug.Print Würfel.Name
Next Würfel
End Sub
```

16.5.3 CubeDef Objekt

Ein *CubeDef* Objekt repräsentiert einen Cube, der eine Sammlung seiner Dimensionen enthält. Alle *CubeDef* Objekte sind enthalten in der Sammlung *CubeDefs*, in der sie mit ihrem Namen oder über den laufenden Index identifiziert werden. Mit einem *CubeDef* Objekt können Sie folgende Operationen vornehmen:

- Über seine Eigenschaft *Name* können Sie den Namen des Cube feststellen.
- Mit der Eigenschaft *Description* können Sie eine ggf. vorhandene Beschreibung des Cube ermitteln.
- Mit seiner Sammlung *Dimensions* können definitorische Informationen der Dimensionen des Cube ermittelt werden.
- Darüber hinaus besitzt ein *CubeDef* Objekt die Sammlung *Properties,* die Provider-spezifische Eigenschaften enthält. Die folgenden Eigenschaften müssen in jedem Falle definiert sein, darüber hinaus können aber noch weitere existieren:

  CATALOG_NAME

  SCHEMA_NAME

  CUBE_NAME

  CUBE_TYPE

  CUBE_GUID

  CREATED_ON

  LAST_SCHEMA_UPDATE

  SCHEMA_UPDATED_BY

  LAST_DATA_UPDATE

  DATA_UPDATED_BY

  DESCRIPTION

Die folgende Prozedur gibt für den Cube NWIND_Cube1 aus, wann dessen Daten das letzte Mal aktualisiert wurden. Beachten Sie auch die als Kommentar angeführte *For Each ... Next* Schleife, die sämtliche Eigenschaften der Sammlung *Properties* ausgibt.

ADOMD.xls, ObjektDemos

```
Sub DemoCubeDefObjekt()
Dim cat      As New ADOMD.Catalog
Dim Eigenschaft
cat.ActiveConnection = "Data Source=BROSIUSPDC;Provider=msolap;" & _
  "Initial Catalog=Nordwind"
Debug.Print _
  cat.CubeDefs("NWIND_Cube1").Properties("LAST_DATA_UPDATE")
'Die folgenden auskommentierten Codezeilen würden die Namen
'und Inhalte sämtlicher Eigenschaften der Sammlung
'Properties ausgeben.
'For Each Eigenschaft In cat.CubeDefs(0).Properties
 ' Debug.Print Eigenschaft.Name, Eigenschaft
'Next Eigenschaft
End Sub
```

16.5.4 Dimension Objekt

Ein Objekt *Dimension* repräsentiert eine Dimension eines Cube und enthält mit der Sammlung *Hierarchies* eine oder mehrere Hierarchien. Mit einem *Dimension* Objekt können Sie die folgenden Operationen ausführen:

- Mit den Eigenschaften *Name* und *Description* können Sie den Namen und eine Beschreibung der Dimension ermitteln.
- Sie können die Hierarchien, die zu einer Dimension existieren, ermitteln. (Anmerkung: Der Microsoft OLAP Server unterstützt gegenwärtig nur eine Hierarchie je Dimension, das ADO MD Konzept läßt jedoch prinzipiell mehr als eine Hierarchie je Dimension zu.)
- Darüber hinaus besitzt ein *Dimension* Objekt die Sammlung *Properties*, die Provider-spezifische Eigenschaften enthält. Die folgenden Eigenschaften müssen in jedem Falle definiert sein, darüber hinaus können aber noch weitere existieren:

  CATALOG_NAME

  SCHEMA_NAME

  CUBE_NAME

  DIMENSION_NAME

  DIMENSION_UNIQUE_NAME

  DIMENSION_GUID

  DIMENSION_CAPTION

  DIMENSION_ORDINAL

  DIMENSION_TYPE

  DIMENSION_CARDINALITY

  DEFAULT_HIERARCHY

  DESCRIPTION

Das folgende Beispiel gibt die Namen sämtlicher Dimensionen des Cube *Sales* und danach Namen und Wert sämtlicher Eigenschaften der Sammlung *Properties* für die Dimension *Time* aus.

ADOMD.xls, ObjektDemos

```
Sub DemoDimensionObjekt()
Dim cat     As New ADOMD.Catalog
Dim Dimension, Eigenschaft
cat.ActiveConnection = "Data Source=LocalHost;Provider=msolap;" & _
  "Initial Catalog=FoodMart"
'Gibt die Namen sämtlicher Dimensionen aus
For Each Dimension In cat.CubeDefs("Sales").Dimensions
  Debug.Print Dimension.Name
Next Dimension
```

```
'Gibt Namen und Wert jeder Eigenschaft der Sammlung Properties
'für die Dimension Zeit aus.
For Each Eigenschaft In cat.CubeDefs("Sales"). _
  Dimensions("Time").Properties
  Debug.Print Eigenschaft.Name, Eigenschaft
Next Eigenschaft
End Sub
```

16.5.5 Hierarchy Objekt

Ein *Hierarchy* Objekt repräsentiert eine Hierarchie einer Dimension und ist Mitglied der Sammlung *Hierarchies*, die wiederum im Objekt *Dimension* enthalten ist. (Anmerkung: Der Microsoft OLAP Server unterstützt gegenwärtig nur eine Hierarchie je Dimension, das ADO MD Konzept läßt jedoch prinzipiell mehr als eine Hierarchie je Dimension zu.) Ein *Hierarchy* Objekt enthält die Sammlung *Levels*, die die Ebenen der Hierarchie wiedergibt. Eine Dimension kann entlang den Ebenen einer Hierarchie aggregiert werden.

Sie können mit einem *Hierarchy* Objekt die folgenden Operationen ausführen:

- Mit den Eigenschaften *Name* und *Description* können Sie den Namen und eine Beschreibung der Hierarchie ermitteln.
- Mit der Sammlung *Levels* können Sie die Ebenen, die zu einer Hierarchie existieren, ermitteln.
- Darüber hinaus besitzt ein *Hierarchy* Objekt die Sammlung *Properties*, die Provider-spezifische Eigenschaften enthält. Die folgenden Eigenschaften müssen in jedem Falle definiert sein, darüber hinaus können aber noch weitere existieren:

  CATALOG_NAME

  SCHEMA_NAME

  CUBE_NAME

  DIMENSION_UNIQUE_NAME

  HIERARCHY_NAME

  HIERARCHY_UNIQUE_NAME

  HIERARCHY_GUID

  HIERARCHY_CAPTION

  DIMENSION_TYPE

  HIERARCHY_CARDINALITY

  DEFAULT_MEMBER

  ALL_MEMBER

  DESCRIPTION

Das folgende Beispiel gibt Namen und Wert sämtlicher Eigenschaften der Sammlung *Properties* für die erste Hierarchie der Dimension *Time* im Cube *Sales* aus. (Anmerkung: Die Hierarchien in den Cubes des Microsoft OLAP Servers besitzen im allgemeinen keine Namen, weil es in der Management Console keine explizite Administrationsmöglichkeit der Hierarchien gibt, was sich vermutlich daraus erklärt, daß in diesem Server ohnehin nur eine Hierarchie je Dimension möglich ist.)

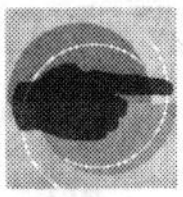

ADOMD.xls, ObjektDemos

```
Sub DemoHierarchyObjekt()
Dim cat     As New ADOMD.Catalog
Dim Eigenschaft
cat.ActiveConnection = "Data Source=LocalHost;Provider=msolap;" & _
  "Initial Catalog=FoodMart"
For Each Eigenschaft In cat.CubeDefs("Sales"). _
  Dimensions("Time").Hierarchies(0).Properties
  Debug.Print Eigenschaft.Name, Eigenschaft
Next Eigenschaft
End Sub
```

16.5.6 Level Objekt

Ein Objekt *Level* ist in der Sammlung *Levels* enthalten und repräsentiert eine bestimmte Ebene einer Hierarchie. Es enthält die Sammlung *Members*, die die Elemente einer Ebene enthält. Sie können die folgenden Operationen mit einem *Level* Objekt ausführen:

- Mit den Eigenschaften *Name* und *Description* können Sie den Namen und eine Beschreibung der Ebene ermitteln. Die Eigenschaft *Depth* gibt an, um die wievielte Ebene, gezählt von der Basis an (diese hat den Wert 0), es sich handelt.
- Mit der Sammlung *Members* können Sie die Elemente, die zu einer Ebene gehören, ermitteln.
- Darüber hinaus besitzt ein *Level* Objekt die Sammlung *Properties*, die Provider-spezifische Eigenschaften enthält. Die folgenden Eigenschaften müssen in jedem Falle definiert sein, darüber hinaus können aber noch weitere existieren:

  CATALOG_NAME

  SCHEMA_NAME

  CUBE_NAME

  DIMENSION_UNIQUE_NAME

  HIERARCHY_UNIQUE_NAME

  LEVEL_NAME

  LEVEL_UNIQUE_NAME

  LEVEL_GUID

LEVEL_CAPTION

LEVEL_NUMBER

LEVEL_CARDINALITY

LEVEL_TYPE

DESCRIPTION

Das folgende Beispiel gibt zunächst den Namen und die Tiefe jeder Ebene der Dimension *Lieferziel* aus dem Cube NWIND_Cube1 wieder und danach sämtliche Elementnamen der Ebene *Region* aus der Dimension *Lieferziel*.

ADOMD.xls, ObjektDemos

```
Sub DemoLevelObjekt()
Dim cat     As New ADOMD.Catalog
Dim Ebene, Element
cat.ActiveConnection = "Data Source=LocalHost;Provider=msolap;" & _
  "Initial Catalog=Nordwind"
For Each Ebene In cat.CubeDefs("NWIND_Cube1"). _
  Dimensions("Lieferziel").Hierarchies(0).Levels
  Debug.Print Ebene.Name, Ebene.Depth
Next Ebene
For Each Element In cat.CubeDefs("NWIND_Cube1"). _
  Dimensions("Lieferziel").Hierarchies(0). _
  Levels("Region").Members
  Debug.Print Element.Name
Next Element
End Sub
```

16.5.7 Member Objekt

Ein Objekt *Member* repräsentiert entweder ein Element in einem Objekt *CubeDef* oder ein Element einer Position auf einer Achse in einem Objekt *Cellset*. Die Eigenschaften eines Objekts *Member* sind etwas verschieden, je nachdem, in welchem Kontext es verwendet wird. Ein Objekt *Member* eines *CubeDef* besitzt die Sammlung *Children*, die die Child Elemente des aktuellen Elements auf der nächstniedrigen Ebene enthält. Für ein Objekt *Member* eines *Cellset* ist die Sammlung *Children* dagegen stets leer. Dafür besitzt ein *Member* Objekt eines Cellset die beiden Eigenschaften *DrilledDown* und *ParentSameAsPrev*, die sinnvoll im Zusammenhang mit einem Cellset sind. Wenn Sie diese Eigenschaften für ein *Member* Objekt eines *CubeDef* ansprechen, entsteht ein Fehler.

Sie können mit einem *Member* Objekt die folgenden Operationen ausführen:

- Mit den Eigenschaften *Name* und *Description* können Sie den Namen und eine Beschreibung des Elements ermitteln.
- Mit den Eigenschaften *Parent* und *Children* ermitteln Sie das übergeordnete Element bzw. die untergeordneten Elemente.

- Darüber hinaus besitzt ein *Member* Objekt die Sammlung *Properties*, die Provider-spezifische Eigenschaften enthält. Beim Microsoft OLAP Server werden in dieser Sammlung die Werte der Elementeigenschaften abgelegt, die zu einer Dimensionsebene definiert werden können.

Das folgende Beispiel gibt alle *Child* Elemente des ersten Elements der Ebene *Region* in der Dimension *Lieferziel* aus dem Cube NWIND_Cube1 aus.

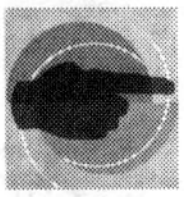

ADOMD.xls, ObjektDemos

```
Sub DemoMemberObjekt()
Dim cat      As New ADOMD.Catalog
Dim Ebene, Element
cat.ActiveConnection = "Data Source=LocalHost;Provider=msolap;" & _
  "Initial Catalog=Nordwind"
For Each Element In cat.CubeDefs("NWIND_Cube1"). _
  Dimensions("Lieferziel").Hierarchies(0). _
  Levels("Region").Members(0).Children
  Debug.Print Element.Name
Next Element
End Sub
```

Das folgende Beispiel gibt die Inhalte der vier Elementeigenschaften für die Ebene *Name* der Dimension *Customers* aus dem Cube *Sales* für das erste Element sowie dessen Bezeichnung wieder.

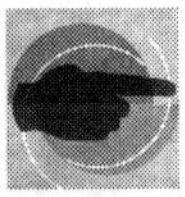

ADOMD.xls, ObjektDemos

```
Sub DemoMemberPropertyObjekt()
Dim cat      As New ADOMD.Catalog
Dim cdf      As CubeDef
Dim lev As Level
Dim i, j     As Integer
'Verbindung herstellen
cat.ActiveConnection = "Data Source=LocalHost;" & _
  "Provider=msolap;Initial Catalog=FoodMart"
Set cdf = cat.CubeDefs("Sales")
Set lev = cdf.Dimensions("Customers"). _
Hierarchies(0).Levels("Name")

Debug.Print lev.Members(0).Caption
For i = 1 To lev.Members(0).Properties.Count - 1
  Debug.Print lev.Members(0).Properties(i).Value
Next i
End Sub
```

16.5.8 Cellset Objekt

In einem *Cellset* Objekt werden die Ergebnisse einer multidimensionalen Abfrage wiedergegeben. Es ist so strukturiert wie die Abfrageergebnisse, d.h., die einzelnen Werte werden in Zellen wiedergegeben, die entlang von ein bis fünf Achsen angeordnet sind. Die Zusammenhänge zwischen der Art der Abfrageformulierung mit einem MDX-Statement, die in diesem Zusammenhang von zentraler Bedeutung sind, wurden bereits an anderer Stelle ausführlich erklärt, vgl. Kap. 14, *MDX: Abfragesprache für OLAP*, Punkt *MDX-Abfragen*.

Mit einem Cellset können Sie die folgenden Operationen ausführen:

Stellen Sie die Eigenschaft *ActiveConnection* auf eine bestehende Verbindung ein, d.h. entweder auf ein *Connection* Objekt oder auf die Eigenschaft *ActiveConnection* eines *Catalog* Objekts.

- Mit der Eigenschaft *Source* geben Sie die multidimensionale Abfrage als MDX-Statement in Form einer Zeichenkette an.
- Mit der Methode *Open* führen Sie die multidimensionale Abfrage aus und erhalten deren Ergebnisse.
- Die Inhalte der einzelnen Zellen eines *Cellset* werden mit der Methode *Item* wiedergegeben, vgl. dazu im allgemeinen weiter unten in diesem Punkt den Unterpunkt *Methode Item*.
- Aus der Sammlung Axes, die im Objekt *Cellset* enthalten ist, können Sie die einzelnen Achsen, die das *Cellset* definieren, erhalten.
- Die Eigenschaft *FilterAxis* gibt eine Achse aus, die Informationen über die Dimensionen enthält, die verwendet wurden, um die Daten des Cube zu filtern (slicing).
- Ein offenes *Cellset* schließen Sie mit der Methode *Close*.
- Mit der Eigenschaft *State* stellen Sie fest, ob ein *Cellset* geöffnet oder geschlossen ist bzw. ob seine multidimensionale Abfrage ausgeführt wird oder ob die Verbindung (*Connection*) hergestellt wird.

Methode Item

Wegen der zentralen Bedeutung der Methode *Item* für das Objekt *Cellset* soll sie – anders als bei den anderen Objekten – an dieser Stelle ausführlich erklärt werden.

Die Methode *Item* ergibt eine Zelle aus einem *Cellset* unter Verwendung von deren Koordinaten, die in Form von Positionen auf den Achsen angegeben werden.

Die Syntax lautet:

- *Set Cell* = *Cellset*.**Item**(Positions)

oder

- *Set Cell* = *Cellset*(Positions)

Da *Item* für ein Objekt *Cellset* die Standardmethode ist, darf das Schlüsselwort *Item* auch fortgelassen werden, so daß auch die zweite o.a. Syntaxform zulässig ist, die im übrigen meistens verwendet wird.

Argument *Positions*: Dieses wird als Array von Variantwerten angegeben, die eine Zelle eindeutig identifizieren. Dies kann in den folgenden Formen geschehen:

- *Array von Positionszahlen.*
- *Angabe der ordinalen Position* im Cellset. Die ordinale Position im Cellset ergibt sich, indem alle Reihen nacheinander ausgezählt werden.
- *Array von Elementnamen.* In diesem Falle müssen die Elemente in aufsteigender Folge der numerischen Achsenbezeichner angeführt werden. Innerhalb einer Achse müssen die Elemente in aufsteigender Folge der Dimensionsschachtelung angeführt werden, d.h. die am weitesten außen liegenden Elemente kommen zuerst, dann die weiter innen liegenden. Jede Dimension muß durch eine eigene Zeichenkette angeführt werden, und die einzelnen Zeichenketten von Elementen müssen gegeneinander durch Kommata getrennt sein.

Das folgende Beispiel macht von den wichtigsten in diesem Punkt behandelten Möglichkeiten des Objekts *Cellset* und seiner Methode *Item* Gebrauch: Die *Cellset* Eigenschaft *Source* wird auf ein MDX-Statement in Form einer Zeichenkette eingestellt, und der *Cellset* Eigenschaft *ActiveConnection* wird der Inhalt der gleichnamigen Eigenschaft der Objektvariablen *cat* vom Typ *Catalog* als Verbindungsinformation zugewiesen. Nach diesen beiden Schritten kann das *Cellset* mit der Methode *Open* geöffnet werden, wodurch die multidimensionale Abfrage ausgeführt und der Cellsetvariablen *cst* das Abfrageergebnis zugewiesen wird. Dieses wird dann mit drei verschiedenen Formulierungen der Methode *Item* für eine Zelle ausgelesen. Alle drei *Item* Formate betreffen dieselbe Zelle. Dabei ist zu beachten, daß die Positionen zahlenmäßig bei 0 beginnen. Die erste Angabe *cst(2, 2)* entnimmt dem *Cellset* den Wert der Zelle, die an jeweils dritter Position auf der *Rows* und der *Columns* Achse liegt. Die zweite Angabe *cst(18)* identifiziert die Zelle über deren ordinale Position im gesamten Cellset, das ist die neunzehnte Position. Daß dies dieselbe Zelle betrifft wie die vorangehende Angabe über die Achsenpositionen, erklärt sich folgendermaßen: Das mit der multidimensionalen Abfrage erzeugte *Cellset* weist 15 Reihen- und 8 Spaltenpositionen auf, ein Ergebnis, das sich aus den Werten im Cube so eingestellt hat. Mit der Angabe *cst(2, 2)* wurde die dritte Zelle in der dritten Reihe bezeichnet. Die ordinale Position im Cellset ergibt sich ja, indem alle Reihen nacheinander ausgezählt werden. In diesem Falle ergibt dies (2 x 8) + 3 = 19. Die dritte Formulierung der *Item* Methode *cst(»Deutschland«, »Getreideprodukte«)* ist mit den ersten beiden gleichbedeutend, weil *Deutschland* das dritte Element auf der Reihenachse und *Getreideprodukte* das dritte auf der Spaltenachse ist.

ADOMD.xls, ObjektDemos

```
Sub DemoCellsetObjektItemMethode()
Dim cat      As New ADOMD.Catalog
Dim cst      As New ADOMD.Cellset
cat.ActiveConnection = "Data Source=LocalHost;Provider=msolap;" & _
  "Initial Catalog=Nordwind"
cst.Source = "SELECT Produkt.Children On Columns, " & _
```

```
            "Europa.Children On Rows " & _
            "FROM NWIND_Cube1 WHERE (Umsatz)"
Set cst.ActiveConnection = cat.ActiveConnection
cst.Open
'Verwendung von numerischen Achsenpositionen
Debug.Print cst(2, 2)
'Verwendung von ordinaler Position im Cellset
Debug.Print cst(18)
'Verwendung von Elementnamen. Dies führt im
'Microsoft OLAP Server zur Fehlermeldung,
'weil diese Art der Angabe nicht unterstützt werde.
Debug.Print cst("Deutschland", "Getreideprodukte")
End Sub
```

Weitere Beispiele zur Verwendung des *Cellset* Objekts und der *Item* Methode finden sich in den folgenden Punkten dieses Kapitels, vgl. besonders Punkte 16.6.5, *Schritt 5: Zellen des Cellset ausgeben*, und 16.6.6, *Schritt 6: Zusammenfassendes Beispiel: Browser für MDX-Statements.*

16.5.9 Cell Objekt

Ein *Cell* Objekt repräsentiert die Daten an der Schnittmenge der Achsenkoordinaten. Sie erhalten es durch die *Item* Methode eines *Cellset* Objekts.

Sie können folgende Operationen mit einem *Cell* Objekt ausführen:

- Sie können den Wert der Zelle zurückgeben. Diesen erhalten Sie durch die Standardeigenschaft *Value*, so daß diese nicht explizit spezifiziert werden muß.
- Sie können mit der Eigenschaft *FormattedValue* die formatierte Ausgabe des Werts als Zeichenkette erhalten.
- Die Eigenschaft *Ordinal* gibt den ordinalen Wert der Zelle im Cellset an. Mit der Sammlung *Positions* können Sie die Position der Zelle innerhalb des *CubeDef* ermitteln.
- Darüber hinaus besitzt ein *Cell* Objekt die Sammlung *Properties*, die Provider-spezifische Eigenschaften enthält.

Im folgenden Beispiel werden die Zellen der ersten Zeile des Cellset, das durch die multidimensionale Abfrage gebildet wird, der Arrayvariablen *cll* vom Typ *Cell* zugewiesen und anschließend ins Direktfenster ausgegeben.

ADOMD.xls, ObjektDemos

```
Sub DemoCellObjekt()
Dim cat          As New ADOMD.Catalog
Dim cst          As New ADOMD.Cellset
Dim cll(0 To 9) As ADOMD.Cell
Dim i            As Integer
cat.ActiveConnection = "Data Source=LocalHost;Provider=msolap;" & _
  "Initial Catalog=Nordwind"
```

```
cst.Source = "SELECT Produkt.Children On Columns, " & _
             "Europa.Children On Rows " & _
             "FROM NWIND_Cube1 WHERE (Umsatz)"
Set cst.ActiveConnection = cat.ActiveConnection
cst.Open
For i = 0 To cst.Axes(0).Positions.Count - 1
  Set cll(i) = cst(i, 0)
Next i
For i = 0 To cst.Axes(0).Positions.Count - 1
  Debug.Print cll(i)
Next i
End Sub
```

16.5.10 Axis Objekt

Ein *Axis* Objekt ist in der Sammlung *Axes* enthalten, die wiederum in einem *Cellset* enthalten ist. Das *Axis* Objekt enthält die mit der multidimensionalen Abfrage ausgewählten Elemente der *MembersPositionsAxis* (vgl. Bild 16.3: *ADO MD Objektmodell*). Darüber hinaus kann *AxisCellsetFilterAxis* ausgegeben werden, vgl. das Objekt *Cellset*.

Mit einem *Axis* Objekt können Sie folgende Operationen ausführen:

- Sie können über jede Position entlang der Achse verfügen, indem Sie die Sammlung *Positions* auswerten.
- Mit der Eigenschaft *DimensionCount* können Sie die Anzahl von Dimensionen ermitteln, die auf der Achse abgebildet sind.

Über das Achsenmodell eines Cellset existieren noch sehr viele weitere Informationen, die Sie ausnutzen können und beachten müssen, wenn Sie eine multidimensionale Abfrage in Form eines MDX-Statement formulieren und das Ergebnis aus dem erzeugten *Cellset* auslesen wollen. Diese Zusammenhänge sind bereits ausführlich an anderer Stelle erklärt worden, vgl. Kap. 14, *MDX: Abfragesprache für OLAP*, Punkt *MDX-Abfragen*.

Das folgende Codebeispiel liest das Cellset einer multidimensionalen Abfrage mitsamt der zugehörigen Achseninformationen bezüglich der Dimensionselemente aus und schreibt die Informationen in ein Excel Arbeitsblatt. Auf der *Columns* Achse (das ist die Achse mit der laufenden Nummer 0) wird das Ergebnis eines *Crossjoin* (kreuzweise Verknüpfung) zwischen zwei Dimensionen abgebildet, so daß diese zwei Reihen mit Elementnamen aufweist. Das MDX-Statement lautet:

```
Select Crossjoin(Lieferziel.children, {Produkt.[Getränke],
Produkt.[Gewürze]}) On Columns, Zeit.children On Rows From nwind_cube1
Where Umsatz
```

Das ausgelesene Cellset führt zu dem in Bild 16.4 wiedergegebenen Ergebnis.

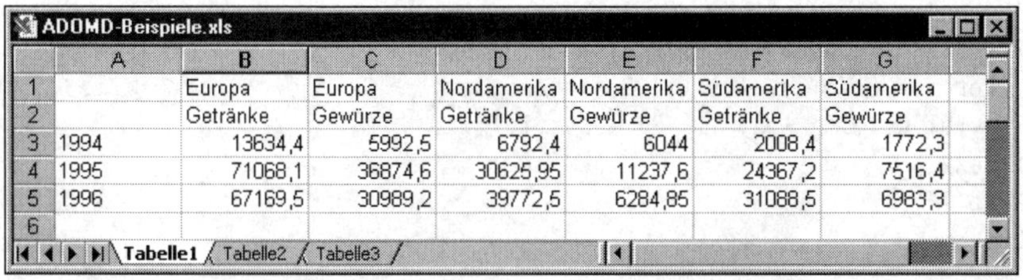

ADOMD-Beispiele.xls

	A	B	C	D	E	F	G
1		Europa	Europa	Nordamerika	Nordamerika	Südamerika	Südamerika
2		Getränke	Gewürze	Getränke	Gewürze	Getränke	Gewürze
3	1994	13634,4	5992,5	6792,4	6044	2008,4	1772,3
4	1995	71068,1	36874,6	30625,95	11237,6	24367,2	7516,4
5	1996	67169,5	30989,2	39772,5	6284,85	31088,5	6983,3
6							

Tabelle1 / Tabelle2 / Tabelle3

Abbildung 16.4: Ergebnis des »Cellset«, das durch ein MDX-Statement mit einem »Crossjoin« für die »Columns« Achse erzeugt wurde.

Zum Verständnis des Beispiels ist auch die Kenntnis des Objekts *Position* und der entsprechenden Sammlung *Positions* erforderlich, die im nächsten Punkt besprochen werden.

Im nachfolgenden Codebeispiel wird die Anzahl der Achsen und der Dimensionen je Achse starr im Code angegeben. Dies erfolgte hier aus didaktischen Gründen, um den Code an dieser Stelle nicht übermäßig mit zusätzlichen Codezeilen zu überfrachten. Wie Sie diese Angaben flexibel halten und aus dem Cellset auslesen können, wird in einem anderen Beispiel gezeigt, vgl. weiter unten in diesem Kapitel die Punkte 16.6.4, *Schritt 4: Achsenelemente ausgeben* und 16.6.6, *Schritt 6: Zusammenfassendes Beispiel: Browser für MDX-Statements*.

ADOMD.xls, ObjektDemos

```
Sub DemoAxisObjekt()
Dim cat          As New ADOMD.Catalog
Dim cst          As New ADOMD.Cellset
Dim cll(0 To 9) As ADOMD.Cell
Dim i, j         As Integer
Dim Tbl          As Excel.Worksheet
cat.ActiveConnection = "Data Source=LocalHost;Provider=msolap;" & _
  "Initial Catalog=Nordwind"
cst.Source = "Select Crossjoin(Lieferziel.children, " & _
            "{Produkt.[Getränke], Produkt.[Gewürze]}) " & _
            "On Columns, Zeit.children On Rows " & _
            "From nwind_cubel Where Umsatz"
Set cst.ActiveConnection = cat.ActiveConnection
cst.Open
Set Tbl = Worksheets("Tabelle1")
'Schreibt die Elemente der Rows-Achse
For i = 0 To cst.Axes(0).Positions.Count - 1
  'Erste Reihe
  Tbl.Cells(1, i + 2) = cst.Axes(0).Positions(i).Members(0)
  'Zweite Reihe
  Tbl.Cells(2, i + 2) = cst.Axes(0).Positions(i).Members(1)
Next i
'Schreibt die Elemente der Columns Achse
For i = 0 To cst.Axes(1).Positions.Count - 1
  Tbl.Cells(i + 3, 1) = cst.Axes(1).Positions(i).Members(0)
Next i
```

```
'Schreibt die Werte des Cellset
For i = 0 To cst.Axes(0).Positions.Count - 1
  For j = 0 To cst.Axes(1).Positions.Count - 1
    Tbl.Cells(j + 3, i + 2) = cst(i, j)
  Next j
Next i
End Sub
```

16.5.11 Position Objekt

Ein Objekt *Position* stellt eine Menge von einem oder mehreren Elementen (*Members*) verschiedener Dimensionen (also ein *Tupel*) dar, die einen Punkt auf einer Achse definieren. Es ist enthalten in der Sammlung *Positions*, die wiederum in einem *Axis* Objekt enthalten ist.

Das folgende Codebeispiel schreibt die Elementbezeichnungen aller Positionen der *Columns* Achse (Achse 0) ins Direktfenster.

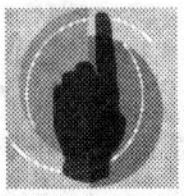

Ein weiteres Beispiel zum Objekt *Position* bzw. der Sammlung *Positions* finden Sie im vorangehenden Punkt 16.5.10, *Axis Objekt*.

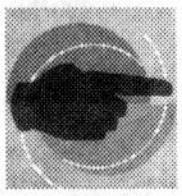

ADOMD.xls, ObjektDemos

```
Sub DemoPositionObjekt()
Dim cat     As New ADOMD.Catalog
Dim cst     As New ADOMD.Cellset
Dim Pos, i
cat.ActiveConnection = "Data Source=LocalHost;Provider=msolap;" & _
  "Initial Catalog=Nordwind"
cst.Source = "SELECT Produkt.Children On Columns, " & _
             "Europa.Children On Rows " & _
             "FROM NWIND_Cube1 WHERE (Umsatz)"
Set cst.ActiveConnection = cat.ActiveConnection
cst.Open
'Schreibt die Bezeichnungen der Elemente der Columns Achse
'ins Direktfenster
For Each Pos In cst.Axes(0).Positions
  Debug.Print Pos.Members(0).Caption
Next Pos
'Die folgende For ... Next Schleife ist der vorangehenden
'gleichwertig
For i = 0 To cst.Axes(0).Positions.Count - 1
  Debug.Print cst.Axes(0).Positions(i).Members(0).Caption
Next i
End Sub
```

16.6 ADO MD Tutorium

In diesem Tutorium können Sie zum einen lernen, sich über sämtliche Definitionen eines Cube zu informieren. Vor allem aber sollten Sie am Ende des Tutoriums in der Lage sein, multidimensionale Abfragen an einen Cube zu richten und das Ergebnis in Ihnen geeignet erscheinender Weise auszugeben. Für diesen letzteren Punkt ist es erforderlich, über Kenntnisse der multidimensionalen Abfragesprache MDX zu verfügen. Diese werden an dieser Stelle vorausgesetzt und nicht vermittelt, weil dies bereits in Kap. 14, *MDX: Abfragesprache für OLAP*, und Kap. 15, *MDX-Funktionen*, geschehen ist. Dort finden Sie auch zahlreiche Beispiele für einfache und komplexe multidimensionale Abfragen (Kap. 14) und MDX-Funktionen (Kap. 15).

16.6.1 Schritt 1: Verbindung (Connection) herstellen

Bevor Sie einen Cube auf seine Definitionsmerkmale befragen oder eine multidimensionale Abfrage an ihn richten, müssen Sie eine Verbindung zu ihm aufgebaut haben. Wie dies geschieht, wird in diesem Schritt 1 erklärt.

Beim Anmelden der Verbindung müssen mindestens drei Informationen übermittelt werden. Dies erfolgt mit dem *Connection String*, der verschiedene Schlüsselwörter mit zugeordneten Werten enthält.

Syntax des Connection String

Das grundlegende Format eines Connection String[3] basiert auf dem ODBC Connection String. Die Zeichenkette enthält eine Folge von *Schlüsselwort=Wert* Paaren, die jeweils durch ein Semikolon getrennt sind, wie es beispielhaft in den folgenden Zeilen wiedergegeben ist:

```
Schlüsselwort1=Wert;Schlüsselwort2=Wert;Schlüsselwort3=Wert
```

Eine konkrete Spezifikation könnte lauten:

```
Data Source=LocalHost;Provider=msolap;Initial Catalog=Nordwind
```

Dabei stellen *Data Source, Provider* und *Initial Catalog* drei verschiedene Schlüsselwörter dar, zu denen jeweils rechts vom Gleichheitszeichen (=) der zugehörige Wert angegeben ist. Ein *Connection String* kann eine beliebige Menge von *Schlüsselwort=Wert* Paaren enthalten.

Drei notwendige Verbindungsinformationen

Die drei notwendigen Informationen beziehen sich auf die nachfolgend aufgeführten Sachverhalte.

---

3. Eine ausführliche Information zur Syntax des Connection String und dem Gebrauch vieler Schlüsselwörter darin finden Sie in der Hilfedatei *OLEDB200.CHM* unter dem Thema *Connection String Syntax*.

Datenquelle. Der Prozedur muß bekannt sein, bei welchem OLAP Server der Cube zu finden ist. Im Connection String wird dies als Wert zum Schlüsselwort *Data Source* angegeben. Der OLAP Server bekommt beim Installieren einen Namen, den Sie ggf. in der OLAP Management Console als Namen des(r) ersten Knoten(s) unterhalb des Knotens *OLAP servers* ermitteln können, vgl. Bild 16.5, wo der Servername BROSIUSPDC ist. Die Angabe im Connection String würde in diesem Falle lauten:

```
Data Source=BROSIUSPDC
```

Abbildung 16.5: Der markierte Knoten unterhalb von »OLAP servers« gibt den Namen des OLAP Servers an.

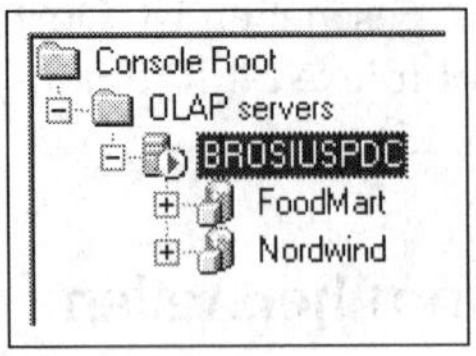

Wenn es sich um den im Netzwerk einzigen verfügbaren OLAP Server handelt, können Sie statt des Servernamens auch das Wort *LocalHost* angeben.

Statt eines Cube, der von einem OLAP Server verwaltet wird, könnte es sich auch um einen lokalen Cube handeln. In diesem Falle geben Sie statt des Servernamens den Pfad und Namen der Datei mit dem lokalen Cube an. (Wie Sie einen lokalen Cube aus einem Server Cube erzeugen und wie Sie diesen verwenden, erfahren Sie in Kap. 18, *Lokale Cubes erstellen*.) Die entsprechende Angabe im *Connection String* könnte für einen lokalen Cube mit dem Dateinamen *MyLocalCube1.cub* beispielsweise folgendermaßen lauten:

```
Data Source=c:\temp\MyLocalCube1.cub
```

Provider. Der Prozedur muß auch der Name des sogen. OLE DB Providers bekannt sein. Dieser wird im *Connection String* als Wert zum Schlüsselwort *Provider* angegeben. Für Cubes, die mit dem Microsoft OLAP Server erstellt wurden (auch für daraus erzeugte lokale Cubes) lautet der Providername *msolap*, so daß in diesem Falle im Connection String die Angabe

```
Provider=msolap
```

angeführt wird. Allgemein wird hier der Wert der *VersionIndependentProgID* angegeben, den Sie im Zweifelsfall für einen Provider aus der Windows Registrierung ermitteln können. Der Wert zum Schlüsselwort *Provider* kann als Wert der *ProgID* des Providers angegeben werden. Dies kann vorteilhaft sein, weil in diesem Falle auch die spezielle Version des Providers enthalten sein kann, wie z.B. in

```
Provider=xyzolap.2
```

Wenn der Connection String das Schlüsselwort *Provider* nicht enthält, wird als Provider der voreingestellte Wert MSDASQL eingesetzt, was im Falle relationaler Daten zum Erfolg führen mag, bei multidimensionalen Daten dagegen kaum. Wenn das Schlüsselwort *Provider* spezifiziert, jedoch kein oder ein fehlerhafter (weil nicht vorhandener) Provider dazu angegeben ist, führt dies zu einem Fehler.

Datenbank. Ob eine Angabe zur Datenbank, in der sich der Cube befindet, erforderlich ist, hängt vom Kontext ab. Wenn bei dem zum Schlüsselwort *Data Source* angegebenen Server nur eine Datenbank vorhanden ist oder die in der Datenbanksammlung des Servers erste Datenbank gemeint ist, bedarf es keiner Angabe zur Datenbank, weil die einzige bzw. erste Datenbank dann durch die geltenden Voreinstellungen identifiziert wird. Das Gleiche gilt für einen lokalen Cube, weil es hier definitionsgemäß keine Datenbank gibt. Falls sich der zu bearbeitende Cube jedoch in einer Datenbank befindet, die nicht die erste in der Datenbanksammlung des Servers ist, müssen Sie dem *Connection String* eine entsprechende Information übermitteln. Dies geschieht mit dem Schlüsselwort *Initial Catalog*. Wenn der Cube sich beispielsweise in der Datenbank *Nordwind* befindet, müßte die entsprechende Angabe im Connection String lauten:

```
Initial Catalog=Nordwind
```

Bezüglich der Identifizierung der Datenbank existiert eine Alternative zum Connection String, wenn Sie das ADO Objekt *Connection* verwenden: Sie können dann dessen Eigenschaft *DefaultDatabase* auf eine Zeichenkette mit dem Namen der Datenbank einstellen. Wenn der Name der Objektvariablen vom Typ *Connection* beispielsweise *cnn* heißt, könnten Sie die folgende Codezeile anführen, um die Verbindung auf die Datenbank *Nordwind* einzustellen:

```
cnn.DefaultDatabase = "Nordwind"
```

Weitere Verbindungsinformationen

Weitere Verbindungsinformationen können Sie mit Hilfe weiterer *Schlüsselwort=Wert* Paare im Connection String angeben. Dazu existiert eine Reihe von für OLE DB (bzw. ADO) vordefinierten Schlüsselwörtern, über die Sie sich in der Hilfe informieren können[4]. Darüber hinaus können einzelne Provider aber auch weitere Schlüsselwörter anbieten, über die Sie sich dann in der Dokumentation des jeweiligen Providers informieren müßten. Das System verhält sich bezüglich der Schlüsselwörter prinzipiell folgendermaßen: Alle dem System nicht bekannten Schlüsselwörter werden, zusammen mit dem entsprechenden Wert, uninterpretiert und unverändert an den jeweiligen Provider weitergegeben. Wie dieser ihm unbekannte Schlüsselwörter verarbeitet, kann von dieser Stelle aus nicht beurteilt werden.

---

4. Über die vordefinierten Schlüsselwörter zum Connection String und die möglichen Werte informiert Sie die Hilfedatei OLEDB200.CHM unter dem Thema *OLE DB Initialization Properties: Quick Reference*. Dort werden die Schlüsselwörter aufgeführt, die mit den OLE DB Initialisierungseigenschaften korrespondieren. Dort erfahren Sie beispielsweise, daß der Initialisierungseigenschaft DBPROP_INIT_DATASOURCE das Schlüsselwort *Data Source* entspricht.

Übergabe der Verbindungsinformationen an ein geeignetes Objekt

Sie können Verbindungsinformationen in Form des *Connection String* entweder an eine Objektvariable vom Typ *Connection* oder vom Typ *Catalog* übergeben. Im ersteren Falle handelt es sich um ein ADO Objekt, im zweiten Falle um ein ADO MD Objekt. Je nach Kontext kann die eine oder die andere Variante effizienter sein. Wenn Sie beispielsweise mit einem Objekt wie *CubeDef* oder *Dimension* arbeiten wollen, das direkt oder indirekt in einem *Catalog* Objekt enthalten ist (zum ADO MD Objektmodell vgl. weiter oben in diesem Kapitel, Punkt 16.5, *ADO MD Objektmodell*), sollten Sie den Connection String an die Eigenschaft *ActiveConnection* der entsprechenden Objektvariablen vom Typ *Catalog* übergeben, weil dieses Objekt in der beschriebenen Situation ohnehin benötigt wird. Wenn Sie andererseits nur mit einem *Cellset* Objekt arbeiten wollen, benötigen Sie dafür kein *Catalog* Objekt, so daß Sie in diesem Falle die Eigenschaft *ActiveConnection* des *Cellset* Objekts auch auf ein *Connection* Objekt einstellen können, das natürlich zuvor erzeugt und mit den Informationen des Connection String versorgt worden sein muß. Sie können aber auch im letzteren Falle statt mit einem *Connection* Objekt mit einem *Catalog* Objekt arbeiten und dessen Eigenschaft *ActiveConnection* der gleichlautenden Eigenschaft des *Cellset* Objekts zuweisen.

Beispiel für eine Verbindung zu einem Server Cube

Aufgabe 1. Geben Sie die Namen der im Cube NWIND_Cube1 enthaltenen Dimensionen ins Direktfenster aus. Der Cube NWIND_Cube1 ist in der Datenbank *Nordwind* enthalten, die von dem Microsoft OLAP Server mit dem Namen BROSIUSPCD verwaltet wird.

Lösungsskizze. Benötigt wird ein Objekt *CubeDef* und dessen Sammlung *Dimensions*. Das Objekt *CubeDef* ist enthalten in der Sammlung *CubeDefs*, die im Objekt *Catalog* enthalten ist. Aus diesem Grunde empfiehlt es sich, die Verbindungsinformation direkt dem Objekt *Catalog* zu übergeben. Es ist aber auch die Alternative möglich, ein *Connection* Objekt zu erzeugen und dann dessen Verbindungsinformationen an das *Catalog* Objekt zu übergeben. Im Folgenden werden beide Lösungsmöglichkeiten wiedergegeben.

ADOMD.xls, ADOMDTutor

```
Sub Schritt1Aufgabe1Lösung1()
Dim cat     As New ADOMD.Catalog
Dim Dimen
'Connection String direkt an das Catalog Objekt übergeben
cat.ActiveConnection = "Data Source=BROSIUSPDC;" & _
  "Provider=msolap;Initial Catalog=Nordwind"
For Each Dimen In cat.CubeDefs("NWIND_Cube1").Dimensions
  Debug.Print Dimen.Name '
Next Dimen
End Sub
```

```
Sub Schritt1Aufgabe1Lösung2()
Dim cnn     As New ADODB.Connection
Dim cat     As New ADOMD.Catalog
Dim Dimen
'Connection String wird zunächst an das Connection
'Objekt übergeben
cnn.ConnectionString = "Data Source=BROSIUSPDC;" & _
  "Provider=msolap;Initial Catalog=Nordwind"
'Verbindungsinformationen werden für das Objekt Catalog
'vom Objekt Connection übernommen
cat.ActiveConnection = cnn
For Each Dimen In cat.CubeDefs("NWIND_Cube1").Dimensions
  Debug.Print Dimen.Name '
Next Dimen
End Sub
```

ADOMD.xls, ADOMDTutor

Aufgabe 2. Öffnen Sie ein Cellset, das das Ergebnis einer multidimensionalen Abfrage auf den Cube NWIND_Cube1 enthält. Der Inhalt der Abfrage ist in diesem Zusammenhang gleichgültig. Der Cube NWIND_Cube1 ist in der Datenbank *Nordwind* enthalten, die von dem Microsoft OLAP Server mit dem Namen BROSIUSPCD verwaltet wird. Statt des Servernamens verwenden Sie aber in diesem Falle das Schlüsselwort *LocalHost* als Wert für das Schlüsselwort *Data Source*.

Lösungsskizze. Ein *Cellset* Objekt besitzt die Eigenschaft *ActiveConnection*, die auf eine bestehende Verbindung eingestellt werden muß, bevor das *Cellset* Objekt mit der Methode *Open* geöffnet werden kann. (Außerdem muß auch die Eigenschaft *Source* mit einem Abfragestring versorgt worden sein.) Es ist nicht möglich, der *Cellset* Eigenschaft *ActiveConnection* direkt den *Connection String* zuzuweisen. Daher muß die Verbindung zuvor mittels eines *Connection* oder eines *Catalog* Objekts erstellt worden sein, auf das die *Cellset* Eigenschaft *ActiveConnection* dann eingestellt wird. Da ein *Cellset* Objekt nicht von einem *Catalog* Objekt abhängig ist, weil es weder direkt noch indirekt in diesem enthalten ist, kann die Verbindungsinformation über ein *Connection* Objekt hergestellt werden, ohne daß es eines *Catalog* Objekts bedürfte. Es ist aber auch möglich, statt eines *Connection* Objekts ein *Catalog* Objekt für den Verbindungsaufbau zu verwenden. Für beide Möglichkeiten wird im Folgenden ein Lösungsbeispiel wiedergegeben.

```
Sub Schritt1Aufgabe2Lösung1()
Dim cnn     As New ADODB.Connection
Dim cst     As New ADOMD.Cellset
'Connection String wird an das Connection
'Objekt übergeben
cnn.ConnectionString = "Data Source=BROSIUSPDC;" & _
  "Provider=msolap;Initial Catalog=Nordwind"
'Verbindungsinformationen werden für das Objekt Cellset
'vom Objekt Connection übernommen
cst.ActiveConnection = cnn
```

ADOMD.xls, ADOMDTutor

```
'Abfragestring wird an das Cellset Objekt übergeben
cst.Source = "Select Region.Members On Columns, " & _
             "Kategorie.Members On Rows " & _
             "From NWIND_Cube1 Where Umsatz"
End Sub
```

ADOMD.xls, ADOMDTutor

```
Sub Schritt1Aufgabe2Lösung2()
Dim cat     As New ADOMD.Catalog
Dim cst     As New ADOMD.Cellset
'Connection String wird an das Catalog
'Objekt übergeben
cat.ActiveConnection = "Data Source=BROSIUSPDC;" & _
  "Provider=msolap;Initial Catalog=Nordwind"
'Verbindungsinformationen werden für das Objekt Cellset
'vom Objekt Connection übernommen
cst.ActiveConnection = cat.ActiveConnection
'Abfragestring wird an das Cellset Objekt übergeben
cst.Source = "Select Region.Members On Columns, " & _
             "Kategorie.Members On Rows " & _
             "From NWIND_Cube1 Where Umsatz"
End Sub
```

Beispiel für eine Verbindung zu einem lokalen Cube

Aufgabe 3. Geben Sie für den lokalen Cube mit dem Dateinamen *MyLocalCube1.cub*, der im Pfad *c:\temp* liegt, den Cubenamen und die Namen der Dimensionen, die er enthält, ins Direktfenster aus.

Lösungsskizze. Für die Lösung wird ein *CubeDef* Objekt benötigt, das im Objekt *Catalog* enthalten ist, sowie die Sammlung *Dimensions*, die im Objekt *CubeDef* enthalten ist. Es empfiehlt sich daher, die Verbindung über ein *Catalog* Objekt herzustellen. Da es sich um einen lokalen Cube handelt, ist im *Connection String* zum Schlüsselwort *Data Source* als Wert nicht der Servername, sondern der voll qualifizierte Dateiname des lokalen Cube anzugeben.

ADOMD.xls, ADOMDTutor

```
Sub Schritt1Aufgabe3Lösung1()
Dim cat     As New ADOMD.Catalog
Dim cdf     As ADOMD.CubeDef
Dim Dimen
cat.ActiveConnection = "Data Source=" & _
  "c:\temp\MyLocalCube1.cub;Provider=msolap;"
Debug.Print cat.CubeDefs(0).Name
For Each Dimen In cat.CubeDefs(0).Dimensions
  Debug.Print Dimen.Name
Next Dimen
End Sub
```

16.6.2 Schritt 2: Cubedefinitionen ermitteln

Sämtliche Cubedefinitionen wie den Namen des Cube, seine Dimensionen, deren Ebenen etc. erhalten Sie aus Objekten, die direkt oder indirekt im *Catalog* Objekt enthalten sind, vgl. weiter oben Punkt 16.5, *ADO MD Objektmodell*. Diese Objekte sind ebenfalls weiter oben im allgemeinen beschrieben worden, vgl. die Unterpunkte zum Punkt 16.5. An dieser Stelle sollen daher lediglich ergänzende Informationen zu diesen Punkten geliefert werden, die sich im Wesentlichen auf die Handhabung der Objektsammlungen sowie auf den Spezialfall, Cubedefinitionen in einer flachen Tabelle auszugeben, beziehen.

Handhabung der Objektsammlungen

Sie identifizieren ein bestimmtes Objekt in seiner Objektsammlung, indem Sie den numerischen Indexwert oder den Objektnamen als Zeichenkette in Klammern hinter dem Namen der Objektsammlung anführen. Beachten Sie für den Index, daß die Zählweise bei 0 beginnt. Wenn der Cube NWIND_Cube3 beispielsweise der dritte Cube in der Sammlung *CubeDefs* ist, so identifizieren die beiden folgenden Codezeilen diesen Cube gleichermaßen und geben seinen Namen ins Direktfenster aus. Dabei ist *cat* der Name der entsprechenden Objektvariablen vom Typ *Catalog*.

```
Debug.Print cat.CubeDefs(2).Name
Debug.Print cat.CubeDefs("NWIND_Cube3").Name
```

Oft ist die Eigenschaft *Count*, die jede Objektsammlung besitzt, besonders nützlich. Sie gibt an, wie viele Objekte die Sammlung enthält. Die folgende Codezeile beispielsweise gibt die Anzahl der Ebenen aus, die die Dimension *Product* im Cube *Sales* aufweist, wobei *cat* wiederum eine Objektvariable vom Typ *Catalog* ist.

```
Debug.Print cat.CubeDefs("Sales"). _
  Dimensions("Product").Hierarchies(0).Levels.Count
```

Wenn Sie jedes Objekt einer Sammlung ansprechen wollen, verwenden Sie am besten eine *For ... Each ... Next* Schleife. Die folgende Figur beispielsweise gibt die Namen der Ebenen des vorangehenden Beispiels ins Direktfenster aus.

```
For Each Ebene In cat.CubeDefs("Sales"). _
    Dimensions("Product").Hierarchies(0).Levels
  Debug.Print Ebene.Name
Next Ebene
```

Gelegentlich kann es auch nützlich sein, alle Objekte einer Sammlung in einer normalen *For ... Next* Schleife anzusprechen. In diesem Fall muß aber die Anzahl der Objekte in der Sammlung bekannt sein, weil die Anzahl der Schleifendurchläufe dann explizit angegeben werden muß. Diese können Sie jedoch mit der Eigenschaft *Count* ermitteln. Ein Beispiel für diese Vorgehensweise finden Sie in der Lösung zur nachfolgenden Aufgabe.

Aufgabe 1. Geben Sie für den Cube *Sales* der Datenbank *FoodMart* (Beispieldatenbank und Cube des Microsoft OLAP Servers) die Namen sämtlicher Dimensionen in die erste Zeile eines Excel Arbeitsblatts aus, und schreiben Sie die Namen der jeweils zugehörigen Ebenen in die darunterliegenden Zellen. Dabei soll die Dimension *Measures*, die ja im Microsoft OLAP Server formal als eine Dimension behandelt wird, nicht ausgegeben werden. Das Ergebnis der Lösung ist in Bild 16.6 wiedergegeben.

Abbildung 16.6: Ergebnis der Prozedur »Schritt2Aufgabe1-Lösung1«.

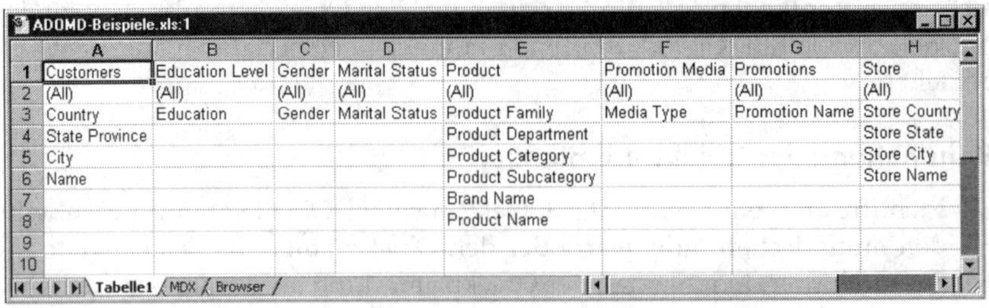

	A	B	C	D	E	F	G	H
1	Customers	Education Level	Gender	Marital Status	Product	Promotion Media	Promotions	Store
2	(All)	(All)	(All)	(All)	(All)	(All)	(All)	(All)
3	Country	Education	Gender	Marital Status	Product Family	Media Type	Promotion Name	Store Country
4	State Province				Product Department			Store State
5	City				Product Category			Store City
6	Name				Product Subcategory			Store Name
7					Brand Name			
8					Product Name			
9								
10								

Lösungsskizze. Die Ausgabe der Dimensionsnamen und der Namen ihrer Ebenen muß in zwei ineinander geschachtelten Schleifen erfolgen. Dabei müssen die Zeilen- und Spaltenindizes für das Excel Arbeitsblatt entsprechend gesteuert werden. Die Dimension *Measures* wird durch eine *If ... End If* Bedingung unterdrückt. Im Prinzip erscheint es zweckmäßig, die Schleifen als einfache *For ... Next* Schleifen zu konzipieren, weil dabei der Laufindex gleichzeitig als Index für die Zeilen und Spalten im Excel Arbeitsblatt verwendet werden kann. Wegen der Unterdrückung der Dimension *Measures* funktioniert dies jedoch nicht für die (äußere) Schleife, die die Ausgabe der Dimensionsnamen regelt. Daher wird für diese eine *For ... Each ... Next* Schleife verwendet mit der Folge, daß die Steuerung des Spaltenindex explizit erfolgen muß.

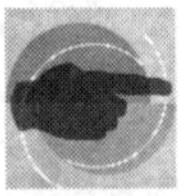

ADOMD.xls, ADOMDTutor

```
Sub Schritt2Aufgabe1Lösung1()
Dim cat     As New ADOMD.Catalog
Dim cdf     As CubeDef
Dim i, j    As Integer
Dim TB1     As Excel.Worksheet
Dim Dimen
'Verbindung herstellen
cat.ActiveConnection = "Data Source=LocalHost;" & _
  "Provider=msolap;Initial Catalog=FoodMart"
Set cdf = cat.CubeDefs("Sales")
Set TB1 = Worksheets("Tabelle1")
TB1.Cells(1, 2).CurrentRegion.Clear
'i für Spalte 1 initialisieren
i = 1
'Die folgende äußere Schleife schreibt die Namen der
'Dimensionen nebeneinander in die erste Zeile des
'Arbeitsblatts.
```

```
For Each Dimen In cdf.Dimensions
  'Wenn der Dimensionsname "Measures" lautet, werden
  'die Anweisungen nicht ausgeführt
  If Dimen.Name <> "Measures" Then
    TB1.Cells(1, i) = Dimen.Name
    'Die innere Schleife schreibt die Namen der
    'Ebenen jeder Dimension in die Zellen
    'unterhalb des Dimensionsnamens
    For j = 0 To Dimen.Hierarchies(0). _
      Levels.Count - 1
      TB1.Cells(j + 2, i) = Dimen. _
        Hierarchies(0).Levels(j).Name
    Next j
    i = i + 1
  End If
Next Dimen
End Sub
```

Cubedefinitionen in flacher Tabelle ausgeben

Manchmal mag es nützlich erscheinen, Metadaten des Cube Schemas nicht als Hierarchie von Objekten, sondern in tabellarischer Form zu betrachten. Dazu bietet das Objekt *Connection* mit seiner Methode *OpenSchema* die Möglichkeit, Informationen zur Cubedefinition in einem Recordset auszugeben. Die Methode *OpenSchema* erlaubt dabei, einen der sechs folgenden Parameter anzugeben, mit dem bestimmt wird, zu welchem Objekt der Cubes im Katalog Definitionsinformationen ausgegeben werden:

adSchemaCubes

adSchemaDimensions

2adSchemaHierarchies

adSchemaLevels

adSchemaMeasures

adSchemaMembers

Aufgabe 2. Geben Sie die Cubedefinitionen für die Cubes der Datenbank *Nordwind* in ein Recordset aus, und schreiben Sie die Feldnamen und Werte des Recordset anschließend in ein Excel Arbeitsblatt.

ADOMD.xls, ADOMDTutor

```
Sub Schritt2Aufgabe2Lösung1()
Dim cnn     As New Connection
Dim cst     As New ADOMD.Cellset
Dim rst     As Recordset
Dim TB1     As Excel.Worksheet
Dim i, j    As Integer
Dim Feld
cnn.Open "Data Source=BROSIUSPDC;Provider=msolap;" & _
        "Initial Catalog=Nordwind"
```

```
Set rst = cnn.OpenSchema(adSchemaCubes)
Set TB1 = Worksheets("Tabelle1")
TB1.Cells(1, 1).CurrentRegion.Clear
For i = 0 To rst.Fields.Count - 1
  TB1.Cells(1, i + 1) = rst.Fields(i).Name
Next i
j = 2
Do While Not rst.EOF
  For i = 0 To rst.Fields.Count - 1
    TB1.Cells(j, i + 1) = rst.Fields(i)
  Next i
  j = j + 1
rst.MoveNext
Loop
End Sub
```

16.6.3 Schritt 3: Cellset erzeugen

Ein *Cellset* dient dazu, das Ergebnis einer multidimensionalen Abfrage wiederzugeben. Um ein Cellset zu erzeugen, müssen Sie die folgenden Punkte berücksichtigen:

- ***ActiveConnection***. Die Eigenschaft *ActiveConnection* des *Cellset* Objekts muß auf eine vorhandene Verbindung eingestellt werden. Dies kann entweder dadurch geschehen, daß dieser Eigenschaft ein *Connection* Objekt oder der Inhalt der Eigenschaft *ActiveConnection* eines *Catalog* Objekts zugewiesen wird. Wenn *cst* bzw. *cnn* bzw. *cat* jeweils der Name für eine Objektvariable vom Typ *Cellset* bzw. *Connection* bzw. *Catalog* ist, würde jede der beiden folgenden Codezeilen das *Cellset* Objekt mit den notwendigen Verbindungsdaten versorgen:

  ```
  cst .ActiveConnection = cnn
  cst .ActiveConnection = cat.ActiveConnection
  ```

  Anders als für die Eigenschaft *ActiveConnection* eines *Catalog* Objekts ist es für die gleichnamige Eigenschaft eines *Cellset* Objekts nicht möglich, sie auf einen *Connection String* einzustellen.

- ***Source***. Dieser *Cellset* Eigenschaft wird die Zeichenkette übergeben, mit der die multidimensionale Abfrage formuliert wird. (Über die Formulierung multidimensionaler Abfragen informiert Sie ausführlich Kap. 14, *MDX: Abfragesprache für OLAP*, Punkt *MDX-Abfragen*.) Beispielsweise stellt die folgende Codezeile diese Eigenschaft auf eine (sehr einfache) multidimensionale Abfrage ein:

  ```
  cst.Source = "Select Region.Members On Columns " & _
               "From NWIND_Cube1"
  ```

- *Open*. Wenn die beiden vorangehenden Aufzählungspunkte berücksichtigt sind, kann das *Cellset* Objekt mit der Methode *Open* geöffnet werden:

  ```
  cst.Open
  ```

Nachdem das *Cellset* geöffnet wurde, kann sein Inhalt (Achsen und Zellen) ausgelesen werden. Dies wird nicht in diesem Schritt, sondern in den beiden folgenden behandelt.

Aufgabe 1. Erzeugen Sie ein Cellset, das das Ergebnis des folgenden MDX-Statement enthält:

```
Select Measures.Members On Columns, Zeit.children On Rows
From NWIND_Cube1
```

Dabei ist zu beachten, daß der Cube NWIND_Cube1 sich in der Datenbank *Nordwind* auf einem Microsoft OLAP Server befindet.

Die Lösung finden Sie in der nachfolgenden Prozedur *Schritt3Aufgabe1-Lösung1*.

ADOMD.xls, ADOMDTutor

```
Sub Schritt3Aufgabe1Lösung1()
Dim cnn     As New Connection
Dim cst     As New ADOMD.Cellset
cnn.Open "Data Source=LocalHost;Provider=msolap;" & _
        "Initial Catalog=Nordwind"
cst.ActiveConnection = cnn
cst.Source = "Select Measures.Members On Columns, " & _
  "Zeit.children On Rows From NWIND_Cube1"
cst.Open
'Ggf. weitere Codezeilen, mit denen der Inhalt des
'Cellset cst ausgegeben wird
'...
'...
End Sub
```

Ausgabe des multidimensionalen Abfrageergebnisses in einem Recordset

Manchmal kann es nützlich sein, das Ergebnis einer multidimensionalen Abfrage statt in einem *Cellset* in einem *Recordset* auszugeben, um es quasi in einer flachen Tabelle vorliegen zu haben. Dies können Sie auf die folgende Weise erreichen: Geben Sie beim *Recordset* als Wert für den Parameter *Source* der Methode *Open* den Abfragestring an, und geben Sie dort für den Parameter *ActiveConnection* ein *Connection* Objekt oder die Eigenschaft *ActiveConnection* eines *Catalog* Objekts an.

Aufgabe 2. Geben Sie das Ergebnis der folgenden multidimensionalen Abfrage in einem *Recordset* aus, und schreiben Sie die Werte aller Zeilen für alle Felder des *Recordset* in das Direktfenster.

```
Select Region.Members On Columns, Kategorie.Members On Rows
From NWIND_Cube1 Where Umsatz
```

Die Lösung finden Sie in der nachfolgenden Prozedur *Schritt3Aufgabe2-Lösung1*.

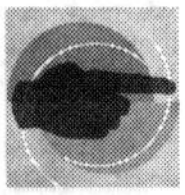

ADOMD.xls, ADOMDTutor

```
Sub Schritt3Aufgabe2Lösung1()
Dim cnn     As New Connection
Dim cst     As New ADOMD.Cellset
Dim rst     As New Recordset
cnn.Open "Data Source=LocalHost;Provider=msolap;" & _
  "Initial Catalog=Nordwind"
rst.Open "Select Region.Members On Columns, " & _
  "Kategorie.Members On Rows From NWIND_Cube1 " & _
  "Where Umsatz", cnn
Do While Not rst.EOF
  For Each Feld In rst.Fields
    Debug.Print Feld.Name, rst(Feld.Name)
  Next
  rst.MoveNext
Loop
End Sub
```

16.6.4 Schritt 4: Achsenelemente ausgeben

Die Informationen eines *Cellset* sind einerseits in seinen Zellen und andererseits auf seinen Achsen abgelegt. Die Zellen enthalten neben weiteren Informationen vor allem die Werte, die Achsen vor allem die Namen der Dimensionen, Ebenen (Levels) und Elemente (Members). Der Aufbau eines *Cellset* wird an dieser Stelle nicht erklärt, sondern vorausgesetzt. Informieren Sie sich ggf. weiter oben in diesem Kapitel in Punkt 16.5.8, *Cellset Objekt*. Um den Inhalt eines *Cellset* wiederzugeben, ist es daher im allgemeinen erforderlich, sowohl die Achsen- wie auch die Zellinformationen auszulesen und an geeigneter Stelle auszugeben. Für die Ausgabe ist besonders ein Arbeitsblatt einer Tabellenkalkulation geeignet. Dies wird in den Beispielen dieses und der folgenden Punkte verwendet.

Das *Cellset* selbst ist multidimensional aufgebaut. Die Wiedergabe der Daten muß aber stets auf zweidimensionalen Medien erfolgen. Die *Columns* und die *Rows* Achse lassen sich ohne weiteres auf diese Weise darstellen. Wenn das *Cellset* jedoch mehr als zwei Achsen enthält, müßten, ähnlich wie im Cube Browser der OLAP Management Console oder in Excel Pivot-Tabellen, die Informationen der weiteren Achsen in Dropdown-Listen oder ähnlichen Steuerelementen abgelegt werden. Derartige Modellierungen erscheinen jedoch im Rahmen dieses Buchs zu kompliziert. Daher beschränke ich mich in diesem wie auch den folgenden Punkten auf multidimensionale Abfragen mit lediglich zwei Achsen. Auch damit kann gut demonstriert werden, wie der Inhalt eines *Cellset* ausgelesen und dargestellt werden kann.

Jedes Objekt *Axis* enthält eine Sammlung *Positions*, in der die einzelnen Koordinatenpunkte der Achse abgelegt sind. Die Bezeichnung(en), die zu jeder Position gehört(en), erhalten Sie aus der Sammlung *Members* über die *Member* Eigenschaft *Caption*. Jede Position enthält so viele Elemente (Members), wie auf der Achse verschiedene Dimensionen abgebildet werden. Wenn beispielsweise auf der *Columns* Achse nur eine Dimension dargestellt wird, enthält die Sammlung *Members* für jede Position nur ein Element (Member), das dann durch den Indexwert 0 identifiziert wird. Um beispielsweise die Bezeichnungen an den Achsenpositionen für die *Columns* Achse, auf der nur eine Dimension abgebildet wird, in die erste Zeile eines Excel Arbeitsblatts auszugeben – beginnend mit der zweiten Spalte –, können Sie die folgenden Codezeilen schreiben:

```
Set TB1 = Worksheets("Tabelle1")
TB1.Cells(1, 2).CurrentRegion.Clear
For i = 0 To cst.Axes(0).Positions.Count - 1
  TB1.Cells(1, i + 2) = _
    cst.Axes(0).Positions(i).Members(0).Caption
Next i
```

Im allgemeinen Fall wird es nicht von vornherein klar sein, wie viele Dimensionen auf einer Achse abgebildet sind. Sie können dies jedoch in der Prozedur mit der Achseneigenschaft *DimensionCount* ermitteln und den entsprechenden Wert für eine Schleife nutzen, die die Elemente der Sammlung *Members* ausgibt. Dies ist in den folgenden Codezeilen für die Achse 0 realisiert.

```
Set TB1 = Worksheets("Tabelle1")
TB1.Cells(1, 2).CurrentRegion.Clear
For i = 0 To cst.Axes(0).Positions.Count - 1
  For j = 0 To cst.Axes(0).DimensionCount
    TB1.Cells(j + 1, i + 2) = _
      cst.Axes(0).Positions(i).Members(j).Caption
  Next j
Next i
```

Wenn eine oder beide der auf einem Arbeitsblatt abzubildenden Achsen mehr als eine Dimension enthält, müssen die Bezeichnungen der jeweils anderen Achse um eine entsprechende Anzahl von Zeilen bzw. Spalten nach unten bzw. rechts versetzt werden, damit das Koordinatensystem stimmt. Betrachten Sie beispielsweise Bild 16.7. Dort sind auf der *Columns* Achse zwei Dimensionen wiedergegeben, wofür zwei Zeilen im Spreadsheet benötigt werden. Entsprechend dürfen die Bezeichnungen der *Rows* Achse (das sind hier die Jahreszahlen) erst in Zeile 3 (statt in Zeile 2) beginnen. Allgemein gilt: Die Bezeichnungen der *Rows* Achse beginnen bei Zeile *Axis*(0).*DimensionCount* +1, die der *Columns* Achse bei *Axis*(1).*DimensionCount* +1.

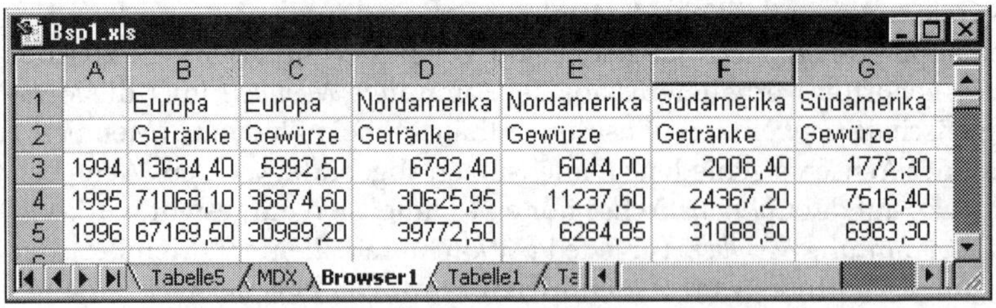

	A	B	C	D	E	F	G
1		Europa	Europa	Nordamerika	Nordamerika	Südamerika	Südamerika
2		Getränke	Gewürze	Getränke	Gewürze	Getränke	Gewürze
3	1994	13634,40	5992,50	6792,40	6044,00	2008,40	1772,30
4	1995	71068,10	36874,60	30625,95	11237,60	24367,20	7516,40
5	1996	67169,50	30989,20	39772,50	6284,85	31088,50	6983,30

Abbildung 16.7: Auf der Columns Achse sind zwei Dimensionen abgebildet.

Aufgabe 1. Geben Sie die Bezeichnungen der *Columns* und der *Rows* Achse in einem Excel Arbeitsblatt so aus, daß die auf den beiden Achsen jeweils abgebildeten Dimensionen in allgemeiner Weise berücksichtigt werden. Verwenden Sie für das Beispiel die folgende multidimensionale Abfrage:

```
Select Crossjoin(Lieferziel.children, {Produkt.[Getränke],
Produkt.[Gewürze]}) On Columns, Zeit.children On Rows From
nwind_cube1 Where Umsatz
```

Die Lösung finden Sie in der nachfolgenden Prozedur *Schritt4Aufgabe1-Lösung1*. Die Achsenbeschriftungen sollten so aussehen, wie in Bild 16.7 wiedergegeben.

ADOMD.xls, ADOMDTutor

```
Dim cnn     As New Connection
Dim cst     As New ADOMD.Cellset
Dim i       As Integer
cnn.Open "Data Source=BROSIUSPDC;Provider=msolap;" & _
         "Initial Catalog=Nordwind"
cst.Source = "Select Crossjoin(Lieferziel.children, " & _
  "{Produkt.[Getränke], Produkt.[Gewürze]}) On Columns, " & _
  "Zeit.children On Rows From nwind_cube1 Where Umsatz"
Set cst.ActiveConnection = cnn 'cat.ActiveConnection
cst.Open
Set TB1 = Worksheets("Tabelle1")
TB1.Cells(1, 2).CurrentRegion.Clear
DimAnzX = cst.Axes(0).DimensionCount
If cst.Axes.Count > 1 Then
  DimAnzY = cst.Axes(1).DimensionCount
End If

For i = 0 To cst.Axes(0).Positions.Count - 1
  For j = 1 To DimAnzX
    TB1.Cells(j, i + DimAnzY + 1) = cst.Axes(0).Positions(i).Members(j
- 1).Caption
  Next j
Next i

If cst.Axes.Count > 1 Then
  For i = 0 To cst.Axes(1).Positions.Count - 1
```

```
    For j = 1 To DimAnzY
      TB1.Cells(i + DimAnzX + 1, j) =
cst.Axes(1).Positions(i).Members(j - 1).Caption
    Next j
  Next i
End If

End Sub
```

16.6.5 Schritt 5: Zellen des Cellset ausgeben

Ging es im letzten Schritt darum, die Achseninformationen eines *Cellset* auszugeben, so soll in diesem Schritt gezeigt werden, wie Sie die Inhalte der Zellen wiedergeben. Der Aufbau eines *Cellset* wird an dieser Stelle nicht erklärt, sondern vorausgesetzt. Informieren Sie sich ggf. weiter oben in diesem Kapitel in Punkt 16.5.8, *Cellset Objekt*. Dort wurde auch bereits ausführlich gezeigt, daß die Zellwiedergabe mit der Methode *Cellset.Item*, die selbst wieder drei syntaktische Formen aufweist, geschieht, vgl. dort den Unterpunkt *Methode Item*. Diese Methode liest die einzelnen Zellen, die jeweils ein *Cell* Objekt darstellen. Dabei ist zu beachten, daß ein *Cell* Objekt die beiden Eigenschaften *Value* und *FormattedValue* besitzt, wobei *Value* Standardeigenschaft ist und daher nicht explizit angegeben werden muß. Mit ersterer wird der reine Wert, mit letzterer der formatierte Wert als Zeichenkette ausgegeben.

Darüber hinaus enthält jedes *Cell* Objekt die Sammlung *Positions* und jede Position darin die Sammlung *Members*. Damit können die Bezeichnungen, die zu einer Zelle gehören, wiedergegeben werden. Dabei repräsentieren die Positionen der Sammlung *Positions* die Achsen 0, 1, 2 ... (das sind *Columns, Rows, Pages* ...), und die Sammlung *Members* enthält so viele Elemente, wie die jeweilige Achse Dimensionen und daher Bezeichnungen besitzt. Die folgenden beiden Codezeilen geben die Bezeichnungen der Zelle mit den Koordinaten (2,1) – das ist die dritte Position auf der *Columns* und die zweite auf der *Rows* Achse – nacheinander für die *Columns* und die *Rows* Achse wieder.

```
Debug.Print cst(2, 1).Positions(0).Members(0)
Debug.Print cst(2, 1).Positions(1).Members(0)
```

Von der Möglichkeit, die zu einer einzelnen Zelle gehörigen Bezeichnungen über deren Sammlungen *Positions* und *Members* wiederzugeben, werden wir in den folgenden Beispielen keinen Gebrauch machen, weil dieselben Informationen im allgemeinen komfortabler aus den zugehörigen Achsen ermittelt werden können, vgl. den vorangehenden Schritt. Was diese Bezeichnungen anbelangt, enthält das ADO MD Objekt Modell insoweit Redundanz.

Wenn Sie alle Werte eines Cellset mit zwei Achsen in einer Matrix ausgeben wollen, arbeiten sie am besten mit zwei ineinander geschachtelten Schleifen, wie im folgenden Codebeispiel wiedergegeben. Dabei sind *cst* bzw. *TB1* Objektvariablen vom Typ *Cellset* bzw. *Excel.Worksheet*.

```
cst.Open
Set TB1 = Worksheets("Tabelle1")
TB1.Cells(1, 1).CurrentRegion.Clear
For i = 0 To cst.Axes(0).Positions.Count - 1
  For j = 0 To cst.Axes(1).Positions.Count - 1
    TB1.Cells(j + 1, i + 1) = cst(i, j)
  Next j
Next i
```

Wenn statt der Werte die formatierten Werte (dann als Zeichenketten) ausgegeben werden sollen, wäre die drittletzte Zeile des vorangehenden Codebeispiels folgendermaßen zu schreiben:

```
TB1.Cells(j + 1, i + 1) = cst(i, j).FormattedValue
```

Im allgemeinen wird es erforderlich sein, die linke obere Zelle der Matrix, in die die Werte geschrieben werden, so zu bestimmen, daß die Wertematrix für Bezeichnungen der *Columns* und der *Rows* Achse adjustiert wird. Für diesen Zweck müssen Sie zum einen ermitteln, ob das Cellset eine oder mehr Achsen enthält, und zum anderen, wie viele Dimensionen auf jeder Achse abgebildet sind. Die erste Information gibt die Eigenschaft *Count* der Sammlung *Axes* aus, die zweite Information erhalten Sie mittels der Achsen Eigenschaft *DimensionCount*.

Aufgabe 1. Geben Sie die Werte eines Cellset in einem Excel Arbeitsblatt aus und bestimmen Sie die linke obere Ecke der Wertematrix so, daß diese oberhalb und ggf. links den für die Achsenbezeichnungen erforderlichen Platz frei läßt. Verwenden Sie dabei das folgende bereits im vorangehenden Schritt benutzte MDX-Statement:

```
Select Crossjoin(Lieferziel.children, {Produkt.[Getränke],
Produkt.[Gewürze]}) On Columns, Zeit.children On Rows From nwind_cube1
Where Umsatz
```

Die Lösung finden Sie in der nachfolgenden Prozedur *Schritt5Aufgabe1-Lösung1*.

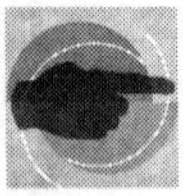

ADOMD.xls, ADOMDTutor

```
Sub Schritt5Aufgabe1Lösung1()
Dim cnn     As New Connection
Dim cst     As New ADOMD.Cellset
Dim i       As Integer
cnn.Open "Data Source=LocalHost;Provider=msolap;" & _
         "Initial Catalog=Nordwind"
cst.Source = "Select Crossjoin(Lieferziel.children, " & _
  "{Produkt.[Getränke], Produkt.[Gewürze]}) On Columns, " & _
  "Zeit.children On Rows From nwind_cube1 Where Umsatz"
Set cst.ActiveConnection = cnn
cst.Open
Set TB1 = Worksheets("Tabelle1")
TB1.Cells(1, 2).CurrentRegion.Clear
DimAnzX = cst.Axes(0).DimensionCount
```

```
If cst.Axes.Count > 1 Then
  DimAnzY = cst.Axes(1).DimensionCount
End If

For i = 0 To cst.Axes(0).Positions.Count - 1
  If cst.Axes.Count > 1 Then
    For j = 0 To cst.Axes(1).Positions.Count - 1
      TB1.Cells(j + DimAnzX + 1, i + DimAnzY + 1) = cst(i, j)
    Next j
  Else
      TB1.Cells(DimAnzX + 1, i + DimAnzY + 1) = cst(i)

  End If
Next i

End Sub
```

16.6.6 Schritt 6: Zusammenfassendes Beispiel: Browser für MDX-Statements

In diesem letzten Schritt des Tutoriums sollen die beiden vorangehenden Schritte zusammengebracht werden. Da dort bereits alle relevanten Informationen ausgebreitet wurden, kann hier sofort die Aufgabe formuliert werden.

Aufgabe 1. Erstellen Sie einen einfachen Browser, der die Achsen- und Zellinformationen eines Cellset wiedergibt. Das Cellset soll dabei durch ein beliebiges MDX-Statement erzeugt worden sein, dies allerdings mit der Beschränkung, daß das resultierende Cellset nicht mehr als zwei Achsen enthält. Die Anzahl der Dimensionen je Achse darf jedoch beliebig groß sein. Das MDX-Statement soll einem Textfeld eines Excel Arbeitsblatts entnommen werden, und das Ergebnis der multidimensionalen Abfrage soll in ein anderes Arbeitsblatt derselben Arbeitsmappe geschrieben werden. Geben Sie dem ersten Arbeitsblatt den Namen MDX, dem darin eingefügten Textfeld den Namen *MDXStatement* und dem zweiten Arbeitsblatt, das die Ergebnisse wiedergibt, den Namen *Browser.* Sehen Sie im Arbeitsblatt MDX außerdem eine Zelle vor, in der der Name der Datenbank im OLAP Server angegeben wird, und geben Sie dieser Zelle den Namen *Initial_Catalog*. Fügen Sie dem Arbeitsblatt MDX außerdem, wenn die Prozedur fertig ist, eine Schaltfläche hinzu, die die erstellte Prozedur startet und der Sie die Bezeichnung *Browse* geben. Das Arbeitsblatt MDX sollte ungefähr so aussehen, wie dies in Bild 16.8 mit dem oberen Fenster wiedergegeben ist.

Die Lösung der Aufgabe 1 ist in der nachfolgend wiedergegebenen Prozedur *Schritt6Aufgabe1Lösung1* enthalten. Die Arbeitsmappe ADOMD.xls enthält ferner die beiden Arbeitsblätter MDX und Browser, wie dies in Bild 16.8 zu sehen ist.

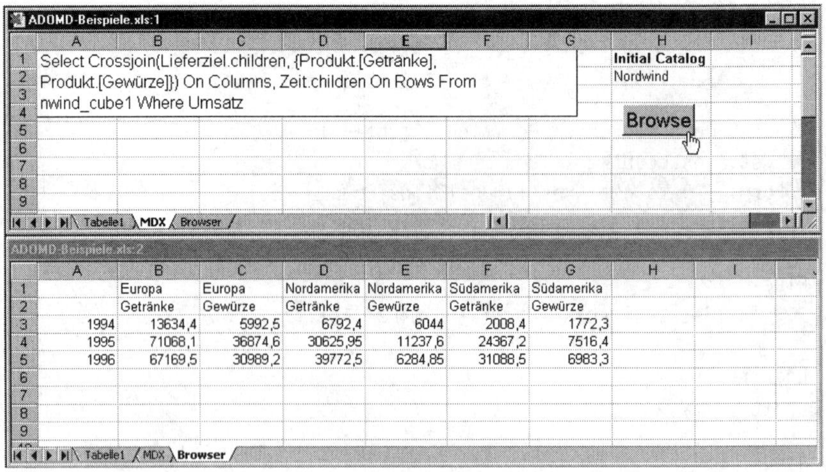

Abbildung 16.8: Arbeitsblätter »MDX« und »Browser«

Für die Arbeitsmappe wurden in Abb. 16.8 zwei Fenster eingerichtet: Im oberen Fenster wird das Arbeitsblatt »MDX«, im unteren wird »Browser« wiedergegeben. Dadurch ist es möglich, die Ergebnisse des MDX-Statement unmittelbar nach dem Klicken auf die Schaltfläche Browse zu betrachten.

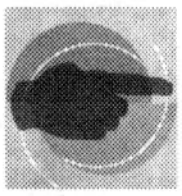

ADOMD.xls, ADOMDTutor

```
Sub Schritt6Aufgabe1Lösung1()
Dim cnn        As New Connection
Dim cdf        As ADOMD.CubeDef
Dim cst        As New ADOMD.Cellset
Dim TB1, TB2   As Excel.Worksheet
Dim i, j       As Integer
Set TB1 = Worksheets("Browser")
Set TB2 = Worksheets("MDX")
cnn.Open "Data Source=LocalHost;Provider=msolap;" & _
         "Initial Catalog=" & TB2.Range("Initial_Catalog")
cst.Source = TB2.Shapes("MDXStatement").TextFrame. _
  Characters.Text
Set cst.ActiveConnection = cnn
cst.Open
TB1.Cells(1, 2).CurrentRegion.Clear
DimAnzX = cst.Axes(0).DimensionCount
If cst.Axes.Count > 1 Then
  DimAnzY = cst.Axes(1).DimensionCount
End If

'Bezeichnungen der Columns Achse schreiben
For i = 0 To cst.Axes(0).Positions.Count - 1
  For j = 1 To DimAnzX
    TB1.Cells(j, i + DimAnzY + 1) = cst.Axes(0).Positions(i).Members(j
- 1).Caption
  Next j
Next i
```

```
'Ggf. Bezeichnungen der Rows Achse schreiben
If cst.Axes.Count > 1 Then
  For i = 0 To cst.Axes(1).Positions.Count - 1
    For j = 1 To DimAnzY
      TB1.Cells(i + DimAnzX + 1, j) =
cst.Axes(1).Positions(i).Members(j - 1).Caption
    Next j
  Next i
End If

'Werte der Zellen schreiben
For i = 0 To cst.Axes(0).Positions.Count - 1
  If cst.Axes.Count > 1 Then
    For j = 0 To cst.Axes(1).Positions.Count - 1
      TB1.Cells(j + DimAnzX + 1, i + DimAnzY + 1) = cst(i, j)
    Next j
  Else
      TB1.Cells(DimAnzX + 1, i + DimAnzY + 1) = cst(i)
  End If
  Next i

End Sub
```

17 DSO: OLAP Server programmieren

17.1 Einführung und Überblick

Die Bezeichnung DSO steht für *Decision Support Objects*. Es handelt sich dabei um eine ActiveX Komponente, mit der der Microsoft OLAP Server als Objektmodell abgebildet wird. Mit den Objekten, Methoden und Eigenschaften von DSO kann der Microsoft OLAP Server mit Programmcode (statt über die OLAP Management Console, die im übrigen selbst auf Basis von DSO programmiert ist) gesteuert werden. Dies dürfte insbesondere für regelmäßig wiederkehrende Wartungsarbeiten wie das Aktualisieren von Cubes von Bedeutung sein.

Prinzipiell können Sie mit DSO all das bewirken, was auch mittels der OLAP Management Console möglich ist, und darüber hinaus noch weitere Aktionen. Eine derart umfassende Behandlung von DSO ist jedoch im Rahmen dieses Buches nicht mein Ziel. Vielmehr konzentriere ich mich darauf, die Grundlagen von DSO zu vermitteln und so weit in dieses Programmierwerkzeug einzuführen, daß Sie basale Aufgaben damit erledigen können. Das DSO Modell ist vollständig in der Produktdokumentation beschrieben, vgl. dort das Hauptthema *Building OLAP Services Applications* und dessen Unterthema *Decision Support Objects*. Dort finden Sie außer einer vollständigen Beschreibung des Objektmodells auch Code Beispiele, vgl. das Unterthema *Creating a Sample Program Using Decision Support Objects*. Aus den dort wiedergegebenen und erklärten Code Beispielen können Sie lernen, wie Sie dem OLAP Server eine neue Datenbank hinzufügen, dieser eine neue Datenquelle, neue Dimensionen und Ebenen sowie einen Cube und dem Cube Measures hinzufügen und diesen schließlich aufbereiten. Ich konzentriere mich im Unterschied zu diesen verändernden Zugriffen im Wesentlichen auf lesende Zugriffe und solche, die mit Wartungsarbeiten verbunden sind. Wenn Sie die folgenden Beispiele dieses Kapitels mit den in der Produktdokumentation behandelten zusammen nehmen, erhalten Sie ein verhältnismäßig komplettes Bild der Möglichkeiten, die Sie mit DSO realisieren können.

17.2 Das DSO Objektmodell

Das DSO Objektmodell ist im Prinzip so aufgebaut wie die anderen bekannten Applikationsmodelle von Microsoft: Es ist hierarchisch geordnet und weist außer Einzelobjekten viele Sammelobjekte (beispielsweise *Dimensions*) auf, die Objekte derselben Klasse auf derselben Hierarchiestufe enthalten. Eine Besonderheit dieses Objektmodells liegt in dem Sammelobjekt *MDStores*. Dieses kann je nach Hierarchiestufe unterschiedliche Objekte enthalten.

Ich erkläre dieses Sammelobjekt genauer weiter unten, vgl. 17.2.1, *Das Sammelobjekt MDStores*. Bild 17.1 gibt eine grafische Darstellung des DSO Objektmodells wieder.

Abbildung 17.1: DSO Objektmodell

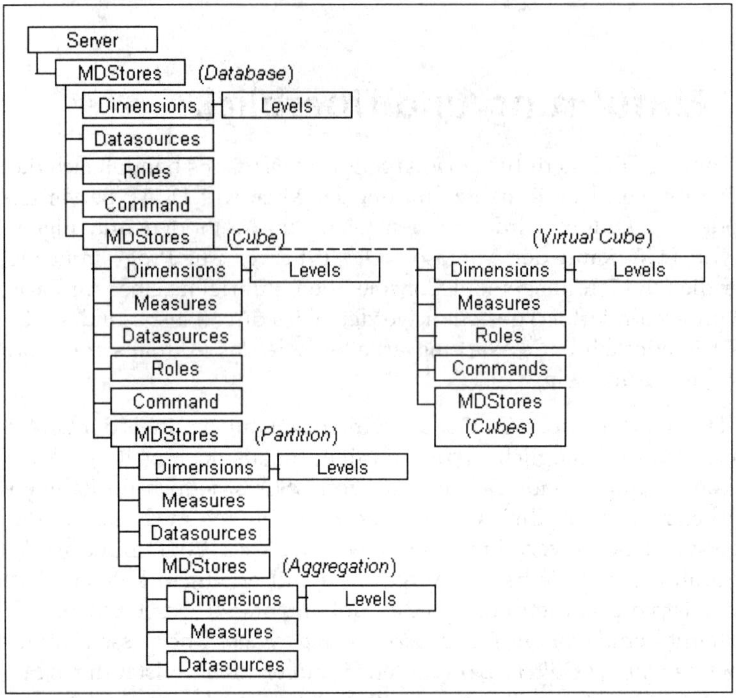

Die grundlegenden Objekte der Datenspeicherung beim OLAP Server sind Databases, Cubes, Partitions, Aggregations und Virtual Cubes. Diese Objekte sind hierarchisch in einer Baumstruktur mit dem Server als Wurzel des Baums angeordnet. Jedes dieser Objekte enthält andere Objekte:

- Der *Server* enthält Database Objekte.
- Jedes Database Objekt kann Cubes oder Virtual Cubes enthalten.
- Jedes Cube Objekt enthält Partitions.
- Jedes Partition Objekt kann Aggregations enthalten.

17.2.1 Das Sammelobjekt MDStores

Es fällt auf, daß das DSO Objektmodell keine Sammelobjekte mit Namen wie Databases, Cubes oder Partitions enthält, obwohl diese Sammlungen tatsächlich angeboten werden. Allerdings ist der Zugriff darauf hier anders als bisher meistens üblich organisiert, nämlich mittels des speziellen Sammelobjekts *MDStores*. Dieses Sammelobjekt enthält Databases, Cubes, Partitions oder Aggregations, je nachdem, auf welcher Hierarchiestufe des DSO

Objektmodells es angesiedelt ist. Beispielsweise enthält *MDStores* als Child Objekt des Servers alle Database Objekte des Servers, während *MDStores* als Child Objekt eines Database Objekts die Cubes dieser Datenbank enthält. Allgemein läßt sich dieser Sachverhalt so ausdrücken: *MDStores* enthält immer eine Sammlung mit den Objekten der hierarchisch nächstniedrigen Klasse.

Obwohl die Objekte, die ein *MDStores* Sammelobjekt enthält, inhaltlich von verschiedenen Klassen*typen* sein können (*Database, Cube* etc.), wird ein *MDStores* Objekt stets als Objekttyp *MDStore* deklariert, wie beispielsweise im folgenden Statement:

```
Dim DB1 As DSO.MDStore
```

Welcher Klassentyp im weiteren Programmablauf dann tatsächlich in der Objektvariablen *DB* enthalten sein wird, hängt von der Zuweisung ab. Wenn *dsoServer* eine Objektvariable ist, die den OLAP Server repräsentiert, würde beispielsweise die Zuweisung

```
Set DB1 = dsoServer.MDStores("FoodMart")
```

bewirken, daß die Objektvariable *DB* dann die Datenbank *FoodMart* repräsentierte. Im weiteren Programmablauf könnten aber auch noch die beiden folgenden Statements auftauchen:

```
Dim Cub1 As DSO.MDStore
Set Cub1 = DB1.MDStores(1)
```

Obwohl die Objektvariable *Cub1* als Typ *DSO.MDStore* deklariert ist, repräsentiert sie ein Cube Objekt.

Dieser auf den ersten Blick als Widerspruch des DSO Objektmodells erscheinende Sachverhalt löst sich durch die folgende begriffliche Unterscheidung auf: Die im Sammelobjekt *MDStores* enthaltenen Objekte sind stets vom *Objekttyp MDStore,* haben jedoch inhaltlich verschiedene *Klassentypen.* Der Klassentyp eines *MDStore* Objekts kann mittels der *MDStores* Eigenschaft *ContainedClassType* ermittelt werden, falls dies im speziellen Kontext notwendig sein sollte. Dieser Klassentyp hat beispielsweise den Wert *clsCube,* wenn die *MDStores* Sammlung Cubes enthält. Im allgemeinen dürfte die Identifizierung des Klassentyps mit Hilfe der Eigenschaft *ContainedClassType* jedoch nicht erforderlich sein, weil sich der Klassentyp eindeutig aus der hierarchischen Stellung ergibt, aus der heraus auf das Sammelobjekt *MDStores* zugegriffen wird, und somit dem Programmierer bereits beim Schreiben des Code bekannt ist.

Das Schlüsselwort MDStores darf bei der Identifizierung des Sammelobjekts nur einmal angeführt werden! Entsprechend der üblichen Notation im Zusammenhang mit hierarchischen Objektmodellen wäre zu erwarten, daß beispielsweise der folgende Ausdruck erlaubt und angezeigt wäre, um den Cube *Sales* aus der Datenbank *FoodMart* der Objektvariablen *Cub* zuzuweisen:

```
Set Cub = dsoServer.MDStores("Foodmart").MDStores("Sales")
```

Dies ist jedoch nicht zulässig. Vielmehr müssen Sie in solchen Fällen verfahren, wie dies in der folgenden kleinen Prozedur demonstriert ist: Die zum Identifizieren erforderlichen hierarchisch höheren Objekte müssen durch Objektvariablen repräsentiert werden.

```
Sub MDStores2MalIstFehler()
Dim DB As DSO.MDStore, Cub
If dsoServer Is Nothing Then
    ConnectServer 'Prozedur verbindet mit OLAP Server
End If
'Das folgende Statement wird nicht akzeptiert,
'offenbar, weil zweimal in der Objekthierarchie die
'Sammlung MDStores vorkommt:
'Set Cub = dsoServer.MDStores("Foodmart").MDStores("Sales")
'Statt dessen funktionieren die folgenden beiden Zeilen:
Set DB = dsoServer.MDStores("Foodmart")
Set Cub = DB.MDStores("Sales")
Debug.Print Cub.Name
End Sub
```

17.2.2 Virtual Cubes als Besonderheit

Das Sammelobjekt *MDStores* enthält Objekte vom Klassentyp *clsCube,* also Cubes, wenn es als Child Objekt eines Database Objekts angesprochen wird. Dann sind darin sowohl normale Cubes wie auch – sofern in dieser Datenbank vorhanden – virtuelle Cubes enthalten. Anders ausgedrückt: Virtuelle Cubes werden nicht durch ein eigenes Sammelobjekt wiedergegeben, sondern sind in der Sammlung der Cubes enthalten. Andererseits unterscheiden sich virtuelle Cubes durchaus von normalen, weil sie teilweise andere Objekte enthalten als die normalen Cubes, vgl. oben das Objektmodell in Bild 17.1. Beispielsweise enthält ein virtueller Cube kein Objekt, das seine *DataSource* repräsentiert, und sein Sammelobjekt *MDStores* enthält die Cubes, aus denen der virtuelle Cube zusammengesetzt ist, während *MDStores* beim normalen Cube dessen Partitionen enthält.

Wegen dieser Unterschiede zwischen normalen und virtuellen Cubes kann es wichtig sein festzustellen, um welche Art von Cube es sich jeweils in dem Sammelobjekt *MDStores* handelt. In diesem Falle müssen Sie die Eigenschaft *SubClassType* für jedes Objekt in der Sammlung prüfen, ob sie den Wert *sbclsRegular* (0) oder *sbclsVirtual* (1) besitzt.

17.3 DSO programmieren

In diesem Punkt soll gezeigt werden, wie Sie mit den Objekten, Eigenschaften und Methoden von DSO Prozeduren erstellen können. Dabei stehen Beispielprozeduren im Vergleich zu allgemeinen Erklärungen im Vordergrund.

Verweis auf DSO Bibliothek einstellen!

Um über die DSO Objekte verfügen zu können, müssen Sie in dem betreffenden VB oder VBA Projekt einen Verweis (Reference) auf die DSO Bibliothek einrichten. Es handelt sich um die .DLL-Datei *msmddo.dll*, die den Bibliotheksnamen *Microsoft Decision Support Objects* hat. Sie liegt, wenn Sie es bei der Installation des Microsoft OLAP Servers bei den Voreinstellungen belassen haben, im Pfad, wie er im Dialogfeld in Bild 17.2 wiedergegeben ist.

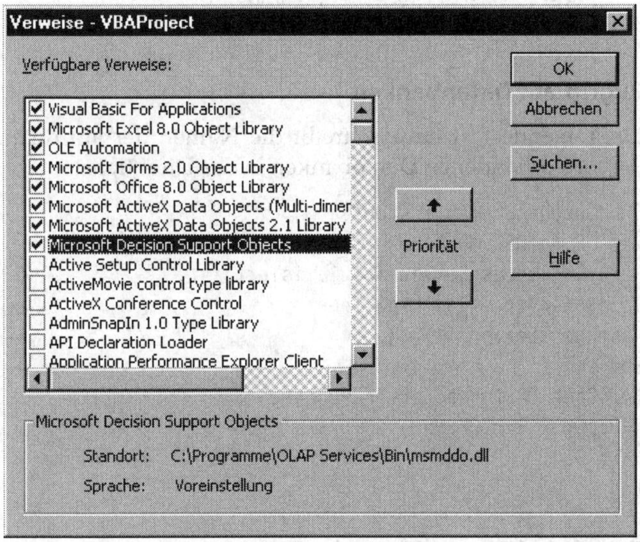

Abbildung 17.2: Dialogfeld »Verweise – VBA Projekt« (Excel 97) mit Verweis auf die DSO Bibliothek.

Sie finden die im folgenden wiedergegebenen Prozeduren im *Modul1* der Excel Arbeitsmappe *DSO.xls*, die sich auf der Beispiel CD-ROM im Verzeichnis DSO befindet.

Verbindung zum OLAP Server herstellen

Bevor Sie über irgendein Objekt des Microsoft OLAP Servers verfügen können, müssen Sie eine Verbindung zu diesem hergestellt haben. Dies geschieht mit der Methode *Connect* des Objekts *Server*. Im allgemeinen dürfte es zweckmäßig sein, die Objektvariable, die den Server repräsentiert, auf Modulebene mit *Dim* oder *Public* zu deklarieren, damit die Verbindung auch für andere Prozeduren des Moduls bzw. Projekts zur Verfügung steht. So wurde für die folgende Prozedur *ConnectServer* verfahren. Daher prüfen die weiteren in diesem Kapitel folgenden Prozeduren jeweils nur, ob eine Verbindung zum Server besteht und starten die Prozedur *ConnectServer* nur dann, wenn dies nicht zutrifft.

```
Dim dsoServer As DSO.Server

Sub ConnectServer()
Dim strNTServerNam
```

```
Set dsoServer = New DSO.Server
'Servernamen erfragen
strNTServerNam = InputBox(prompt:="Bitte geben Sie " & _
  "den Namen des Windows NT Servers an, auf dem der " & _
  "OLAP Server läuft:", Default:="LocalHost", _
  Title:="Servernamen angeben")
If strNTServerNam = "" Then End
'Serververbindung aufbauen
dsoServer.Connect (strNTServerNam)
End Sub
```

Zugriff auf Datenbanken

Die folgende Prozedur schreibt die Namen der auf dem Microsoft OLAP Server vorhandenen Datenbanken in das Direktfenster.

```
Sub DatenbankenAuflisten()
Dim DB As DSO.MDStore
'Prüfen, ob dsoServer initialisiert ist.
If dsoServer Is Nothing Then
  ConnectServer
End If
For Each DB In dsoServer.MDStores
  Debug.Print DB.Name
Next DB
End Sub
```

Zugriff auf Dimensionen der Datenbanken

Die folgende Prozedur schreibt die Dimensionen der einzelnen Datenbanken in das Direktfenster.

```
Sub DatenbankDimensionenAuflisten()
Dim DB As DSO.MDStore, Dimen
If dsoServer Is Nothing Then
    ConnectServer
End If
For Each DB In dsoServer.MDStores
  Debug.Print DB.Name
  For Each Dimen In dsoServer.MDStores(DB.Name).Dimensions
    Debug.Print , Dimen.Name
  Next Dimen
Next DB
End Sub
```

Zugriff auf Cubes

Die folgende Prozedur schreibt die Namen und den *SubClassType* (0 oder 1 für normalen oder virtuellen Cube) aller Cubes des OLAP Servers in das Direktfenster.

```
Sub CubesAuflisten()
Dim DB As DSO.MDStore, Cub
If dsoServer Is Nothing Then
  ConnectServer
End If
For Each DB In dsoServer.MDStores
  Debug.Print DB.Name
  For Each Cub In DB.MDStores
    Debug.Print , Cub.Name, Cub.SubClassType
  Next Cub
Next DB
End Sub
```

Aggregatfunktionen für Measures ermitteln

Die folgende Prozedur *AggregatfunktionenFürMeasuresErmitteln* ermittelt für den Cube *Sales* der Datenbank *FoodMart* die Measures und die zugehörigen Aggregatfunktionen. Die vier möglichen Funktionen werden von der Eigenschaft *AggregateFunction* als Ziffern 0 bis 3 ausgegeben. Mit einer Select Case Figur werden diese Ziffern in die Funktionsnamen transformiert. Das Ergebnis wird schließlich im Direktfenster ausgegeben.

```
Sub AggregatfunktionenFürMeasuresErmitteln()
Dim Measures(1 To 2, 1 To 50)
Dim i, AnzahlMeasures
Dim dsoDB As DSO.MDStore
Dim dsoCube As DSO.MDStore
Dim Mea
If dsoServer Is Nothing Then
  ConnectServer
End If

Set dsoDB = dsoServer.MDStores("FoodMart")
Set dsoCube = dsoDB.MDStores("Sales")
AnzahlMeasures = 0

For Each Mea In dsoCube.Measures
  AnzahlMeasures = AnzahlMeasures + 1
  Measures(1, AnzahlMeasures) = Mea.Name
  Select Case Mea.AggregateFunction
    Case 0
      Measures(2, AnzahlMeasures) = "SUM"
    Case 1
      Measures(2, AnzahlMeasures) = "COUNT"
    Case 2
      Measures(2, AnzahlMeasures) = "MIN"
    Case 3
      Measures(2, AnzahlMeasures) = "MAX"
```

```
  End Select
Next Mea

For i = 1 To AnzahlMeasures
  Debug.Print Measures(1, i), Measures(2, i)
Next i
End Sub
```

Dimensionen und Measures aller Datenbanken und Cubes tabellarisch ausgeben

In der unten folgenden Prozedur *CubeDimensionenUndMeasuresTabellarisch-Auflisten* werden alle Dimensionen und Measures aller Datenbanken und Cubes des OLAP Servers in einer Excel Tabelle in übersichtlicher Form ausgegeben. Das Ergebnis ist in Bild 17.3 wiedergegeben.

Abbildung 17.3: Ergebnis der Prozedur »CubeDimensionenUndMeasures TabellarischAuflisten« (gekürzt).

Datenbank	Cube	Dimension	Measure
FoodMart	Sales	Store	Unit Sales
		Time	Store Cost
		Product	Store Sales
		Promotion Media	Sales Count
		Promotions	Store Sales Net
		Customers	
		Education Level	
		Gender	
		Marital Status	
		Yearly Income	
	Warehouse	Store	Store Invoice
		Time	Supply Time
		Product	Warehouse Cost
		Store Size in SQFT	Warehouse Sales
		Store Type	Units Shipped
		Warehouse	Units Ordered
			Warehouse Profit
	Warehouse and Sales	Store	Unit Sales
		Time	Store Cost
		[illegible]	[illegible]
		Warehouse	
Nordwind	NWIND_Cube1	Lieferziel	Menge
		Produkt	Umsatz
		Zeit	

```
Sub CubeDimensionenUndMeasuresTabellarischAuflisten()
Dim DB As DSO.MDStore, Cub As DSO.MDStore
Dim Dimen, Mea, i, MerkeZeile, TB
If dsoServer Is Nothing Then
  ConnectServer
End If
Set TB = Worksheets("Tabelle1")
```

```
TB.Cells(1, 1).CurrentRegion.Clear
TB.Cells(1, 1) = "Datenbank"
TB.Cells(1, 2) = "Cube"
TB.Cells(1, 3) = "Dimension"
TB.Cells(1, 4) = "Measure"
TB.Range("A1:D1").Font.Bold = True
i = 2

For Each DB In dsoServer.MDStores
  TB.Cells(i, 1) = DB.Name
  For Each Cub In DB.MDStores
    TB.Cells(i, 2) = Cub.Name
    MerkeZeile = i

    For Each Dimen In Cub.Dimensions
      TB.Cells(i, 3) = Dimen.Name
      i = i + 1
    Next Dimen

    i = MerkeZeile

    For Each Mea In Cub.Measures
      TB.Cells(i, 4) = Mea.Name
      i = i + 1
    Next Mea

    If Cub.Dimensions.Count > Cub.Measures.Count Then
      i = MerkeZeile + Cub.Dimensions.Count
    Else
      i = MerkeZeile + Cub.Measures.Count
    End If
  Next Cub
i = i
Next DB
End Sub
```

Sie finden weitere Prozeduren, die mit DSO Objekten arbeiten, in dem VB Projekt *LocalCubeGener.vbp*. Dieses ist erläutert in Kap. 18, *Lokale Cubes erstellen,* Punkt *Lokalen Cube automatisch erstellen lassen*. Das Projekt *LocalCubeGener.vbp* erstellt einen lokalen Cube, dessen Definitionen von einem auf dem OLAP Server vorhandenen Cube übernommen werden. Diese Definitionen werden mit Hilfe von DSO Objekten ausgelesen.

18 Lokale Cubes erstellen

18.1 Einführung und Überblick

Aus einem Cube, der vom OLAP Server verwaltet wird, können Sie einen sogenannten lokalen Cube erstellen. Dies ist ein Cube, der als Datei erzeugt und gespeichert wird und auf den unabhängig vom OLAP Server zugegriffen werden kann. Diese letztere Eigenschaft erscheint besonders nützlich, wenn Sie einen Cube in eine EDV-Umgebung portieren wollen, in der eine Verbindung zum OLAP Server, der den ursprünglichen Cube verwaltet, nicht möglich ist, beispielsweise auf einem Notebook unterwegs. Ein lokaler Cube ist natürlich nur dann von Nutzen, wenn Sie auch über eine Client Software verfügen, die diesen verarbeiten kann. Da der lokale Cube, genau wie der ursprüngliche Cube auf dem OLAP Server, den Definitionen des OLE DB For OLAP Standards genügt, dürften sich die meisten Anbieter von OLAP Frontends darauf einrichten, auch lokale Cubes als Datenquellen zu ermöglichen. In Excel 2000 jedenfalls ist dies realisiert: Sie können als externe Datenquelle einer OLAP Pivot-Tabelle sowohl einen Cube des Microsoft OLAP Servers wie auch einen lokalen Cube des Providers MSOLAP angeben.

Der Vorteil lokaler Cubes liegt auf der Hand: Sie ermöglichen eine wesentlich größere Flexibilität als Cubes, die von einem OLAP Server verwaltet werden. Der wesentliche Nachteil eines lokalen Cubes liegt darin, daß er nicht automatisch aktualisiert wird, wenn der entsprechende Cube des OLAP Servers aktualisiert wird. Sie können jedoch jederzeit einen neuen lokalen Cube mit den aktuellsten Daten bilden, und es ist sogar möglich, den existierenden lokalen Cube mit den aktuellen Daten aufzufrischen. Diese Möglichkeit wird weiter unten behandelt, vgl. Punkt 18.5, *Daten des lokalen Cube aktualisieren*.

Die Möglichkeit, lokale Cubes zu erzeugen, wird im Rahmen des sogen. *PivotTable Service* angeboten. Die Produktdokumentation beschreibt dessen Bedeutung folgendermaßen:

PivotTable Service ist ein OLE DB Provider, der die optionalen OLE DB for OLAP Erweiterungen in OLE DB 2.0 und ADO 2.0 vollständig unterstützt. Es ist ein In-Process Desktop OLAP server, der darauf ausgelegt ist, Online und Offline Datenanalyse und einen Online Zugriff zu OLAP Daten anzubieten. PivotTable Service fungiert als Client von OLAP Services.[1]

---

1. Übersetzung aus dem Amerikanischen durch den Autor.

Wenn Sie daher in der Produktdokumentation Hilfe in Bezug auf lokale Cubes suchen, finden Sie diese als eines der Unterthemen von *PivotTable Service*.

Anders als die Administration von Cubes mit der OLAP Management Console, die man sicherlich uneingeschränkt als komfortabel und benutzerfreundlich bezeichnen kann, sind die Möglichkeiten von *PivotTable Service* ausschließlich in Form von Programmcode zu nutzen, der darüber hinaus in seinen Einzelheiten noch recht kompliziert ist. Im nächsten Punkt dieses Kapitels (vgl. 18.2, *Lokalen Cube manuell in einzelnen Schritten erstellen*) werden Sie sehen, daß zum Erzeugen eines lokalen Cube ein derartig großer Aufwand getrieben werden muß, daß er auf viele Benutzer prohibitiv wirken dürfte. Allerdings kann der Prozeß auch automatisiert werden. Ein solcher Versuch wird in Punkt 18.4, *Lokalen Cube automatisch erstellen lassen*, vorgestellt. Diese Visual Basic Prozeduren liegen auch als Code bei den Beispieldateien auf der CD-ROM vor.

In diesem Kapitel werden nicht alle Möglichkeiten, einen lokalen Cube zu manipulieren, beschrieben. Vielmehr beschränke ich mich darauf zu zeigen, wie Sie einen lokalen Cube erstellen können – ggf. unter Verwendung einer Filterbedingung in Form einer WHERE-Klausel. Zu weiteren Möglichkeiten wie beispielsweise das bereits erwähnte Aktualisieren oder das Erzeugen berechneter Elemente (Calculated Members) beim Bilden des lokalen Cube können Sie sich in der Produktdokumentation erkundigen. Dort erfahren Sie auch, wie Sie einen lokalen Cube, der per Voreinstellung als MOLAP Cube gespeichert wird, als ROLAP Cube erzeugen und speichern können.

18.2 Lokalen Cube manuell in einzelnen Schritten erstellen

18.2.1 Prinzipielle Vorgehensweise

Die Erklärungen und Code-Beispiele in der Produktdokumentation zu den Themen *Creating and Defining Local Cubes* sowie *Populating Local Cubes with Data* sind nach meiner Erfahrung wegen verschiedener Fehler so nicht stimmig bzw. lauffähig. Daher weicht die folgende Erklärung davon ab. Ich orientiere mich vielmehr an einem Code-Beispiel, das Amir Netz aus dem Plato Entwicklerteam in der Microsoft Newsgroup zum OLAP Server zur Verfügung gestellt hatte.

Sie erstellen einen lokalen Cube unter Verwendung der Objekte ADODB und ADOMD[2] mit Hilfe von Visual Basic Code. Bevor zwei komplette Prozeduren zum Erstellen eines lokalen Cube vorgestellt werden (vgl. Punkte

2. Der Umgang mit dem Objekt ADOMD bzw. ADODB wird ausführlich in Kap. 16, *Client Zugriffe mit ADO und ADO MD*, gezeigt.

18.3, *Beispielprozedur zum Erstellen des lokalen Cube LocalNWIND1.cub*, und 18.4, *Lokalen Cube automatisch erstellen lassen*), soll zunächst die prinzipielle Vorgehensweise zum Erstellen eines lokalen Cube dargestellt werden. Dabei sind die folgenden Punkte zu berücksichtigen:

- **CONNECTIONSTRING**. Die Informationen, die benötigt werden, um einen lokalen Cube zu erstellen, werden der Eigenschaft *ConnectionString* des ADO Objekts *Connection* als Zeichenkette übergeben. Diese Zeichenkette wird im Folgenden entsprechend der zugehörigen Eigenschaft als *ConnectionString* bezeichnet. Der *ConnectionString* hat die folgende Syntax:

  Schlüsselwort1=Spezifikationen1;Schlüsselwort2=Spezifikationen2; ....;

  Der *ConnectionString* zum Erzeugen eines lokalen Cube muß mindestens die in den nachfolgenden Aufzählungspunkten angeführten Schlüsselwörter mit zugehörigen Spezifikationen enthalten.[3]

- **LOCATION**. Beim Bilden eines lokalen Cube gibt die Spezifikation zu diesem Schlüsselwort Namen und Pfad der Datei an, in der der lokale Cube gespeichert wird. Wenn die Extension fortgelassen wird, setzt das System dafür automatisch *.cub* ein. Wenn der lokale Cube beispielsweise im Pfad *c:\temp* unter dem Namen *MeinErsterLokCube.cub* gespeichert werden soll, muß die Angabe lauten:

  LOCATION=c:\temp\MeinErsterLokCube

- **PROVIDER**. Im Zusammenhang mit dem Microsoft OLAP Server muß diese Angabe stets lauten:

  PROVIDER=MSOLAP;

- **SOURCE_DSN**. Die Spezifikation zu diesem Schlüsselwort ist ein ODBC- oder OLE DB-ConnectionString, der selbst aus mehreren *Schlüsselwort – Spezifikation* Paaren besteht. Dieser String muß zwischen doppelten Anführungszeichen stehen, damit er vom Parser als *eine* Spezifikation zum Schlüsselwort SOURCE_DSN erkannt wird. Der String muß mindestens Angaben zu den beiden Schlüsselwörtern DATA SOURCE und PROVIDER[4] enthalten. Darüber hinaus ist auch eine Angabe zum INITIAL CATALOG erforderlich, wenn die Voreinstellung dazu zu einer unzutreffenden Auswahl der Datenbank im OLAP Server führen würde.

---

3. Für die Schlüsselwörter und ihre Spezifikationen ist es unerheblich, ob sie in Klein- oder Großbuchstaben angeführt werden. Die Schreibweise in Großbuchstaben dient – in Übereinstimmung mit der Hilfe – im Folgenden ausschließlich der optischen Hervorhebung. Im übrigen ist auch die Reihenfolge, in der Sie die Schlüsselwörter und ihre Spezifikationen anführen, gleichgültig.
4. Obwohl die Angabe zum PROVIDER im ConnectionString bereits oben einmal angeführt wurde, muß sie in der Spezifikationszeichenkette zum Schlüsselwort SOURCE_DSN erneut angeführt werden.

Die folgende Angabe ist ein Beispiel für eine Spezifikation zum Schlüsselwort SOURCE_DSN:

SOURCE_DSN="DATA SOURCE=LocalHost;PROVIDER=MSOLAP; INITIAL CATALOG=Nordwind";

- **CREATECUBE.** Die Spezifikation zu diesem Schlüsselwort definiert den lokalen Cube durch Angabe der Dimensionen und Ebenen. Einzelheiten zu dieser komplexen Spezifikation werden im folgenden Punkt 18.2.2, *CREATE CUBE: Cube* definieren, erklärt. Prinzipiell sieht die Angabe zu dieser Eigenschaft folgendermaßen aus:

  CREATECUBE=CREATE CUBE LocalNWIND1(DIMENSION Zeit Type TIME, ... ;

- **INSERTINTO.** Die Spezifikation zu diesem Schlüsselwort füllt die Dimensionen und Zellen des lokalen Cube mit Daten. Einzelheiten zu dieser komplexen Spezifikation werden im übernächsten Punkt 18.2.3, *INSERT INTO: Cube mit Daten versorgen,* erklärt. Prinzipiell sieht die Angabe zu dieser Eigenschaft folgendermaßen aus:

  INSERTINTO=INSERT INTO LocalNWIND1(Zeit.Jahr,Zeit.Quartal,Zeit.Monat, ... ;

Die in den vorangehenden Aufzählungspunkten angeführten Schlüsselwörter und Spezifikationen können zum *ConnectionString* zusammengefaßt werden. Dann kann unmittelbar ein lokaler Cube erzeugt werden. Der Code der nachfolgend wiedergegebenen Prozedur *LocalCubeErstellenPrinzipiell* zeigt, wie Sie den *ConnectionString* komponieren und übergeben können. Die Methode *Open* des *Connection* Objekts führt dann dazu, daß der lokale Cube erzeugt wird. Wenn die zum Schlüsselwort LOCATION angegebene Datei noch nicht existiert, wird sie neu gebildet. Eine ggf. existierende Datei gleichen Namens würde überschrieben werden.

```
Sub LocalCubeErstellenPrinzipiell()
'Erzeugt den lokalen Cube LocalNWIND1
'Diese Prozedur ist nicht lauffähig, weil die Angaben zu
'CREATE CUBE und zu INSERT INTO unvollständig sind.
Dim cn As New ADODB.Connection
Dim strLocation, strProvider, strSourceDSN
Dim strCreateCube, strInsertInto, strConnection

strLocation = "LOCATION=c:\temp\LocalNWIND1.cub;"
strProvider = "Provider=msolap;"
strSourceDSN = "SOURCE_DSN=""Data Source=LocalHost;" & _
  "INITIAL CATALOG=Nordwind;Provider=msolap"";"
strCreateCube = "CREATECUBE=CREATE CUBE " & _
  "LocalNWIND1(DIMENSION Zeit Type TIME, ... ;"
strInsertInto = "INSERTINTO=INSERT INTO LocalNWIND1(" & _
  "Zeit.Jahr,Zeit.Quartal,Zeit.Monat, ... ;"
```

```
strConnection = strLocation & strProvider & _
  strSourceDSN & strCreateCube & strInsertInto
cn.Open strConnection
cn.Close
End Sub
```

Die voranstehend wiedergegebene Prozedur *LocalCubeErstellenPrinzipiell* ist nicht lauffähig, weil die Spezifikationen zu den Schlüsselwörtern CREATE-CUBE und INSERTINTO bewußt unvollständig geblieben sind, um den Blickwinkel auf die Struktur des Vorgehens zu lenken. In den beiden folgenden Punkten wird die Syntax dieser Spezifikationen erklärt.

18.2.2 CREATE CUBE: Cube definieren

Mit dem Schlüsselwort CREATECUBE geben Sie eine Spezifikation an, die mit dem DDL (Data-Definition Language) Statement CREATE CUBE beginnt und im Einzelnen die Dimensionen und Ebenen des lokalen Cube angibt. Sie finden die allgemeine Syntax des Statements CREATE CUBE in der Produktdokumentation unter dem Thema *PivotTable Service Programmer's Reference*, Unterthema *Data-Definition Language*. Statt allgemeiner Erörterungen wird das CREATE CUBE Statement im Folgenden an einem Beispiel dargestellt: Der lokale Cube soll die folgenden Definitionsmerkmale aufweisen:

- **Cubename**. Der Name des Cube soll *LocalNWIND1* lauten. Dieser Name wird unabhängig vom Namen des Cube, aus dem er gebildet wird, angegeben. Er ist ebenfalls unabhängig vom Dateinamen des Cube, obwohl es sicher zweckmäßig ist, Datei- und Cubenamen gleich zu wählen. Auf diesen Namen, der dem Namen eines Cube auf dem OLAP Server entspricht, müssen Sie sich in einem MDX-Select-Statement in der *From*-Klausel beziehen, wenn Sie später auf den lokalen Cube zugreifen wollen.
- **Dimensionen und Ebenen**. Der lokale Cube soll dieselben Dimensionen wie seine Datenquelle (Cube NWIND_Cube1 auf dem OLAP Server) besitzen, das sind *Zeit*, *Produkt* und *Lieferziel*. Die Dimensionen sollen ebenfalls die gleichen Ebenen aufweisen wie im Quellcube, das sind beispielsweise für die Dimension *Zeit* die Ebenen *Gesamtzeit*, *Jahr*, *Quartal* und *Monat*, für die Dimension *Produkt* die Ebenen *Alle Produkte*, *Kategorie* und *Artikel*, für die Dimension *Lieferziel* die Ebenen *Alle Lieferziele*, *Region*, *Land*, *Ort* sowie *Firma*. Schließlich soll der lokale Cube die beiden Measures Umsatz und Menge aufweisen, für die jeweils die Aggregierungsfunktion SUM gelten soll. Diese Definitionsmerkmale sowie ein paar weitere bezüglich der Typen von Dimensionen und Ebenen werden mit der folgenden Spezifikation, die eine sehr lange Zeichenkette darstellt, festgelegt:

  ```
  "CREATECUBE=Create CUBE LocalNWIND1(" & _
  "  DIMENSION Zeit Type TIME," & _
  "    LEVEL Gesamtzeit TYPE ALL, " & _
  ```

```
"   LEVEL Jahr TYPE YEAR, " & _
"   LEVEL Quartal TYPE QUARTER, " & _
"   Level Monat Type Month, " & _
" DIMENSION Produkt, " & _
"   Level [Alle Produkte] type All, " & _
"   LEVEL Kategorie," & _
"   LEVEL Artikel," & _
" DIMENSION Lieferziel , " & _
"   Level [Alle Lieferziele] type All, " & _
"   LEVEL Region," & _
"   LEVEL Land," & _
"   LEVEL Ort," & _
"   LEVEL Firma," & _
" MEASURE Umsatz Function SUM," & _
" MEASURE Menge Function SUM);"
```

18.2.3 INSERT INTO: Cube mit Daten versorgen

Nachdem der lokale Cube mit CREATE CUBE in seinen Dimensionen und Ebenen definiert worden ist, müssen seine Dimensionen und Zellen mit Daten versehen werden. Dies geschieht mit dem Schlüsselwort INSERTINTO im *ConnectionString*. Dessen Spezifikation besteht aus zwei Statements, einem INSERT INTO und einem SELECT Statement (vgl. den nachfolgenden Code). Das INSERT INTO Statement versorgt die Dimensionen mit Daten, das SELECT Statement die Zellen. Beachten Sie dabei besonders das Folgende:

- Der Cubename, der unmittelbar vor der öffnenden runden Klammer im INSERT INTO Statement angeführt werden muß, ist der Name des lokalen Cube, während es sich bei dem Cubenamen unmittelbar hinter dem Schlüsselwort SELECT um den Namen des Quellcube handelt.
- Im SELECT Statement ist die Syntax der Zeichen streng zu beachten: Die *Dimension:Ebene*-Paare müssen zwischen eckigen Klammern stehen, und der Doppelpunkt zwischen den beiden Elementen darf nicht durch einen Punkt ersetzt werden (wie dies ansonsten in MDX-Statements üblich ist).
- Die FROM-Klausel ist obligatorisch, die WHERE-Klausel dagegen optional. Im vorliegenden Beispiel wird mit der WHERE-Klausel auf Daten aus Europa gefiltert. (Um es im OLAP Jargon auszudrücken: Es wird ein *Datenslice* für Europa gebildet.)

```
"INSERTINTO=INSERT INTO LocalNWIND1(" & _
  "Zeit.Jahr,Zeit.Quartal,Zeit.Monat," & _
  "Produkt.Kategorie,Produkt.Artikel," & _
  "Lieferziel.Region,Lieferziel.Land," & _
  "Lieferziel.Ort,Lieferziel.Firma," & _
  "Measures.Umsatz,Measures.Menge) " & _
```

```
"SELECT NWIND_Cube1.[Zeit:Jahr]," & _
  "NWIND_Cube1.[Zeit:Quartal]," & _
  "NWIND_Cube1.[Zeit:Monat]," & _
  "NWIND_Cube1.[Produkt:Kategorie]," & _
  "NWIND_Cube1.[Produkt:Artikel]," & _
  "NWIND_Cube1.[Lieferziel:Region]," & _
  "NWIND_Cube1.[Lieferziel:Land]," & _
  "NWIND_Cube1.[Lieferziel:Ort]," & _
  "NWIND_Cube1.[Lieferziel:Firma]," & _
  "NWIND_Cube1.[measures:Umsatz]," & _
  "NWIND_Cube1.[measures:Menge] " & _
  "From NWIND_Cube1 " & _
  "Where NWIND_Cube1.[Lieferziel:Region]='Europa'"
```

18.3 Beispielprozedur zum Erstellen des lokalen Cube LocalNWIND1.cub

Nachdem in den vorangehenden Punkten die notwendigen Angaben für den *ConnectionString* im Einzelnen erklärt wurden, sollen diese nunmehr in einer Prozedur so vereinigt und um die weiteren nötigen Statements ergänzt werden, daß der lokale Cube *LocalNWIND1.cub* erstellt werden kann. Dies geschieht in der Prozedur *LocalNWIND1Erstellen,* deren Code nachfolgend wiedergegeben ist. Dabei werden zunächst die fünf einzelnen Schlüsselwort-Spezifikation Paare jeweils einer String-Variablen zugewiesen. Diese String-Variablen werden dann zum *ConnectionString* verkettet, der wiederum als Argumentwert für die Methode *Open* des Objekts *Connection* übergeben wird. Die Methode *Open* erstellt in Verbindung mit dem Inhalt des ihr übergebenen *ConnectionString* den lokalen Cube.

Sie finden die folgende Prozedur auf der Beispiel-CD-ROM im Verzeichnis *LocalCube* in der Excel Arbeitsmappe *LocalCube.xls* im Modul *LokalerCube.*

```
Sub LocalNWIND1Erstellen()
'Erzeugt den lokalen Cube LocalNWIND1
Dim cn As New ADODB.Connection
Dim strConnection, strLocation, strDSN, strProvider
Dim strCreateCube
Dim strInsertInto, strSource

strLocation = "LOCATION=c:\temp\LocalNWIND1.cub;"
strProvider = "Provider=msolap;"
'Die Angabe LocalHost muß ggf. durch den Namen des
'OLAP Servers ersetzt werden.
strSource = "Data Source=LocalHost;" & _
  "INITIAL CATALOG=Nordwind;Provider=msolap"
strDSN = "SOURCE_DSN=""" & strSource & """;"
```

```
'Cube definieren
strCreateCube = _
  "CREATECUBE=Create CUBE LocalNWIND1(" & _
  "  DIMENSION Zeit Type TIME," & _
  "    LEVEL Gesamtzeit TYPE ALL, " & _
  "    LEVEL Jahr TYPE YEAR, " & _
  "    LEVEL Quartal TYPE QUARTER, " & _
  "    Level Monat Type Month, " & _
  "  DIMENSION Produkt, " & _
  "    Level [Alle Produkte] type All, " & _
  "    LEVEL Kategorie," & _
  "    LEVEL Artikel," & _
  "  DIMENSION Lieferziel , " & _
  "    Level [Alle Lieferziele] type All, " & _
  "    LEVEL Region," & _
  "    LEVEL Land," & _
  "    LEVEL Ort," & _
  "    LEVEL Firma," & _
  "  MEASURE Umsatz Function SUM," & _
  "  MEASURE Menge Function SUM);"

'Die Angaben zu den Dimensions und Levels beziehen sich
'auf die entsprechenden Namen im Cube und nicht in den
'diesem zugrunde liegenden Tabellen.
'Die Notwendigkeit des Doppelpunktes wie in [Zeit:Jahr]
'zum Schlüsselwort SELECT wird in der Produktdokumentation
'nirgendwo explizit genannt, jedoch kann der Doppelpunkt
'hier offensichtlich nicht durch einen Punkt ersetzt werden,
'wie dies ja im MDX-Select-Statement üblich ist.
'Demgegenüber ist statt der Angabe NWIND_Cube1.[Zeit:Jahr]
'auch NWIND_Cube1.Jahr möglich, allerdings wohl nur,
'solange dies eindeutig ist.

'INSERT INTO füllt Dimensionen mit Daten.
strInsertInto = _
  "INSERTINTO=INSERT INTO LocalNWIND1(" & _
    "Zeit.Jahr,Zeit.Quartal,Zeit.Monat," & _
    "Produkt.Kategorie,Produkt.Artikel," & _
    "Lieferziel.Region,Lieferziel.Land," & _
    "Lieferziel.Ort,Lieferziel.Firma," & _
    "Measures.Umsatz,Measures.Menge) "

'SELECT füllt Zellen mit Daten.
strInsertInto = strInsertInto & _
  "SELECT NWIND_Cube1.[Zeit:Jahr]," & _
    "NWIND_Cube1.[Zeit:Quartal]," & _
    "NWIND_Cube1.[Zeit:Monat]," & _
    "NWIND_Cube1.[Produkt:Kategorie]," & _
```

```
    "NWIND_Cube1.[Produkt:Artikel]," & _
    "NWIND_Cube1.[Lieferziel:Region]," & _
    "NWIND_Cube1.[Lieferziel:Land]," & _
    "NWIND_Cube1.[Lieferziel:Ort]," & _
    "NWIND_Cube1.[Lieferziel:Firma]," & _
    "NWIND_Cube1.[measures:Umsatz]," & _
    "NWIND_Cube1.[measures:Menge] " & _
    "From NWIND_Cube1 " & _
    "Where NWIND_Cube1.[Lieferziel:Region]='Europa'"

strConnection = strProvider & strLocation & strDSN & strCreateCube &
strInsertInto

cn.Open strConnection
cn.Close

End Sub
```

18.4 Lokalen Cube automatisch erstellen lassen

Die Ausführungen der vorangehenden Punkte machen deutlich, daß das Erstellen eines lokalen Cube wegen der CREATE CUBE, INSERT INTO und SELECT Statements eine recht komplexe Aufgabe darstellt, die zudem wegen der höchst intoleranten Syntax dieser Statements hochgradig fehlergefährdet ist. Denn es reicht ein fehlerhaftes Zeichen in den langen Strings, um die Aufgabe mit einem Laufzeitfehler vorzeitig zu beenden. Die Fehlersuche ist dann auch nicht immer einfach. Andererseits befinden sich praktisch alle Informationen, die für die drei angeführten Statements erforderlich sind, im Quellcube, aus dem der lokale Cube erzeugt werden soll. Daher bietet es sich an, den Vorgang weitestgehend zu automatisieren, indem die Definitionen des Quellcube ausgelesen und, unterstützt durch Dialogfelder, mit einer Prozedur (statt manuell) zum *ConnectionString* zusammengefügt werden. Es scheint eigentlich nur mit zeitlichen Engpässen bei der Entwicklung der OLAP Services erklärbar, daß eine derartige Prozedur nicht von Microsoft beigefügt wurde.

Ich habe mich daher bemüht, den Prozeß der Erstellung eines lokalen Cube aus einem OLAP Server Cube zu automatisieren. Das Ergebnis hat sich in dem Visual Basic Projekt *LocalCubeGener.vbp* niedergeschlagen, das aus einer Form, deren Klassenmodul und einem Modul besteht. Sie finden die Dateien dieses Visual Basic Projekts auf der CD-ROM im Verzeichnis *LocalCube*.

Wenn Sie dieses Projekt öffnen und mit *Starten* starten, wird das in Bild 18.1 wiedergegebene Dialogfeld *Specifying Servername* angezeigt, in dem Sie den Namen des NT Servers, auf dem der OLAP Server installiert ist, angeben oder es bei dem voreingestellten Eintrag LocalHost belassen können.

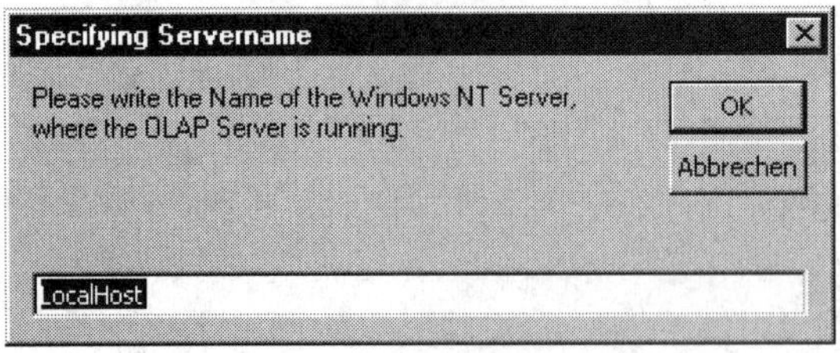

Abbildung 18.1: Dialogfeld »Specifying Servername« des Projekts »LocalCubeGener«, in dem der Name des OLAP Servers angegeben werden kann.

Wenn das Dialogfeld *Specifying Servername* mit OK bestätigt wird, versucht die Prozedur, eine Verbindung zum angegebenen OLAP Server herzustellen. Wenn dies gelingt, werden automatisch die dort vorhandenen Datenbanken und deren Cubes ermittelt, im Dialogfeld *Defining Local Cube* (vgl. Bild 18.2) angezeigt und zur Auswahl angeboten.

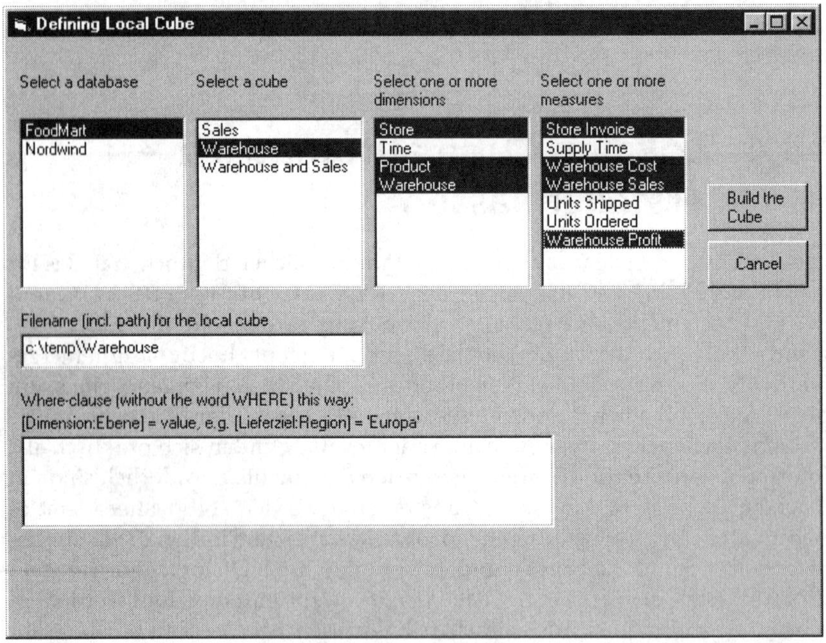

Abbildung 18.2: Dialogfeld »Defining Local Cube«, in dem die Definitionsmerkmale bestimmt werden können.

Im Dialogfeld *Defining Local Cube* kann in den Listenfeldern eine Datenbank, ein zugehöriger Cube sowie mehrere seiner Dimensionen und Measures ausgewählt werden. Die Listenfelder sind ereignisgesteuert: Klicken Sie beispielsweise im Listenfeld *Select a database* auf die Datenbank *FoodMart*, so werden im Listenfeld *Select a cube* die darin enthaltenen Cubes angezeigt. Klicken Sie dann beispielsweise auf den Cube *Warehouse*, so werden in den beiden rechten Listenfeldern dessen Dimensionen und Measures wiedergegeben. In diesen beiden Listenfeldern kann eine Mehrfachauswahl vorgenommen werden. Darüber hinaus kann der Pfad und Dateiname des zu erstellenden lokalen Cube angegeben und eine WHERE-Klausel zum Bilden eines DatenSlice formuliert werden.

Virtuelle Dimensionen können nicht zur Bildung eines lokalen Cube verwendet werden. Wird dies dennoch versucht, so entsteht ein Laufzeitfehler. Daher werden im Listenfeld *Select one or more dimensions* nur nicht-Virtuelle Dimensionen wiedergegeben.

Durch Klicken auf die Schaltfläche *Build the cube* wird schließlich der lokale Cube erstellt, der den ausgewählten und angegebenen definitorischen Merkmalen entspricht.

Nachfolgend werden die Prozeduren des Klassenmoduls der Form *FrmMain* und des allgemeinen Moduls *Module1* wiedergegeben. Ich verzichte auf eine weitere Kommentierung an dieser Stelle, weil die Kommentare im Code für dessen Nachvollzug ausreichen sollten.

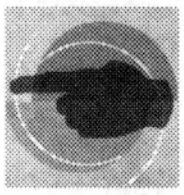

Sie finden die Dateien des VB-Projekts *LocalCubeGener.vbp*, das die folgenden Prozeduren enthält, auf der Beispiel-CD-ROM im Verzeichnis *LocalCube*.

18.4.1 Code des Klassenmoduls FrmMain

```
Dim DB As DSO.MDStore, Cub As DSO.MDStore
Dim dsoDB As DSO.MDStore, dsoCube As DSO.MDStore
Dim Dimen As DSO.Dimension
Dim Measure As DSO.Measure

Private Sub Abbrechen_Click()
'Cancel procedure
End
End Sub

Private Sub btnBuild_the_Cube_Click(Index As Integer)
'Startprocedure building the local cube.
Dim i, j
strDBNam = Me!LbDatenbanken
strSourceCubNam = Me!LbCubes
strTargetCubNam = Me!LbCubes
strZieldatei = Me!txtZieldatei
strWhereKlausel = Me!txtWhereKlausel
AnzahlDimensionen = Me!LbDimensionen.SelCount
AnzahlMeasures = Me!LbMeasures.SelCount

If AnzahlDimensionen = 0 Or AnzahlMeasures = 0 Then
  MsgBox "You must select at least one " & _
    "Dimension and one Measure!"
  Exit Sub
End If
```

```
'Assigning selected dimensions to Array Dimensionen
j = 1
For i = 0 To Me!LbDimensionen.ListCount - 1
  If Me!LbDimensionen.Selected(i) Then
    Dimensionen(j) = Me!LbDimensionen.List(i)
    j = j + 1
  End If
Next i

'At this point only the names of the selected measures
'are assigned to the array Measures, since the
'corresponding aggregate functions are assigned
'in the procedure AggrBestimmen in Module1 of the project.
j = 1
For i = 0 To Me!LbMeasures.ListCount - 1
  If Me!LbMeasures.Selected(i) Then
    Measures(1, j) = Me!LbMeasures.List(i)
    j = j + 1
  End If
Next i

AggrBestimmen
BuildConnectionString
End
End Sub

Private Sub Form_Load()
'Startup
ConnectServer

Me!LbDatenbanken.Clear
Me!LbCubes.Clear
'Providing for Listbox with databases.
For Each DB In dsoServer.MDStores
  Me!LbDatenbanken.AddItem DB.Name
Next DB
Me!LbDatenbanken.ListIndex = 0
LbDatenbanken_Click
End Sub

Private Sub LbCubes_Click()
'Providing for Listbox with dimensions.
Me!txtZieldatei = "c:\temp\" & LbCubes
Me!LbDimensionen.Clear

'Aussondern Virtueller Dimensionen über die
'Eigenschaft SourceTable, deren Länge dann 0 ist, weil
'für Virtuelle Dimensionen keine Quelltabelle existiert.
```

```
'Virtuelle Dimensionen können nicht für lokalen Cube
'verwendet werden.
For Each Dimen In dsoDB.MDStores(LbCubes).Dimensions
  If Len(Dimen.SourceTable) > 0 Then
    Me!LbDimensionen.AddItem Dimen.Name
  End If
Next Dimen
Me!LbDimensionen.Selected(0) = True

'Providing for Listbox with measures.
Me!LbMeasures.Clear
For Each Measure In dsoDB.MDStores(LbCubes).Measures
  Me!LbMeasures.AddItem Measure.Name
Next Measure
Me!LbMeasures.Selected(0) = True
End Sub

Private Sub LbDatenbanken_Click()
'Providing for Listbox with cubes.
Me!LbCubes.Clear
Set dsoDB = dsoServer.MDStores(Me!LbDatenbanken)
For Each Cub In dsoDB.MDStores
  Me!LbCubes.AddItem Cub.Name
Next Cub
Me!LbCubes.ListIndex = 0
End Sub
```

18.4.2 Code des allgemeinen Moduls Module1

```
Option Explicit
Public dsoServer As DSO.Server
Public Measures(1 To 2, 1 To 200), Dimensionen(1 To 200)
Public AnzahlMeasures As Integer
Public AnzahlDimensionen As Integer
Public strErr, strWhereKlausel, strSourceCubNam
Public strTargetCubNam, strZieldatei, strDBNam
Public dsoDB As DSO.MDStore, dsoCube As DSO.MDStore

Sub ConnectServer()
Dim strNTServerNam

Set dsoServer = New DSO.Server
'YourMachineName = your Windows NT computer name
strNTServerNam = InputBox(prompt:="Please write " & _
  "the Name of the Windows NT Server, where the OLAP " & _
  "Server is running:", Default:="LocalHost", Title:="Specifying
Servername")
```

```
If strNTServerNam = "" Then End
'Initialize server
dsoServer.Connect (strNTServerNam)
End Sub

Function CreateLocalCube(ConnectionString As String) _
  As ErrObject
Dim cn As New ADODB.Connection

On Error GoTo CreateLocalCube_1
Screen.MousePointer = vbHourglass
cn.Provider = "msolap"
cn.Open ConnectionString
If (cn.Errors.Count) Then
    MsgBox cn.Errors(0).Description
End If

cn.Close
Screen.MousePointer = vbDefault

MsgBox "The local Cube was successfully buildt as " & _
  strZieldatei & "."
CreateLocalCube_1:
  Screen.MousePointer = vbDefault
  If (Err.Number <> 0) Then
    MsgBox Err.Description, vbOKOnly
  End If
End Function

Sub AggrBestimmen()
Dim i
    .
Set dsoDB = dsoServer.MDStores(strDBNam)
Set dsoCube = dsoDB.MDStores(strSourceCubNam)

'Determining the measure's AggregateFunction in the
'source cube and depositing in array Measures
For i = 1 To AnzahlMeasures
  Select Case dsoCube.Measures(Measures(1, i)) _
    .AggregateFunction
    Case 0
      Measures(2, i) = "SUM"
    Case 1
      Measures(2, i) = "COUNT"
    Case 2
      Measures(2, i) = "MIN"
    Case 3
      Measures(2, i) = "MAX"
```

```
  End Select
Next i
End Sub

Sub BuildConnectionString()
Dim i
Dim strConnection, strLocation, strDSN, StrCreateCube
Dim StrInsertInto, StrSourceDSN
Dim strInsert, strSelect, Dimen, Ebene As DSO.Level

On Error GoTo BuildConnectionString_1

'Building single Strings for later merging
'in ConnectionString
strLocation = "LOCATION=" & strZieldatei & ".cub"
StrSourceDSN = "Provider=MSOLAP;data source=LocalHost;" & _
  "INITIAL CATALOG=" & strDBNam
strDSN = "SOURCE_DSN=""" & StrSourceDSN & """"

'Merging the name of the target cube
StrCreateCube = "CREATECUBE=Create CUBE [" & _
  strTargetCubNam & "]("
strInsert = "INSERTINTO=INSERT INTO [" & _
  strTargetCubNam & "]("
strSelect = "SELECT "

'Merging dimensions and levels in the CreateCube,
'Insert and Select strings
For i = 1 To AnzahlDimensionen
  StrCreateCube = StrCreateCube & "DIMENSION [" & _
    Dimensionen(i) & "],"
  For Each Ebene In dsoCube.Dimensions(Dimensionen(i)) _
    .Levels
    StrCreateCube = StrCreateCube & "LEVEL " & _
      IIf(Ebene.Name = "(Gesamt)", "Gesamt TYPE All", _
      IIf(Ebene.Name = "(All)", "Gesamt TYPE All", _
      "[" & Ebene.Name & "]")) & ","
    If Not (Ebene.Name = "(Gesamt)" _
      Or Ebene.Name = "(All)") Then
      strInsert = strInsert & "[" & Dimensionen(i) & _
        "].[" & Ebene.Name & "],"
      strSelect = strSelect & "[" & strSourceCubNam & _
        "].[" & Dimensionen(i) & ":" & Ebene.Name & "],"
    End If
  Next Ebene
Next i
```

```
'Merging measures and AggregateFunction in the CreateCube
'string and measures in the Insert and Select strings
For i = 1 To AnzahlMeasures
  StrCreateCube = StrCreateCube & "MEASURE [" & _
    Measures(1, i) & "] Function " & Measures(2, i) & ","
  strInsert = strInsert & "[Measures].[" & _
    Measures(1, i) & "],"
  strSelect = strSelect & "[" & strSourceCubNam & _
    "].[" & "Measures" & ":" & Measures(1, i) & "],"
Next i

'Merging source cube name for the FROM clause in the
'Select string
StrCreateCube = Left(StrCreateCube, _
  Len(StrCreateCube) - 1) & ");"
strInsert = Left(strInsert, Len(strInsert) - 1) & ") "
strSelect = Left(strSelect, Len(strSelect) - 1) & _
  " From [" & strSourceCubNam & "]"

'Merging the WHERE clause in the Select string
If Len(strWhereKlausel) > 3 Then
  strSelect = strSelect & " Where [" & _
    strTargetCubNam & "]." & strWhereKlausel
End If

'Merging the Insert Into string
StrInsertInto = strInsert & strSelect

'Merging the ConnectionString
strConnection = strLocation & ";" & strDSN & ";" & _
  StrCreateCube & ";" & StrInsertInto

'Handing the ConnectionString over to executing procedure
CreateLocalCube (strConnection)

Exit Sub
BuildConnectionString_1:
MsgBox "Fehler: " & Error(Err)
Exit Sub
Resume
End Sub
```

18.5 Daten des lokalen Cube aktualisieren

Die Daten eines lokalen Cube lassen sich auf einfache Weise aktualisieren. Dies geschieht mit dem Befehl

```
Refresh Cube <cube_name>
```

Dabei handelt es sich um einen ADO-Befehl, der mittels des ADO Objekts *Command* ausgeführt wird. Die folgende Prozedur, die die Daten für Dimensionen und Zellen des lokalen Cube c:\temp\LocalNWIND1.cub aktualisiert, zeigt beispielhaft die Zusammenhänge.

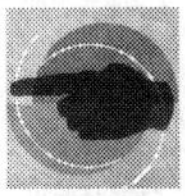

Die folgende Prozedur *LocalNWIND1Aktualisieren* finden Sie auf der Beispiel-CD-ROM im Verzeichnis *LocalCube* in der Excel Arbeitsmappe *LocalCube.xls* im Modul *LokalerCube*.

```
Sub LocalNWIND1Aktualisieren()
Dim cn       As New ADODB.Connection
Dim cmd      As New ADODB.Command

cn.ConnectionString = "Data Source=" & _
  "c:\temp\LocalNWIND1.cub;Provider=msolap"
cn.Open
Set cmd.ActiveConnection = cn
cmd.CommandText = "REFRESH CUBE LocalNWIND1"
cmd.Execute
End Sub
```

Der Befehl REFRESH CUBE aktualisiert die Daten auf folgende Weise: Beim Erstellen des lokalen Cube werden u.a. die Angaben zu CREATE CUBE und zu INSERT INTO im lokalen Cube gespeichert. Diese Statements werden beim Ausführen des REFRESH CUBE Befehls erneut ausgeführt. Eine auf diese Weise ausgeführte Aktualisierung ist daher einem erneuten Ausführen der Prozedur, die den lokalen Cube ursprünglich erzeugte, gleichwertig.

18.6 Auf lokalen Cube zugreifen

Auf einen lokalen Cube können Sie einerseits mit ADO MD zugreifen, andererseits werden auch OLAP Clients diese Möglichkeit vorsehen. In Excel 2000 ist sie jedenfalls bereits realisiert. Auf beide Möglichkeiten wird an dieser Stelle nur kurz und prinzipiell eingegangen, weil sowohl der Zugriff mit ADO MD wie auch mit Excel 2000 an anderer Stelle ausführlich behandelt wird, vgl. Kap. 16, *Client Zugriffe mit ADO und ADO MD*, bzw. Kap. 19, *OLAP Frontends – Beispiele*.

18.6.1 ADO MD

Sie greifen mit ADO MD auf einen lokalen Cube im Prinzip genauso zu wie auf einen Cube, der vom OLAP Server verwaltet wird. Der einzige Unterschied betrifft die Spezifikation zum Schlüsselwort DATA SOURCE im *ConnectionString*. Diese muß natürlich statt auf den OLAP Server auf den lokalen Cube verweisen. Für den lokalen Cube c:\temp\LocalNWIND1.cub muß die entsprechende Angabe lauten:

```
"Data Source=c:\temp\LocalNWIND1.cub;Provider=msolap;"
```

Alles andere ist so geregelt, wie dies für Cubes auf dem OLAP Server in Kap. 16, *Client Zugriffe mit ADO und ADO MD*, ausführlich dargestellt wurde. Das folgende Code Beispiel liest eine Abfrage aus dem lokalen Cube c:\temp\LocalNWIND1.cub und schreibt das Ergebnis in eine Excel Tabelle.

Die folgende Prozedur *LocalNWIND1Abfrage*[5] finden Sie auf der Beispiel-CD-ROM im Verzeichnis *LocalCube* in der Excel Arbeitsmappe *LocalCube.xls* im Modul *LokalerCube*.

```
Sub LocalNWIND1Abfrage()
Dim cnn          As New Connection
Dim cdf          As ADOMD.CubeDef
Dim cst          As New ADOMD.Cellset
Dim TB1          As Excel.Worksheet
Dim i, j         As Integer
Set TB1 = ThisWorkbook.Worksheets("Tabelle1")
cnn.Open "Data Source=c:\temp\LocalNWIND1.cub;" & _
  "Provider=msolap;"
cst.Source = "Select Crossjoin(Lieferziel.children, " & _
  "{Produkt.[Getränke], Produkt.[Gewürze]}) On Columns, " & _
  "Zeit.children On Rows From LocalNWIND1 Where Umsatz"
Set cst.ActiveConnection = cnn
cst.Open
TB1.Cells(1, 2).CurrentRegion.Clear
DimAnzX = cst.Axes(0).DimensionCount
If cst.Axes.Count > 1 Then
  DimAnzY = cst.Axes(1).DimensionCount
End If

'Bezeichnungen der Columns Achse schreiben
For i = 0 To cst.Axes(0).Positions.Count - 1
```

5. Diese Prozedur ist weitgehend deckungsgleich mit der Prozedur *Schritt6Aufgabe1-Lösung1*, die in Kap. 16, *Client Zugriffe mit ADO und ADO MD*, Punkt *Schritt 6: Zusammenfassendes Beispiel: Browser für MDX-Statements* vorgestellt und erläutert wurde. Die Abwandlung betrifft in erster Linie die Angaben zu DATA SOURCE und darüber hinaus geringe Änderungen wegen des anderen Kontextes.

```
  For j = 1 To DimAnzX
    TB1.Cells(j, i + DimAnzY + 1) =
cst.Axes(0).Positions(i).Members(j - 1).Caption
  Next j
Next i

'Ggf. Bezeichnungen der Rows Achse schreiben
If cst.Axes.Count > 1 Then
  For i = 0 To cst.Axes(1).Positions.Count - 1
    For j = 1 To DimAnzY
      TB1.Cells(i + DimAnzX + 1, j) =
cst.Axes(1).Positions(i).Members(j - 1).Caption
    Next j
  Next i
End If

'Werte der Zellen schreiben
For i = 0 To cst.Axes(0).Positions.Count - 1
  If cst.Axes.Count > 1 Then
    For j = 0 To cst.Axes(1).Positions.Count - 1
      TB1.Cells(j + DimAnzX + 1, i + DimAnzY + 1) = cst(i, j)
    Next j
  Else
      TB1.Cells(DimAnzX + 1, i + DimAnzY + 1) = cst(i)
  End If
  Next i
End Sub
```

18.6.2 Excel 2000

In Excel 2000 ist es möglich, eine Pivot-Tabelle mit hierarchischen Dimensionen auf Basis eines OLAP Cube zu erstellen. Dabei kann als externe Datenquelle sowohl ein Cube des Microsoft OLAP Servers wie auch ein lokaler Cube in Form einer .cub-Datei angegeben werden. Da diese Zusammenhänge ausführlich an anderer Stelle behandelt werden, sollen sie hier zur Vermeidung von Wiederholungen nicht näher dargestellt werden. Vgl. im einzelnen Kap. 19, *OLAP Frontends – Beispiele*, Punkt 19.2.2 *Datenquelle einrichten*.

19 OLAP Frontends – Beispiele

19.1 Einführung und Überblick

Der Microsoft OLAP Server ist ausschließlich ein Backend, dessen Aufgabe darin besteht, multidimensionale Daten effizient und komfortabel zu verwalten. Diese Aufgaben erfüllt er – das sollte aus den vorangehenden Kapiteln deutlich geworden sein – bemerkenswert gut. Microsoft betont ausdrücklich, daß es zur Darstellung der Daten für den analysierenden (im Unterschied zu dem verwaltenden) OLAP Benutzer eines Client Produkts als Frontend bedürfe.[1] Diesen Bedarf zu befriedigen will Microsoft Drittanbietern überlassen. Inzwischen haben sich in der kurzen Zeit seit dem Vorliegen des Konzepts OLE DB for OLAP bzw. des Microsoft OLAP Servers praktisch alle führenden Anbieter von Reporting- und Analysesoftware dazu bekannt, diesem Konzept folgen zu wollen. Viele haben diese Absicht bereits realisiert, so daß die Daten des Microsoft OLAP Servers mittlerweile von mehreren Frontends dargestellt und aufbereitet werden können. Als pars pro toto sollen hier zwei Frontends vorgestellt werden:

- **Microsoft Excel 2000**. In Excel 2000 sind die Pivot-Tabellen in der Lage, hierarchische Dimensionen darzustellen. Zwar konnten auch in den bisherigen Excel Versionen schon multidimensionale Daten mit Pivot-Tabellen dargestellt werden, jedoch war dies nur für einfache, nicht-hierarchische Dimensionen möglich. Darüber hinaus kann Excel 2000 hierarchische multidimensionale Daten auch grafisch wiedergeben und dabei sogar für die Grafik ein Drill down oder Drill up durchführen. MSOLAP kann als ein Provider multidimensionaler Daten angegeben werden.
- **ReportManager von IntelliCube**. Dieses neu auf dem Markt befindliche Produkt, das eigens zum Erstellen von OLAP Reports und Grafiken konzipiert ist, ist ebenfalls in der Lage, auf die Daten des Microsoft OLAP Servers zuzugreifen. Es ist wesentlich spezieller auf Reportingzwecke ausgelegt als eine allgemeine Tabellenkalkulation wie Excel und leistet daher in dieser Hinsicht mehr als Excel 2000.

1. Die OLAP Management Console stellt mit dem Befehl *Daten anzeigen* zwar einen guten Browser für multidimensionale Daten zur Verfügung. Dieser ist jedoch nicht für die Hand des normalen Benutzers gedacht. Dies verbietet sich schon deshalb, weil die Benutzung dieses Browsers an die der OLAP Management Console gebunden ist, was relativ weitgehende Zugriffsrechte in Bezug auf das Netz und die Cubes voraussetzt. Darüber hinaus ist ein multidimensionaler Browser zwar ein unerläßliches Frontend Tool, jedoch allein nicht ausreichend. Es bedarf zumindest der Ergänzung um grafische Darstellungsmöglichkeiten.

19.2 Excel 2000 als OLAP Frontend

Den folgenden Ausführungen liegt die Beta 2 Version (Premium Edition) von Excel 2000 in amerikanischer Sprache zugrunde, weil das endgültige Produkt zum Zeitpunkt der Manuskripterstellung noch nicht auf dem Markt war. Die nachfolgenden Sreenshots wurden mit dieser Version erzeugt. Ich beziehe mich aus Gründen der Eindeutigkeit auf die in den Abbildungen dargestellten amerikanischen Bezeichnungen, statt deren (z.T. mutmaßliche) deutsche Entsprechungen anzuführen.

19.2.1 OLAP Features

Excel 2000 bietet in Bezug auf OLAP Daten die folgenden Möglichkeiten an:

- **Pivot-Tabellen**. Multidimensionale Daten lassen sich in Form von Pivot-Tabellen wiedergeben. Dabei können auch Hierarchien dargestellt werden. Durch einfaches Doppelklicken auf die Zelle mit einem Dimensionswert kann ein Drill down oder Drill up ausgeführt werden. Durch Drag & Drop kann Slicing erreicht werden.
- **Multidimensionale Charts**. Multidimensionale Daten, auch solche mit Hierarchien, können als Diagramme wiedergegeben werden. Dabei ist, genau wie für Pivot-Tabellen, ebenfalls Drilling und Slicing mit Doppelklicken bzw. Drag & Drop möglich.
- **OLAP Datenquellen**. In der mir vorliegenden Beta 2 Version sind Datenquellen des Providers MSOLAP zulässig. Das bedeutet praktisch: Als Datenquelle kann sowohl ein Cube des Microsoft OLAP Servers wie auch ein lokaler Cube angegeben werden. Insbesondere diese letztere Möglichkeit erscheint gerade für eine Tabellenkalkulation, die ja mittlerweile zur Basisausstattung eines PC gehört, sehr nützlich, ermöglicht sie doch eine Portabilität von Cubedaten bis hin zum Notebook.

19.2.2 Datenquelle einrichten

Anders als bei ODBC-Datenquellen, die auch mit dem Tool *ODBC32* der Systemsteuerung definiert werden können, ist das Einrichten einer OLAP Datenquelle nur von Excel aus möglich. Sie veranlassen dies implizit, indem Sie eine Pivot-Tabelle oder ein PivotChart für eine *External data source* anfordern, vgl. Bild 19.1.

Wenn die in Bild 19.1 wiedergegebenen Optionen mit *Next* > bestätigt werden, wird das zweite Dialogfeld des Pivot-Tabellenassistenten angezeigt, vgl. Bild 19.2.

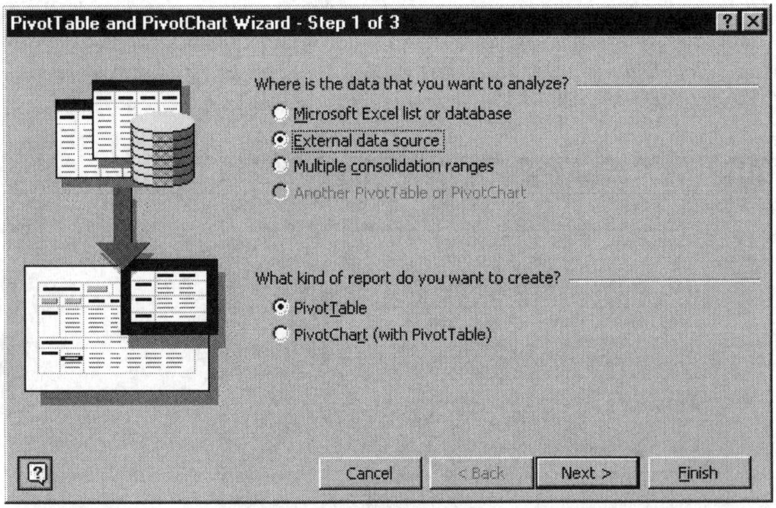

Abbildung 19.1: Erstes Dialogfeld des Pivot-Tabellen-assistenten.

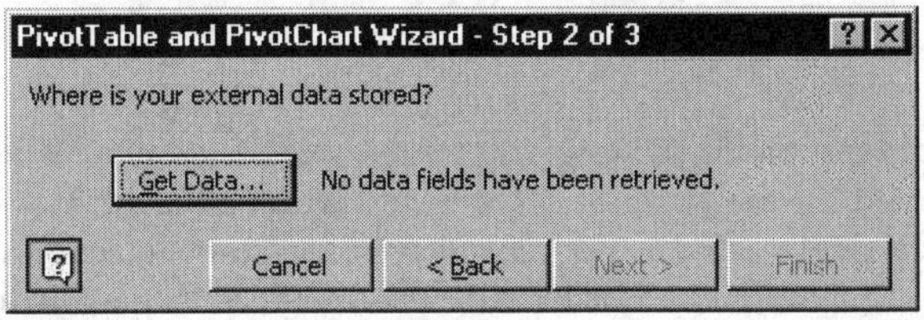

Abbildung 19.2: Zweites Dialogfeld des Pivot-Tabellen-assistenten.

Durch Klicken auf die Schaltfläche *Get Data...* wird *Microsoft Query* aufgerufen, dessen Dialogfelder in Office 2000 um OLAP Features erweitert wurden, vgl. das Dialogfeld *Choose Data Source* in Bild 19.3. Darin muß die Registerkarte *OLAP Cubes* aktiviert werden, um entweder eine bestehende OLAP-Datenquelle zu wählen oder eine neue zu erstellen.

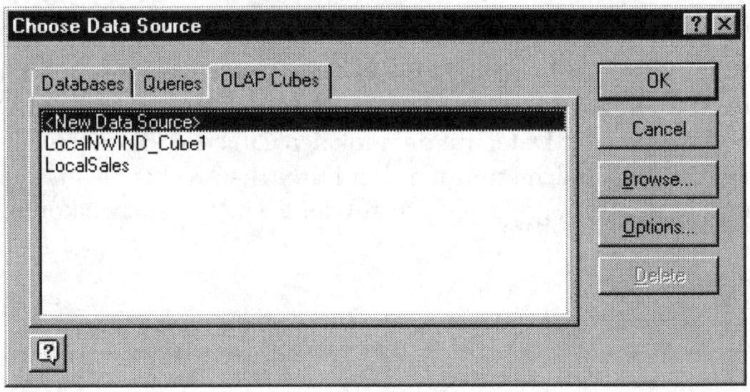

Abbildung 19.3: Microsoft Query Dialogfeld »Choose Data Source«.

Hier soll demonstriert werden, wie leicht es ist, eine neue OLAP-Datenquelle zu definieren. Daher wird im Dialogfeld *Choose Data Source* der Eintrag *<New Data Source>* markiert und mit OK bestätigt. Dann wird das Dialogfeld *Create New Data Source* angezeigt, vgl. Bild 19.4.

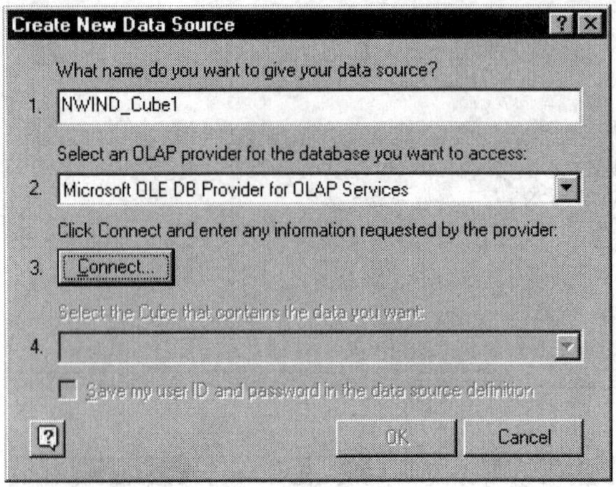

Abbildung 19.4: Microsoft Query Dialogfeld »Create New Data Source«.

Tragen Sie im Dialogfeld *Create New Data Source* einen frei wählbaren Namen für die Datenquelle ein und wählen Sie aus der Dropdown-Liste *Select an OLAP provider for the database you want to access* den Provider *Microsoft OLE DB Provider for OLAP Services*. (Dies ist gegenwärtig der einzige Provider, den die Dropdown-Liste anbietet.) Klicken Sie dann auf die Schaltfläche *Connect...* . Dann wird das Dialogfeld *Multidimensionale Verbindung* angezeigt, vgl. Bild 19.5[2].

Im Dialogfeld *Multidimensionale Verbindung* können Sie wählen, ob Sie als Datenquelle einen Cube auf dem OLAP Server oder einen lokalen Cube angeben wollen. Im ersten Falle wählen Sie die Option *OLAP-Server* und tragen im Eingabefeld *Server* den Namen des OLAP Servers oder die Angabe *LocalHost* ein, falls der OLAP Server der einzige im Netz verfügbare ist, vgl. Bild 19.5.

Wenn Sie einen lokalen Cube als Datenquelle verwenden möchten, wählen Sie die Option *PivotTable-Datei* und tragen im Eingabefeld *Datei* den Pfad und Namen der Datei mit dem lokalen Cube ein, die Sie auch durch Klicken auf die Schaltfläche mit den drei Pünktchen rechts neben dem Eingabefeld mittels des Dialogfelds *Öffnen* auf der Festplatte suchen können.

2. Da das Dialogfeld *Multidimensionale Verbindung* deutsche Beschriftungen aufweist, stammt es vermutlich aus der Umgebung des Microsoft OLAP Servers, dessen Dialogfelder zu diesem Zeitpunkt bereits lokalisiert waren.

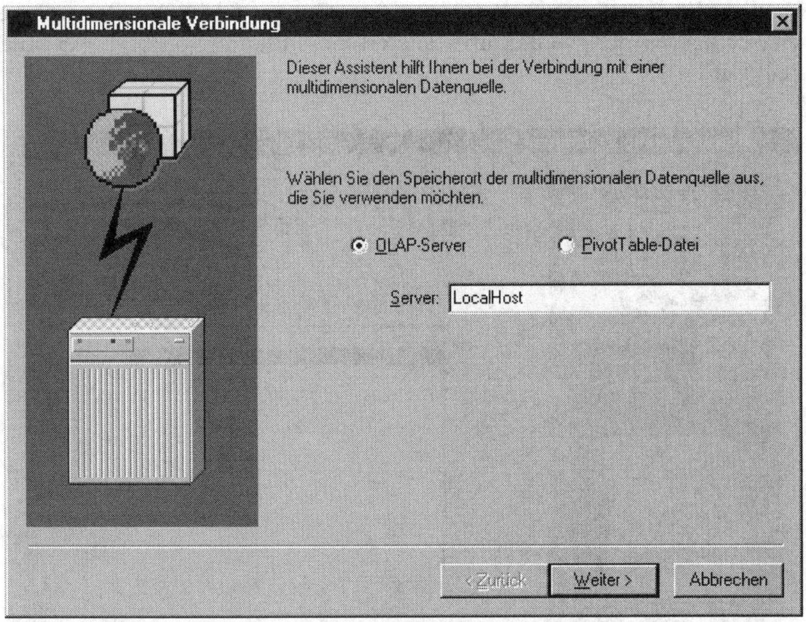

Abbildung 19.5: Dialogfeld »Multidimensionale Verbindung« mit Angaben für einen Cube auf dem OLAP Server als Datenquelle.

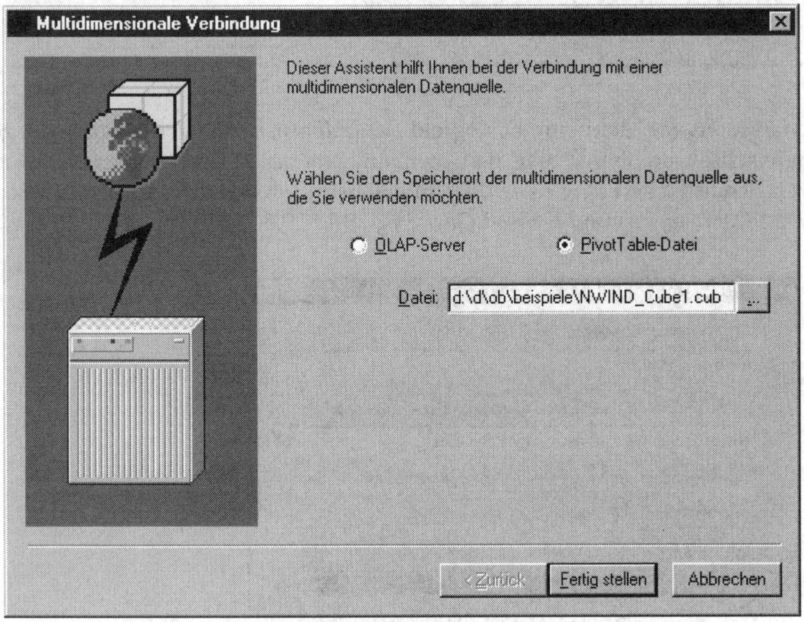

Abbildung 19.6: Dialogfeld »Multidimensionale Verbindung« mit Angaben für einen lokalen Cube als Datenquelle.

Für diese Demonstration soll der Weg eines Cube auf dem OLAP Server weiter verfolgt werden, so daß im weiteren die Situation von Bild 19.5 unterstellt wird.

Abbildung 19.7: Nachdem Sie einen OLAP Server angegeben haben, zeigt das Dialogfeld »Multidimensionale Verbindung« die auf dem Server vorhandenen Datenbanken an.

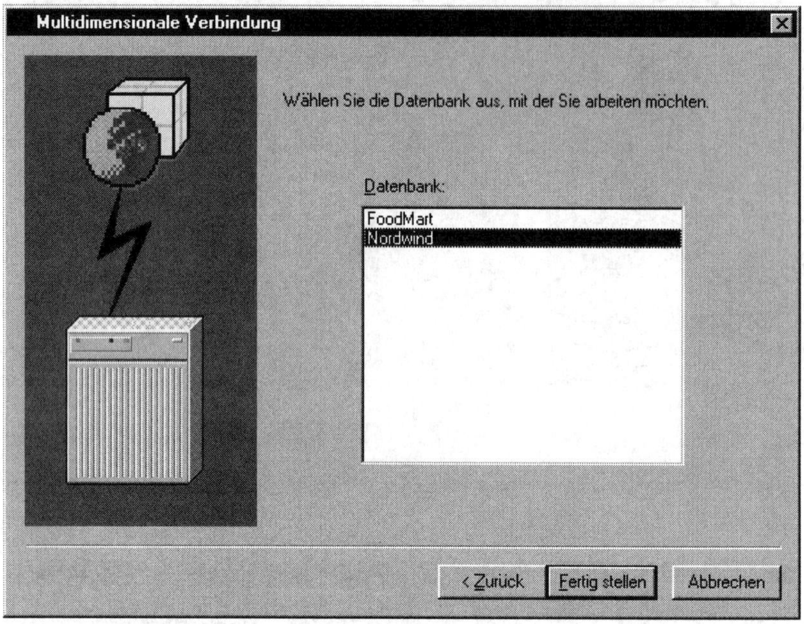

Markieren Sie dann im Dialogfeld *Multidimensionale Verbindung* die gewünschte Datenbank, hier die Datenbank *Nordwind*, und bestätigen Sie mit der Schaltfläche *Fertig stellen*. Dann erscheint wieder das Dialogfeld *Create New Data Source* von *Microsoft Query*, vgl. Bild 19.8.

Abbildung 19.8: Microsoft Query Dialogfeld »Create New Data Source«, nunmehr mit der Möglichkeit, einen Cube auszuwählen.

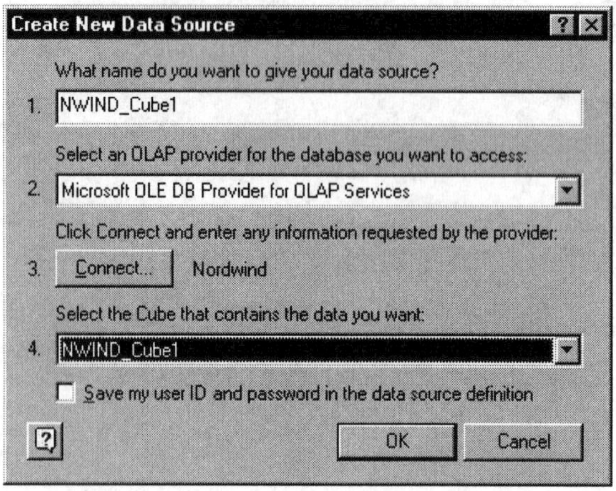

Wählen Sie im Dialogfeld *Create New Data Source* unter Punkt 4. einen Cube aus der Dropdown-Liste, die alle Cubes der im vorigen Dialogfeld gewählten Datenbank das OLAP Servers anbietet. Im vorliegenden Fall ist dies der Cube NWIND_Cube1. Nach Bestätigung mit OK erscheint wieder das Dialogfeld *Choose Data Source*, diesmal jedoch mit der neu definierten OLAP Datenquelle NWIND_Cube1, vgl. Bild 19.9.

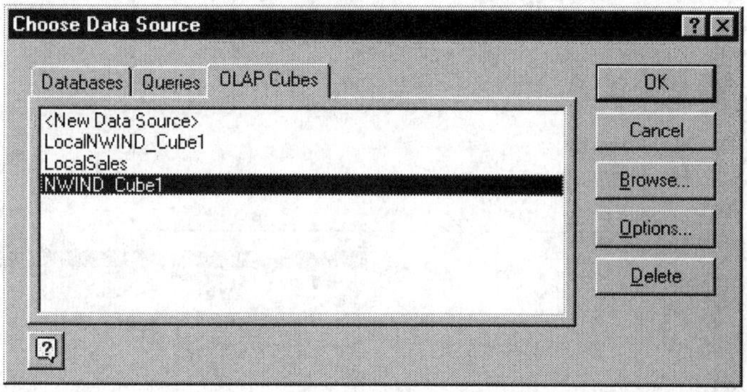

Abbildung 19.9: Microsoft Query Dialogfeld »Choose Data Source«, diesmal mit der neu definierten OLAP Datenquelle NWIND_Cube1.

Damit ist die neue OLAP Datenquelle erstellt. Sie bleibt – auch zwischen verschiedenen Excel Sitzungen – erhalten, bis Sie sie explizit löschen, vgl. die Schaltfläche *Delete*. Wenn Sie die neue Datenquelle markieren und mit OK bestätigen, wird wieder das zweite Dialogfeld des Pivot-Tabellenassistenten angezeigt, vgl. oben Bild 19.2, und dieser kann seine Arbeit fortsetzen. Klikken Sie zu diesem Zweck im zweiten Dialogfeld des Pivot-Tabellenassistenten auf die Schaltfläche Finish. Dann erstellt der Pivot-Tabellenassistent das Gerüst einer Pivot-Tabelle, vgl. den folgenden Punkt 19.2.3, *Pivot-Tabelle erstellen*.

19.2.3 Pivot-Tabelle erstellen

Die Funktionsweise des Pivot-Tabellenassistenten ist in Excel 2000 gegenüber vorherigen Versionen in verschiedener Hinsicht geändert worden. An dieser Stelle fällt auf: Nachdem das letzte Dialogfeld des Pivot-Tabellenassistent bestätigt worden ist, wird die Pivot-Tabelle in der Form in das Arbeitsblatt eingefügt, wie sie in Bild 19.10 dargestellt ist.

Neu ist in Excel 2000 auch, daß die für die Pivot-Tabelle verfügbaren Felder bzw., was hier zutrifft, Dimensionen und Measures auf der Symbolleiste *PivotTable* angezeigt werden. Von dort werden sie in eine der vier Abteilungen *Column Fields, Row Fields, Page Fields* oder *Data Items* gezogen, um das Gerüst der Pivot-Tabelle mit Daten zu füllen. Das Ergebnis ist in Bild 19.11 wiedergegeben.

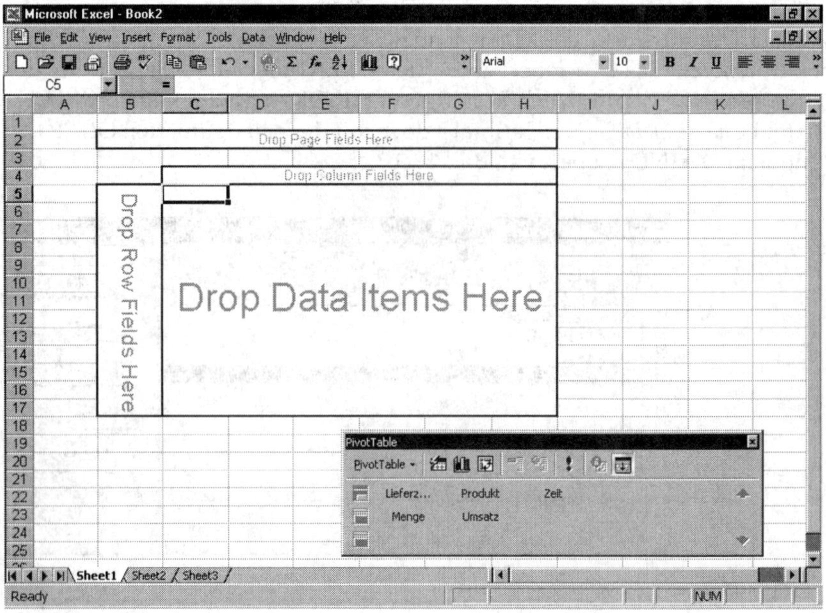

Abbildung 19.10: Dieses Gerüst einer Pivot-Tabelle und die Symbolleiste »PivotTable« werden unmittelbar nach Beendigung der Arbeit des Pivot-Tabellenassistenten angezeigt.

Zeit	Gesamtzeit			
Umsatz	Region			
Kategorie	Europa	Nordamerika	Südamerika	Grand Total
Fleischprodukte	112952,32	49660,06	15576,42	178188,8
Getränke	151872	77190,85	57464,1	286526,95
Getreideprodukte	62952,65	26176,4	11597,75	100726,8
Gewürze	73856,3	23566,45	16272	113694,75
Meeresfrüchte	85379,48	30501,67	25741,94	141623,09
Milchprodukte	157562,6	52081,3	41634,1	251278
Naturprodukte	78102,8	12577,9	14587,9	105268,6
Süßwaren	103890,94	48106,45	25101,71	177099,1
Grand Total	826569,09	319861,08	207975,92	1354406,09

Abbildung 19.11: Pivot-Tabelle, mit Dimensionen und Daten versorgt.

Für die in Bild 19.11 wiedergegebene Pivot-Tabelle wurden die Dimensionen *Lieferziel, Produkt* und *Zeit* in die Abteilungen *Column Fields, Row Fields* bzw. *Page Fields* und das Measure *Umsatz* in den Datenbereich gezogen. Per Drag & Drop können die Dimensionen untereinander jederzeit ausgetauscht, ergänzt oder entfernt werden, und Entsprechendes gilt auch für die Measures.

Formatieren

Pivot-Tabellen in Excel 2000 haben die Funktionalität eines Browsers für multidimensionale hierarchische Daten. Sie mögen Nachteile gegenüber Browsern in spezielleren Frontends aufweisen, jedoch bieten Sie einen unschätzbaren Vorteil dadurch, daß sie in eine Tabellenkalkulation eingebettet sind: Der Benutzer kann gleichzeitig die allgemeinen Möglichkeiten von Excel nutzen. Im vorliegenden Falle wurde davon Gebrauch gemacht, indem die Daten der Pivot-Tabelle mit einem Zahlenformat formatiert worden sind, so daß sie ohne Nachkommastellen wiedergegeben werden. Das läßt eine wesentlich erleichterte Interpretation der Größenordnungen zu.

Drilling

Zeit	Gesamtzeit						
Umsatz	Region	Land	Ort	Firma			
	Europa						
	Belgien	Dänemark			Dänemark Total	Deutschland	Finnla
		Århus	København	København Total			
Kategorie			Simons bistro				
Fleischprodukte	2259	2261	1440	1440	3701	22607	33
Getränke	5864	1486	10540	10540	12026	57645	22
Getreideprodukte	3226	105			105	14603	28
Gewürze	2715	3521	934	934	4455	17395	18
Meeresfrüchte	1312	3065	1236	1236	4301	23624	13
Milchprodukte	8825	1506	1247	1247	2753	52741	60
Naturprodukte	3223	3036	1590	1590	4626	17266	11
Süßwaren	7711	1665	1151	1151	2815	37799	10
Grand Total	35135	16644	18138	18138	34782	243681	197

Abbildung 19.12: Hier erfolgte ein Drill down auf die Firmen in »København«.

Für die in die Pivot-Tabelle aufgenommenen Dimensionen kann durch Doppelklicken Drill down und Drill up ausgeführt werden[3]. Um beispielsweise ein Drill down für Dänemark und dann für København, dessen Ergebnis in Bild 19.12 wiedergegeben ist, herbeizuführen, doppelklicken Sie zunächst auf das Pivot-Tabellenfeld mit dem Dimensionselement *Dänemark*. Danach werden die Dimensionselemente *Århus* und *København* angezeigt. Doppelklicken Sie anschließend auf das Dimensionselement *København*. Dann nimmt die Pivot-Tabelle die in Bild 19.12 wiedergegebene Form an.

In Bild 19.13 ist zusätzlich zu dem Drill down in der Spaltendimension auch ein Drilldown in der Zeilendimension ausgeführt worden, und zwar auf die einzelnen Produkte der Kategorie *Süßwaren*.

Um für ein Dimensionselement, für das zuvor ein Drill down veranlaßt wurde, ein Drill up auszuführen, wird wiederum auf das übergeordnete Element doppelgeklickt. Um beispielsweise das Drill down für die Produkte der Kategorie *Süßwaren* rückgängig zu machen (und somit ein Drill up auszuführen), doppelklicken Sie auf das Element *Süßwaren*.

---

3. Drilling ist auch mit Hilfe von Dialogfeldern möglich. Dieses Tool ist etwas unbequemer als das Doppelklicken, bietet aber differenziertere Auswahlmöglichkeiten an. Ich zeige diese Möglichkeit aus Platzgründen nicht an dieser Stelle, im nächsten Punkt Pivot-Diagramm erstellen, Pivot-Diagramm erstellen, taucht sie jedoch beim Drilling eines PivotChart auf.

Abbildung 19.13: Gegenüber der Pivot-Tabelle in Bild 19.12 erfolgte hier zusätzlich ein Drill down auf die einzelnen Produkte der Kategorie »Süßwaren«.

Zeit	Gesamtzeit						
Umsatz		Region	Land	Ort	Firma		
		Europa					
		Belgien	Dänemark			Dänemark Total	Deuts
			Århus	København	København Total		
Kategorie	Artikel			Simons bistro			
Fleischprodukte		2259	2261	1440	1440	3701	
Getränke		5864	1486	10540	10540	12026	
Getreideprodukte		3226	105			105	
Gewürze		2715	3521	934	934	4455	
Meeresfrüchte		1312	3065	1236	1236	4301	
Milchprodukte		8825	1506	1247	1247	2753	
Naturprodukte		3223	3036	1590	1590	4626	
Süßwaren	Chocolade						
	Gumbär Gummibärchen	934					
	Maxilaku						
	NuNuCa Nuß-Nougat-Creme	168					
	Pavlova			244	244	244	
	Schoggi Schokolade	2854					
	Scottish Longbreads	250	600	360	360	960	
	Sir Rodney's Marmalade	2592					
	Sir Rodney's Scones	760		300	300	300	
	Tarte au sucre		740	247	247	986	
	Teatime Chocolate Biscuits	153					
	Valkoinen suklaa		325			325	

19.2.4 Pivot-Diagramm erstellen

Auf Basis einer OLAP Datenquelle können Sie neben einer Pivot-Tabelle auch ein PivotChart erstellen. Der Weg dahin ist im Prinzip derselbe, wie er in Punkt 19.2.2, *Datenquelle einrichten,* für eine Pivot-Tabelle dargestellt wurde. Sie brauchen lediglich im ersten Dialogfeld des Pivot-Tabellenassistenten (vgl. oben, Bild 19.1) statt der Option *PivotTable* die Option *PivotChart (with PivotTable)* auszuwählen, der Rest des Weges bis zum Anzeigen des Chart-Gerüsts ist derselbe wie bei einer Pivot-Tabelle. Ich stelle diesen Weg daher nicht mehr eigens dar, sondern beginne die Vorstellung eines PivotChart mit dessen erstem Bild.

Ein PivotChart wird standardmäßig auf einem eigenen Diagrammblatt erstellt. Gleichzeitig wird stets auch die zugehörige Pivot-Tabelle in einem Tabellenblatt erstellt. Die beiden sind stets aufeinander bezogen: Änderungen an der Pivot-Tabelle schlagen sich simultan in dem PivotChart nieder und umgekehrt. Man könnte die Grafik als eingebettetes Objekt in das Blatt mit der Pivot-Tabelle kopieren. Aus Platzgründen ist dies jedoch im allgemeinen wenig zweckmäßig, so daß die Voreinstellung von Excel 2000 sinnvoll erscheint.

In Bild 19.14 ist ein PivotChart wiedergegeben, wie es unmittelbar nach Beendigung der Arbeit des Pivot-Tabellenassistenten erscheint. Ganz entsprechend wie bei einer Pivot-Tabelle wird ein mit Werten gefülltes Diagramm daraus, indem Sie die Dimensionen und Measures aus der Symbolleiste *PivotTable* in die entsprechenden Abteilungen des PivotChart ziehen. Dies ist in Bild 19.15 geschehen.

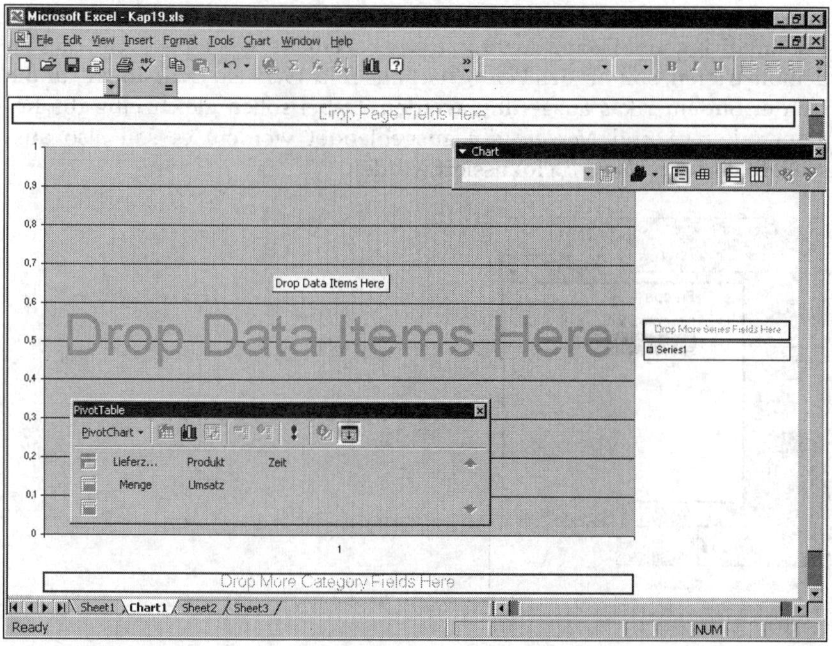

Abbildung 19.14: Dieses Gerüst eines PivotChart und die Symbolleiste Pivot-Table werden unmittelbar nach Beendigung der Arbeit des Pivot-Tabellenassistenten angezeigt.

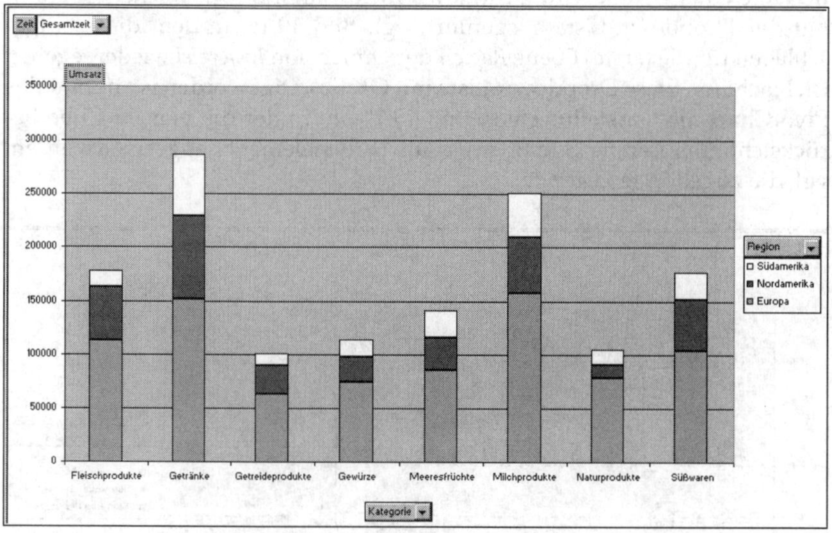

Abbildung 19.15: Dieses PivotChart ist die grafische Darstellung der Pivot-Tabelle aus Bild 19.11.

Das PivotChart in Bild 19.15 entspricht der Pivot-Tabelle aus Bild 19.11: Es werden unmittelbar die Dimensionen *Lieferziel* und *Produkt* dargestellt, mit dem Measure *Umsatz* als Datenelement. Die Dimension *Zeit* befindet sich in der Seitenfeldposition. In Bild 19.15 ist zu erkennen, daß dieses PivotChart sich gegenüber einem normalen Excel Diagramm darin unterscheidet, daß es mehrere Dropdown-Listen anbietet: Alle drei Dimensionen werden als aufschlagbare Dropdown-Listen wiedergegeben. Mit diesen können Sie in der Tat Slicing und Dicing ausführen wie bei einer Pivot-Tabelle. Um dies zu demonstrieren, soll für das PivotChart aus Bild 19.15 ein Drill down auf die Länder Südamerikas ausgeführt werden. Dabei sollen gleichzeitig die Regionen *Europa* und *Nordamerika* ausgeblendet werden, es soll also ausschließlich auf *Südamerika* fokussiert werden.

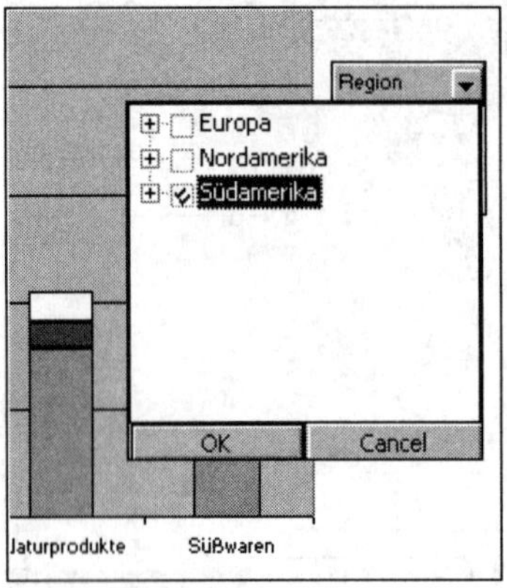

Abbildung 19.16: Aufgeschlagene Dropdown-Liste für die (erste) Ebene »Region« der Dimension »Lieferziel«. Die Elemente »Europa« und »Nordamerika« sind deaktiviert. Das Doppelhäkchen für »Südamerika« bewirkt, daß dessen Children-Elemente dargestellt werden.

Im Falle einer Grafik wird Drill down nicht durch Doppelklicken, sondern mit der Dropdown-Liste ausgeführt, vgl. Bild 19.16, in dem diese aufgeschlagen für die (erste) Ebene *Region* der Dimension *Lieferziel* wiedergegeben ist. Nachdem diese Dropdown-Liste mit OK bestätigt worden ist, nimmt das PivotChart die Darstellung von Bild 19.17 an, in der die vier im Cube berücksichtigten Länder Südamerikas als Säulenelemente angezeigt werden, vgl. die zugehörige Legende.

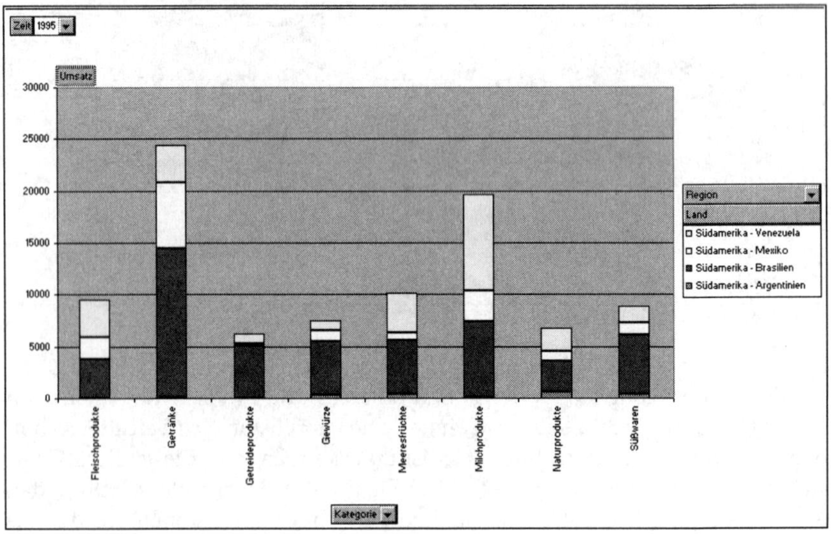

Abbildung 19.17: In diesem PivotChart wurde gegenüber dem PivotChart in Bild 19.15 ein Drill down auf die Länder Südamerikas ausgeführt.

Wie bereits erwähnt, wird zusammen mit einem PivotChart stets auch eine Pivot-Tabelle erzeugt. PivotChart und Pivot-Tabelle sind dann immer aufeinander bezogen: Das an der Pivot-Tabelle ausgeführte Slicing und Dicing wird unmittelbar auf das PivotChart übertragen, und auch das Umgekehrte gilt. In Bild 19.18 ist die Pivot-Tabelle wiedergegeben, die dem PivotChart in Bild 19.17 entspricht. Sie bekam diese Gestalt dadurch, daß für das PivotChart mit der Auswahl der Dimensionselemente in der Dropdown-Liste aus Bild 19.16 ein Drill down ausgeführt wurde, das sich gleichzeitig auch auf diese Pivot-Tabelle auswirkte.

Zeit	Gesamtzeit					
Umsatz	Region	Land				
	Südamerika				Südamerika Total	Grand Total
Kategorie	Argentinien	Brasilien	Mexiko	Venezuela		
Fleischprodukte		8008,12	2828,9	4739,4	15576,42	178188,8
Getränke	1798	40400,5	8097,5	7168,1	57464,1	286526,95
Getreideprodukte	390	6638	559,5	4010,25	11597,75	100726,8
Gewürze	907	12139	1235,45	1990,55	16272	113694,75
Meeresfrüchte	606,5	13338,48	1855	9941,96	25741,94	141623,09
Milchprodukte	1143,5	16894,5	4912,4	18683,7	41634,1	251278
Naturprodukte	1139	5385,15	2517,75	5546	14587,9	105268,6
Süßwaren	2135,1	12164,73	2066,95	8734,93	25101,71	177099,1
Grand Total	8119,1	114968,48	24073,45	60814,89	207975,92	1354406,09

Abbildung 19.18: Diese Pivot-Tabelle entspricht dem PivotChart in Bild 19.17.

19.3 ReportManager von Intellicube

Den folgenden Ausführungen liegt eine Alpha Version des ReportManagers zugrunde, weil das endgültige Produkt zum Zeitpunkt der Manuskripterstellung noch nicht auf dem Markt war. Die Demo Version des ReportManagers, die diesem Buch auf einer CD-ROM beigefügt ist, stellt bereits eine Weiterentwicklung der hier zugrundeliegenden Version dar. Den neuesten Entwicklungsstand erfahren Sie auf der Internetseite der Firma Intellicube AG unter der Adresse www.intellicube.com.

OLAP Features

Der ReportManager bietet in Bezug auf OLAP Daten die folgenden Möglichkeiten an:

- Die Reports des ReportManagers sind darauf ausgelegt, bestimmte DatenSlices zweidimensional darzustellen, wenngleich diese mit Hilfe von Dropdown-Listenfeldern auf die verschiedenen Elemente der Dimensionen interaktiv gefiltert werden können – ähnlich wie die Seitenfelder in den Excel Pivot-Tabellen. Es gehört zum Grundkonzept dieser Software, daß regelmäßig viele verschiedene Reports, die jeweils eine bestimmte Kombination von Dimensionen beleuchten, nebeneinander existieren. Daher ist es wichtig, eine übersichtliche und leistungsfähige Reportverwaltung anzubieten: Der ReportManager legt die Reports zentral in hierarchisch geordneter Form (Ordner für Gruppen von Reports) ab. Mit

Hilfe einer baumartigen Darstellung kann der Benutzer einen bestimmten Report leicht auffinden. Einfaches Klicken auf den Report bewirkt, daß er dargestellt wird. In Bild 19.19 ist im linken Fenster der Report-Baum teilweise geöffnet. Da auf den hervorgehobenen Report *Store Type Deluxe Supermarket 1997* geklickt wurde, wird dieser Report in der rechten Fensterhälfte dargestellt, welche sich durch Mausklick zur Vollbilddarstellung vergrößern und entsprechend wieder verkleinern läßt.

Abbildung 19.19: Das linke Fenster zeigt den teilweise geöffneten Report-Baum, das rechte stellt den markierten Report dar.

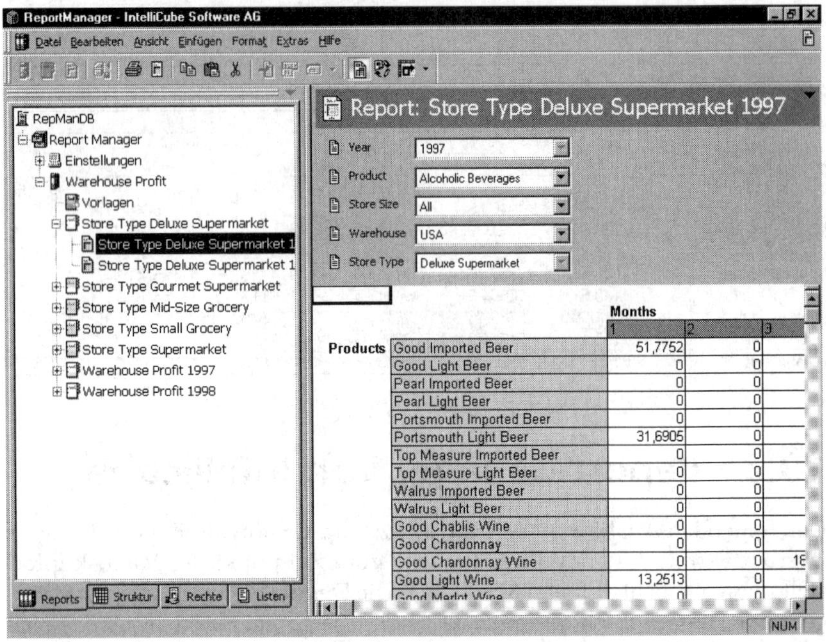

- Das Erstellen von Reports wird durch einen Assistenten unterstützt, so daß ein neuer Report praktisch ohne Lernaufwand angelegt werden kann. Für Fortgeschrittene läßt sich die Formel, die einen Report auf dem Spreadsheet generiert, auch manuell erzeugen und bearbeiten, so daß noch differenziertere Ergebnisse erreicht werden können.
- Ein Report kann auch verschachtelt sein. In diesem Falle können verschiedene Kennzahlen (Measures) verglichen werden und es lassen sich Formeln zur Berechnung von Vergleichswerten in den Bericht integrieren, vgl. Bild 19.20.
- Einem Report kann mehr als ein Cube zugrunde liegen. Dieses Feature geht sogar so weit, daß die verschiedenen Cubes auch von verschiedenen Anbietern stammen dürfen. Gegenwärtig werden die OLAP Konzepte von ALEA, TM/1 und OLE DB for OLAP unterstützt.

		1993	1994	1995	1996
USA	Abweichun	-76	-24	539	235
	Ist	11576	28102	39440	36895
	Plan	11652	28126	38901	36660
Kanada	Abweichun	-22	57	108	-389
	Ist	1170	2890	3882	3770
	Plan	1192	2833	3774	4159
Brasilien	Abweichun	-109	-194	-188	-295
	Ist	2276	5412	6368	5995
	Plan	2385	5606	6556	6290
Uruguay	Abweichun	-50	-61	-295	-121
	Ist	1142	2430	2723	2904
	Plan	1192	2491	3018	3025
Argentinien	Abweichun	-72	-335	-40	50
	Ist	2313	5427	6258	5938
	Plan	2385	5762	6298	5888

Abbildung 19.20: Verschachtelter Bericht.

Literaturverzeichnis

[ANMU97] Anahory, S. / Murray, D., Data Warehouse. Planung, Implementierung und Administration. Addison-Wesley Bonn 1997.

[BULO98] Bulos, D., OLAP Database Design – A New Dimension. In: [CHGL98], S. 251 – 261.

[CHGL98] Chamoni, P. / Gluchowski, P. (Hrsg.), Analytische Informationssysteme. Data Warehouse, On-Line Analytical Processing, Data Mining. Springer-Verlag Berlin Heidelberg 1998.

[COSA93] Codd, E.F. / Codd, S.B. / Salley, C.T., Providing OLAP (On-line Analytical Processing) to User-Analysts: *An IT Mandate*«. Dieses White Paper von 1993 ist unter der folgenden Internet-Adresse der Firma Arbor Software verfügbar: http://www.arborsoft.com/essbase/whtppr/coddc0.html.

[HAHN98] Hahne, M., Logische Datenmodellierung für das Data Warehouse. In: [CHGL98], S. 103 – 122.

[HANN96] Hannig, U. (Hrsg.), Data Warehouse und Managementinformationssysteme. Schäffer-Pöschel Stuttgart 1996.

[INMO90] Inmon, W.H., Building the Data Warehouse. QED 1990.

[KIMB96] Kimball, R., Data Warehouse Toolkit. Practical Techniques for Building Dimensional Data Warehouses. John Wiley & Sons New York 1996.

[KIMB98a] Kimball, R., Surrogate Keys. Keep control over record identifiers by generating new keys for the data warehouse. In: DBMS Magazine, May 1998. Dieses Heft ist unter folgender Internet-Adresse verfügbar: http://www.dbmsmag.com/9805d05.html.

[MART98] Martin, W., Data Warehousing. Intern. Thomson Publ. Bonn 1998.

[MUBE96] Mucksch, H. / Behme, W. (Hrsg.), Das Data-Warehouse-Konzept: Architektur – Datenmodelle – Anwendungen; mit Erfahrungsberichten. Gabler Wiesbaden 1996.

[SHUM98] Shumacher, R., Sphinx Awakens. DBMS Magazine, June 1998. Dieses Heft ist unter folgender Internet-Adresse verfügbar: http://www.dbmsmag.com/9806d14.html.

[THOM97] Thomsen, E., OLAP Solutions. Building Multidimensional Information Systems. John Wiley & Sons New York 1997.

Stichwortverzeichnis

Gewinnen Sie schon *heute*

mit den Informationen von *morgen*,

damit Sie *übermorgen*

nicht *alt* aussehen.

DATENBANK **FOKUS**

Die Informationsplattform für IT-Profis.

Abobestellung **(Fax: 08102/7743-22)**

☐ Ich bestelle DATENBANK **FOKUS**. Der Abonnementpreis beträgt DM 170,– (Inland) bzw. DM 200,– (Ausland) pro Jahr. Das Abonnement ist mit einer dreimonatigen Frist zum Ende des Bezugszeitraums kündbar.

☐ Ich möchte DATENBANK **FOKUS** erst einmal „probefahren" und bestelle ein 3-Monatsabo für DM 45,– (Inland) bzw. DM 50,– (Ausland).

Absender:

____

____

____

____

____

Gewünschte Zahlungsweise:

☐ gegen Rechnung ☐ durch Bankeinzug

____
Geldinstitut

____
BLZ

____
Kontonummer

______________________ ______________________
1. Unterschrift 2. Unterschrift

Diese Vereinbarung kann innerhalb von acht Tagen widerrufen werden. Zur Wahrung der Frist genügt das rechtzeitige Absenden des Widerrufs. Ich bestätige die Kenntnisnahme dieses Widerrufsrechts durch meine 2. Unterschrift.

Arnikastraße 2
85635 Höhenkirchen
Tel.: 08102/7743-0
Fax: 08102/7743-22

Verlag für innovative Technologien GmbH

Excel 97
professionell
Tabellenkalkulation
mit Microsoft Office 97
Gerhard Brosius
ADDISON-WESLEY